憲法の原理

宮沢俊義著

岩波書店

目　次

立憲主義の原理……一
序　説……一
一　泰西的議会制の特色……七
一　議会制の意義……七
二　代　議　制……一〇
三　両　院　制……一六
四　大臣責任制……二〇
五　議院内閣制……二三
六　国民主権主義……二七
七　権力分立主義……三〇
八　個　人　権……四四
九　成文憲法……五三

二　泰西的権威制の特色……五六
硬性憲法の変遷……六七
——米国憲法に於ける中央集権的傾向について——
立法・行政両機関の間の権限分配の原理……一一三
——法律と行政行為との関係——
はしがき……一一三
一　権限分配の原理概説……一一六
二　イギリス法……一二五
三　フランス法（附ベルギー法）……一三八
四　ドイツ法……一五八
五　日本法……一七六
国民代表の概念……一八五
一　法律学の概念とイデオロギー……一八五
二　国民代表の概念……一八九
三　フランス革命における国民代表概念の成立……一九三
四　フランス革命における国民代表概念の意味……一九八

五　国民代表概念の否定……二〇三
六　国民代表機関の概念……二〇五
七　わが国の学説……二一一
八　国民代表概念の再興……二一四
九　いわゆる国民代表者の実定法的性質……二二〇
一〇　国民代表概念のイデオロギー的性格……二二三
立法の委任について……二二七
ドイツ型予算理論の一側面……二四五
国民主権と天皇制……二六一
一　国民主権と天皇制とについてのおぼえがき……二六一
——尾高教授の理論をめぐって——
二　ノモスの主権とソフィスト……三一八
——ふたたび尾高教授の理論をめぐって——
附録　憲法改正案に関する政府に対する質疑（貴族院における）……三四五
「法律の留保」について……三五七
はしがき……三五七

一　批　判……三五八
二　Vorbehalt des Gesetzes（VdG）……三六一
三　Gesetzesvorbehalt（GV）……三六三
四　VdG と GV の混用……三六五
五　VdG と GV との関係……三六八
六　批判への答え……三七二

日本国憲法生誕の法理……三七五
一　問　題……三七五
二　八月革命の理論……三七六
三　批判への弁明……三九〇

憲法の正当性ということ
——憲法名分論——……四〇一
一　問　題……四〇一
二　日本の憲法の「名」とは……四〇三
三　日本の憲法の「名」の根拠は……四〇四
四　「名」と「名」との戦い……四〇六
五　憲法の「名」はないか……四〇八

六　「名」の根拠としての宗教……四〇九
七　「名」の根拠としての「うまれ」……四一〇
八　「名」の根拠としての「はたらき」……四一一
九　「自由」と「生存」……四一三
憲法改正について……四一五
あとがき……四二五
索　引

立憲主義の原理

序説

一

現代は一の政治的転回期に面しているといわれる。

「これから三〇年の後に世界の政治組織がどのようなものになるにしろ、それが我々の多数が今まで慣れて来たような制度とは非常に違ったものであろうということだけは確実である」。

ある学者はこう説いている。そして、これが又多くの人が意識的・無意識的に考えているところではないかと思われる。この意味において、現代は政治的時代(A political age)だといいうる。それは現代人が政治的な志向をもっているという意味ではない。現代人は政治からの支配・影響から自由であることはできぬという意味である。イギリスのあるパンフレットにあった言葉を引くならば「お前は政治のことなど考えないかも知れぬが、政治の方ではお前のことを考えるのだ(You may not think about politics, but politics thinks about you)」。

かような時代にあってはすでに在る政治体制ということよりは将来作らるべき政治体制ということがより多く人の関心の対象とならなくてはならぬ。すでに在る政治体制が根本的な転回に直面している場合に、それを静的に、平面的に解明するということは実際的に多くの意味を持ち得ぬであろう。
このことは中華民国の研究については特に妥当する。「眠れる獅子」にもたとえられたこの国はかの尨大な清国の崩壊以来今に至るまで政治的・法律的には少なからぬ程度においていわば国際社会的・無政府的状態にある。むろん近年においてはそこで国家的統一への努力がなされ、そうした努力の成果の憲法的表現についてはすでに我々も「中華民国憲法草案」(昭和一〇年)及び「中華民国憲法確定草案」(昭和一一年)において報告したが、しかし、その努力の目標は実際において今までに実現せられたことはない。先般青天の霹靂のように勃発した西安事件はある意味で国民政府の基礎の強固なことを確認したものとも考えられ、あるいは雨降って地固まるの譬にもれず、民国の統一はこれによって却って促進せられるのではないかとも多くの人によって観測せられたのであるが、今回の日支事変はその観測が全く誤っていたことを明瞭に示した。すでに国民政府の運命が今日のようになった以上は、我々がいまあげた諸著において紹介した民国の憲法制定事業がなお続けられるのか、懸案の確定草案がはたして成案となるのかということは目下のところは分らなくなってしまったというよりは、むしろ、そういう事業がすべてその根柢を失ってしまったと考えなくてはならぬとおもわれる。

二

人の知るように、三民主義・五権憲法が国民革命の指導原理である。もし、国民政府が健在であるとすれば、そこでこの原理が捨てられることはないであろう。しかし、その場合でもその原理の適用には将来多くの変化が見られるであろうことは疑いない。三民主義・五権憲法の原理はそこではおそらく孫文の予想したものとはかなり違ったものになるのではないかと思われる。

かような民国の状態に着目するとき、そこにすでに在る政治体制よりもそこで将来作らるべき政治体制がなにより我々の関心の対象とならなくてはならぬことは当然であろう。そこで我々は本書においては、民国に現に存する政治・法律上の諸制度を考察せずに、むしろ混沌状態にあるその国において現在作られつつある、又は将来作られるであろうところの政治・法律上の諸制度を専ら考察しようと思う。(これは必ずしも現存の諸制度の研究が無意味だというわけでないことはいうまでもない。我々も他日その点を十分に研究してみたいと考えている。) しかし、当然のことではあるが、今日のような状態にある民国において現在作られつつある、又は将来作られるであろうところの政治体制を具体的に明らかにすることは不可能である。具体的な制度の問題、たとえば、作らるべき政治体制において元首はどのような形態を採るかというような問題は無論今日これを詳かにするわけにはいかぬ。今日その点について我々の知りうるところはそこで将来作られるであろうと考えられる政治体制の根本的な色彩又は方向にとどまる。

ところで民国において期待せられる政治体制の根本的な色彩又は方向については二つの観点からこれを測定することができるとおもわれる。一方においてもし、かりに国民政府の権力が僅少の範囲においてなりとも存続するとすれば、少なくとも近い将来におけるそこでの政治体制が孫文の三民主義・五権憲法の原理にもとづくものであるであろうことはほぼ予想しうる。さきにのべられたように、その場合は三民主義・五権憲法の原理も孫文が考えたものとはかなり趣を異にするものとなっているに違いない。それにもかかわらず、国民政府の権力が少しでも存続すると仮定するかぎり、三民主義・五権憲法の原理が民国において全く影をひそめるということは想像できぬ。

それと同時に他方において、民国も近代国家として現代の国際社会に生存する以上、その将来の政治体制も国際的影響から全く自由であるというわけにはいくまい。一般的に政治体制の変遷というものにも、少なくとも近代的諸国家の間には、普遍的な社会学的法則が多少あるのではないかと思われるし、また民国のような地位にある国家に対してはその点に関する外国の影響が特に強力であろうことも容易に考えられる。であるから、民国の将来の政治体制はあくまで三民主義・五権憲法の原理をその基礎としながら、しかも同時に現代の国際情勢における民国の地位に適合するようなものでなくてはならぬであろう。言葉をかえていえば、孫文的三民主義・五権憲法の原理に対して、そこでは、現代の国際情勢にもとづいて若干の修正が加えられなくてはならぬであろう。

三

それならば、そこで孫文的三民主義・五権憲法の原理に対して加えられるであろうと予測せられる修正というのはどのような傾向のものであろうか。我々はこの点について現代諸国において見られる議会制の凋落と権威制の擡頭という現象を想起しなくてはならぬであろう。今日諸国の政治体制は議会制と権威制に大別せられうることは多くの人のみとめるところであり、しかも多くの国々において政治体制が議会制から権威制へと推移しつつあることも明らかな事実である。民国で将来作らるべき政治体制がやはりかような傾向をもたぬと誰がいい得るであろうか。

元来孫文の三民主義・五権憲法の理論は思想的にはヨーロッパ的・一九世紀的・民族主義的・立憲主義的思想系統に属するものである。そこには若干の社会主義的思想も含まれているが、それもヴァイマール憲法的・社会民主主義的性格をもつもので、ボルシェヴィズムのような権威主義的性格をもつものではない。従って、それをヨーロッパ的・一九世紀的議会制理論の一類型としてしまうことはあまりにその中華民国的・国民革命的特色を無視することになるかも知れぬが、しかし、それが政治思想的には一九世紀的議会制の流れを汲むものであることは疑いない。はたしてそうとすれば、一般に一九世紀的議会制がその凋落を唱えられ、至るところで権威制への推移が論ぜられている今日、近い将来において孫文的三民主義・五権憲法の理論が経験するであろう変遷はかような世界的大勢に応じて多かれ少なかれ権威主義的色彩を身に着けるであろうと想像することはさまで不当とせらるべきではなかろう。すでに今までに民国で作られた種々の憲法草案の変遷のうちにもそうした方向への動きが看取せられうることは我々が「中華民国憲法確定草案」において指摘したところであるが、おそらく将来はいっそう急速にその方向への進展が行われるのではないかという気がする。

四

孫文の理論に従えば、民国はすでに軍政時期を経過して、現に訓政時期にある。そして、憲法の確定草案の成立と共に、国民革命の理想である憲政時期の開始はすでに目睫の間にせまっていた筈である。憲政時期にいわゆる「憲政」の意味は必ずしも明瞭でないが、孫文の考えた「憲政」は国民主権主義と代表制度と権力分立主義と成文憲法主義に立脚する一九世紀ヨーロッパ的な立憲主義的乃至議会主義的政治体制であったとおもわれる。憲法草案が何度も修正せられる間にその内容も多く変ったが、それでも今までの民国で作られた多くの憲法草案の内容は、結局において、いずれもかような孫文の考えた「憲政」と根本的に性格を異にするものではなかった。そこで、軍政時期または訓政時期における民国の政治体制こそ軍事独裁政だとか、政党独裁政だとかいわれるが、ひとたび憲政時期に入れば、そういう反民主主義的・反自由主義的な権威主義的政治体制は廃棄せられ、民主主義的・自由主義的な「憲政」がこれに代るものとせられていた。言葉をかえていえば、現在の民国の権威主義的政治体制は全くそうした「憲政」時期に至るまでの過渡的なものとせられていた。

しかしながら、そういう「憲政」がすでに過去に属するものとせられ、民国における将来の政治体制も多かれ少なかれ権威主義的な色彩を身に着けるであろうと予想せられるようになると、現時の政党独裁体制も決して過渡的なものでないと考えなくてはならぬことになる。

ここにおいて我々は民国で近い将来において作られるであろう政治体制を研究するにあたってなによりまず現在世界の各国を通じて見られる権威主義的政治体制とは異なり、多かれ少なかれ東洋的・支那的特色を具えたものであろうことは想像するに難くないが、しかし、それの理解にとって泰西的権威制の理解が欠くべからざる必要であることは疑いを容れぬ。

ところで、そういう泰西的権威制はそれがすでに克服し、または克服しようとしている一九世紀的議会制と対比せられることによってのみ正当に理解せられうる。すなわち、我々は本書においては近い将来の民国で作らるべき政治体制の少なくとも一斑を明らかにするためにそこで決定的な影響を与えるであろうと予想せられる泰西的権威主義的政治体制を考察しなくてはならぬが、そのためにまずそれの生みの親であり、しかもその対蹠物と考えられる一九世紀的議会制について簡単に考察し、それと孫文の三民主義・五権憲法理論との関聯を見、それによってその将来の変遷についての見とおしに多少なりとも役立たせたいとおもう。

一　泰西的議会制の特色

一　議会制の意義

（1）

一九世紀的議会制と我々がここに呼ぶのは、専ら一九世紀において――正確には一八世紀の終りから二〇世紀の始めに至るまでの間において――泰西諸国を風靡したと考えられる政治体制で、わが国で通常立憲政治の名で呼ばれている政治体制を意味する。

むろん、多くの異なる国々に共通な政治体制というものがはたして可能であるかどうかは多少問題とせられうる。厳格にいえば、どのような政治制度も特定の国家に特有なもので、決して「輸出品ではない」。しかし、さればといって、ある時代における諸国の政治体制が相互に全く性格を異にするものだと考えることも正確でない。たとえば、一五世紀におけるイギリス・フランス両国の政治体制の相違と、一五世紀のフランスの政治体制と一九世紀のフランスのそれとの相違を比較するとき、何人も前の相違が後のそれよりもはるかに少ないことを見出すであろう。ここではイギリス型政治体制とフランス型政治体制が対立せしめられるよりも、むしろ、一五世紀型政治体制と一九世紀型政治体制が対立せしめられるに適する。イギリス型政治体制とフランス型政治体制との間には、いうまでもなく、いつの時代にも大きな相違がある。しかし、イギリスとフランスの両国を通じて、一五世紀型政治体制と一九世紀型政治体制との間にはいっそう大きな相違がある。この意味において、我々は、イギリス型政治体制あるいはフランス型政治体制について語りうると同じように、一五世紀型政治体制あるいは一九世紀型政治体制について語りうるのである。かような意味において、我々は一九世紀の泰西諸国の政治体制を特色づけるひとつの定型として議会制について語ることができるとおもうが、それならばそれはどのようなものであろうか。

(2)

この点をエスマン(Esmein)はこう説明している。

「一八世紀の哲学は西洋においてひとつの新しい思想の潮流をもたらした。それが政治的思弁に適用せられた限度において、それは近代社会を理性と自然の正義の原理によって改造するための強大な動力となった。それは世界を変改せしむべき強い酵母であった。それらの理論的原理は、多くの人たちの精神を征服しつつ、アメリカおよびフランスの革命によって実際に行われた。そして、そこから、不可抗的な・豊かな伝播力をもって、それらはヨーロッパおよびアメリカの大部分の諸国に侵入し、その憲法を同じ方向に、同じような方式に従って、改造した。かくして真に近代自由を表象する原理と制度のひとつの共通な基礎ができ上ったわけである。今日は、西洋の自由な諸国家にとっては、普遍的な憲法原理というものがある。もとより、その適用たる諸憲法は、その細かい点においてのみならず、その根本的規律においても、多くのいちじるしく異なる種別を示している。自然的勢力に類する宣伝力によって世界にひろまった新しい諸原理は諸国においてそこで以前からの歴史的進化によって生ぜしめられた諸要素と結合しなくてはならなかった。また他方において、各国の歴史から生ずる相違のほかにも、それらの革新的原理は、とりわけ政治形態に関する点については、同じ要素の異なる社会によって、多くの異なる体系を形成することがあった。こうして、多くの異なる定型が、しかも同じ基礎から生れたのである。だから、西洋の自由な諸国家は、その政治制度においては、相互にきわめて類似していながら同時にそれぞれ個性的特色を具えている。

「運命と人間の力によってかようにひろまった共通な基礎の内容は一八世紀の哲学的思弁から生れた諸原理だけではない。それは、その大きな部分において、イギリス法によって提供せられた諸々の制度や原理である。それらは、その厳格に国家的な特色を除いて、同じ潮流に入っているのである。イギリスは、その固有の進化の過程において、哲学者たちが問題とした問題——すなわち、政治的自由の問題——を、幸運な諸事情の競合によって、部分的に解決した。それは当然にそれらについて模範となった。その教化力はその後依然として強い」。

この見解によると、我々がここにヨーロッパ的・一九世紀的議会制と呼んだ政治体制はなにより政治的自由をその目的とするものであるが、その諸制度を支配する原理は、ある部分においては、イギリス憲法史の所産であり、他の部分においては専ら一八世紀の哲学的思弁の所産であるということになる。ところで、一九世紀的議会制を特色づける政治原理でイギリス憲法史の所産とせられるものは何であるか。エスマンに従えば、それは代議制(または代表制度)であり、両院制であり、大臣責任制であり、議院内閣制である。また一八世紀の哲学的思弁の所産とせられるものは何であるか。同じ著者に従えば、それは国民主権理論であり、権力分立理論であり、個人権理論であり、成文憲法および憲法制定権理論である。

このエスマンの説明は、はなはだ巧妙なものではあるが、そこには多少の疑いもある。一九世紀的議会制の諸原理をはたしてそう一義的にイギリス憲法史の所産と一八世紀の哲学的思弁の所産とに分けてしまうことが適当であるかどうか。この点は少なからず問題であろう。しかし、そこにあげられてある諸原理がいずれも一九世紀ヨーロッパでひろく行われた議会制の特色であることは明らかである。そして、それらを政治原理として見るとき、それらの多くが一八世紀の哲学的思弁の所産と考えられうること、またそれらの制度的発顕形態の多くがイギリス憲法史の所産と考えられうることは否定できない。その意味でこの説明にはきわめて多くの正当なものが含まれていることをみとめなくてはならぬ。

我々も、そこで、大体においてこの説明を承認しつつ、そこにあげられた諸々の特色を個別的に説明することによってヨーロッパ的・一九世紀的議会制の特色の全貌を明らかにすることに役立たせたいとおもう。

二　代　議　制

(1)

代議制(le gouvernement représentatif, representative government)がヨーロッパ的・一九世紀的議会制のもっとも大きな特色であることはいうまでもないがそれが少なからぬ程度においてイギリスに由来するものであることは一般にひろく承認せられている。代議制の要素とも考えられる議会(または国会)はまずイギリスにおいてその模範的形態を完成し、他の国々はいずれも、多かれ少なかれ、それを範としてそれぞれの議会を設けたのであった。この意味でイギリスがしばしば「議会の母」(mater parliamentorum)と呼ばれるのは決して不当ではない。

近代的議会はいずれもヨーロッパ中世の等族会議(Etats-Généraux, Ständeversammlung)の後身だといわれる。等族会議というものは当時のヨーロッパの各国に存在したが、それらは大陸においては一七・八世紀に絶対君主政が生れると共に相次いで亡びてしまった。フランスの等族会議が一六一四年以来全く召集せられず漸く一七八九年に至ってまた召集せられたことは人の知るところであろう。しかるに、ひとりイギリスにおいては、等族会議は亡びることなく存続し、それがその憲法史的進化の過程の中において近代的な議会にまで発展したわけである。

ところで、大陸ではどこでも等族会議が亡びてしまったのに、イギリスだけでそれが存続したのは、いうまでもなく、大陸——たとえば、フランス——で一七・八世紀において絶対君主政が確立せられたのに、イギリスではそれが生れなかったこととの結果であるが、一体どういうわけでイギリスでは大陸的な絶対君主政が発生しなかったのであろうか。

その点のなによりの原因はイギリスの封建制度と大陸——たとえばフランス——のそれとの間の根本的相違にあるとおもわれる。ある意味では、イギリスの封建制度は他国のそれよりもはるかに徹底したものであったが、それはそこでは本来ノルマン征服の結果として外から輸入せられたものであった。その結果として、そこではじめから王権は頗る強大で、そうした政治形態と両立しうるすべての特権をその手に収めていた。これに反して、大陸——たとえばフランス——では封建制度は無政府状態の環境のうちに自然に発生し、形成せられた。そして、封建的分裂のうちにおいて、王権は諸侯の強大な権力に対して全く無力であった。

かような相違にもとづいて、イギリスでは封建貴族と中間階級は、いずれも王権による被圧迫者として、王権に対抗すべく共通の利益を有し、協力して王権を次第に制限しようと試みた。大陸では、これに反して、都市の住民によって代表せられる中間階級は王権と結合して強力な・圧政的な封建的権力に対抗する傾向を示し、その結果として封建的諸勢力の衰微と同時に王権の非常な拡大をもたらした。イギリスはノルマン征服の後においてほとんど絶対的な君主政であったが、おそらくまさにそれがために一七世紀には制限せられた君主政になってしまった。封建的大陸でははじめは王権は全く無力であったが、おそらくまさにそれがために一七世紀には絶対君主政になってしまった。

さらにイギリスの等族会議と大陸——たとえば、フランス——のそれとの間にある相違もこの点に関する重要な原因と考えられよう。フランスの等族会議では元来国民の一部分しか代表せられていなかった。そこでは王権によって直接に召集せられる教俗貴族のほかは特権をもった都市から選ばれた議員が参加しただけであった。しかるに、イギリスのそれははじめからほとんどすべての国民の代表者を包含していた。これはイギリスの shires が古くから裁判や行政について固有の自治的組織をもち、人民のすべての要素を含んでいたので、国王はなによりこうした shires の代表者を召集しなくてはならなかった。こういう意味合いでイギリスの等族会議がフランスなどのそれに比してはるかに全国民的な組織をもっていたということが、イギリスで大陸的な絶対君主政の発生を妨げた原因に数えられうるであろう。

このほかに——むろん、これらの相違ときわめて密接な関聯をもつことであるが——イギリスと大陸諸国との地形的相違ということもこの点の大きな原因に数えられうるであろう。イギリスが島国として大陸の圏外に立ち、従って、当時の戦争技術からいえば、外敵の侵入を蒙る危険がほとんどなかったということが、強大な常備軍を率いる絶対君主の発生を促進しなかったことは明らかである。

(2)

かようにして生れた近代的議会はどのような意味を政治体制のうちにおいて与えられたか。またはそういう議会をもつことによって、政治体制はどのような特色を身に着けたか。

この点で重要なのは「代表」の概念である。まず下院(House of Commons)についていえば、その議員はすべて公選にもとづくものであるから、それは当然に国民を代表するものと考えられていた。上院(House of Lords)はこれに反して、それぞれ固有の権利をもつとせられる貴族から成るから、それが「代表」的性格をもつことは下院の場合ほど明瞭なこととはせられなかったが、それでもそれは通常国民全体を、あるいはその一部分(一等族)を代表するものだと考えられていた。上院ばかりではない。国王すらも代表的性格をもつとせられた。国王の権力は国民に由来し、従って、法によって国利民福のためにのみ行使せられうる。国王は国民の代表者として、あるいは受託者としてこれを行使する。こう考えられていた。

しかし、かような「代表」概念は必ずしも近代的な代議制を特色づけるものではない。むしろ、それは中世の全体を通じて見られるところで、イギリスでいえば王権神授説が支配的となるまでは、それはそこで当然なこととみとめられていたのである。近代的代議制を特色づけるのは、そういう擬制的な「代表」概念ではなくて、もっと現実的な「代表」概念である。国権が本来国民にあることは明瞭であるとしても、国権の担当者が本当の国民の代表者であるためには、そこにその代表的性格を具体的に表現する制度がなくてはならぬ。近代の議会の議員——少なくともその一院の議員——が公選によって就任するということは、つまり、それらの議員(従って、またそれらによって組織せられる議会)がこうした意味の代表的性格をもつことの具体的な制度的表現と考えられる。だから、かりに国王も代表的性格をもつとしても、議会(ことに下院)はそれとは違った意味において、またはそれよりもいっそう強い程度において代表的性格をもつわけである。そういう代表的性格をもつことが実にヨーロッパの近代議会の特色であり、そういう性格をもつ議会をその不可欠的な構成分子とするところに、近代の代議制の本質がある。

(3)

イギリスの Parliament は中世的な等族会議からかような性格を具えた近代議会にまで発展することによって、そこに典型的な代議制を成立せしめたが、そこでみとめられた原理はおよそ次のようなものであった。

議員の権力はすべて国民に由来する。そのことを制度的に表現するものは選挙である。だから、選挙によって議員――少なくともその大きな部分――が就任するということが近代議会の概念に欠くべからざるところで、被選議員を含まぬ合議体――たとえば、往時国王の側近にあってその諮問に応ずることを任とした参議院(Conseil du roi)の類――は近代的意味における議会ではない。その選挙は公選でなくてはならぬ。すなわち、そこにはなるべく多数の国民が参加しなくてはならぬ。限られた一部の者による選挙ではいけない。その選挙は国民がそれによって議会に権限を委任する行為だと考えられる。選挙によって就任する議員が député, Abgeordeneter, representative などと呼ばれるのはそれがためである。

ただその選挙にあってはイギリスでは永い間必ずしも個人がその単位とはせられなかった。すなわち、個人主義的人格主義はそこではただちにみとめられなかった。そこで単位とせられたのは、borough とか、county とか、さらにあるいは大学とかいう団体であった。これは等族会議に由来するところであるが、イギリスではこの原理は一九世紀になっても依然承認せられていた。従ってそこでは議員の選挙の理想は――大陸におけるとは異なり――普通選挙制であるとは必ずしも考えられなかったのであるが、二〇世紀に至ってその点に大きな変化が生じ、世界戦争後に至って一九一八年の選挙法は個人主義的人格主義に立脚する普通選挙制を実現した。大陸においては、選挙がかような原理に立脚すべきことはフランス革命以来明白にみとめられ、フランスではすでに一八四八年に普通選挙制が成立していた。

国民はそこではかように本来の権利者だとせられるが、同時にそれはその権利を必ず議会に委任しなくてはならぬと考えられる。国民は自らその権利を行使することは許されぬ。国民の自らなしうるところはただ議員の選挙だけである。ここに代議制の代議制たる所以があり、この点においてそれは直接民主制から区別せられる。このことは制度として社会技術的見地からも理由づけられうるが、より多くの場合においては、国民一般の政治能力に対する不信用によって、すなわち、ある程度の選ばれた者(élite)による政治の要請によって理由づけられる。

国民はかようにその権利を必ず議会に委任してしまわなくてはならぬのみならず、一旦委任した以上議会に対してなんらのコントロールをおよぼしてはならぬとせられる。これはかの強制的委任(Mandat impératif)の禁止といわれる原則で、近代議会の通則である。人の知るように、強制的委任は中世の等族会議での原則であった。すでに「委任」という以上は、受任者が委任者の指令に拘束せられることは当然であったのである。しかるに、近代議会成立と共にこの原則は破られ、議員は選挙人(または選挙区)から全く独立で、その指令に拘束せられぬこととなった。このことを通常議員は個々の選挙人や選挙区の代表者ではなくて、「国民全体の代表者である」という言葉で表現している。そういう趣旨が一九世紀を通じてほとんどすべての成文憲法の明文で定められていることはここにいうまでもあるまい。

議員が選挙にもとづいて就任する以上、それの在職が期限的に限られてあるべきことは当然である。議員が一定の任期を有すると、選挙が定期的に行われることになり、それによって被選議員の「代表」的性格がひとえに唯名的なものになってしまうことが避けられうる。

三 両院制

(1)

ヨーロッパ的・一九世紀的議会制の特色であって代議制そのものと同じように少なからぬ程度においてイギリス憲法史に由来すると考えられるものにさらに両院制がある。

両院制(Zweikammersystem, bicaméralisme, bicameral system)とは、いうまでもなく、議会が二個の相互に独立な合議体から成る制度を意味するが、それは一九世紀においてはほとんどすべての代議制で採用せられたところであった。いやしくも議会を設ける以上は、その議会が上下両院に分れてあるべきことは当然のこととせられていた。いうならば、両院制はそこでの政治的公理であった。

この両院制もイギリスに由来するといわれる。ハンガリーの両院制だけはその固有の歴史の所産だといわれる(ハンガリーの等族会議は一七世紀のはじめにすでに二院に分れていた)が、そのほかの国々の両院制はいずれも意識的にその範をイギリスにとったものである。ところでイギリスではどうして両院制が生れたかというと、それは決して意識的に、計画的に作られたものではなくて憲法史の発展の過程のうちにおいて自然に、ほとんど何人にも気づかれずに生れたのである。だから、両院制は時に学者によってそこで「幸運な偶然」(un heureux accident) から生れたとさえ説かれる。このことはすでに一八世紀において多くの人たちによってみとめられていたところで、たとえば、フランスの政治理論家たちの中には両院制がかように歴史的偶然の所産だというので、それに好意をもたなかった者もあったくらいである。しかし、それにもかかわらず、両院制は当時の諸国における各種の政治的要請にきわめてよく適合したので、どこの国もこぞってこれを採用することになった。

イギリスでどのような「幸運な偶然」から両院制が生れたかということはイギリス憲法史のきわめて興味ある主題であるが、その点はここでは論じない。ただそれがどのような政治的意味を、あるいは政治的効用をもつか。それをここで考えてみたい。両院制が諸国に普及したのは、いまのべたように、それが諸国における各種の政治的要請に適合するような効用をもつからに相違ない。その効用とは、それならば、どんなものであろうか。

(2)

両院制の本質は両院が相互に独立な権能を有し、一院の意思が他院のそれを圧倒し得ぬことにある。しかも、議会の意思は両院のそれの合致によってのみ成立しうるのであるから、つまり議会の意思がその一院の意思に反して成立することは絶対にありえぬわけである。こう考えると、両院制が一院制に比して議会そのものの意思決定を困難ならしめ、従って、その権力を緩和するに役立つことは明らかである。執行権にとっては一院制の議会の方が両院制の議会よりもいっそう恐るべきものと考えられる。そこで執行権の立法権よりの独立が強調せられるところでは、一院制はつねに排斥せられる。

両院制にあってはその一院――通常下院と呼ばれるもの――は公選せられた議員から成り、他の一院――上院と呼ばれるもの――は多かれ少なかれそれとは違った組織をもっている。すなわち、そこでは下院はその組織からいって民主的な性格を身につけ、上院は多かれ少なかれ非民主的な性格を身につける。この結果として、両院制は非民主的な上院の権力を民主的な下院によって弱めるに役立つと同時に、民主的な下院の権力を非民主的な上院によって弱めるに役立つことになる。そして、この最後の効用が両院制のなによりの本領であると考えられる。この意味において、両院制は後にのべられるであろう権力分立制とその政治的効用を同じくする。議会は本来ある程度において必然的に民主的な構造をもたなくてはならぬ。しかし、そこでそれがあまりに民主的になりすぎることが望ましくないとすれば、そこで両院制を採用して、民主的な下院を多かれ少なかれ反民主的な上院によって牽制させることが適当とせられる。一九世紀の諸議会制において両院制が要請せられたのは主としてそれがこういう効用をもち得たからである。

また、他方において、両院制が政治的にかような反民主的な意味をもちうることが、それが徹底的な民主論者によって排斥せられる所以である。シエイエス(Sieyès)のよく引かれる「上院はもしその意見が下院のそれと一致すれば無用であり、もしそれに一致しなければ有害である」という言葉は両院制のかような性格をよく示すものといえよう。

(3)

こういう次第であるから、民主的勢力が強くなれば、それに応じて両院制が修正せられ、一院制に近づくことはきわめて自然である。

そういう方向の修正は通常上院の権力を下院の利益にまで制限することによってなされるが、それが徹底せしめられると、両院制そのものが廃棄せられ、一院制が実現せられることになる。一九一一年のイギリスの国会法(Parliament Act)はそういう方向への両院制の修正の典型的な例である。これは下院の利益にまで上院の権力を制限し、ある場合には下院の意思が上院のそれを圧倒しうること、すなわち、ある場合には議会の意思が上院の意思に反しても成立しうることをみとめたもので、この法律の成立と共にイギリスの両院制はもはや完全な両院制ではなくなり、上院は下院の意思に対してはせいぜい停止的拒否権(suspensive veto)をもつにすぎなくなってしまった。

同じ方向への両院制の修正のいっそうすすんだものとしてはヴァイマール憲法下のドイツをあげることができる。ここでは両院制は全く棄てられ、一院制が採られた。もっとも、そこで聯邦制がみとめられていた結果、議会(Reichstag)のほかにライヒスラート(Reichsrat)がおかれ、後者はやや上院に類する地位を占めていたが、しかし、それは真の意味の上院ではなく、従って、そこでは両院制が採用せられていたと見るべきではない。

両院制はなお聯邦制において大きな効用をもちうる。聯邦制の国家では政治の単位としては個々の一般市民のほかに各支分国が考慮せられなくてはならぬ。ところが下院は通常公選議員から成り、しかもその選挙は個人主義的人格主義にもとづく。そこで考慮せられるのはひとえに個人であって支分国ではない。そこで上院の組織において支分国が単位として考慮せられることがきわめて適当となってくる。聯邦制においてはつねに分権的勢力が集権的勢力に対する牽制者として存する。ところでそこで両院制を採用すれば、ともすると集権的勢力の代表者となりやすい下院に対して上院が分権的勢力の代表者としてある程度において対立し、それを牽制することができる。だから聯邦制の国家では、ほとんど例外なく、かような機能をもつべき上院を設ける必要から両院制が採用せられている。

おそらくこれらの政治的効用が両院制のあのような普及を説明するであろう。

ヨーロッパ的・一九世紀的議会制の特色であって代表制や両院制と同じように少なからぬ程度においてイギリス憲法史に由来すると考えられるものにさらに大臣責任制がある。

四　大臣責任制

(1)

ここに大臣責任制というのは、国の施政に関して専ら責任を負うべき者は大臣だとする制度である。一九世紀的議会制においてはすべての施政行為者に対してなんらかの方法で責任を問いうることが必要とせられたが、その場合そうした責任を完全に実効的なものにすることには色々な実際的不便がある。たとえば、国王がその施政につき責任を負うと定めれば――その場合の「責任」が単に唯名的なものでないかぎり――それは王政の根本原理に背馳することになろう。そこで、そうした危険に陥ることなしに、施政に対する責任をできるだけ実効的ならしめるために生じたのがここに扱う大臣責任制である。これは実はイギリスだけの特産物ではない。その他の国々でも、それは、いわば、実際上の必要から生れたのであるが、それが実際においても、理論においても、もっとも完全な形態を採ったのはイギリスで、諸国の大臣責任制もすべて原則としてはイギリスにその範をとったものである。

イギリスで生れた大臣責任制はおよそ次のようなものであった。

第一にそこでは国王は無責任とせられる。この原則はイギリスで通常「国王は不法を為し得ず」(The King can do no wrong)という言葉で表現せられるが、これがこの点でまず重要な意味をもつ。国王はそのいかなる行為についても法律上責任を負わず、どの裁判所もそれに対する裁判権をもたぬ。ダイシーのいったように、もし国王がその手で首相を殺しても、それを裁判しうる裁判所はない。従ってまた、何人もその不法な行動を国王の命令を援用することによって理由づけることはできない。そういう国王の命令というものは法律上あり得ないということになる。こういう国王無責任の原則は、いうまでもなく、君主政の維持のためには絶対に必要なもので、従って、諸々の泰西君主政は、一九世紀的議会制の形態を採るにあたって、それを採用することを余儀なくせられた。

しかし、ヨーロッパ的・一九世紀的議会制においてはすべての施政行為に関して責任者の存在がなにより要請せられる。そこで君主政では国王を無責任とする以上、そのほかの何人かをこの点に関する責任者としなくてはならない。ここで責任者とせられるのが、すなわち、国王の輔佐者たる大臣である。ここから大臣責任制の名が生ずる。この制度はイギリスではいわゆる「法の支配」(Rule of law)の思想によって説明せられる。すなわち、イギリス法ではすべての者が普通法に平等に従うとせられ、官吏もその点についてはなんら例外的地位をもたぬ。大臣の責任もこの原則にその根拠をもつ。しかし、通常の裁判所は大臣のような高官を裁判すべく十分な権威を欠く惧れがあるので、大臣の責任を問うために特別の手続と特別の裁判所が必要と考えられた。かくて生れたのが大臣訴追制(impeachment)である。これは大臣の非行について下院が弾劾権をもち、上院がこれを裁判するという制度で一四世紀以来イギリスで慣行によって確立せられた。そして、それはほとんどすべての泰西議会制国家によって模倣せられた。

しかし、この大臣訴追制はイギリスでは今日ではすでに慣習的に廃棄せられてしまったものとせられている。そこでは一七八八年のウォレン・ヘイスチングス(Warren Hastings)の事件および一八〇五年メルヴィル卿(Lord Melville)のそれを最後として、その後一回も大臣が訴追せられた例がない。その理由はきわめて簡単である。後にのべられるような議院内閣制にもとづく大臣の政治的責任が実効的になると共に、大臣訴追制というものは実際上全くその必要がなくなってしまったからである。議院内閣制が成立し、議会が自由に大臣の進退を決しうるようになると、大臣に特有な法律的責任をみとめる必要はない。大臣訴追制度は大臣が違法な行動を採った場合にのみ発動するが、議院内閣制の下では大臣の行動が単に不当だと考えられる場合でも、さらにまた大臣が不当な行動を採る惧れがあると考えられるにすぎぬ場合でも、議会は自由にその大臣をその地位から逐うことができる。議会がこういういわば予防的手段をもつ以上は、大臣訴追制のみとめるような事後懲罰的手段に容易に訴えなくなるのはきわめて自然である。

それと同じ現象はほかの国々でも見られた。どこでも議院内閣制的な大臣の政治的責任が確立せられるに至ると共に、大臣訴追制は事実において行われなくなる傾向を示した。

(2)

かようにして、国王は無責任であり、大臣が施政の最終の責任者とせられるようになると同時に、国王の施政行為が必ず大臣の輔佐にもとづいてなさるべきこと、言葉をかえていえば、国王の施政行為には必ず大臣が参与すべきことが要請せられることになった。この原則はイギリスでは一般的原則として定められたわけではない。それは——イギリス法におけるその他の重要な諸原理と同じように——方式の問題を機縁として生れた。イギリスでは多くの場合において国王の意思の表現は法律的拘束力をもつためには一定の印章ある文書によってなさるべきだとせられた。そして、それらの印章は各大臣によって保管せられ、それらの保管者によってのみ押捺せられうることとなっていた。そこで、大臣は国王の文書に印章を押すに際して自らもそれに参与する機会をもつこととなり、それによって大臣の負う責任は必ずしも他人の行為に関する連坐的なるものではなく、自己の行為に関する責任とせられることになった。さらに国王の口頭の意見の表示にも大臣の参与が必要とせられるようになった。こうして「国王は単独に行動し得ず」(The King cannot act alone)という原則が生れ、国王のすべての施政行為は必ず大臣の参与にもとづいてなさるべきものとせられた。

この原則も他の泰西諸国によって採用せられた。そこでは国王の施政行為の文書の方式をとるものについては必ず大臣の副署がなくてはならぬとせられた。

なおここに説明した大臣責任制の精神は議院内閣制においていっそう効果的に実現せられることになるのであるが、その点は項を改めて説くであろう。

五　議院内閣制

(1)

ヨーロッパ的・一九世紀的議会制の特色であって代議制や両院制や大臣責任制と同じように少なからぬ程度においてイギリス憲法史に由来すると考えられるものに議院内閣制(parliamentary government, cabinet government)がある。

ここに議院内閣制というのは代議制のひとつの種類で、議会が政府の進退を左右しうることをその核心とする制度である。議会が政府の進退を左右しうるということがその核心であるから、それはさきにのべられた大臣責任制を実際的にきわめて徹底させたものとも考えられる。そこでは行政権の首長の行為は必ず内閣の参与にもとづいてなされなくてはならず、しかもその内閣の進退は事実において議会によって決せられるとせられるのである。

この制度の第一の特色はそこで大臣が議会——両院制の議会にあっては下院——の多数を支配する政党から採られることにある。しかも、その場合大臣となる者はすべて自身議会の議員たる地位をもたなくてはならぬとせられる。その結果として、そこではつねにそうした多数党の領袖たちが大臣となる。この点をバジョットはこう説明している。

「内閣(Cabinet)というのは執行府たるべく選ばれた立法府の一委員会である。立法府には多くの委員会があるが、内閣はその最大なもので、従って立法府はそのためにそのもっとも信任する人を選ぶ。それはむろん直接にそれらの大臣を選ぶのではない。が、それらを間接に選ぶについてそれはほとんど万能である。いまから一世紀前(バジョットは一九世紀なかばにこう書いたのである)には、国王は大臣のとるべき政策を指導する権力はもっていなかったとしても、少なくとも大臣を選択する権は現実にもっていた。ところが、いまはそうではない。一般的にいって、首相は立法府によって選ばれる。そして、下院の首領(leader)がほとんど例外なくその地位を占める。ほとんど常に下院を支配する政党にはその首領となり、従って、国の支配者となるべくそこで選ばれた一人の人間がある。我々はだからイギリスにおいて、アメリカ人と同じように、選挙によってその任に就く最高執政官をもつ。ただ、アメリカと違う点は、我々の最高執政官は直接に人民によって選挙せられずに、人民の代表者によって選挙せられる。それは一種の間接選挙である」。

(2)

この制度の第二の特色は内閣は同質的でなくてはならぬということにある。内閣の成員は同じ政見をもつ者でなくてはならぬ。そうでなければ、政府が確固たる方針をもつことはできない。このために閣員の人選は事実上首相たるべき者に委せられる。これによって内閣の統一が確保せられ、首相は内閣の首長たる地位をもつことになる。

その第三の特色は内閣諸大臣が議会に対して政治的に責任を負うことにある。この点は、さきに一言せられたように、この制度の核心を形成するものであるが、この責任が全く政治的なものであり、その制裁としてはただ大臣がその地位を退くことを余儀なくされるということだけしかない点において、さきにのべられた大臣訴追制と異なる。その責任はあるいは連帯的であり、あるいは個別的である。問題が内閣全体の施政方針に関するときはそれは連帯的であり、問題が大臣だけの施政行為に関するときはそれは個別的である。前の場合には、議会の信任を失った内閣は総辞職すべきであり、後の場合には問題の大臣だけが辞すべきものとせられる。議会は、この制度の下においては、さきにのべられたように、事実において内閣諸大臣を任命する権をもつが、そればかりではなく、それはかようにその信任を拒否することによってそれらの諸大臣を事実において罷免する権力をもつわけである。

かような議院内閣制のなにより目的とするところは行政権を民主的なコントロールの下におこうとするにある。議会は民主的な構造をもつから、行政権を議会のコントロールの下におくことはつまりそれを民主的コントロールの下におくことになると考えられる。しかし、ここで議会に大きな権力が与えられるのは決して議会そのものに政治的優位がみとめられるからではなくて、議会の権力が民主的コントロールの手段として役立つと考えられるからであるから、議会そのものの権力もまた民主的コントロールの下に立たなくてはならぬとせられることは理の当然である。

（3）

議会に対する民主的コントロールを実効的ならしめる制度としては二つをあげることができる。

その一は議会——少なくとも下院——の成員が任期をもち、従って、定期に改選せられるという制度である。これは、いうまでもなく、すべての代議制に共通するところである。

その二は解散の制度である。これは必ずしも議院内閣制にのみ特有な制度ではないが、そこでとりわけ重要な政治的意味をもつのである。解散は政府が任期満了前において議員の地位を奪い、いわば任期を短縮する行為であり、それによって国民に対して選挙の機会が与えられる。解散の制度は強力な議会の権力に対して自己を防衛するために政府に与えられた武器とも考えられるもので、これがあるために政府はある程度において議会に対抗する地位を与えられる。議会は政府の行動をコントロールするに必要なあらゆる手段を与えられている。政府がその意に添わぬときは不信任決議を行うことによってこれを事実において罷免することもできる。ところで、政府はこれに対してその身を防衛すべき武器として解散権を与えられている。議会が不信任決議をもって政府の咽喉を扼するならば、政府はこれを解散することによって、争いの解決を国民の裁断に訴えることができる。解散の制度は、かように、政府と議会との間にある程度の権力の均衡をもたらすから、そうした権力の均衡をもって議院内閣制の本質と考える学者——たとえば、レーヅローブ(Redslob)——は解散の制度をもって議院内閣制の要素とし、それをもたぬ議院内閣制——たとえば、フランスのそれ——を「不真正議院内閣制」(le régime parlementaire inauthentique)と呼んでいる。

この議院内閣制は、さきにのべられたように、イギリスの憲法史の発展の過程において自然発生的に生れたものである。その成立の経過はイギリス憲法史のもっとも興味ある一節であるが、ここではその点には立入らない。それはフランス革命と共に大陸に移入せられ、王権復古(Restauration)以後においてフランスで確立せられた。それがフランスで確立せられた経過もフランス憲法史における頗る興味深い一面であるが、むろんここではそれに立入ることは許されぬ。

ドイツの諸国は一九世紀を通じてこの制度に敵意を示していた。彼らはそのいわゆる立憲政治(die konstitutionelle Regierung)の概念を専らかような議院内閣制——これを彼らは議会制(die parlamentarische Regierung)と呼んだ——に対立せしめつつ構成した。彼らにあっては、専制政治の否定が立憲政治であるよりも、むしろ議院内閣制の否定が立憲政治であった。しかるに、大戦後のヴァイマール憲法はドイツに完全な議院内閣制をもたらし、ナチスの国民革命まではそれが、ライヒでもラントでも、行われた。

六　国民主権主義

(一)

これまでのべられたところはヨーロッパ的・一九世紀的議会制の特色とせられるもののうちでイギリス憲法史の所産と考えられるものである。さきにのべられたように、エスマンによれば、一九世紀的議会制を特色づける諸原理にはこのほかになお主として一八世紀の哲学的思弁に由来すると考えられるものがある。それについて次に考察するであろう。

この点でまず国民主権(Souveraineté nationale)の原理があげられる。これは一七八九年のフランスの人権宣言の第三条に「すべての主権の原理は本質的に国民に存する」という言葉で表明せられている原理をいうので、共和政の形態をとった一九世紀的議会政ではほとんど例外なく承認せられたところである。それらの諸国の成文憲法には「主権は国民より発す」という類の規定が必ず見られるが、それはつまり国民主権主義を宣明したものにほかならぬ。

この原理は要するに民主主義の原理にほかならぬのであるが、そのいうところはきわめて抽象的なので、従って、そこから必ずしも一定の具体的な内容が引き出されたわけではなかった。たとえば、代議制か直接民主制かという問題についても、国民主権主義の原理の論理必然的な帰結としてそのいずれかが出てくるというわけではない。人の知るように、ルソーは『民約論』(Du contrat social)において、国民主権主義の立場から直接民主制を讃美して代議制を批難した。いわく、「イギリス人は自分で自由だと考えているが、それは間違いだ。彼が自由なのはただ選挙において投票する瞬間だけだ。投票がおわってしまえば、もう彼は単なる奴隷にすぎぬ」。しかし、このルソーの結論は一九世紀的議会制の多くにおいて採用せられていない。そこでの諸共和政はいずれも国民主権主義を承認しながら、しかもほとんど例外なく代議制を採用している。代議制は——そこでは、さきにのべられたように、強制的委任(mandat impératif)は全く否認されているのにかかわらず——毫も国民主権主義と矛盾するものではないと考えられたのである。いや、当時のヨーロッパ諸国では世襲君主政すら国民主権主義と必ずしも矛盾しないと考えられた。世襲国王をもつベルギーがその憲法の明文で「主権は国民に由来す」と定めている如きはその例に数えられる。

(2)

また選挙法の諸問題についても、国民主権主義の原理から論理必然的に生ずる帰結というものは必ずしもない。たとえば、選挙権を何人に与うべきか——普通選挙制か制限選挙制か、あるいは平等選挙制か不平等選挙制か——という問題に対してその原理から一義的な結論を引き出すことはできない。極端な制限選挙制も不平等選挙制——等級選挙制または複数投票制——も国民主権主義を宣明する憲法の下においてしばしば採用せられた。選挙の方法についても同じである。たとえば、直接選挙制も間接選挙制も国民主権主義を宣明する憲法の下において同じように行われた。また、多数代表制か比例代表制かというような問題もこの原理と必ずしも必然的な関係はない。ヴァイマール憲法は国民主権主義を明確に宣言しつつ、徹底的な比例代表制を定めたが、むしろ多数代表制の方が国民主権主義に適合すると主張する学者もある。

ヨーロッパ的・一九世紀的議会制は多かれ少なかれ民主主義をその大きな特色としている。従って、民主主義そのものにほかならぬ国民主権主義がそこで——ことに共和政諸国において——みとめられたのはきわめて当然である。ただ、いまのべられたように、この原理はそこではなはだしく抽象的な意味しかもたなかったから、それが必ずしも一定の具体的制度を伴うものでなかったことは注目に値いする。

国民主権主義はアメリカおよびフランス革命を通じて世界の多くの国によって承認せられるに至ったが、ドイツの諸国では世界大戦に至るまで承認せられなかった。むろん、ドイツ諸国でも夙に代議制はみとめられ、従って、ある程度において民主主義の原理も承認せられていたわけであるが、それでもそこでは民主的勢力が微弱であったため、国民主権主義はみとめられず、むしろその反対の意味をもつ君主主義(das monarchische Prinzip)がそこでの政治原理とせられていた。ドイツで国民主権主義が承認せられるに至ったのは、右にのべられたように、世界大戦以後のことである。

七　権力分立主義

(1)

ヨーロッパ的・一九世紀的議会制を特色づける原理で、国民主権主義と同じように、専ら一八世紀の哲学的思弁の所産と考えられるものにさらに権力分立主義がある。

権力分立主義(séparation des pouvoirs, Gewaltenteilung, separation of powers)――わが国では通常はむしろ三権分立主義と呼ばれる――は自由主義的政治原理の制度的表現として一九世紀的議会制のもっとも大きな特色の一に属する。

その最初の理論家はロックだといわれる。彼は国家の権力に立法権・執行権および外交権(federative power)の三種をみとめ、立法権と執行権はそれぞれ別人の手に与えらるべきものとし、その理由としてこういった。

「立法権は国家およびその国民を保全するために国家権力がどう使用せらるべきかを定める。不断に執行せられなくてはならず、その力は継続的でなくてはならぬところの法律というものは僅少な時間のうちに作られうるから、立法権はつねに活動している必要はない。他方において、法律を作る権力をもつ人間が同時にそれを執行する権力をもつならば、その場合権力を濫用する誘惑は人間の弱さにとってあまりに大きいであろう。彼らはその作った法律に対する服従を免れまた法律を自分の都合のいいように作って執行するであろう。であるから、すべてのよく規整せられた国家では、立法権は多数人の手に与えられ、それらの多数人は集合して自ら、または他の集合体と共同に、法律を作る権力をもつ。そして、彼らが法律を作ってしまったときは、彼らは互いに分れ、自身その作った法律に服従する。しかし、作られた法律は不断の拘束力をもち、絶えず執行せられなくてはならぬから、それらの法律の執行を司る権力がつねに活動していることが必要である。かくて立法権と執行権はしばしば分立せしめられるようになる」。

ただ、ロックは執行権と外交権の区別をみとめながら、それらは結合せらるべきものとした。司法権については、ロックは特に多くを語っていない。この「光栄革命」の理論家の語るところは、むろん、単なる抽象的論議ではなくて、当時のイギリスの憲法と密接な関聯をもつ。そのことはここに引かれた彼の言葉からも明らかに知られうる。そこで彼が両院制に言及していることは興味がある。両院制が権力分立主義と共通の思想的基礎をもつことはさきにも一言したが、そのことはロックのこの言葉のうちにもあらわれているといえよう。

(2)

ロックの思想の影響の下に、権力分立主義を完成させた理論家はいうまでもなくモンテスキューである。彼はその「法の精神」の「英国憲法」と題する章において、国家の権力を立法権・執行権および司法権の三つに分けた。いわく。

「すべての国家には三種の権力がある。すなわち、立法権、万民法に属する事項を執行する権および市民法に属する事項を執行する権がこれである。第一のものによって、君主または執政官は法律を作り、それを修正・廃止する。第二のものによって、彼は宣戦媾和をなし、外交使節を交換し、安全を保持し、侵入を予防する。第三のものによって、彼は犯罪を罰し、または私人の争いを裁判する。この最後のものは裁判する権力と呼ばれ、もう一つのものは単に国家の執行権と呼ばれる」。

ここに万民法に属する事項を執行する権または簡単に執行権がロックのいう外交権であることは明瞭である。この場合モンテスキューの理論の独創性は専ら二つの点にある。第一に「法の精神」の著者は秩序を維持し、法律を執行するためにする国内における公権力の使用や政府の活動はいわゆる外交権の作用ときわめて類似した性質をもつものであることを明らかにした。第二に彼は司法作用というものが立法権や執行権とは性質の違ったものであることを明らかにした。

かように三権を区別したモンテスキューはすすんでそれらの分立を、すなわち、それらが、代議制において、相互に区別せられ、独立な持ち手に与えらるべきことを要求した。いわく。

「政治的自由は制限政体においてしか見出されえぬが、それは制限政体にはつねに存在するわけではない。それは権力が濫用せられぬ場合にのみそこに存在する。しかしながら、永い経験の教えるところによれば、権力をもつ者はすべてそれを濫用しがちなものである。彼は制限にぶつかるまでそれを濫用する。権力の濫用がありえぬためには、権力が権力を阻止するように事物を按配しなくてはならぬ」。

この議論はさきにロックのいったところと全く軌を一にする。そして、権力分立が行われ、権力の濫用が行われなくなってはじめて、法が尊重せられ、それが正確に執行せられるようになるとモンテスキューは主張する。いわく。

「同じ人間または同じ執政官の一団の手に立法権と執行権とが合一せられる場合には自由は存しない。なぜなら、同じ君主又は同じ元老院が暴政的な法律を作って暴政的にそれを執行する恐れがあるから」。

またいわく。

「なお裁判権が立法権および執行権から分離していなければ、これまた自由は存しない。もし裁判権が立法権と結合すれば、市民の生命および自由に対する権力が恣意的となるであろう。なぜなら、裁判官が立法者となるわけであるから。もし裁判権が執行権に結合せられれば、裁判官は圧制者の力をもちえよう」。

さらにつづけていわく。

「もしも同じ人間または顕官・貴族あるいは人民の同じ一団がこれを三つの権力すなわち、法律を作る権力、公の議決を執行する権力および犯罪または私人の争いを裁判する権力を行使するならば、すべては失われてしまうであろう」。

モンテスキューは、ロックと同じように、その主張する権力分立主義がイギリスで行われていると考えたらしい。そして、もしそう考えたとすれば、それは多くの人の指摘するように、イギリス憲法の誤解だといわなくてはなるまい。モンテスキューがある程度においてそういう誤解から自由でなかったことは事実であろう。しかし、彼において重要なことは、現実のイギリス憲法を説くことではなくて、政治的自由を実現するための制度として権力分立の必要を明らかにすることであったことはいうまでもない。

かようにして説かれた権力分立主義はアメリカおよびフランス両革命によって諸国に普及し、程度の差こそあれ、すべてのヨーロッパ的・一九世紀的議会制諸国のもっとも重大な特色となったものであるが、それは現代見られる諸独裁政との対比においてのみならず、我々がこの書でその歴史的地位を明らかにしようとしている中国の五権憲法の理論との対比においてとりわけ重要な意味をもつ。それで我々はさらにこの原理についてやや詳しく語るところあろうとおもう。

(3)

権力分立主義の精神は、いま説かれたように、権力をして権力を阻止せしめることによって政治的自由を保障しようとするにあるが、その制度的形態には色々な種類が見られる。

まず執行権と立法権の関係についてみるとこの点でも両権を現実に可能な最大限度に分立せしめようとする形態と、その分立を緩和しようとする形態とがある。その分立をできるだけ厳格ならしめようとするものとしてはアメリカ合衆国の憲法や一七九一年のフランス憲法や共和三年のフランス憲法をあげることができる。その特色は次のような点にある。

大臣はそこでは執行権にのみ属すべきもので、従って、同時に立法府の一員であることはできない。これは右にあげられた諸憲法のすべてにおいてみとめられているところであるが、一七九一年のフランス憲法ではなお立法府の議員はその在任中および退任後二年間は大臣に就任することができぬと定めた。こういう規定の結果として、大臣は立法府に出席・発言する権を与えられぬ。と同時に、大臣はこの制度の下では毫も立法府に依存乃至従属することはない。立法府は大臣を批難することもできぬし、これを罷免することもできぬ。大臣の任免権は事実において立法府の権　の外におかれる。

そこではさらに立法権は排他的に立法府に属するとせられる。従って、立法発案権はそこでは執行権に与えられぬ。

それは立法府の独占するところである。また同じ精神にもとづいて立法府の議決した法律に対して行政権が拒否権をもつことも否定せられる。行政権がそうした拒否権(veto power)をもつことは権力分立主義に反すると考えられる。共和三年のフランス憲法は、執政府(Directoire)は立法府の議決した法律は必ずその受領後二日内に公布すべきものと定めた。同じく権力分立主義を厳格にみとめる一七九一年のフランス憲法やアメリカ合衆国の憲法では執行権に対して一種の拒否権がみとめられているが、それはいずれにあっても停止的拒否権(suspensive veto)の性質をもつもので、本来の絶対の拒否権ではない。

かようにそこでは執行権に対しては絶対的な拒否権すらみとめられぬのであるから、まして議会の解散権が執行権に対して与えられぬことはいうまでもない。また立法府を召集し、それを開閉する権もそこでは執行権に与えられぬを通常とする。

この種の憲法ではかように執行権による立法権への侵害が極度に警戒せられているが、その警戒がさらにすすんで本来執行権の領域に属すべき事項がそこで立法権に属せしめられていることが少なくない。たとえば、一七九一年のフランス憲法は「高等行政警察」を立法府の権限とし、国王が行政官に対して命ずる停職を維持・廃棄したり、行政体を解散したりする権を立法府にみとめた。北米合衆国の憲法にもそうした警戒の跡が見られる。そこでは執行作用のきわめて重要なもの——恣意的になりやすいもの——に上院(Senate)を参与せしめている。上院はその場合立法府の一院ではなくて、行政機構のうちにその位置を占める。

大体以上に説明せられたようなのが権力分立主義をできるだけ厳格に適用しようとする政治形態の特色である。こういう形態はまずアメリカ合衆国で生れ、その影響の下に「新世界」の多くの共和政で採用せられた。ヨーロッパではこの形態はあまり見られぬが、論者の中にはその賛成者も必ずしも少なくない。それが立法府から独立な強力な執行権をもつことのできる点は、ともすればあまりにも脆弱な執行権をもちやすい議院内閣制にくらべて、その長所と考えられるが、そこにも若干の欠点と目さるべきものも見られる。その点についてはアメリカ合衆国の実際が大いに参考とせらるべき実例を提供する。そこでは憲法制定者の期待したような権力分立は実際には必ずしも実現せられなかった。実際には執行権と立法権との間に密接な連絡関係が生じた。それは専ら議会両院の委員会を通じてである。それによって、立法権の執行権に対するコントロールは実際においてきわめて強力なものとなった。しかし、この慣行はそこで必ずしも適当なものとは考えられていない。立法権と執行権の連絡がそこで公然と行われず、閉された扉の背後においてのみなされることははなはだしく政治の公明を害するし、また立法権と執行権との間に意見の対立が生ずる場合——たとえば、議会の反対する大臣を大統領があえて罷免しようとしない場合——そこに適当な解決方法は与えられていない。

(4)

執行権と立法権の関係についてかようにその分立を最大限度にみとめようとする形態に対立するものはいうまでもなく、議院内閣制である。この制度については、我々はすでに説明したが、その権力分立主義との関係について改めてここで考えてみたい。

議院内閣制はしばしば権力分立主義の対立物と考えられる。それはある意味で決して間違いではない。しかし、議院内閣制が全く権力分立主義を否認するものでないことも明らかである。そのことは、たとえばそこに不可廃立的な執行権の首長がおかれることによっても証明せられうる。そうした首長が立法府によって選任せられる場合でも、立法府によっては罷免せられえず、従って、権力分立主義の要請する独立は十分に彼に与えられる。執行権の行為には必ず彼の干与乃至彼の署名が必要とせられ、その干与乃至署名を拒絶したり、延引したりすることによって、彼は施政に大きな影響を与えることができる。むろん、彼の行為は責任ある大臣の輔佐にもとづかなくてはならず、しかもそれらの大臣は立法府の前に政治上責任を負うべき地位にあるから、執行権が結局立法府によって左右されることは当然であるが、それにもかかわらず、そこで執行権を行うものは執行府であって立法府ではない。バジョットやブライスは議院内閣制では執行権は下院が選任した委員会(すなわち内閣)によって行使せられるというが、そこには幾多の誇張がある。議会において多数党の存在が明確でなかったり、またたとえそれが明確であってもそこで全く紀律が守られぬ場合などは、大臣の選任にあたって行政権の首長の活動しうる範囲はきわめて広汎である。また彼に対してみとめられるを例とする議会の解散権なども、執行権の立法権よりの独立の保障に少なからず役立つであろう。

ただ、事実において、議院内閣制では執行権の首長を退任せしめうる手段が議会に対してみとめられている。つまり、議会が確固たる決意をもってあらゆる内閣の形成に反対するならば、この目的は容易に達せられる。このことは現に実際にたとえば、フランスのグレヴィ大統領の治世において生じたところである。この大統領のときその婿のウィルソンという下院議員が大きな疑獄事件に関係した。大統領自身がその事件に関係していないことを何人も疑わなかったが、彼がその婿をややかばうように見えたことが輿論を刺戟し、一八八七年一一月一九日議会の質問は時のルヴィエ内閣を倒してしまった。そこでグレヴィ大統領は新しい内閣をもたらすべく必死の努力を試みたが、成功しなかった。議会の形勢がそれを許さなかったのである。そして、とうとう一二月二日に至って大統領は辞表を出さざるをえなくなってしまった。それと同じような例はスウェーデンおよびノルウェイでも生じた。ノルウェイのスウェーデンからの分離がそこで問題とせられ、そのために内閣が倒れたとき、ノルウェイ議会はあらゆる手段を講じて新内閣の組織を妨げ、その結果オスカル国王は退位すべく余儀なくせられた。つまり国王の退位を強制することによってノルウェイはスウェーデンからの分離を敢行したのである。

議院内閣制において、しかし、大臣が形式的にも議会から選挙せられるようになると、権力分立主義はそこで形式的にも廃棄せられるであろう。そういう意見も従来公にせられたことがある。フランスの古典的な議会主義者プレヴォ・パラドルの『新しいフランス』(La France nouvelle)にもそれに類する見解がのべられている。いわく。

「首相を直接に下院で選挙させる方がよくはないかということを考える必要があろう。首相は下院で選挙せられ、しかる後にその首相が自由にその閣員を選任するということにすると、立憲君主なり、大統領なりに対し、またその閣員に対して、彼は以前よりはるかに大きな権威をもつようになるとおもわれる。むろん、この場合首相には任期は定められぬ。彼は自発的に辞職するまで、または下院がその辞職を必要とみとめるときまで在任する。この点についてたとえば、三分の一の議員の要求があるときは、下院は首相の後継者を選挙するか、または現在の首相を新な表決によって確認するか、そのいずれかの挙に出なくてはならぬと定めることもできよう。そうすれば、首相は完全な意味において下院の指導者(leader)となるであろう。しかも、彼の地位はフランス精神に適合する明確さをもち、イギリスにおけるよりよく規定せられることになろう」。

あろう。

権力分立主義について、執行権と立法権の関係を検討した我々は次にさらに司法権について若干の考察を試みるであろう。

さきに一言せられたように、モンテスキューは司法権をもって立法・執行両権からそれぞれ区別せられた第三の権力としている。が、この点については異なる見解が行われている。それは、すなわち、司法権は執行権の一部門にすぎぬとする見解である。国家の作用は法を作る作用と法を執行する作用に区別せられ、従って立法権と執行権の区別がもっとも根本的である。民事・刑事の裁判も要するに法を執行する一形態であり、従って司法権は執行権と同じ範疇に属する。こう説かれる。この見解はフランス革命の時の最初の憲法議会(Assemblée Constituante)においてカザレス(Cazalès)によってとりわけ明確に主張せられた。彼はいわく。

「すべての政治社会(国家)には法を作る権力と法を執行させる権力とその二つの権力(pouvoirs)しかない。司法権は単なる作用(fonction)にすぎぬ。なぜなら、それは法をただ適用するだけであるから。法の適用は執行権に属する」(一七九〇年五月五日)。

彼はさらにバルナーヴに反駁して次のようにいった。

「余は先日の意見においていかなる社会にも真実に異なる権力としては立法権と執行権の二つしかなく、どのような種類の政治力もその発現ならぬはないといった。バルナーヴ君はモンテスキューの権威を引いてこれに反対せられた。この権威に対して余が従わぬのはあるいは頗る異様におもわれるかも知れぬ。しかし、余はただ真理と道理にのみ従う。そしてその真理も道理もいやしくも理性があり、善意をもつ人間で二つより多くの権力を承認しうる者は一人もないということを余に教える。余はバルナーヴ君自身に訴える。主権がすべての権力を分配した場合、法とそれを執行する方法を定めたら、その後になすべき何が残るであろうか。第三の権力は一体何に用いられるのであろうか。モンテスキューは永い間光輝をもって裁判官の職を勤めた。だから、彼はその身分(等族)の精神に支配せられたのである」。

この点は学問的には重要な問題である。ここにカザレスの説いたのはいわゆる国家権力の二分説であり、これに反してモンテスキューの説はいわゆる三分説である。今日の学界でもこの二つの見解の対立が見られている。しかし、実際政治的見地からはこの問題はあまり大きな重要性をもたぬ。実際政治的見地から重要なのは司法権が理論的に執行権とその性質を同じくするかどうかというようなことではなくて、司法権を立法府や執行府から独立な裁判所の手に与えることが妥当かどうかということにある。

(6)

近代議会制では司法権はそうした独立な裁判所によって行使せらるべきものとするのがいちばん適当だと考えられている。それによってはじめて人民の「自由と財産」(Freiheit und Eigentum)の保障が完全になるとせられるのである。

歴史的に見ると、国家作用のうちでもっとも早く分化したのは司法権である。一九世紀的議会制に先立つ一七・八世紀的絶対政においてはすべての国家作用はその理念上国王の手に統一せられていた。民事・刑事の裁判を行うことももとより王権に含まれていた。国王の行う裁判がいわゆる官房司法(Kabinettsjustiz)である。

自由主義的政治思想が次第に有力になりはじめたとき、まず要請せられたのはこういう官房司法の廃止であった。

すなわち、裁判権を国王の手から裁判所の手に移すことであった。この要請に応じて、国家作用のうちでまず司法権が国王の包括的支配権から分化し、王権から離れて独立な裁判所の管掌するところとなった。これが司法権の独立と呼ばれる原理である。なぜかように司法作用がまず国王の独裁権の外におかれるようになったかといえば、おそらくは民事・刑事の裁判という作用は一方において一般人民の利益に関係することが特に密接であり、しかも他方においてそれは国王自身の利益に関係することが他の国家作用——たとえば、軍事作用——に比して比較的稀薄であったからであろう。

かような意味の司法権の独立はイギリスではすでに一七世紀において確立せられた原則となっていたようである。ヨーロッパ大陸においては、しかし、絶対政がイギリスにおけるよりはるかに強力であったから、それだけ司法権の独立のためには強く戦われなくてはならず、しかもその完全な確立は一九世紀を待たなくてはならなかった。

フランスではモンテスキューがはじめて官房司法反対を唱えた。司法権の独立はその権力分立論の当然の帰結であったのである。その『法の精神』にいわく。「専制国家」においては君主は自身裁判をなしうる。が、君主政においてはそうではない。「君主自身によってなされる裁判は不正と濫用の尽きぬ淵源であろう」。しかし、かような反対にもかかわらず、官房司法は Lettres de la chancellerie, lettres patentes, lettres de cachet の方法によってフランスではその後も実際にさかんに行われた。それを明確に廃止したのはフランス革命である。一七八九年の人権宣言(Déclaration des droits de l'homme et du citoyen)の第一六条は「すべて権利の保障が確立せられず、権力の分立が確定せられざる社会は憲法をもつものにあらず」(Toute société dans laquelle la garantie des droits n'est pas assurée, ni la séparation des pouvoirs déterminée, n'a pas de Constitution)と宣言し、それにつづいて一七九一年九月三日のフランス憲法は「司法権はいかなる場合にも立法府または国王によって行使せらるるを得ず」(Le Pouvoir judiciaire ne peut, en aucun cas, être exercé par le Corps législatif ni par le Roi) と定めるに至った。ここにおいて官房司法は明確に否定せられた。

(7)

ドイツでもすでにフリードリヒ大王(一七四〇―一七八六)の時代に官房司法に対する反対の声が強かったようである。この開明君主は次のような言葉を残している。「余は訴訟の進行を決して妨害せざるべく決心せり。法廷においては法が語るべく、主権者は黙すべきなり(C'est dans les tribunaux où les lois doivent parler et où le souverain doit se taire)」。またいわく。「主権者がその権威によって訴訟の決定に干渉するは妥当にあらず。法のみが支配すべく(les lois seules doivent régner)、主権者の義務は法を保護することに限らる」。この大王がかような開明主義を奉じていたことは、たとえば、かのサン・スーシの風車屋の話からも推測せられる。(これは、人の知るように、ポツダムのサン・スーシ離宮の近くにある風車を取りのけようという大王の意思に対してその風車屋が反対してベルリンの裁判所に訴え、大王もまたあえてその権力によってその意思を強行しようとしなかったという伝説であるが、学者のいうところによると、その話の真実性ははなはだ疑わしい。) しかし、かような言葉にもかかわらず、わが「老フリッツ」は実は決して官房司法を廃止したわけではなかった。そのことは、たとえば、かのアルノルト事件によって明白に示されている。

ドイツで官房司法が全く廃止せられたのは一九世紀になってからである。プロイセン王フリードリヒ・ヴィルヘルム三世の一八一五年九月六日の命令では、たとえば、次のようにいわれた。「裁判所はその判決をなすについては法の規定以外の規定に従わざること(keiner anderen Vorschrift als derjenigen der Gesetze unterworfen)を確定す」。ここに「法の規定以外の規定に従わぬ」というは、裁判にあたって国王の具体的な訓令に従わぬこと、つまり、官房司法が許されぬことを意味する。かような司法権の独立の原理はその後次第にドイツの諸邦でみとめられるようになった。たとえば、一八一八年のバイエルン憲法は「裁判所はその職務の範囲内において独立にして(Die Gerichte sind innerhalb der Grenzen ihrer amtlichen Befugnis unabhängig)、裁判官は裁判判決によるに非ざれば、その職を免ぜらるることなし」と定めているし、その他諸邦の憲法も同じような規定を設けている。

一八四八年の「ドイツ国民の基本権」(Grundrechte des deutschen Volkes)——これはアメリカやフランスの権利宣言に倣ってドイツでこのときReichsverweserによって公布せられ、一八四九年のフランクフルト憲法案の一部とせられたもので、ある邦々では現実に施行せられた——もその点についてきわめて明白に「司法権は独立に裁判所によって行使せらる。官房司法は廃止せらる」と定めた。この原則はドイツでは一般に裁判官はただ「法律にのみ従う」という言葉で表現せられ、自由主義運動が全ドイツを風靡した一八四八年の五月一五日および同月二〇日のプロイセンのはじめての両憲法草案が「司法権は国王の名において裁判所により行使せらる。裁判所は独立にして、法律の権威にのみ従う(Die Gerichte sind unabhängig und keiner anderen Autorität als der des Gesetzes unterworfen)」と定めて以来、一八五〇年のプロイセン憲法、一八七七年のドイツ裁判所構成法、一九一九年のプロイセン憲法、同年のバイエルン憲法、ヴァイマール憲法などすべて裁判官は「ただ法律にのみ従う」(nur dem Gesetz unterworfen)と定めている。一九二〇年のチェコスロヴァキア憲法、一九二一年のポーランド憲法および一九三一年のスペイン憲法にも同様な文句の規定が見られる。

かような司法権の独立の原理は諸国においてなにより裁判官の身分の保障を要請した。身分の保障のないところに現実的な職務の独立はありえぬからである。諸国の憲法はいずれも裁判官の身分を明文をもって保障し、裁判官がきわめて慎重な手続によらずしてその職を免ぜられることがないと定めている。

この司法権の独立の原理については、一九世紀的議会制諸国の間にあまり大きな相違は見られぬ。どの国もこの点についてはほとんど同じような制度を採用している。

八 個人権

(1)

ヨーロッパ的・一九世紀的議会制を特色づける原理で、国民主権主義や権力分立主義と同じように、専ら一八世紀の哲学的思弁の所産と考えられるものにさらに個人権理論がある。

一七・八世紀にヨーロッパ大陸で支配的であった絶対政では、国家権力の万能が信ぜられた。「国王は法の上にあり」(Princeps legibus solutus est) というのがその原理であった。もっとも、そこには神法 (lex divina) による制約はあると考えられ、また自然法 (lex naturalis) による制約もみとめられていた。そして、自然法も結局神法と同じように神意にその根拠をおくものと考えられた。フランスでは、このほかに根本法 (lex fundamentalis, loi fondamentale) というものがみとめられ、王権もこれによって制約せられると考えられた。たとえば、ロワゾー (Loyseau) は王権を制約する法に神法(loix de Dieu)・自然法(règles de justice naturelles et non positives)および根本法(loix fondamentales de l'Etat)の三種があるとした。しかし、これらの王権に対する制約は必ずしも個人の利益のためにみとめられたものではなく、また個人はこれについてなんら固有の権利をもつものとは考えられなかった。

これに反して、近代に至って国家権力に先立って存在し、従ってそれを制約するところの権利が個人に対してみとめられるようになった。そういう権利がいわゆる個人権(droits individuels)であるが、その理論は元来自然法に由来する。

そこでは自然状態(state of nature)と社会契約(social contract)という仮設から出発せられる。個人はそこではまず国家以前の自然状態に存在すると考えられる。自然状態では個人は全く自由独立で、ただ自然法によってのみ制約せられる。個人は契約によってこの状態を捨てて国家に入り込む。その際むろん個人は自然状態で享有していた自由独立を国家の利益にまで犠牲にしなくてはならぬが、そこで彼が犠牲にするのは国家の存立と絶対に両立しないような自由独立だけで、決してその全部ではない。従って、彼は国家状態に入ってからも、自然状態において享有した自由独立の重要な部分は依然として保有しているのであるが、そうした国家状態に入るにあたって犠牲にせられぬ自由独立の範囲が、すなわち、個人権なのである。個人権はかように国家に先立って存在し、それより上位にある。国家はそういう個人権を保障するために設けられるものであるから、その国家が個人権を侵害することは許されぬ。こういうのが個人権の理論で、その代表者としてはロック、ヴォルフ、ブラックストーン、シェイエスなどをあげることができる。

この理論は国家なり社会なりを個人にまで還元するもので、アメリカおよびフランスの両革命ならびにその影響を蒙った諸国の政治思想は、いずれも例外なく、多かれ少なかれ、これを採用した。そこでまず前提せられる価値は個人である。個人は生れながらにして自由かつ平等である。この自然状態において個人が先天的に固有する権利が個人権である。それはあるいは天賦人権と呼ばれる。国家はそうした個人権を保護するために、しかもそのためにのみ設けられるのであるから、個人権は国家権力によって侵害せらるべからざるものである。こう説かれる。この理論は結局国家をもって夜警人のようなものと考えることに帰着するから、ラサレ(Lassalle)はそれを——批難的意味において——「夜警国家」(Nachtwächterstaat)の理論と呼んだ。

(2)

ところで、その個人権とはどのような内容をもつものであるか。それは平等と自由の二つに大別せられうると説かれる。

平等の原理は社会契約の理論から当然に生れる。すでに契約という以上はその参加者が平等の価値をみとめらるべきは当然である。すべての人間は物理的不平等にもかかわらず自然状態において自然法上平等とせられていた。一七八九年のフランスの人権宣言の第一条に「人間は生れながらにして自由かつ平等なり(Les hommes naissent et demeurent libres et égaux en droits)」とあるはこの趣旨を示すものである。この平等の原理はさらにより具体的には次のような諸原理となってあらわれた。(1)法の前の平等、(2)裁判に関する平等、(3)公務就任能力の平等、(4)租税の平等。

自由——あるいはいっそう正確に個人の自由(liberté individuelle)——は右に引かれた人権宣言の第四条で明確に

定義を与えられている。いわく。「自由は他人に害を与えざるすべてのことをなすことに存す。すなわち、各人の自然権(droits naturels)の行使は社会の他の成員に対して同じ自然権の享有を確保する限界以外に限界を有せず」。その自由はさらに各種の自由または自由権に分れるが、それらは二種類に大別せられる。

一は主として個人の物質的利益に関係するものである。次の如し。

(1)狭義の個人の自由。これは居住・移転の自由や、身体の自由(または人身の自由)――一八世紀の人たちはこれを「安全」(sûreté)と呼んだ――を意味する。

(2)個人の財産の自由。これはあるいは財産の不可侵と称せられるもので、いうまでもなく、私有財産制を基礎とする近代資本主義の下においてもっとも重要視せられた自由である。右に引かれたフランスの人権宣言の第一七条にいわく。「財産は神聖不可侵の権利(droit inviolable et sacré)なり」。

(3)住所の不可侵。これは狭義の個人の自由の延長で、それによって個人の私生活を保障しようとするものである。

(4)営業の自由。

他の種類の自由はより多く個人の精神的利益に関係するものである。次の如し。

(1)信教の自由。いわゆる良心の自由(liberté de conscience, Gewissensfreiheit)は近代においてもっとも重視せられた自由のひとつである。宗教改革運動やそれにつづく諸々の宗教的迫害はこの自由の価値を認識せしめた。自然法論者はすべて良心の自由をもって個人の絶対的な権利としている。たとえば、ヴァッテルはその「万民法または自然法原理」(Vattel, Le droit des gens ou principes de droit naturel)において「良心の自由は自然的不可侵的権利(un droit naturel et inviolable)なり」といっている。フランスの人権宣言の第一条にも「何人もその意見(宗教上の意見をも含む)につき故障を受くることなし(Nul ne doit être inquiété pour ses opinions, mêmes religieuses)。但し、その表示が法律の定むる公の秩序を害する場合はこの限に非ず」とある。

(2)集会の自由。

(3)出版の自由。

(4)結社の自由。

(5)教育の自由。

(3)

これらの個人権の特色はそれが単に国権を制約するにとどまり、なんら市民のためにする国権の積極的活動を要請するものでないことにある。人の知るように、ゲオルグ・イェリネックは国民は国家において四つの地位(または身分)をもつと説いた。それは受動的地位(passiver Status, status subiectionis)・消極的地位(negativer Status, status libertatis)・積極的地位(positiver Status, status civitatis)・および能動的地位(aktiver Status, Status der aktiven Zivität)であるが、個人権はこれらのうち消極的地位において存立するものである。国民が国家から救護を受ける権利とか、教育を受ける権利とか、労働を与えられる権利とかいうもの——すなわち、イェリネックのいう積極的地位において国民の享有する権利——は個人権の範疇に含まれぬ。

一八世紀において、とりわけフランス革命当時においては、個人権はしばしば市民権(droits civils)と呼ばれた。またパリ大学における憲法学講座の最初の担任者とも考えられるロッシ(Rossi)はこれを公権(droits publics)または社会権(droits sociaux)と呼んだ。そして、この用語例はフランスではひろく行われている。しかし、それらの用語例にもかかわらず、この権利がいわゆる参政権(droits politiques)に対立するものであることは、すべての人によって承認せられている。

参政権は国民が政治に参与する権利で、イェリネックのいう能動的地位について国民のもつ権利である。選挙権がその代表的なものであるが、そのほか官吏になる権利とか、陪審員になる権利とかもこれに属するといわれる。(もっともそういう「権利」がはたしてみとめられうるものかどうかについては学問上問題がある。)それは必ずしも国民のすべてに与えられるものではなく、そこには年齢や性別にもとづく要件がみとめられる。これに反して、個人権は原則としてすべての国民に対してその人間としての価値にのみもとづいてみとめられる。かように参政権は個人権から区別せられる。

この点でやや問題になったのは請願権である。これはあるいは個人権と考えられ、あるいは参政権と考えられた。一七九一年のフランス憲法議会(Assemblée Constituante)でシャプリェ(Chapelier)はこの点についていわゆる請願を二種に区別した。一は個人がその個人的利益に関して希望を官署に対して申出ることであり、他は個人が一般的利益のために一定の希望——たとえば、一定の法律の制定——を申出ることである。彼は前者を「嘆願」(plainte)と呼び、それは何人にもみとめられる自然不可侵の個人権であるとした。そして、後者を「請願権」(droit de pétition)と呼び、それは能動的市民(citoyen actif)にのみ留保せられるとした。この考えに対してはしかし、多くの反対がなされ、結局一七九一年九月の憲法では請願権を個人権として保障することになった。いわく。「本憲法は個々に署名せられたる請願を官署に提出する自由を自然的市民権(droit naturel et civil)として保障す」(Tit. I)。

(4)

ヨーロッパ的・一九世紀的議会制の諸憲法はいずれもかような個人権をみとめているが、そこに二つの形式が見られる。一は「権利の宣言」(déclaration des droits)であり、他は「権利の保障」(garantie des droits)である。

「権利の宣言」は憲法が個人権を厳粛に宣言するという形式で、それは一定の政治原理の宣言という意味をもつ。この点ではイギリスの Petition of Right(1628)や Bill of Rights(1689)などがその原型のようにもおもわれるが、イギリスのこれらの文書はいずれもきわめて実際的な意味をもち、具体的に争われた権利を宣言したものであるが、いわゆる「権利の宣言」はそれよりはるかに抽象的・原理的な意味をもつと解せられる。人たちはそれによって全く教説的《ドグマチック》な宣言をなすものと考えたのである。なぜ、そうした教説的な宣言をなすことが必要だと考えられたのかといえば、その原因はなにより当時の人たちがもっていた「真理」の力に対する強い信念にあることとおもわれる。彼らは個人権の教説を固く信じて疑わなかったので、それを憲法の明文で宣言しさえすれば、それは十分に尊重せられると考えたのである。

こういう「権利の宣言」の原型はアメリカおよびフランスに見られる。一八世紀のおわりまでに作られたアメリカ諸州の憲法はいずれもこの趣旨の宣言を含んでいた。フランスでは、いうまでもなく、一七八九年八月の「人権宣言」——正確には「人および市民の権利の宣言」(Déclaration des droits de l'homme et du citoyen)——がその代表的なものである。そして、この後諸国の憲法はほとんど例外なくこの種の宣言を含むようになった。

「権利の保障」は「権利の宣言」とややその意味を異にする。これは憲法によって個人に一定の権利を保障し、立法権もこれを制限しえぬようにすることを目的とする。一七九一年のフランス憲法が「立法権は本篇に定められ、かつ本憲法によって保障せられたる自然的市民権(droits naturels et civils)の行使に障害を与うべきいかなる法律をも制定することを得ず」(Tit. I)と定めたのはまさしくこういう趣旨である。

かような「権利の保障」は「権利の宣言」と共に行われ、しばしば形式的にはそれから区別せられなかったが、フランスでは形式的にもこの区別がみとめられている。諸憲法はそこで権利を「宣言」すると共にその「保障」をも規定している。たとえば、一七九一年の憲法の第一篇は「本憲法により保障せらるる根本規律(Dispositions fondamentales garanties par la Constitution)」と題せられているし、その他の憲法も「権利の保障」と題する多くの規定を含んでいる。

この点では、しかし、裁判所の法律審査権制度をあわせ考察する必要がある。いくら憲法で個人権の保障を定め、立法権がそれを侵害することを禁止しても、そうした禁止にもかかわらず個人権を侵害するような法律が制定せられた場合に、その法律が完全に効力をもつとすれば、そうした保障は実際的にはあまり意味をもちえぬことになってしまう。そこでもし裁判所が――アメリカ合衆国におけるように――法律審査権をもつとすれば、その点の保障はかなり効果的になると考えられるが、ヨーロッパ大陸の多くの国では大体においてそういう審査権はみとめられていなかったから、その限度で「権利の保障」も実際的にはその効果は頗る稀薄であったといわなくてはならぬ。

ヨーロッパ的・一九世紀的議会制を特色づける原理で、国民主権主義や、権力分立主義や、個人権の理論と同じように、専ら一八世紀の哲学的思弁の所産と考えられるものにさらに成文憲法主義がある。

九　成文憲法

(1)

一八世紀以前においては、どこまでも憲法的規律は専ら慣習法の形式で存在した。人の知るように、イギリスでは今日もこれが原則である。ところがヨーロッパ大陸では憲法的規律は一の成文法典の形式で存在すべきであるという思想が一八世紀においてほとんどすべての政治思想家によって承認せられていた。これは三つの思想にもとづくといわれる。第一にそこでは成文法が慣習法にまさることが一般的にみとめられていたから、その論理的帰結としてすべての法的規律のうちでもっとも重要な憲法的規律が成文化せらるべきことは当然のこととせられた。第二に、人たちは契約説の影響の下に新憲法の制定をもって社会契約の更新だと考え、その理由からその契約の条項にきわめて厳粛な形式を与えることが必要だと考えた。第三に、彼らはそうして作られる成文憲法典は政治教育のきわめてすぐれた手段だと考えた。

かように憲法の成文化の要請は、要するに、一般的な法の成文化の要請の一側面であるが、その点については、右にのべられたように、契約説が大きな影響を与えている。そして、その契約思想はさらにさきにのべられた「根本法」の思想と結合して成文憲法を一般の成文法から形式的に区別して、その変更手続を特に困難ならしめようとする傾向を生んだ。この傾向はさらに法秩序の恒久性に対する自由主義的要請や、新興市民階級の現状維持の欲求などによって助勢せられた結果、今日では成文憲法とは単に成文化せられた憲法ではなくて、一般の成文法から形式的に区別せられた成文憲法、すなわち、形式的意味における憲法を意味するようになった。

成文憲法の原型としてはイギリスで一六四七年クロムウェルの兵士たちによって作られた Agreement of the People、一六五三年クロムウェルによって発布せられた Instrument of Government そのほか革命以前のアメリカの諸コロニーに与えられた Charters や、Declarations や、Resolves などをあぐべきであるが、はじめての成文憲法としては一七七六年乃至一七八九年の間において制定せられたアメリカ諸州の憲法およびフランスの一七八九年の人権宣言や、一七九一年の憲法をあげなくてはならぬ。そして、とりわけフランスの影響の下に諸国は相次いで成文憲法をもつようになった。いうまでもなく、現在において成文憲法をもたぬ主要な国としてはわずかに英国をあげうるのみである。

(2)

一七・一八世紀において自然法あるいは万民法を論じた法学者たちは憲法と通常の法律との間に性質の相違をみとめた。彼らは憲法制定こそが主権のもっとも根元的な行為で、そのほかの主権の作用はすべてその結果にほかならぬと考えた。それはすべての憲法にもとづく権力(pouvoirs constitués)の淵源たる作用である。執行権や司法権ばかりでなく、同様に立法権すらそれにもとづいて存する。その結果として、憲法は通常の法律に先行し、それに優越するもので、立法権はこれを廃止・変更する力をもたぬ。こういうのが彼らの議論であった。たとえば、ヴァッテルはいった。

「国民は立法権の行使を国王なり、議会なり、あるいはその両者なりに与えることができる。その場合、それらの者は新しい法律を制定したり、古い法律を改廃したりすることができる。ところでそれらの権力は憲法そのものにおよぶだろうか。それらは憲法を変更しうるだろうか。我々の確立した原理によれば、立法権はそこまでおよばず、憲法はそれらの権力にとっては侵すべからざるものでなくてはならぬ。それは国の憲法は安定的でなくてはならぬからである。国民がまずそれを定め、しかる後に立法権をある人たちに与えたのであるから、憲法は彼らに委任せられた事項の外にある。さらにまた、立法権者の権力の淵源は憲法にある。いかにしてそれは自己の権威の根拠を破壊することなしにそれを変更しえようか」。

ここから成文憲法の不変性が結果する。しかし、この不変性も絶対的であることはできぬ。そこでどのような手続でその改正をみとめるかが問題となって来る。この点については、一八世紀のヨーロッパ大陸の理論家の間には意見の一致が見られなかった。

ある見解は憲法の改正には全国民一致の賛成が必要だとした。これは明らかに成文憲法をもって社会契約条項だとする思想にもとづく。しかし、これは実際には憲法の絶対的不変性を主張すると同じことになる。そこでヴァッテルやヴォルフはその点について多数決の原則をみとめようとしたが、それでも同時に反対する少数者に対してはその意見が多数決で破られた場合その国家から離れる権利を承認せざるをえなかった。これも契約説から生ずる帰結である。

(3)

他の見解は憲法は憲法自身の定める手続によってのみ改正せられうるとした。この見解はなによりルソーによって主張せられたが、これが実際的にもっとも勢力を得、アメリカやフランスの成文憲法は多くそれを採用した。たとえば、一七九一年のフランス憲法はいう。「憲法制定国民議会は国民は不可時効的な憲法変更権を有することを宣言す。併しながら、将来経験により不便なりとせらるることあるべき憲法の条項を改正する権利は本憲法に定めたる方法によってのみこれを行使するをもって国利に適合する所以なりとみとめ、憲法改正は次の如き形式において憲法改正会議によってなさるべきものと定む」。

ここから単なる立法権(pouvoir législatif)と立憲権(pouvoir constituant)の区別が生れた。両者共に同じ憲法によって定められるものであるが、一は通常の法律を議決する権であり、他は憲法を改正する権である。ヨーロッパ的・一九世紀的議会制諸国の成文憲法はほとんどすべてこの原理をみとめ、憲法で通常の立法手続のほかに憲法改正手続を定めるをつねとする。

この点で大きな例外を形成するのが、いうまでもなく、イギリスである。この国の憲法はその大部分が慣習法の形式で存在するのみならず、そこでは憲法的規律を含む成文法と通常の成文法との間に形式的な区別がみとめられぬ。両者共に全く同じ形式的効力をもつとせられる。だから、イギリス憲法のどのような本質的な規律も Parliament ——国王・上院および下院を合せてこう呼ぶ——によって全く通常の法律と同じように改正せられうる。すなわち、そこで Parliament は法律上は万能な力をもっているわけである。ド・ロルムが「イギリスの Parliament は何事もなしうる。男を女にし、女を男にすることを除いては」といったのは、つまり、このことを意味するのである。

二　泰西的権威制の特色

(1)

我々はさきに中華民国の近い将来における政治体制は孫文の三民主義・五権憲法の原理にもとづくものであろうとのべた。我々は、しかし、同時にそれは必ずしも孫文が考えたようなものではなく、ヨーロッパのある国々における議会制から権威制への推移はその点について大きな影響を与えずにはおかぬであろうといった。そこで我々は近い将来の中華民国において三民主義・五権憲法の原理に対してそういう意味の修正が加えられるであろうとおもい、まず泰西的権威制を理解することを必要と考えた。しかし、そういう泰西的権威制はそれがすでに克服し、または克服しようとしている一九世紀的議会制と対比せられることによってのみ正当に理解せられうる。こういう趣旨で我々はヨーロッパ的・一九世紀的議会制を検討する必要を感じ、以上においてその政治体制の主な特色の各々につき考察を試みた次第である。

ここにおいて我々はかような一九世紀的議会制の克服として生じ、近年ヨーロッパのある国々で現に行われている権威主義的政治体制(または権威制)を考察すべき順序に達した。しかし、この点の考察は一九世紀的議会制についての考察に比して比較的簡単でありうる。なぜかというと、一方において権威主義的政治体制は現在なお世界の大部分の諸国で行われているという程度に至っていず、またその普遍的な内容というものも必ずしもまだ十分確立せられていないからである。他方において、さきに一言したように、そうした権威主義的政治体制はなによりそれに先立つ一九世紀的議会制の修正乃至否定として生れたのであるから、すでに議会制の特色を相当に詳細に見た我々は、その考察を基礎とし、それを適当に補正することによって比較的容易に権威制の特色を把握しうるからである。

一九世紀に泰西諸国を支配した政治原理はなにより自由主義と民主主義であった。この二つの原理はある意味においてはその性質を異にするが、ある意味においてはたがいに結合しうる。そして、両者の結合がそこでの特色であった。さきに説かれた多くの議会制の特色はいずれもこの民主的自由主義(demoliberalism)の表現でないものはない。

権威主義はなにより自由主義の否定として自らを特色づける。自由主義はすべての政治的決定の終局の権威を個人意思において見ようとする。個人というモナドがそこでは政治の単位とせられる。個人を超える絶対的権威はそこにはない。ところが権威主義はそうした絶対的権威の承認から出発する。個人意思はそれ自体としては価値をみとめられず、それが絶対的権威にもとづく意思に適合するかぎりにおいてのみ価値をみとめられる。

(2)

権威主義はかように自由主義に対して真正面から反対するが、民主主義に対しては必ずしも反対しない。そこでは人はこう説く。自由主義と民主主義とは根本的にその性格を異にする。前者は消極的に国家権力からの自由を要請する。従って、それは結局においてアナルシーに堕する。ドイツのスメントが自由主義は国家形式ではないといっているのは、つまり、その意味である。これに反して、民主主義は能動的に人民の国家権力への参与を要請する。従って、これは自由主義とは違って、国家原理となりうる。権威主義は自由主義を全面的に否定するものであるが、民主主義はこれを承認すると説かれる。

議会制の下においては民主主義は主として代議制または人民投票制によって実現せられると考えられた。従って、そういう制度のみとめられていない政治体制は民主的ではないとせられた。すなわち、そこでは代議制や人民投票制が民主主義の名において主張せられたのである。

ところが権威主義理論によればそれは正しくない。代議制や人民投票制によって実現せられるものは真の民主主義ではない。真の民主主義はそういう機械的方法によっては実現せられえぬ。代議制や人民投票制は人民の私的・個別的意思を代理する方法ではあるが、決して真の民意――人民個々の意思ではなくて、ルソーのいう一般意思(volonté générale)のような人民の総意――を代表することはできぬ。真の民意は代表せらるべく、代理せらるべきではない。議会制における議会や政党は単なる私益の代理人ではあっても、決して真の民意の代表者ではない。これに反して、近時の諸独裁政における指導者は真の民意の代表者である。ドイツについていえば、ヴァイマール憲法の下における議会は決して民意の代表者ではなく、従って、真の意味において民主的な性格をもっていなかったのであるが、ナチスの国民革命以後における指導者は完全な意味において民意の代表者であり、従って、ヴァイマール・ドイツよりもナチス・ドイツの方が真の意味において民主的だということになる。

(3)

ヨーロッパ的・一九世紀的議会は、さきにのべられたように、なにより議会の存在によって特色づけられる。この点について、権威主義的政治体制はどのような態度をとるか。

権威主義的政治体制は必ずしも議会を否定するものではない。このことはナチス・ドイツで依然としてヴァイマール憲法時代の議会がその存在を許されていることによっても明らかである。しかし、いうまでもなく、それは単に形式上だけのことで、議会に与えられる意味はそこでは議会制におけるとは非常に違っている。

すでにのべられたように、議会制において議会はその代表的性格によって特色づけられていた。しかし、そこで「代表」というのは、決して国王が国民の代表者だというような擬制的意味においてではない。その議員(の少なくとも一部分)が国民の公選によって就任するという点にその基礎をおくきわめて現実的・実証的意味においてである。だから、議会がそういう代表的性格をもつためには、その議員と一般国民との間に選挙という有形的・制度的連鎖の存在することが絶対に必要と考えられ、そういう連鎖をもたぬ議会は国民の代表者たる資格を欠くものとせられた。

ところが、権威主義は、いまのべられたように、まさしくそういう有形的・制度的連鎖の存在をもって「代表」を基礎づけることに反対する。そういう「代表」は実は「代表」ではなくて、単なる「代理」にすぎぬとせられる。そして、なんらそうした有形的・制度的連鎖を人民との間にもたぬ者——指導者や官僚——が真に国民を「代表」する者とせられる。

議会が権威制においてかようにそのかつてもっていた代表的性格を剝奪せられるということは、またそれがそこで以前に享有していたような政治的重要性をもたぬことを意味する。議会が代表的性格をもたず、政府の首長がこれをもつとすれば、民主主義の原理からも議会が政治的に軽視せられることは当然である。そこでは議会はそれがかつて議会制において享有したような権力は全くもっていない。それは政府に対してせいぜい参考意見を提供するくらいの権力しかもっていない。

たとえば、議会制の下においては、議会は立法権に参与する権を与えられ、いかなる法律もそこでは議会の意思に反しては成立しえなかった。しかも、そこではすべて法の定立は必ず法律の形式によるのが原則であったから、議会の権力はきわめて大きかった。そこでは行政は法によるべきものとせられたが、法は原則として法律の形式をもつべきものとせられていたから、法による行政の原理は多くの場合同時にまた法律による行政の原理であった。議会はこれによって行政全般の最高方針決定の立役者たる地位を占めることができた。ところが権威制においては事情が全く違う。立法権の行使はひろい範囲において議会と無関係になされる。あるいは立法の委任(または法律の委任)が無制限に行われる。そして、立法の大部分が命令の形式で――すなわち、議会の参与なしに――行われる。あるいは法律と命令の区別が否定せられる。人の知るように、ナチス・ドイツでは国民革命以来政府だけで「法律」を制定しうるものと定めた。議会の参与なしに政府だけによって行われる立法の形式は従来は「命令」と呼ばれて法律から形式的に区別せられ、法律に劣る形式的効力をみとめられていたのであるが、ここではこの区別が廃止せられ政府の制定する「法律」も議会の参与を経て制定せられる法律から形式的に区別せられず、両者はおなじ形式的効力をみとめられる。これは議会の立法参与権を端的に否定したのと同じ意味をもつ。

(4)

議会は権威制においてかようにその従来もっていた権力を失わしめられただけではない。その内容そのものもそこでは全く改変せしめられた。

議会は、さきにのべられたように、公選せられた議員をその構成分子にもつことをその特色とする。ところで公選ということは必然的にある程度の政治的言論の自由や政治的集会・結社の自由を前提とする。そうした自由が全くみとめられていないとすれば、公選ということも単なる形式的なものになってしまうからである。しかるに、権威主義的政治体制はその本質上そうした自由をみとめぬ。そこでは絶対的権威がみとめられるから、そうした権威にもとづく言論のみが許され、それ以外のものは一切禁止せられる。従ってそこでは政治的な集会や結社の自由もみとめられぬ。政党はすべて禁止せられ、ただ政府党——絶対的権威に立脚する政党——だけがその存立を許される。こういう状態において行われる「選挙」が議会制の下における選挙と全く違った性質をもつことはあまりに明瞭である。その選挙では、たとえ、形式的には依然として普通・平等・直接・秘密の諸原則——あるいはさらに比例代表の原則——がみとめられているとしても、それらの諸原則がそこでもつ意味は決してそれらが一九世紀的議会制においてもった意味と同じくはない。むしろ、そうした権威主義的政治体制下では選挙というものが——その名がそこで依然みとめられているにもかかわらず——廃止せられて、議員はすべて権威政党によって指名せられると考えるのが実状に即した見方である。議会の議員がすでに選挙によって就任するものでないということになると、その議会が往年のそれと全く性質を異にするものであることはいよいよ明らかになる。

かようにして権威主義的政治体制において議会が問題とせられなくなると、その当然の結果として議会が一院制であるべきか、両院制であるべきかという問題も全くそこで重要性を失ってしまう。そして、それに代って職能代表的意味をもった組合議会を設けることがそこで大きな問題となって来る。

一九世紀的議会制の大きな特色のひとつであった大臣責任制も権威主義的政治体制の下では重要性を失わしめられる。権威制では「責任」ということは非常に強調せられるが、その「責任」はそこでは議会制におけるような実証的な意味を捨ててきわめて形而上学的な意味をもつ。従って、施政者が議会制における意味においては無責任の地位にあることが、そこではかえって「責任」を負う所以であるとせられる。すなわち、「責任」の概念がそこで根本的に変改せしめられているのである。

一九世紀的議会制を特色づける議院内閣制に至っては権威制によってもっとも強く否定せられている。権威制はなにより議院内閣制の反対物であろうとすると考えていい。ここでは政府は絶対的権威者に仕えることを唯一の任務とする。議会はいかなる意味においても権威者ではない。従って、議会が政府に対してどのようなコントロールをおよぼすことも否定せられる。従って、政党内閣というようなものはそこではおもいもよらぬ。

(5)

ヨーロッパ的・一九世紀的議会制の特色のひとつに数えられる国民主権主義の原理は権威主義的政治体制において必ずしも否定せられていない。そこでもすべての政治的権威の根拠は人民に求められている。これは、さきにのべられたように、近代権威制が一九世紀的な自由主義を否定しながら、必ずしも民主主義を否定しないことを意味する。

ただ一九世紀的議会制にあってはさきに指摘せられたように、国民主権主義の原理は直接民主制あるいは代議制をその論理必然的な帰結としてもつと考えられていた。そこで直接民主制と代議制のいずれが本当に国民主権主義の原理に適合するかということは、人の知るように、しばしば争われたが、そのいずれかが国民主権主義の帰結であることは何人によっても疑われなかった。また国民——少なくとも一定の資格を具えた国民——が議員の選挙というような方法で、たとえ間接にもせよ、施政に参与することが国民主権主義の原理の下では欠くべからざる必要と考えられた。しかるに、権威制ではその原理はみとめられながら、それの表現と考えられる上記の諸制度はすべて否定せられる。その原理はそこではなんらの制度的表現を与えられていない。

国民主権主義にいう「国民」の概念についても一九世紀的議会制と権威主義的政治体制との間には大きな相違が見られる。前者にあっては、国民は結局個人の総体であると考えられ、従って国民主権主義はなんらかの形における個人の施政参与という形式で表現せられなくてはならぬとせられるが、後者にあっては国民は個人を超える存在であると考えられ、従って国民主権主義は、たとえば、選挙といったような制度によっては決して表現せられえぬとせられる。またナチス・ドイツにあっては、人の知るように Volk という概念がきわめて具体的な人種的性格を与えられ、従って他人種(たとえば、ユダヤ人)の政治的差別待遇が国民主権主義の名によって主張せられる。

(6)

一九世紀的議会制の大きな特色であって近代権威制において真向から否定せられたものにさらに権力分立主義がある。権力分立主義は元来何にもまさって自由主義的な原理なのであるから、自由主義の否定をその本領とする権威制でそれが否定せられるのはきわめて自然である。

権威制では立法権と執行権の区別はみとめられぬ。さきにのべられた法律と命令の区別の不存在はその結果である。立法権も執行権もそこでは政府の手に統一せられる。たとえば、行政作用は法律にもとづくことを要するというような原則は、そこでは非常にその意味が違って来る。そこでは立法権も執行権も区別せられていないから、執行権(行政権)に与えられる裁量の範囲は極度に広汎になる。

司法権の独立の原則は権威制においても否定せられていない。それは権威主義は必ずしも法治主義の否定ではないからだと主張する人もある。たとえばケルロイターはナチス・ドイツは自由主義・議会主義を否定するが、法治主義は否定しないといい、今日のドイツを民族的法治国(der nationale Rechtsstaat)と呼んでいる。しかし、そういう権威制における司法権独立の原則が議会制の下におけるそれと同じとは考えられぬ。すでに立法権と執行権の区別が失われ、行政が法律にもとづくことを要するとか、あるいはまた法律なければ刑罰なしとかいう原則がそれらが従前もっていたような意味を失ってしまっている以上、司法権の任務は権威制においていちじるしくその重要性を減じ、従ってその独立を保障する必要がそこで従前ほど大きくないと考えられるばかりでなく、裁判官の身分の保障ということも到底そこでは従前におけるほど完全でありえぬに違いない。

このことは現在ヨーロッパに見られる諸独裁政における裁判の実際に徴しても明らかである。そこで、たとえば、罪刑法定主義の否定が唱えられていることや、裁判官が特定の世界観——ドイツでいえば、ナチ主義世界観——をもたなくてはならぬとせられることなどはこの間の消息を示すものであろう。

要するに、司法権の独立の原則も権威主義的政治体制においては、論者の反対の主張にもかかわらず、否定せられていると考えるのが、むしろ現実に即しているとおもわれる。

（7）

ヨーロッパ的・一九世紀的議会制の特色であった個人権の原理が権威制において否定せられることもいうまでもない。

さきにのべられたように、議会制的政治観は個人から出発する。個人がまず存在し、その「自由と財産」の保護のために国家が設けられると考えられる。しかるに、権威制的政治観はその反対に全体から出発する。全体がまず存在し、その発展に貢献すべきものとして個人に価値がみとめられる。従って、ここでは個人はその存在の根拠を全体におく。全体があってしかる後に個人があるのである。

議会制にあっては、国家は個人の「自由と財産」の保護のために設けられるとせられるから、個人は一定の固有の権利をもち、国家がそれを侵害するをえぬとせられるのは当然である。しかし、権威制では国家は個人の意思にかかわらず存在し、個人は国家によってはじめて政治的に価値をみとめられるのであるから、個人が国家に対抗しうる権利をもつ筈はない。ここでもむろん個人に対して多くの権利がみとめられる。が、それらの権利は一として国家に由来しないものはない。国家がすべての個人の権利の根拠である。

従って、権威制では「権利の宣言」とか「権利の保障」とかいうものは見られぬ。かりにそこにそういう趣旨の規定が存在したとしても、それはなんらの現実的裏書をもたぬ空文にすぎぬであろう。

成文憲法主義も一九世紀的議会制の特色に数えられうるが、これは必ずしも権威主義的政治体制において否定せられるかぎりでない。すべて法の成文化ということは社会生活の複雑化に伴う社会技術的必然の現象であり、たとえ一九世紀的自由主義によって特に促進せられたとはいえ、結局において社会の進化と共にある程度においては必ず見られるところであるから、憲法的規律の成文化ということは権威制の下においても依然原則としてみとめられるであろう。しかし、その意味は議会制におけるとはいちじるしく違ったものになる筈である。

議会制では成文憲法は単に憲法的規律の成文化せられたものというだけの意味ではなく、しばしば一定の内容がそこに必然的に予定せられていた。その内容はすなわち、一九世紀的議会制的政治体制で、そういう内容をもつ成文憲法がまさしく成文憲法だとせられた。この点は権威制では全く変るべきである。

さらにまた議会制の成文憲法には、ほとんど例外なく、「権利の宣言」乃至「権利の保障」に関する規定が見られた。そこでそういう規定が成文憲法の欠くべからざる内容のように考えられていた。この点も権威制では全く変って来なくてはならぬ。

『立憲主義と三民主義・五権憲法の原理』(中央大学刊)　一九三七年

硬性憲法の変遷

――米国憲法に於ける中央集権的傾向について――

「憲法は国民の着物なり。成文なると不文なるとをとはず、そは国民の成長と共に成長せざるべからず」　―Baldwin, The American Judiciary, p. 84.

一

ジェイムズ・ブライスのいうところによれば、すべての憲法は形式的に見て硬性 rigid 及び軟性 flexible に分つことができる。即ち普通の立法手段を以て変更し得る憲法は軟性であり、普通の立法手段を以ては変更し得ざる憲法は硬性である。(1)

この区別は又同時に実質的に見てその憲法の固定性の有無を表わすものと見られ易い。がそれは必ずしも正確ではない。ブライス自身も言うとおり、「憲法のスタビリティは形式に存するのではなく、之を支持する社会力に存する」(2)のであるから、軟性憲法と雖も――英国のそれが示すように――ある程度まで固定的であるし、また硬性憲法と雖も著しい変遷を、直接又は間接に、蒙る。すでに法が流転定めなき人間社会の規範である以上社会生活の変転に表裏してその変遷すること、もとより当然といわねばならない。厳然たる法典の形式をそなえた硬い「千古不磨の大典」においても――いうまでもなく実質的に見て――又これと異なるところはない。憲法は、生きた憲法は、その軟性たると硬性たるとを問わず等しく推移の対象とならねばならないのである。

いま軟性憲法の最も極端な例として英国憲法をあげるならば之に対立する極端を為すものは米国憲法である。(3) 米国憲法(federal constitution を指す、以下同じ)は適当の意義に於ける世界最初の成文憲法の一つであるが、それはその改正につき最も困難な手続を必要としている。その第五条によれば「聯邦議会《コングレス》は両院各々三分の二の同意を得てこの憲法の改正《アメンドメント》を提案するを得べく、若しくは各州三分の二の立法府よりの申立により憲法の改正を提案するが為に臨時国民会議を召集することを得。何れの場合に於てもその提案が各州四分の三の立法府若しくは各州四分の三の臨時国民会議に於て之に同意したるときはこの憲法の一部として完全に効力を生ず。その何れの同意を求むるかは聯邦議会《コングレス》之を決す」と定められている。(4) 即ち、憲法改正の提案権とその同意権との両者につき、きわめて複雑な手続が要求されている。従っていわばそれは「硬中の硬」たるものである。この甚しく硬性なる憲法が、その成立より今日に至るまでに経験した数々の変遷のうち特に顕著なる形相《すがた》の一つとしてその中央集権的傾向をとらえ、生きた憲法を探究するという立場からそれの考察を試みようというのが本稿の目的である。

人は米国は憲法制定と共に一の国家となったと考える。Staatenbund から Bundesstaat になったと考える。が、実質的に、政治的に見る時は、必ずしもそうは言えない。少なくとも南北戦争まではまだ国家の統一は確保されたとは言えなかった。数十億の費用と数百万の人命を犠牲とした南北戦争を経て、はじめてその統一は完成されたのである。

この統一的求心的中央集権的傾向は今日に至るまでつづいている。「聯邦は緩慢に併し乍ら決定的に州の損害に於て大きくなりつつある」(5)。あくまで分権的につくられたこの "indestructible Union composed of indestructible

States"[6]が、ある意味に於てその実を失おうとしているという事実、それはたしかに我らの注目に価するであろう。

(1) Bryce, Studies in History and Jurisprudence. Essay III, p. 124 et s.; ditto, American Commonwealth, 1922, I, p. 360 et s.
(2) Bryce, Studies, p. 141.
(3) Jellinek, Allgemeine Staatslehre, 1921, S. 535; Bryce, Amer. Com., I, p. 360 et s.; ditto, Studies, p. 182.
(4) 但し各州が合衆国の上院に平等の代表者を出す権利はその州の同意なくしては剝奪するを得ない（同五条）。
(5) Maine, Popular government, p. 197.
(6) Texas v. White, 7 Wall. 700 に於ける Chief Justice Chase の言。Bryce, Amer. Com., I, p. 322, n. 2 参照。

二

一般に憲法の変遷する方法乃至経過はいかなるものであろうか。ゲ・イェリネックは、意図的意志行為によってなされる憲法正文の変更と、正文の形式的変更を伴わずかつ何等さような変化の意図乃至自覚を伴わざる事実によって惹起される変化を区別し、前者を Verfassungsänderung 後者を Verfassungswandlung と呼んでいる。[1] 憲法の改正手続による変化並びに革命による変化は前者に属し、その他の手段による変化——立法府の解釈により、行政府の解釈により、或は司法府の解釈により、更に又その他政治慣習により——は後者に属する。

いま革命による憲法の変化をしばらく考察の外におく時は、改正手続による憲法正文の形式的変更と成文の変更を伴わざる憲法の実質的変更とが、あらゆる憲法の変遷を研究しようとする者の考究の対象となって来る。米国憲法の変遷——特にその集権的傾向——を考察するに当っても、又この区別に従って、まず改正手続に基く正文の形式的変遷 Verfassungsänderung を叙べ、次で正文の変更を伴わざるその実質的変遷 Verfassungswandlung を論ずることにしようと思う。

（1） Verfassungsänderung und Verfassungswandlung, 1906, S. 3 f. 本書に関しては美濃部博士『憲法及憲法史研究』六九三頁以下に詳細な紹介がある。

三

叙述をすすめるに当ってまず必要とされるは、我らがいま考究の対象としようとする米国憲法は抑々いかなる内容をもつものであるか、ということの考察である。それを詳細にわたって吟味すること、もとより本稿の目的ではない。ただその変遷を見るにつき必要とされる範囲に於て米国憲法の著しき特色をなすところのものの二、三につき若干の注意を払うことにしようと思う。

いまきわめて概括的に米国憲法の特色をなすものをあげるならば、それは凡そ三つを言うことができよう。即ち聯邦主義と民主主義と権力分立主義[1]と。

米国憲法の第一の特色はその聯邦主義 federal system ということにある[2]。アメリカ合衆国は直接にその人民に対する支配権を有しつつ然もそれ自身又四八の sovereign states から成立する国家だとされている。「聯邦《ユニオン》は州《ステイト》の単なる集合以上のものである。が、同時に又各州は聯邦の単なる部分以上のものである[3]」。即ち法律上は独逸人のいわゆる Bundesstaat と呼ぶものに当ると言われている[4]。

米国の独立宣言が発せられたのは一七七六年のことであったが、その翌年かの十三州は互に Articles of Confederation and Perpetual Union を締結して「互に堅固なる攻守同盟 a firm league of friendship を結ぶ」(5) ことを定めた。これ即ち今の合衆国の前身たるもので、その同盟は法律上から言えば独逸人言うところの Staatenbund——Bundesstaat ではなくて——であったのである。が、外敵に対する防衛の必要や財政上の必要はその結合をより強固にすることを要求したので、同盟規約を改正すべく一七八七年五月一四日フィラデルフィアに召集されたコンヴェンションは新規な憲法草案を議定し、翌年六月二一日には定数の州の同意を得てその憲法は有効に成立せるものとされた。ここに問題としようとする硬い米国憲法はこうして成立したのである。法律上から言えば従来は多数国家の聯合《コンフェデレイション》たるにすぎなかったものが、ここに於て一の federal state となり、その政府は直接に人民に対する命令権を有するとされることになった。世界ではじめての適当の意義に於ける Bundesstaat がここに生れた訳である。(6)

コンヴェンションに於ける憲法の制定者たちは各州の干渉から独立な中央政府を作ることをまず第一の目的とした。実にコンフェデレイション時代の苦い経験は、聯邦の繁栄をもたらす唯一の方法が中央政府により多くの独立を与えるにある事を彼らに教えたのである。が、一方又中央政府が supreme であるべき範囲は厳重に限定されてあるべきだというのも彼らの意図であった事は明らかである。(7) かつ又然らざる時は各州の反対を受けて憲法の批准が為されないかも知れぬという懸念があったから、尚さら端的な統一には多くの制限が加えられなければならなかった。

だからコンヴェンションに表れた討議をみると、各州は互の結合をより固くすることが軍事上財政上何より肝要なるをみとめつつ、然も植民地から一本立にまで成長してきた各々の独立をできるだけ維持しようと努めている。従って state sovereignty を侵害する、若くは侵害するが如く思われる語句は努めて避けられた。最初の決議案に見えた National government の文字は削除され、その他 Nation 又は National の文字はすべて除かれ、国の公の名称としても United States という従来と同じ複数の文字が用いられた。新聯邦は依然州の「集合」とされた。[8] コンヴェンションの人たちはコンフェデレイション時代の聯合と憲法制定後の聯邦との間に、後の法律家が認めるような大きな推移を明瞭には意識していなかったものらしい。たとえばマディスンも「憲法は聯合各国家の一致の同意により成立するものである。……各州《ステイト》はこの憲法を批准するに際して一の主権体 sovereign body として考えられ、唯自己の自由意志によってのみ束縛される。従って新憲法はこの意味に於て *federal* constitution であって、*National* constitution ではない」と言い、[9] 又ハミルトンも「聯邦 Confederate republic とは簡単に多数社会の集合 société de sociétés[10] と定義することができる。……聯邦は事実上に於ても理論上に於ても多数国家の聯合《アソシエイション》に外ならぬ」[11] と言っている。もとよりこの『フェデラリスト』の諸論文は何れも憲法の批准を促進するためにものされたもので、従ってその所論は甚だ政策的であるから、これを以てマディスン、ハミルトンその人の考とみるは早計でもあろうが、当時の情勢がかような主張を必要としたということはこれで分る。

総じて立法はつねに妥協《アウスグライヒ》であるが、この場合も要するに各州がその独立、主権を維持しようという主張と、同時に従来の聯合機関より強力な中央政府を作ろうという之と矛盾する主張と、この二つの主張の妥協点がブンデスシュタートという新しい形式に於て見出されたのだと言っていい。sovereign な中央政府と、sovereign な州——「この二つの思想は明らかに論理的に矛盾していた。もし当時の人たちが political logicians であったならば彼らはその両者をうけ入れることは出来なかったであろう」[12]。が、彼らは実際家であったから、平然としてその両者を同時にみとめたのである。従ってそれはある意味に於て "the most wonderful work ever struck off at a given time by the brain and purpose of man"—Gladstone だったのである。[13]

すでに聯邦《ブンデスシュタート》である以上、そこでは中央政府と各州との間に統治権が分配せられねばならぬ。憲法は合衆国の権限に属するものは憲法に列記された事項のみに限り、その他は州又は人民に留保されるという原則を採用した。これは憲法増補第一〇条に於て明らかに規定されたところであるが、その主義は最初からみとめられていたのである。ただその列記事項の解釈如何は常に困難な問題を生じてしばしば争の種となり、又本稿に於てみようとする中央政府の州権への侵害 federal encroachment upon state power ということも実は主としてその解釈によってなされて来たのであるが、その点は後に詳述するであろう。

(1) 美濃部博士『米国憲法の由来及特質』二七頁以下。

(2) 参照、Bryce, Amer. Com., I, p. 15 et s.; Ogg & Ray, Introduction to American government, p. 144 et s.; Beard, American government and politics, p. 145 et s.; Reed, Forms & functions of American government, 1921, p. 45 et s. etc.

(3) Bryce, Amer. Com., I, p. 17.

(4) その法律的構成に関しては無数の議論がなされたのであるが、ここではその点には触れない。現在の米合衆国が一の聯邦 Etat fédératif, Bundesstaat だとする通説に従って筆をすすめる。序に言うがこの Etat fédératif, Bundesstaat に対する訳語は種々あって一定しない。或は聯合国家（野村博士、上杉博士）或は合衆国、聚合国（主として多くの国際法学者）或は聯邦（美濃部博士、清水博士）と訳され、それに対して Confédération d'Etats, Staatenbund も又聯邦（野村博士その他多数の国際法学者）、国家聯合（美濃部、上杉、清水の諸博士）などと訳されてある。ここでは仮に美濃部博士の訳語に従って前者を聯邦、後者を国家聯合と呼ぶことにしようと思う。

(5) 第三条（その全文は Bryce, Amer. Com., I の附録その他にあり）。

(6) Staatenbund, Bundesstaat 及び Einheitsstaat の区別は広く用いられるにも係らず、又政治上は甚だ便利な区別であるにも係らず、法律上は必ずしも明確な区別ではない。その支分国 Gliedstaat も各々一の国家であるところのブンデスシュタートなる形式をみとめる時は、その支分国と一般の地方団体との法律上の区別如何が問題となる（この点に就き参照、野村博士「国家と地方団体との区別」『宮崎博士記念論文集』)。が、美濃部博士、上杉博士の如く支分国の国家性を否認する時はこの問題は起り得ない(『日本憲法』第一巻、三三四頁以下。『帝国憲法』第一篇、四五四頁以下)。その法律的構成はともかくも、政治上から言う時は、単一国が中央集権を原則とするに反して、聯邦は地方分権を原則とするという点で特色づけられているのである。(なおこの問題に関しては Vgl. Jellinek, Allgemeine Staatslehre, 1921, S. 769 f. 又近くは Malberg, Contribution à la théorie générale de l'Etat, I, p. 88 et s. に詳細な説明がある。)

(7) Thompson, Federal Ceutralization, 1923, p. 19 et s.

(8) 美濃部博士『米国憲法』三八頁。

(9) Federalist, No. XXXIX (Everym. libr. 版一九三頁).

(10) モンテスキューの言葉。De l'esprit des Lois, liv. IX, ch. 1.

(11) Federalist, No. IX (前掲版、四〇頁).

(12) W. W. Willoughby の言。Ogg & Ray, op. cit., p. 148 に引くところ。

(13) 米国憲法は作られたものというより寧ろ成れるものであることは、高木助教授がその明快なる論文(『国家学会雑誌』大正一三年六月号、三七頁)に於て言われる通りである。が、同時にかの「憲法の父」たちの尊敬すべき建設的努力を考える時、それはある意味に於てたしかに wonderful work と言っていいと思う。

四

米国憲法の第二の特色としては民主主義が挙げられる。普通「民主主義」と称せられるものには二つの思想が区別せられる。即ち積極的に国民自らの参政、国民の意思による政治を主張する思想と、消極的に国家権力からの解放、人民の自由の保障を主張する思想の二つである。前者を狭義の民主主義《デモクラシイ》或は国民の自治と呼ぶならば、後者は自由主義《リベラリズム》ということができよう。(1) この二者は実に近世立憲思想の基本思潮をなすものであって、(2) 苟も立憲国と言われる国の何れに於ても――勿論その程度の差は甚大であるが――見られる特色である。米国憲法に於ては政治的にも法律的にも(広義の)民主主義の色彩は特に濃厚なのであるが、この点は本稿の目的に対してあまり密接な関係がないから別に論じない。(3)

米国憲法の第三の著しい特色は権力分立主義にある。元来権力分立主義の原則は敢て米国に特有ではなく、ある程度に於てすべての立憲国に行われているということができるのであるが、(4)他の国々に於てはそれは多く形式上の分立に止るところのいわゆる議院主義 régime parlementaire を採用しているに反して、米国でははるかに厳格な意味に於て権力分立が行われているのである。米国成立の当時はモンテスキューの『法の精神』がヨーロッパでも米国でも非常な勢力をもっていた時であった。(5)『フェデラリスト』に表われた諸論文をみてもその影響がいかに大きかったかを知ることができる。(6)人たちは Checks & balances ということに最も重きをおいたのである。が、この点も又本稿とは直接に関係するところ少ないから、これ以上触れることは許されない。

ただ之に関聯して一瞥を与えざるを得ないのは米国憲政に於ける司法権の優越 American Judicial Supremacy ということである。(7)即ち米国ではコングレスの制定せる法律又は州の法律が聯邦憲法に違反すると思考する場合には、聯邦裁判所は之を無効としてその適用を拒否することができるのである。

(同じく州の法律が聯邦憲法又は州憲法に違反すると思考する時は各州の裁判所は之を無効としてその適用を拒否することもできるが今はこの点は問題としない)。

この制度はもとより成文に定められているという訳ではなく、(8)一八〇三年、かのジョン・マーシャル判事がマーベリ対マディスン事件に於て与えた判決にその基礎をおく。マーシャルは言う。「立法府の権限は一定の範囲と制限との下におかる。然も是等制限の範囲に就て誤なからしめんが為め、又是等制限を忘却せざらしめんがために、これを成文憲法の形に書き表はしたるものなり。もし之等制限にして制限を受くべき機関により何時にても踰越する事を得るものなりとせば制限の目的は何処にかある。制限を成文憲法に記載するの目的は何処にかある。……憲法は優越最高の法にして通常の方法による変更を許さゞるものとするか、又は一般の立法行為と同等の地位にあつて他の法律と同様立法府が好むがまゝに変更を許すものとするか、法理はその一を出でず、決して中間区域の存立を許さゞるものなり。もし前説を真なりとせば憲法に違反する法律は法律に非ず。もし後説を正しとせばすべて成文憲法なるものは性質上制限すべからざる権能を制限せんとする愚《アブサード》なる企図なりと論ぜざるべからず」[9]と。その論の当否は別論としてこの事件以来 case law として前記の原則は全く確立された。聯邦裁判所は憲法の最終の解釈権を有するものとして、その判決はいわば憲法の「生ける声」living voice[10] となったのである。

米国憲法はすでにのべたように最も困難な改正手続を有し従って最も硬い憲法である。併し、憲法の改正がいかように困難であっても立法府が憲法の最終の解釈権を有する――たとえば日本のように[11]――とすれば、立法府が実質的に憲法と抵触するような法律を作った場合は、それは直ちに確定的効力を持つのであるから、憲法の正文はそのままであり乍ら実質的に憲法に違反する法律が効力を有し、従ってその範囲に於て憲法が変更せられるという現象が生ずる。然るに米国ではその場合に立法府に優越するものとして、裁判所がその Constitutionality を更にもう一回審査するから、憲法の固定性はますます維持され易いということになるのである。勿論いかに審査を厳重にしたからとて人為の制度である以上、それは実際上五十歩百歩ではあろうが、併し形式的に見るならば米国憲法はいよいよ益々硬いと言い得るのである。

然らばこの硬い憲法はその成立以来果してどのような Aenderung 乃至 Wandlung を経験したのであるか。

(1) M. E. Meyer, Rechtsphilosophie, S. 74-5. 拙稿『法協』四二巻、四九七頁、註一二参照。
(2) 美濃部博士『日本憲法』第一巻、三八五頁以下。
(3) 同『米国憲法』八一頁以下参照。
(4) 同『日本憲法』四四九頁以下。尤も権力分立を以て立憲政のメルクマールとするのは(穂積八束博士『憲法提要』一〇三—三五頁)美濃部博士の指摘される如く明かに不当である(『日本憲法』四四八—九頁)。
(5) Bryce, Amer. Com., I, p. 29.
(6) Maine, Popular Government, p. 204.
(7) 司法権の優越に関しては高柳教授「米国憲政に於ける司法権の優越を論ず」(『法協』三九巻、一九頁以下)参照。
(8) さる intelligent な英人がこれに関する規定を発見すべく二日間米国憲法正文をよんだが無効であった、とブライスは伝えている(Amer. Com., I, p. 252)。
(9) 高柳教授の訳文による(前掲、五一八頁)。
(10) Bryce, Amer. Com., I, p. 273.
(11) 美濃部博士『憲法撮要』四九三頁以下。同「行政法判例評論」(『法協』三八巻、五二六頁以下)。この点に関して異説あり(清水博士、憲法篇、一一二二頁。市村博士『憲法論』六八九頁等)。

五

まず米国憲法の正文の上にもたらされた形式的の変更——すなわちその Verfassungsänderung——に一瞥を与えよう。

米国憲法は一七八八年六月二一日に定数の州の同意を得て(New Hampshir の同意により)有効に成立せるものと

されたのであるが、その後今日に至るまでに為された増補《アメンドメント》はすべて一九条ある。その成立以来の年数の長さに比してその増補数が僅少だという事実は又米国憲法の定むる改正手続の特に困難なことを示しているとも言える。

第一回の増補《アメンドメント》は最初の一〇ヵ条(1)でこれは憲法の改正というよりむしろその不足を補ったものである。それは米人——英国の先例に倣える——のいわゆる権利章典を形成するもので個人及び各州の自由を中央政府の恣意に対して保障することを目的とする。

第二回及び第三回の増補は即ち増補第一一条及び第一二条で、何れも憲法の運用中に於て表われた小さな欠点を修正したものである。(2)第一一条(一七九八年一月八日確定)は Chisholm v. Georgia (2 Dall. 419, 1793) で大審院《シュプリーム・コート》が為した判決に対する批難の結果として作られたもので、聯邦裁判所の裁判権が聯邦内の一州を被告として他州の人民又は外国人より提起した訴訟に及ばないことを定め、(3)第一二条(一八〇四年九月二九日確定)は大統領及副統領の選挙方法に付て多少の修正を加えた。

第四回の増補はその後六十余年を経て始めて現れた。この時は南北戦争の結果北部が勝利を得たときであって、第一三条以下三ヵ条の増補は実に北部の政治上の勝利の記録であった。第一三条(一八六五年一二月一八日確定)は奴隷廃止を宣言し、第一四条(一八六八年七月二八日確定)(4)は合衆国公民の定義及びその権利に関する規定を定め、第一五条(一八七〇年三月三〇日確定)は公民の選挙権は人種の相違又は前に奴隷たりしことによって剝奪せらるべからざることを定めた。之らは何れも戦争の結果解放された奴隷の自由を、州の圧制に対して保障確保せんがために作られたものであり、戦争の余力をかって不本意な南部諸州の上にいわば強制されたのである。

従来分離派 Particularists 乃至州権派 state rights school はすでにジェファーソン以下の強硬なる主張があり、且つ Calhoun はその著(5)に於て聯邦憲法が独立国家間の条約にすぎないとの主張から、各州の right of nullification, right of secession を主張したのであった。そしてこの主張は学問上に於てのみならず実際政治の上に於ても為され、一七九八年及び九九年のケンタッキーの決議《レゾルーション》、一七九八年及び一八〇〇年のヴァージニアの決議等は何れもこの無効宣言の権利《ライト・オブ・ナリフィケイション》を主張せるものとして知られ、(6)又南北戦争の直接の動機は実に南部諸州による脱退の権利《ライト・オブ・セセッション》の主張に外ならなかったのである。が、六一年から六五年に至る戦争はかかる主張を完全に否定し終り、今や聯邦が統一国家たることは確定せる事実となった。まことに南北戦争によって、“blood & iron” によって――同時代のドイツやイタリアに於けるように――米国の統一が始めて完成されたというべきである。(7)

戦争以後殆んど四〇年間は憲法の形式的改正ということは行われなかった。憲法は不磨の大典として社会の流転に超然としてその形式を維持した。が、社会生活の推移は百余年前の憲法――たとえその解釈に於ておどろくべきほどの米国式融通自在が示されたとはいえ――がそれに適合すべくあまりに急激だった。今世紀の初めから表われた “radical tendencies” はまた憲法の新なる増補を余儀なくした。増補第一六条(一九一三年二月二五日確定)第一七条(同年五月三一日確定)はかくて相次で批准される運びになった。

第一六条は「コングレスは、そのいかなる源泉より出ずるをとわず、又各州に割当 apportionment をなすことなく、国勢調査《センサス》又は enumeration に係らずして、所得に課税し徴集するを得」と定めたのであって、通常所得税増補 Income Tax Amendment と称せられているものである。

抑々聯邦の所得課税権に就ては憲法の規定は甚だ不明であった。第一条第九項の四は No capitation, or other *direct* tax shall be laid, unless in proportion to the census or enumeration hereinbefore directed to be taken. と

定めたのであるが一体何がそこにいう直接税であるかについては種々の解釈が行われていた。古くは一七九六年コングレスは馬車に課税したが、これは直接税ではないとされた(Hylton v. U.S. 但しその税も後に廃された)(8)。又南北戦争の際にコングレスは多くの所得税法――前記規定による割当を為さざる――を定めたが、大審院は人頭税《カピテイション》及び不動産税のみが憲法にいわゆる直接税だという理由から之を有効とした(Springer v. U.S.)(9)。ところが、一八九四年に至ってコングレスが又所得税法を制定するや今度は大審院は、憲法いうところの「直接税は taxes on personal property & the income of personal property, as well as taxes on real estate & the rents or income of real estate を含む」と改め、その課税は従って憲法いうところの直接税であり乍ら、所定の割当を欠くという理由で無効と判決した(10)。この判決は先の Chisholm v. Georgia と同じく甚しく不評判であった。そして後者が増補第一一条を出来せしめたと同じように前者は増補第一六条を出来せしめた。各州に於ける所得の額は決してその人口に比例してはいなかったから、憲法の定むるところに従い人口に比例して割当てることは甚しい不当の結果となるは明かであり、然も一方年々膨脹する国家の財政は聯邦が所得税法を有することを絶対の必要としたので、憲法の改正は避くべからざるところであった。所得税条款はこうして増補されたのである(11)。

中央集権的変遷の傾向はこの増補の中に特に明かに見出すことが出来る。すでに南北戦争後の諸改正は州権力の減少に於ける聯邦の権力の増大を結果し、中央集権的傾向が憲法の Aenderung の上に表れたと言い得るのであるが、当時は戦後非常の時であり又解放された黒人の保護という特別の事情が存したとも言える。反之この第一六条に於てはそうした特殊の事情は全く存せず、然もその傾向が明白に正文の上に表われたのである。

次の第一七条の増補は従来各州の立法府で選挙した上院議員を下院議員と同じく人民の直接の選挙によるべきこと

を定めたもので、これは前にのべた民主主義の傾向の一段の前進である。

ブライスはかつて「一九一三年の二増補の通過は、憲法が近き将来に於て、二〇年前に信ぜられていたよりたやすく変化しそうだということを暗示しているのかもしれない[12]」と言ったが、まことに彼の言の如く、さしも困難な改正手続にも係らずその後に至って第一八条・第一九条の増補が実現されるのを我らは見ることになった。

増補第一八条は甚だ多くの問題をひき起した禁酒増補である(一九一九年確定)[13]。実は「禁酒」は近来の社会問題の最も重要なものの一つであるから、この増補の及ぼす影響は経済上風紀上保健上教育上のあらゆる点にわたって、その注意をひかずにはおかないのであるが、ここにはそれが中央集権的傾向の一の大きな憲法的表われだ、という点に注意を集中する。

酒類 intoxicating liquors の運搬、販売を禁ずる立法の運動は以前から盛であったが、米国が大戦に参加した時までにすでに一一州はその憲法に禁酒条款を有し、一〇州は禁酒法を有し、五州は禁酒法(憲法改正により或は普通の立法により)を制定しようとしていた[14]。また一九一七年には戦時の応急手段としていわゆる Lever Act(Aug. 10, 1917)、翌年(一一月二一日)にはいわゆる War Prohibition Act が制定されて、戦時だけの「禁酒《プロヒビション》」が実現されたのであるが[15]それより先、一九一七年一二月、すでに同趣旨の憲法改正がコングレスによって提議され、一九一九年一月一六日には憲法の一部として確定するに至った[16]。そして同年一〇月には、それを施行するためその第二項の規定に従って、

全国禁酒法《ナショナル・プロヒビション・アクト》、いわゆる Volstead Act が——ウィルソン大統領の拒否にも係らず——議会を通過した。ここに於てこれが違憲なりや否やという問題が盛に起った[17]。中にはこの増補——憲法の一部をなせる——それ自身が違憲だという説すら現われて、裁判所で争ったのであるが(Hawke v. Smith, 253 U. S. 211, 1920 等)何れも敗れた。法律論

としてこの増補が米国憲法第五条に準拠せるものであり、従ってその憲法の一部をなすものであり、更に又ヴォルステッド法がそれに準拠せる適法になされたる立法であることは明かである。が、同時にそれが従来(明文上は増補第一〇条により)各州にのみ留保されてあった警察権に対する中央政府の干与をみとめたものであることも亦明かである。このことは憲法制定当時の考えからすれば、たしかに大きな飛躍であった。それは各州の特権《プレロガチヴ》に対する由々しき大打撃であった。中央集権への明白な一歩であった。とはいえ、もとよりこの増補が米国憲法の発達に於ける一時期をなすものと見るべきではない。それはむしろ既に存在する社会生活の変遷の憲法的表われなのである。[18]

次の第一九条増補(最近の増補一九二〇年八月二六日確定)は婦人参政権を確立したものである。[19] 米国に於ける婦人参政運動はすでにジャクソン時代に存したのであるが、[20] これが実勢力を得たのは南北戦争以後の事である。元来参政権(投票権)に関する事は憲法では全く州の定むる所に任ぜしめられてあったのである(Art. I, sec. 2, 3. Art. II, sec. 1)。ところが第一四条及第一五条増補によってこの点に関する中央政府の州権に対する侵蝕が憲法上に表れて来た。婦人参政権論者は先ずこれらの増補の解釈の利用によってその目的を達しようとしたのであるが、之は失敗に終った。併し乍ら今世紀に入ってその運動は益々力を得、一九一四年にはすでに一一州に於て婦人参政権が認めらるるに至った。一方その以前からその目的のためにする憲法改正運動も盛であったが、ついに運動効を奏し、一九二〇年には憲法の一部として宣言《プロクレイム》さるるに至った。いわゆる Susan B. Anthony Amendment は之である。参政権の問題はここに於て完全に州の手からはなれて中央政府の手に移されてしまった。[21]

この増補がまた中央政府による州権への重大な侵害だという批難が多かった。上院は殊にこの理由によりしばしば反対した。[22] 特にこれは各州内の選挙に於ても婦人参政をみとむべきことを強制したから、この批難は中々有力であった。憲法制定当時の統一主義中央集権主義の頭目ハミルトンすら、[23] かかることは不可能だと言っていたのである。だから、ピアスンはいう、第一五条増補も明白な州権侵害 encroachment on state power であったが、これは戦後非常時の処置といえる。然るにこの第一九条増補に於ては事情は全く異なる。多くの州はすでに婦人参政を認めているのであって、何も急にその他の州に一様に――それぞれの特殊の事情を考慮せずに――それを強制する必要は毛頭ない。コネチカットの教養ある婦人とアラバマの黒人の女を同一に取扱うのは明かに不当だ、[24] と。――が、その当不当はいま我らの問うところではない。我らはそれが憲法定むるところの改正手続――Verfassungsänderung――による中央集権への明白な推移であることを注意すれば足りる。

以上に於て我らは硬い米国憲法がその困難な改正手続にも係らず数次の改正を経験していることを見、そしてその改正が漸次なる中央集権への傾向を示していることを指摘した。まことに「憲法の父」たちが現在再び生れ出たとすれば、彼らは自動車の横行や飛行機の活躍に目をみはるより先に、聯邦が禁酒運動に参加したり、婦人参政を宣伝したりするのを見て意外を感ずるかもしれない。[25] 併し乍らいかにその正文上に表れた推移が著しいとはいえ、近世社会の目まぐるしいほどの変化にくらべる時は、それは殆んど言うに足りないものである。社会の変化は刻々に憲法の実質的変化を要求する。が、その困難な改正手続は容易にそれを憲法の形式の上に表現することを許さないから、憲法の正文はそのままにしておきながら、その要求を満足する方法があらわれざるを得ない。――これ、我らが次にみようとする Verfassungs*wandlung* の領域である。

(1) 一七八九年九月二五日コングレスより州立法府へ提出、一七九一年批准了。
(2) Bryce, Amer. Com., I, p. 367.

(3) Beard, Amer. governm. & politics, p. 76. 美濃部博士『米国憲法』七二頁。

(4) 参照、Collins, The 14th Amendment & the states, 1912.

(5) Discourses on the Constitution & Government of the U. S. 1843.

(6) ケンタッキーの決議はジェファーソン、ヴァージニアのそれはマディスンの起草にかかる。米国憲政史上、甚だ意義深いものである(Virginia & Kentucky resolutions, by McLaughlin in Cyclopaedia of American government, III, p. 620-2)。

(7) Thompson, Federal Centralization, p. 8.

(8) 3 Dall. 171, Pierson, Our changing constitution, p. 88-9. この事件ではアレキサンダー・ハミルトンが該課税の有効なるを弁護した(同所)。

(9) 102 U. S. 586, Pierson, op. cit., p. 89-90; Beard, op. cit., p. 360, n. 1.

(10) Pollock v. Farmers Loan & Trust Co., 157 U. S. 429, 1895, Pierson, p. 90-1.

(11) 聯邦の課税権に就ては八節参照。

(12) Bryce, Amer. Com., I, p. 370.

(13) 参照、Priest, The 18th Amendment an Infringement of Liberty, in Annals of the Amer. Academy of Polit. & Social Science, Sep. 1923, p. 39-47. 又同誌六二―六頁の Jessup の論文。

(14) Ogg & Ray, op. cit., p. 214.

(15) それらの社会的政治的経済的考案に就き Thompson, op. cit., p. 183 et s. 参照。

(16) その全文左の如し。

Sec. 1. After one year from the ratification of this article the manufacture, sale, or transportation of intoxicating liquors within, the importation thereof into, or the exportation, thereof from the United States and all territory subject to the jurisdiction thereof for beverage purposes is hereby prohibited.

Sec. 2. The Congress and the several States shall have concurrent power to enforce this article by appropriate legislation.

Sec. 3. 略す。

(17) Thompson, op. cit., p. 188 et s.
(18) Pierson, op. cit., p. 46.
(19) 参照、Catt & Shuler, Woman Suffrage & Politics, 1923. なお本増補の全文左の如し。
The right of citizens of the U. S. to vote shall not be denied or abridged by the U. S. or *by any State* on account of sex.(イタリックは宮沢)
The Congress shall have power to enforce this article by appropriate legislation.
(20) Ogg & Ray, op. cit., p. 200.
(21) Pierson, op. cit., p. 49–55.
(22) Ogg & Ray, op. cit., p. 214.
(23) Federalist, LIX(Everym. libr. 版三〇三頁).
(24) Pierson, op. cit., p. 56–7.
(25) Pierson, op. cit., p. 35 et s.

六

米国の建国当時にあっては各州は各々独立した個々の団結であった。植民地は各々その成立の時と事情を互に異にし、(1)そのあるものはまた宗教をも異にしていたのであった。だから英本国に対する戦争の必要は彼らをして同盟を結ばしめ、次いでその間に経た種々の苦い経験は彼らをかって一の国家（ブンデスシュタート）を形成せしめたのであるが、然も彼らはその統一国家中に全部没入する事により、各々が有する個性——そのあるもの（ヴァージニア）はすでに一八〇年余の歴史を有していた——を失うことを極力避けた。言うまでもなく憲法制定の目的は結合の弱いコンフェデレイションに代うるに、強力な、団結せる“the Union one and inseparable”を以てすることにあったが、同時に各州は各々依然として"*sovereign* state"である事を欲した。(この二つの反対の希望の妥協の結果としてブンデスシュタートという形式が生れたことは前に述べた。)人々はアメリカ合衆国の市民である前に、第一に先ずヴァージニアの市民であり、コネチカットの市民であり、さらに又ペンシルヴァニアの市民であったのである。

が、時の推移はこの事情を一変させた。建国時代の人たちが相次で死し、その子 その孫が立つようになると、各州の個性に対する愛著は次第にうすらいでくる。一方又国際場裡に於ける米国の発展は米国が統一国家であることの自覚を益々深くせずにはおかない。古くはモンロー主義から近くは世界大戦に於ける米国の大勝利に至るまでの米国の対外的プレステイジ、そのすべてはまさにアメリカ合衆国の市民——ヴァージニアの市民コネチカットの市民ではなく——が荷うべき光栄であった。——人たちはもはや state sovereignty に対して以前ほど盲目的な感情的な愛著を感じなくなったのである。

またこの他資本主義的経済——それは本来超国境的のものである——の勃興は交通機関の非常な発達と共に州の国境を次第に軽視する。通商の自由の理論は、合衆国内に於ける州際通商《インタステイト・コマース》の自由に対する極めて間接な州政府による干渉をも排斥する。人々の生活は次第により多くワシントンによって規正されるようになった。さらに又州の財政の膨脹は州政府をして地方的行政に関しても中央政府の援助を求むることを必要とさせる。従ってその範囲に於て中央政府の地方事務に対する関係が生じ、やがては前者による後者の監督権がみとめられる。——かくして米国に於ては、憲法制定以来の大勢は、州権の減少に於ける中央政府の権限の増大に向っているといい得るのである。(勿論この外、米国特有ならざる諸々の原因がその傾向を助けるために競合していることは言うまでもない。)

然らば、その変化はどのようにして憲法の上に表れたのであるか。その幾分が正文の改正の上にも表れたことはすでにのべた所であるが、勿論それは極めて僅少な部分にすぎない。大部分はそれ以外の方法で表われているのである。憲法の改正の外に、憲法が実質的に変化してきた方法は、第一にコングレスによる憲法の解釈の変更及び(コングレスの立法に対してはつねに裁判所が審査権を有するから)裁判所の解釈の変更である。コングレスの解釈による変化は、種々の解釈をいれる余地のある条款——通商条款、課税条款、郵便条款等——を利用してなされた。次の方法は条約である。条約中に国内法規たる性質を有するものを包含せしむることによって憲法を実質的に変遷せしめるのである。

(1) それにつき参照、新渡戸博士『米国建国史要』。高木助教授、前掲、二一頁以下。

七

いまこれらの憲法が実質的に変遷する方法につき詳細な説明に入るに先だって、裁判所のこの点に関する態度に就き一言しよう。(1)

合衆国最高裁判所《シュプリーム・コート》は今でこそ憲法の擁護者として威勢嘖々たるものがあるが建国当時に於ては必ずしもそうではなかった。それが現在に於けるが如き優勢をもつようになったのは少なくともその大部分はアダムス大統領によって一八〇一年二月四日チーフ・ジャスティスに任命されたかのジョン・マーシャルの力に負うと言っていいのである。マーシャルは熱心なフェデラリスト(2)であって合衆国の統一ということに一心に努力した。その政治的理想は即ち裁判所を通して聯邦の権力を増進して州権にはなるべく制限を加うることであった。(3)かくて彼は国家の統一のために、強力な中央政府の確立のために、即ち——と、彼は信じたのである——憲法擁護のために、在職三十余年(一八三五年七月六日に至る)にわたって奮闘をつづけたのであった。[4]

いま彼の在任当時の判例に表れた上述の傾向に一瞥を与えてみよう。[5]

まずマーベリ対マディスン事件に於て彼が司法権の優越の原則を米国憲政上に確立したことはすでに述べた。[6] U. S. v. Judge Peters(5 Cranch 115, 1809) に於ては捕獲金 Prize money の分配に関し聯邦裁判所とペンシルヴァニア州官憲の間に権限争いがあったがマーシャルは聯邦の管轄の利益のために判決した。Fletcher v. Peck(6 Cranch 87, 1810)ではじめて州の法律が聯邦憲法に違反するの故を以て無効とされた。(尤も此の点に関する法律的基礎は違憲の聯邦法が無効とされる場合と異なり、憲法第四条第二項及一七八九年の Judiciary Act 第二五条の明文によって明かであった。[7]) 次で Martin v. Hunter's Lessee(1 Wheat. 304, 1816)では聯邦憲法の下に生ぜる問題に関し聯邦裁判所が州裁判所の判決を覆す権あることがみとめられた。一八一九年にはかの有名なる McCulloch v. State of Maryland 事件が起った。メリランド州は一八一八年 U. S. Bank に対して課税したのであるが、マーシャルはその税法は違憲であり従って無効であると宣言して、州の課税権は「米国の市民によってコングレスに附与せられたる権限を行使するため、コングレスが用いる手段にまでは及ばぬ」[8] と判決した。この点は法律上は何等明確な規定がなかったのであって、そこが、マーシャルによって州権制限にまで役立たせられた所以である。同年 Dartmouth College v. Woodward(4 Wheat. 518)に於ては州の立法が「契約の不可侵」を侵害すべからざるの原則が発展強調された。さらに Gibbons v. Ogden(9 Wheat. 1, 1824)では通商条款《コマース・クローズ》の解釈——後に至ってあのように問題の中心となれる——がはじめて裁判所の問題となったが、この事件に於て州際通商《インタステイト・コマース》に関する中央政府の完全なる管轄(Art. I, sec. 8, cl. 3 参照)が主張された。

以上は合衆国の統一のために戦ったマーシャルの奮闘の跡の一端である。もとよりマーシャルも州を全然聯邦の内に於て消滅させてしまおうという意志ではなく、また州権に有利な判決も少なくないのであるが、(9)その差し当りの努力の目的が州権の制限に於ける聯邦権力の増大——即ち中央集権であったことは以上から明かである。

が、形勢はいつまでもフェデラリストに有利ではなかった。かれの主張——統一主義、従って憲法の自由な解釈 loose construction——(10)に対する反対はその晩年に於て次第に有力になり、憲法の厳格な解釈 strict construction、州権の擁護の主張が之に代って来た。Taney のチーフ・ジャスティスへの就任と共にマーシャル及びその一派の勢力は衰えはじめた。トオニはマーシャルほど完全に裁判所の方針を指導しはしなかったが、彼はジャクソン大統領の下に閣僚であり民主党の同情者であり、その任命はフェデラリスト的意見に対抗するために意図されたものであった。(11)こうして憲法の解釈は次第に厳格《ストリクト》になった。一八三七年の Mayor of New York v. Miln (11 Pet. 102) 及び Briscoe v. Bank of Kentucky (11 Pet. 257) に於てはマーシャル当時の主張とは反対の趣意の論結がなされた。が、概してトオニの在任中の判決は裁判官の各員の間に於ける意見の甚しき相違によって特色づけられると言われる。そして結局に於て、その分権的傾向にも係らず、聯邦の優越は依然としてみとめられ、マーシャルの為したところは全体に於てさまで甚しくは害されなかった。(12)

一八五七年の Dred Scott v. Sanford 事件は南北戦争を誘起した一動因として有名であるが、(13)その判決に於て最高裁判所は、奴隷を禁止せるミズーリ協約 Missouri Compromise は違憲だとし、コングレスが奴隷を禁止する権限を否認した。この判決は二人の判事による dissenting opinion を含み、その是非の論は国論を沸騰せしめ、民主、共和両党の争いは激烈となり、ついにリンカーンのかの裁判所攻撃となり、国論はリンカーンの勝に帰して彼は翌年大統

領に選挙せらるることになった。(14)

南北戦争と共に米国の政界には大きな改造《リコンストラクション》が必要とされた。一三、一四、一五の三憲法増補が相ついで成立したことは前にのべた。裁判所もリンカーンの任命によってその組織が次第に変ってきた。

当時の裁判所の態度の特色は立法府に対する制限を再び厳重ならしめたことである。戦時緊急の状態を利用して行政府、立法府がなした広汎な範囲にわたる政治行為は殆んど司法部の制限を蒙らずにその自由裁量に任ぜしめられてあったが、それより生じた諸々の弊害は、人民の自由と州の権利を維持するためにする裁判所の活動を必要とした。裁判所は、当時の情勢が甚しく集権的に傾いていたにも係らず、「意外にも」――とピアスンはいう(15)――聯邦の州権に対する侵害に反対する判決をつづいて出した。(このことは「意外」というよりむしろ当時の立法がいかに急進的に集権に傾いていたかを示すものであろう。) State of Texas v. White(7 Wall. 700)に於てはテキサスの sovereign state としての権利がみとめられ、Collector v. Day(16) に於てはコングレスが州官吏の俸給に課税するを得ざる旨が判決された。つづいて The Slaughter House Cases(1873)(17), U. S. v. Cruikshank(1875), U. S. v. Harris, Civil Right Cases(18) 等の何れに於ても戦争の結果生ぜる州権侵害を含むコングレスの立法行為は無効とされ、或は著しく制限された。

この州権侵害的立法に対する州権擁護の態度を裁判所は今日に至るまで継続してとっている。たとえばかの Income Tax Cases(1895), Keller v. U. S.(1909), Child Labor Case(1918), Child Labor Tax Case(1922)等をみてもこの傾向を看取することができる。が、之を以て裁判所の態度が常に甚しく州権偏重であると考えてはならない。裁判所――殊に米国の裁判所――は常に決して必要以上に保守的でもなければ進歩的でもない。極端に集権的でもなければ又極端に分権的でもない、前記の諸判決はたまたま以てコングレスの立法がいかに年々集権的になってゆくかを示しているのである。裁判所はその傾向が極端なりと思惟する場合にのみこれに反対する。決してその傾向そのもの——それは社会生活の進歩が必然的に要求するものである——を頭から否認するようなことはない。

(1) Bryce, Amer. Com., I, p. 273 et s.; Pierson, op. cit., p. 69 et s.
(2) 当時の政党に就ては高木助教授、前掲、参照。
(3) 高柳教授、前掲、六九頁、註四。
(4) マーシャルの主張は従ってフェデラリストたる党派的色彩が濃厚であったから、反対党リパブリカンのジェファーソンとの争いは頗る激甚なものがあった(その争いについてはHaines, American Doctrine of Judicial Supremacy, p. 213 et s. 参照)。ジェファーソンは極力統一的傾向に反対してマーシャルの「狡猾及び詭弁」に就て云々し(Haines, p. 220)、裁判所が州と聯邦との間に存する権限の障壁を失わしめんとしつつあることを常におそれた(Haines, p. 222)。
(5) Pierson, op. cit., p. 69 et s. なお参照、Young, The New Amer. Government & its Work, p. 278.
(6) この判決についてもジェファーソンは大反対をした(Haines, op. cit., p. 218–9)。
(7) 高柳教授、前掲、五四一頁以下。
(8) 4 Wheat. 316, Ogg & Ray, op. cit., p. 168–9.
(9) Pierson, op. cit., p. 75 et s. を見よ。
(10) 憲法の解釈につき参照、Bryce, Amer. Com., I, p. 374 et s.
(11) Haines, op. cit., p. 254.
(12) Pierson, op. cit., p. 77 et s.
(13) 19 How. 393. 事件の詳細は高柳教授、前掲、五三〇頁以下。
(14) Haines, op. cit., p. 264 et s. 高柳教授、前掲、五三二頁以下。
(15) Pierson, op. cit., p. 79.
(16) 11 Wall. 113, 1871.
(17) 16 Wall. 36. この判決に於て増補第一四条の一部分は取消されたことになる(Young, op. cit., p. 455–6)。

(18) 92 U. S. 542, 106 U. S. 629, 109 U. S. 3.

八

先ずコングレスの解釈によって――勿論いうまでもなく裁判所の審査の下に――憲法に実質的変更が生じた場合を考えてみよう。

この場合、その変遷は憲法の同一規定に種々の異なる解釈を与えることによってなされたことは前に一言した。その際利用された条項は甚だ少なくないのであるが、就中著しいのは通商条款《コマース・クローズ》、課税条款《タクシング・クローズ》、郵便条款《ポスタル・クローズ》の三つである。[1] 本稿では特にこの三者に就てその解釈の変遷を一瞥するであろう。

通商条款[2]というのは憲法第一条第八項の三を指す。之によればコングレスは "to regulate commerce with foreign nations, and *among the several States*" の権限を有するとされ、これが実行に必要にして妥当なる necessary & proper すべての法律を作るを得る(同項の一八)とされている。コングレスはこの条款によって多くの警察的法規――酒類、富籤《ロッタリ》、労働、風紀《ヴァイス》、食料《フード》、薬品《ドラッグ》に関する――を制定し、本来(正文上は第一〇条増補により)各州に留保されてある一般警察権の範囲を侵蝕した。

実にコングレスが聯邦権力を拡張するに当ってその憲法上の基礎を求めるにつき、最も多く利用したのはこの条款であるが、その規定の意味は元来どのようなものと予定されていたのであろうか。

一三州が Articles of Confederation に満足せずして憲法《コンスティテューション》を作るに至った動機の一が、コンフェデレイションの下に於て通商の条件がきわめて不満足なものであったことにあることは人の知るところである。だから人たちは通商に関する権限が中央政府に与えらるべきことは自明のこととしていた。そしてこの通商条款は憲法制定会議《コンヴェンション》に於て殆んど特に論議せらるることなしに採用されたのであった。が、之を以て当時の人たちが意識して中央政府に莫大な権限を賦与したと考えてはならない。彼らはその通商条款が後に警察法規を発する権限をも包含するに至ろうとは毫も思わなかった。中央政府は Government of enumerated powers であるから、彼らは特に警察に関する権限を明示的に州のために留保する必要をみとめなかったのである。(3)

この通商条款に始めて拡張的解釈を与えたのが Gibbons v. Ogden 事件(9 Wheat. 1, 1824)であることは前にのべた。いまこの事件の概略を説明しよう。ニューヨーク州法はリヴィングストン及びフルトンに対し一定期間州内の河川の蒸気船による航行専用権を許与し、オグデンはその権利の譲受人である。又ギボンズは一七九三年聯邦議会法の下に沿岸航路として登記許容せられた二個の汽船をニューヨークとニュー・ジャージイ間の航行に使用していた。然るところオグデンは州裁判所よりギボンズに対し禁止命令《インジャンクション》を発せしめ、事件は最高裁判所に移った。マーシャルは右の専用権を与うるニューヨーク州法は州際通商に関する憲法の条規に違反するという理由により無効と宣言した。(4) これは州際通商を中央政府の手に確保せしめ、州の干渉的制限から免れしむるに効があった。

元来「通商《コマース》」の意義、乃至「州際通商《インタステイト・コマース》」の意義は甚だ明確を欠くのであって、又実にそこがコングレスによる——裁判所の支持の下に——中央政府の権限増大にまで利用された点であった。この事件以後同様の趣旨の判決はしばしばくり返され、近代に至っては特に社会立法、経済立法の範囲に於てこの条款の利用は益々甚しきを加えている(後述参照)。

次に課税条款《タクシング・クローズ》について見よう。(5)

前にのべたようにコンフェデレイションの時代に於て最も不便を感じたことは、事務の遂行に欠くべからざる費用を得るに就き有効な規定を欠いた事である(同盟規約第八条参照)。従って中央政府に独立な課税権を附与することは憲法制定者たちの先ず念頭においたことであった。かくして「コングレスは power to lay and collect taxes, duties, imposts and excises, to pay the debts and provide for the common defense and general welfare of the United States(第一条第八項の一)を持つ」という規定が生れたのである。が、この規定により人たちは中央政府に州より独立なる財源を与えようとしただけであって、決して中央政府による州権の侵害を予定したのではない。だからこの規定に就ては憲法制定会議に於て多くの議論がなされ、――その規定が中央政府による州権の侵害を可能ならしめるであろうことは広く危惧されていたから――結局、種々の制限を蒙ることになった。コングレスは州よりの輸出に課税するを得ず(第一条第九項の五)、ある州の港に特恵を与うるを得ない(同項の六)。又租税は合衆国を通じて整一《ユニフォーム》でなければならず(同条第八項の一)、直接税は人口に比例してのみ課するを得る(同条第九項の四)[6]。これらの制限によってコングレスの課税権は、収入を得る以外の目的のために行使されるに際し甚しい掣肘を受けることになった。が、法文の意味が必ずしも常に明確でないことの結果としてその課税権の範囲に就ては多くの解釈が行われて来た。

まず課税権は収入を得る目的のためにのみ行使せられ得るという解釈があるが(Nullification Controversy に於ける Calhoun の説等)これは諸学者の排するところであり、又裁判所の否定するところである[7]。勿論税法――コングレスによる課税権の行使――であるから収入目的が多くの場合その主たる目的たるは当然であるが、併しそれ以外でも憲法上コングレスに委任された諸権限を遂行するために課税権を行使する場合は裁判所は之を有効とみとめている。Veazie Bank v. Fenno(8 Wall. 533, 1869), Head Money Cases(112 U. S. 580, 1884), Pace v. Burgess(92 U. S. 372,

1876)等の事件ではこの趣旨がのべられている。(8) 然らばコングレスの課税権はそれ以外の範囲に及ぶを得るものであるかどうか。之に関する裁判所の解釈を見よう。

コングレスは一八八六年及び一九〇二年に於て模造バタ oleomargarine に対して課税する法律を制定した(“dairy legislation”)。その動機は疑もなく収入の目的ではなくて、一般消費者を模造バタの弊害から救うという警察目的にあったのであるが、裁判所は McCray v. U. S. (195 U. S. 27, 1904) に於て、その課税はコングレスの権限内にあり、且裁判所は立法の動機《モーチヴ》は問わないと言った。又コングレスは一九一四年には Narcotic Drug Act を通過した。これは麻酔剤の販売を制限監督するためにその登録せられたる販売人に一年一弗の税(excise tax)を課したのであるが、これも勿論収入を得るための方策 revenue measure では明かにない。然も裁判所は U. S. v. Doremus (249 U. S. 86, 1919) に於てこれは revenue measure であり、該薬品の販売を制限するという規定は租税徴集上の必要に出たものである、と判決したのである。

これを以てみるとコングレスの課税権の範囲が甚だ広汎にわたることを裁判所が許容していることが分る。但し判例の示すところによると、この最後の麻酔剤法はコングレスが課税権を利用して警察法規を制定し得る範囲の極限をなしているもののようである。麻酔剤事件の判決に於ても四人の判事(最高裁判所の判事九人の中)はそれが州に留保された警察権の侵害だという理由で反対意見を発表している。そしてコングレスが更に一歩進んで課税権を利用して幼年労働を制限する法規を発した時、裁判所はそれを以てコングレスの権限外の行為だというので無効としてしまった(Bailey v. Drexel Furniture Co., 66 L. Ed. 817, 1922)。(9)

以上から大体に於て今日の実際の課税権の範囲が推測され得る。それが憲法制定以来著しく拡められていることは疑ない。課税権は収入の目的のためでなくとも、その他コングレスに委任《デリゲイテッド》された権限を行使するためにも利用し得る。その動機は裁判所の問うところでない。又コングレスは商品、その製造又は販売が憲法上保障された権利ではないような商品には禁止的課税 prohibitive tax を課し得る。

かように課税権はコングレス及び裁判所の解釈によってその範囲が甚だ拡まって来たのであるが、もとよりその集権的傾向には、聯邦制度そのものに基く一定の制限があることは、前記幼年労働税法事件によっても知ることができる。この外コングレスの課税権に憲法上種々の制限があることは前にのべたが、それらの外、聯邦政府は州の政府又は機関に課税するを得ぬ(Collector v. Day, 11 Wall. 113, 1871)、租税は公共目的のために課すを要する(Loan Association v. Topeka, 20 Wall. 655, 1875)等の implied limitations が存する。

終りに郵便条款《ポスタル・クローズ》を見よう。[10]

元来郵便制度は植民地時代からかなりよく発達していて、革命からコンフェデレイションの時代を通じてコングレスの取扱うところとされ、その聯邦機関によって管掌さるることの利益は普く人の知るところであった。従って郵便に関する権限をコングレスに附与することについては憲法制定会議《コンヴェンション》では何等の異議もなかった。

憲法はコングレスは「郵便局を設置し郵便道路を建設するを得る」(第一条第八項の七)と定めているだけであるが、この郵便事務は一七九二年の法律以来聯邦政府の独占とされている(U. S. v. Rochersperger, Fed. Case No. 15, 541, 1860 参照)。コングレスは之によりその郵便事務遂行の能率を増進せしむる為に必要な諸規定を数多く制定した。コングレスがかような規則――郵便事務に妨害の虞ある貨物の郵便の目的物よりの除外、郵便を妨ぐべき私人の行為の処罰等――を制定する権能ある事は常に認められていた。マーシャルはかの McCulloch v. Maryland(4 Wheat. 316,

1819)に於て、さような規定はコングレスに委任された事務を遂行するに必要にして妥当なる(第一条第八項の一八)ものであると言っている(以後の判例も皆之をみとめている)。ところがコングレスは之に止らず、事務の遂行に必要なる以上にこの権限を利用した。即ちコングレスはその直接に禁止するを得ざる諸々の行為を、それに郵便制度の利用を拒絶することによって、間接に禁止しようと試みた。

まず郵便条款は通商条款と共に anti-lottery legislation の憲法上の基礎とされた。古く一八二七年には郵便条款に基く排富籤法が制定され、以後最近に至るまで同様の法律はしばしば作られている。又この条款は fraudulent practices を禁止する目的のために利用され、一八七二年以来その趣旨の立法が数次為された。猥褻書画 obscene literature の禁止のためにする郵便法も一八六五年以来たびたび制定された。さらに一九一二年には prize fight films の公開《エクシビション》を禁ずるために、之に対して郵便制度の利用が拒絶され、一八七二年以来は朝憲紊乱的文書 seditious & treasonable literature を取締るために同様の手段がとられた。(後者については一九一七年 Espionage Act 及び翌年の修正を見よ。) 終りに聯邦又は州の法律に違反する目的を以てする行為――貨幣偽造、版権《コピライト》侵害の出版物、禁酒州に於ける酒類の広告(但し之は一九一七年の事)等――に対しても之を禁止する目的のため郵便条款が利用された。

これらはすべて明かに郵便事務遂行のため必要なる行為ではない。何れも公共の秩序維持のためにする警察行為である。従ってそれは常に多少の批難を蒙ったのであるが、裁判所は殆んど常に之等を支持してきた[11]。これは郵便が中央政府の独占とされ、中央政府はそれに対して proprietary interest を有するから、之に対しては州際通商に対してより、より多くの干与をなし得る、とされるからである。が、もとよりその干与と雖も無限に許さるべきではない。憲法上の制限――第四条増補(ex parte Jackson, 96 U.S. 727, 1877)乃至 due process of law 条款(Allgeyer v. Louisiana, 165 U. S. 578, 1897)等は勿論この場合も適用される。

近くはまた幼年労働を禁止する為に、一定の年齢以下の幼年者使用者に対して郵便の利用を拒否しようという案もコングレスに提案されたが、[12] かように郵便の利用に警察法規遵守を条件とするというような立法は恐らく裁判所によって支持されないだろう。

この外コングレスは郵便道路《ポスト・ロード》を建設する権能に基き、州を補助刺激してその道路政策を実行した。「合衆国の郵便物が現在通過し、又は将来通過することあるべき公道[13]」はすべてその郵便道路とされたのである。

（1） 戦時中に聯邦政府の war powers により、州権の侵害が行われたことがあるが、これは非常に際してのことだから(Thompson, Federal Centralization, p. 49)ここには言及しない。

（2） 参照、Thompson, op. cit., p. 33 et s.; Reed, Forms & functions of American Government, 1921, p. 48 et s. 美濃部博士『米国憲法』六四頁。5 R. C. L. 685 et s.

（3） Thompson, op. cit., p. 33 et s.

（4） 高柳教授「米国憲政に於ける司法権の優越を論ず」(『法協』三九巻、五四四頁)による。一般に憲法に関する判例については Hall, Cases on Constitutional Law 参照。

（5） 参照、Thompson, p. 49 et s.

（6） この他第一条第九項の一には奴隷の輸入に課せらるべき税一人当りの最高額の制限がある。

（7） Thompson, p. 53 et s.

（8） Ibid., p. 57–8.

（9） 幼年労働については後述**九**参照。

（10） 参照、Thompson, op. cit., p. 70 et s. 21 R. C. L. 756 et s.

（11） Thompson, p. 80 et s.

(12) Senator Kenyon により一九一八年(ibid., p. 84)。
(13) Act of July 11, 1916, "Federal Highway Act." Nov. 9, 1921.

九

以上コングレスの解釈によって集権的傾向が実現さるるに就ての憲法上の基礎として援用される通商条款、課税条款及び郵便条款の何たるやの大体を見た。次にそれらの利用によってコングレスが制定せる集権的傾向を表わす諸々の立法——殊に警察的立法——を一瞥するであろう。

賭博(一般に射倖行為を言う)[1]はそのすべての種類につき米国に於ては常に政府の取締るところであった。初めはそれは州政府の取締るところとされていたのであるが、[2]次第にこの点に関する聯邦の立法による干与がなされ始めた。その憲法上の基礎は最初は郵便条款に求められた。そして先にのべたように一八二七年以来コングレスは排富籤法を制定し、[3]かかる行為に対して郵便制度の利用を拒絶することによって之を禁止乃至制限しようと試みたのである。そうした立法はその後数次発せられて以て今日に至っている。一八九五年に至ってはじめてコングレスは通商条款に基いて富籤《ロッタリ》を禁止しようとした。同年三月二日の法律は富籤切符《ロッタリ・ティケット》の輸入及州際運送を禁止したのであって、之はその表題《タイトル》、[4]並びにコングレスに於ける討議が示すように、明かにコングレスが従来郵便条款によってなお禁止するを得なかった種類の賭博を禁ずるを目的とする。通商の取締はその手段にすぎない。この法律はやがて裁判所に於てその違憲なりや否やが争われることになった(Champion v. Ames, 188 U. S. 321, 1903)。いわゆる富籤事件《ロッタリ・ケイス》がこれであるが、裁判所はこれに於て富籤切符は商品 articles of commerce であり、その州際通商を禁止するはコングレスの権限内の行為である、又禁止的規定を作るを妨げるような憲法の規定はただ第五回増補あるのみだが、然もこれはこの場合は適用はない。なぜなら富籤業は何人も権利として行い得る営業ではないのだから。と判決した(これには四人の判事の反対意見《ディセンティング・オピニオン》があった)。次で同様の意見が Clark Distilling Co. v. Western Md. Ry. Co. (242 U. S. 311, 1917) でも述べられた。これらから見ると、ある品物《アーチクル》が憲法上の権利として人がそれを取引するを得ないものであるならば、その品物は州際通商から除外せられ得るものである、という論結がなされているようである。

風紀《ヴァイス》(5)に対する制限も又それは警察規定であるから州の権限とされていた。が、富籤の場合と同様にコングレスは郵便条款及び通商条款に基く規定の形式の下に之が制限のためにする立法をなしている。一八六五年以来猥褻書画の禁止を目的とする郵便法が数度制定され、そして裁判所によって支持されて来たことは既にのべた。一八九七年には通商条款に基き猥褻物の州際交通に罰を科し(6)又合衆国刑法(7)では猥褻文書、避妊用薬品器具などの州際交通を禁止したが、その Constitutionality は多く争われることなく、裁判所もその適法なるを認めているようである(Clark v. U. S. 211 Fed. 916, 1914)。

醜業禁止のためにはコングレスは移民法制定権並びに州際通商規定権によって、醜業に関係ある者の入国、移転に干渉した。一九〇七年の移民法は之に関する厳格な規定を作り、それは Keller v. U. S. (213 U. S. 138, 1909) で違憲とされたが、翌年 White Slave Traffic Act (三月二六日) によって修正され、これは裁判所の認むるところとなった。が、移民法に関する点は暫く本稿の考察外におくこととしよう。

一九一〇年六月二五日の Mann White Slave Traffic Act はその中に醜業の目的のためにする女子の州際交通を禁止する規定を含んでいる。即ち何人も女子が醜業目的のために州際的に交通するを幇助し勧誘することを禁ぜられている。この規定の違憲なりや否やは Hoke & Economides v. U. S. (227 U. S. 308, 1913) に於て争われた。裁判所は、一州より他州へ移転するは憲法によって保障された市民の権利である、又醜業禁止の如き警察行為は州の権限に属する故、該聯邦法は違憲であるとの主張に対し、醜業の目的を有する人の交通を取締るはもとよりコングレスの権限内に属し、毫も州権の侵害ではないとて之を支持した。同様な判決はその後数多くなされ、この点に関してのコングレスの干与は全く認められた。賭博と同じく風紀の取締も聯邦と州は相協力してその目的を達そうという傾向を示している。

保健問題[8]に関する規定も元来州の権限とされていたのであるが近代に至って聯邦はこの点についても干与しはじめた。

まず食料及び薬品に関する立法についてみるに、この点に関するコングレスの干与は州際通商の取締の形式によってなされた。その主たる方法は一定の標準を満足せざる食料品薬品を州際通商から除外することにある。一八八四年の法律は diseased live stock の州際通商に於ける交通を禁じ、同様の方法によって又、聯邦官憲が不当とみとめた肉類や、食料発送地に関する偽のペーパーが禁ぜられた。さらに一九〇六年にはコングレスの総括的立法[9]が作られ不純な又は有害な食料、薬品、飲料水《リカー》の販売運搬が禁ぜられた。之らの規定は爆発物を州際通商から除外する場合などと異なり、通商そのものの保護がその目的であるのではなく、之によって消費者を不純な食料から保護しようという目的で明かに衛生警察規定である。そしてかような警察規定が州際通商条款に基いてなされ得ることは裁判所によって確定せる原則とみとめられてしまっている(Meat Inspection Act of 1907 参照)。

次に幼年労働[10]に関する規定は、この点について甚だ重要で、多くの問題を惹起した。資本主義の産物たる幼年労働に関する取締は工場警察に属するものとして元来各州の権限とされていたのであるが、各州に於ける規定の不統一はその目的を達する上に著しい障害をなしていた。そこでコングレスは通商条款に基いて之を取締る聯邦法を制定した。即ち一九一六年九月一日の幼年労働法である。之は一定の年齢に達せざる幼年者の労働を禁止し、及びそれ以上一定の年齢以下のものの労働時間を制限し、その夜間労働を禁じ、そしてこの制限を守らざる工場に於て作られた商品の州際通行を禁止したのであって、通商条款を利用して間接に幼年労働禁止という警察目的を達しようというのである。富籤や白奴隷に関する立法に於てはコングレスは州を助けてそれらの弊害を除き、各州にそれらの悪弊が盛になるのを防止した。又不純な食料や薬品を禁ずる立法では消費者の保護をその目的とした。が、この幼年労働法に於ては幼年労働の存する工場で作られた商品の州際交通を制限するのであるから、薬品の入り込む州の風紀を維持するためでもなく、又もとより消費者のためでもない。州際通商の取締の名の下に工場立法《ファクトリ・レジスレイション》の範囲にふみ入ったのである。然らばかくの如くコングレスは一般に公益に害あるいかなる事項をも禁ずるために通商条款を利用するを得るものであるか。これがこの幼年労働法に関して起った問題であった。裁判所はかの Hammer v. Dagenhart (247 U. S. 251, 1918)に於て之に答えた。この事件は通商条款を利用してコングレスが警察法規を発し得る限界を定めた――もとより不明確ではあるが――ものとして意味深いものである。判決は言う。州際通商を規律するコングレスの権限は ample なものであるが、その通商に供せられる物品の生産は全然地方的規定事項である。この法律はコングレスの権限を超越するは勿論、地方的事務に関する州の権限を侵害し、かくて聯邦制度を破壊するものである、と。かようにこれは違憲の故を以て無効とされたのであるが、この判決に於て四人の判事(ホウムズ判事を含む)が反対《ディセント》していることは注意する必要があると思う。

コングレスはこの失敗に鑑み今度は課税権に基いて幼年労働禁止の目的を達しようと試みた。即ち殆んど前と同様の規定に加うるに、幼年労働による生産物を州際通商から除外する代りに、幼年労働者の使用者に対する課税を以てした(一九一九年二月二四日法律)。「コングレスは憲法に適合するが如く見せるためにそれに税法たるの外見を与えた[11]」のである。併し乍ら之もまた裁判所によって違憲とされた(Bailey v. Drexel Furniture Co. 66. L. Ed. 522, 1922)。理由は大体前の場合と同じで、之によってコングレスの警察権に干与し得るの範囲はやや明かに限界づけられたと見るべきである。面白いことには前の事件では四人の判事が反対《ディセント》したが、この事件ではただ一人の反対があっただけであった。

この幼年労働に関する判決は米国がなお依然として――たとえその集権的傾向は強くあろうとも――聯邦であるということに人々の注意を新に向けしめた、という点で興味あるものである。今後コングレスが、いかなる方法で幼年労働に関する統一的聯邦法を作ろうと試みるか、又中央政府がいかなる方法でそれに関する干与――それを中央政府は必ずやなすであろう、又しかする必要が存在すると思うのであるが――をするか。それは我らの注意して見るべき問題でなければならない。

（1） 参照 Thompson, op. cit., p. 104 et s. 17 R. C. L. 1221 et s.

（2） Cohens v. Virginia, 6 Wheat. 264, 1821 参照。

（3） Act of March 4, 1827. これは No postmaster, or assistant postmaster, shall act as agent for lottery offices or, under any color of purchase, or otherwise vend lottery tickets; nor shall any postmaster receive free of postage, or frank lottery schemes, circulars, or tickets と定めている(Thompson, p. 106)。

（4） Act for the suppression of lottery traffic through national & interstate commerce……

(5) Thompson, op. cit., p. 112 et s.
(6) Act of Feb. 8, 1897.
(7) Act of March 4, 1909.
(8) Thompson, op. cit., p. 124 et s.
(9) Pure Food & Drug Act of June 30, 1906.
(10) Pierson, Our changing constitution, p. 59 et s., Thompson, op. cit., p. 131 et s.
(11) U. S. v. Jin Fuey Moy, 241 U. S. 394 に於けるホウムズ判事の言(Pierson, op. cit., p. 64 に引くところ)。

一〇

次に教育に関して簡単に一言しよう。(1)

米国憲法には教育に関する規定は全然ない。従って——州権が常に有利な推定を受くべく定められている米国では——この点に関する立法権は州に留保されている訳である。であるから教育に関する聯邦の干与を憲法上に基礎づけようとすれば、いきおい「一般の福祉《ウエルフエア》」(前文及び第一条第八項の一)とか、コングレスの「合衆国に属する財産を処分する」権(第四条第三項の二)とかいう曖昧な句によるより外はないことになるのである。が、従来聯邦は種々の方法で之に干与して来た。その主なるものはコングレスによる州への補助金《グラント》である。(2) この補助金立法は裁判所で争われたことはないが、これに関しては憲法上の問題が起り得る。即ち補助金立法が適法であるとすれば、コングレスは州の一定の行為又は不行為を以て、その州への補助金の下附の条件とし得る訳である。然らばコングレスはその州に直接には強制するを得ないことをこの方法によって間接に強制(?)するを得るのであるか。これは今までのところはさまで問題となってはいないようであるが、将来この方法で中央政府の権限増大がなされ得る可能性が多量にあると思われる。又それに対して裁判所がいかなる態度をとるかは極めて興味あるところである。

富籤や食料品や薬品や風紀や幼年労働やに対して積極的に之を禁止制限しようとしたコングレスは、酒類の販売(3)に関しては最近までむしろ極めて消極的な態度を持していた。そしてそれに関しては各州の為すところにまかせられてあった。が、それでは不都合が多かった。何故なら、各州内《イントラ・ステイト》に於ける酒類の販行はその州の自由に取締るところであるが、州際間《インター・ステイト》の通商はコングレスの取締るところであり、かつ何が州際通商を構成するかは州の意見に係らず慣習によって定まり(4)而して酒類の州際通行は州際通商を構成するとされている(5)のであるから、一州に於て禁酒を行っても、他州から入り込む酒は禁止するを得ないという結果になったのである(Vance v. W. A. Vandercook Co., 170 U. S. 438, 1898 参照)。それでこの点に関し、コングレスが州の禁酒政策を援助する意味に於て、州がある程度に於て州際通商に干与することを許容することが要求されて来た。この要求の結果として Wilson Act, 1890 及び Webb-Kenyon Act, 1913 が制定され、州が他州から入り込む州際通商の目的物を、自州内で生産されたものと同様に取締ることがみとめられた。即ち、前にのべた富籤や醜業婦取締の場合と異なり、コングレスは積極的に之に干渉することをなさずして、州が之に関して自由に交渉し得るように、その州際通商に対する一定の干与を許容したのである。州権の侵害ではなくて反対に州権の増大である。従って殊に Webb-Kenyon Act に於てはそれが違憲だという批難が多かった(上院議員ルート、司法卿ウィカシャム等)。大統領タフトも亦この理由により一旦之を拒否《ヴィト》した。裁判所は先に、酒類は適法なる州際通商の目的物であり、その州際通行に干渉することは州の権限外である(Louisville & Nashville Ry. Co. v. F. W. Cook Brewing Co., 223 U. S. 70, 1912)と言ったのであるが、この Webb-Kenyon Act に関しては、コングレスは酒類の州際交通を全然禁ずる権能を有するのであるから、各州の禁酒法規の施行を便利ならしめるようにそれに制限を加えることはもとより差支えない、との理由により之を支持した。之らの法律は何れも禁酒法ではない。各州の禁酒法の運用を助けることをその目的とするのである。

かく酒類制限問題は、全然州の権限内とされ、かつ之に関する輿論は決して一致していなかったのであるが、世界大戦を機として事情は一変した。戦勝に対する人たちの努力は禁酒運動に多くの勢力を与えた。かくして戦時禁酒法は制定され、ついに憲法増補第一八条によって全国的禁酒が確立さるるに至ったのである。ここに於て従来州の立法を補助するに止ったコングレスは積極的に自ら主となって之が取締をなすようになった。が、この点はすでに述べたところ(五節を見よ)であるから又ここにはくり返さない。

コングレスの解釈によって州権の損害に於て聯邦の権力が増大した範囲は決して以上に尽きない。その他の経済立法の範囲に於てそれは特に著しい。そしてそれは何れも主として通商条款の援用によってなされた。通商条款によってコングレスは鉄道に関する詳細な取締法を定めた。また一定の商業上の協定《アグリーメント》に入るを禁じた。之らは何れも聯邦権力の増大と、同時にそれと表裏して州権の縮小とを結果したのである。が、それらを詳細に叙述することは本稿を不当に長くする恐があろうから、ここには省略し、次に条約によって生ずる憲法の実質的変更[6]に就て一瞥しようと思う。

(1) Thompson, op. cit., p. 140 et s.
(2) Reed, Forms & Functions of American government, p. 360.
(3) Thompson, op. cit., p. 163 et s.

(4) Bowman v. Chicago & Northwestern Ry. Co. 125 U. S. 465, 1886.
(5) License Cases, 5. How. 504, 582, 583, 1847.
(6) Pierson, op. cit., p. 27–8; Thompson, op. cit., p. 92 et s.; Bryce, American Commonwealth, I, p. 107 et s.; Beard, American government & politics, p. 325–7.

二

コンフェデレイション時代に於ける重大な欠陥の一は聯邦が州法に優越する条約締結権を有していなかった点に存する。この欠陥を補うために現行憲法の「すべての条約 treaties は国家最高の法 supreme law of the land である」[1]という規定が作られたのである。又州は外国と協定することを禁ぜられ[2]各州互いの間に於てもコングレスの承諾なしには協定を結ぶことを禁ぜられた。[3]そして恐らくはその条約締結権の濫用によって州権の侵害を結果することあるを恐れて、条約の締結には州の代表たる上院三分の二の同意を要すると定められた。[4]

聯邦の条約締結権の範囲に就ては憲法上何等の制限もない。それは聯邦政府と他国政府との間の商議の適当なる目的事項のすべてに to all proper subjects of negociation 及ぶ。[5]が、何が「商議の適当なる目的事項」であるかは明確には定められていない。従ってその目的事項が各州に関聯する事項であることもある。[6]もとより国際条約である以上、それが州権と交渉ある場合はさまで多くはない。が、交渉がある場合は常に中央政府が優勝するのである。何故なら「もし州の立法が条約を妨害するを得るとすれば、条約は国家最高の法ではあり得ない事になる」[7]から。又条約そのものが裁判所の審査権の外にあることは言うまでもない。――この方法によって州権の範囲に聯邦政府が侵蝕した点も大分ある。

古くは一七七八年のフランスとの条約（米国に於けるフランス人の外国人としての無能力を除き、土地を購買、所有するを得しめた）及び同趣旨の一七九四年の対英条約に関して裁判所は条約の州権に対する優越をみとめた。その後の判例も皆同趣旨を述べている。Orr v. Hodgeson (4 Wheat. 453, 1819), Hauenstein v. Lynham (100 U. S. 483, 1880) 等。即ち、実際に於てはコングレスの権限外にある事項を条約締結権の利用によって規定することが可能なのである。たとえば一九一三年、候鳥の殺生を取締る聯邦の法律が発布されたが、これは聯邦地方裁判所《フェデラル・ディストリクト・コート》に於て違憲と判決された。[8] つづいて一九一六年米国は英国と候鳥保護に関する条約を締結し、之に依ってコングレスは之に関する法律を制定した。ところが之はその実質に於て前のそれと全く同じであるにも係らず、今度は条約なるが故に勿論裁判所の支持するところとなった。そして之によって多くの州の game laws は事実上廃棄されるという結果になったのである。

又数年前ケンブリッジで一人のロシア人が死んだ際、マサチューセッツ州の法律によればその州官吏が死人の遺産を管理する権を有するのであるが、ロシアの領事はその本国と米国との間における条約に基いてその同国人の遺産を管理する権を有することを主張した。そしてその領事の主張が維持されたのである。[9]

かような状態であるから純法律的にみれば、聯邦がこの条約締結権の利用によって州権に干渉する可能性は、通商条款その他の利用によるよりも、はるかに多い訳である。が、併し、条約は結局国際条約である。聯邦政府がその条約締結権の利用によって州権を侵害すること、通商条款乃至課税条款によるよりも甚しくなるであろうとは到底考えられないところである。

（1） 第六条第二項。
（2） 第一条第一〇項の一。
（3） 第一条第一〇項の三。
（4） 第二条第二項の二。
（5） Geofrey v. Riggs, 133 U. S. 258, 1890.
（6） Beard, op. cit., p. 328.
（7） Ware v. Hylton, 3 Dall. 199, 1796.
（8） U. S. v. Shauver, 214 Fed. 154, 1914; U. S. v. McCullagh, 221 Fed. 288, 1915.
（9） Beard, op. cit., p. 326.

二

先に挙げた『フェデラリスト』に於て、Publius の名の下に、ハミルトンは言った。来るべき憲法に於ては「中央政府が州権を侵害するより、州政府が中央政府の権限を侵蝕する方が容易であろう[1]」し又その方が「よりプロバブルである[2]」と。

が、この予想は的中しはしなかったようである。米国政体の根本義たる聯邦制度そのものはもとより依然として今も存するのではあるが、その実際の運用はたしかにこの予想を裏切っている。過去百余年の間に中央政府がいかに州権の損害に於てその権限を増大したか、は上来のべたところでもほぼ分るだろう。その予想とは反対に『フェデラリスト』で政策的理由から州権に有利な主張をなしたハミルトン並びにマディスンの、その本来の主張――けだし憲法制定会議《コンヴェンション》に於てマディスンは国家のより固き集中 consolidation を主張せる「ヴァージニア案《プラン》」の提唱者であり、ハミルトンに至っては更に強度なる中央集権的主張を唱えたのであった(3)——が、ある意味に於て実現されつつあると言っていい位である。

が、もとより私は米国に於てすべての方面につき中央集権の傾向があるなぞと主張するものではない。いかに国家的統一の程度が、進もうとも、常にそこには一般的全国的利害と並んで局部的地方的利害が存在する。さればこそ多くの国に於ては今や décentralization への推移が強く唱えられているではないか。私はただ米国の聯邦主義なるものが、社会生活の実際の要求によって次第に変遷を蒙りつつあることを指摘し、憲法を実質的に、生きた規範として観察する時、そこに中央集権的傾向が看取され得ることをのべたにとどまる。

法はその本質に於て生きた社会の規範である。だから法は当然常に生きた法でなければならない。生命なき法、死んだ法は——たとえ成文の上にその形をとどめようとも——全然法ではない。いや、生命なき法、死んだ法というはそれ自体明白な contradictio in adjecto である。即ち、人間自らがその共同生活に於て当然拘束力ありと認める生きた規範、それが真の法なのである。(4) 而してすでに法が生きたものである以上、それが不断の推移を経験することは、いうまでもないことである。Perpetua lex est, nullam legem humanam ac positivam perpetuam esse.

之を憲法について言えば、憲法は多く「硬性」であるから、その形式的改正は比較的少ない。が、その形式的固性にも係らず、憲法は、それが法である限り、生きた法である限りに於て、その実質に於ては絶えず変化する。「国民がその根本法を制定するに当ってなす荘厳な決心も、又それに対するいかに大なる尊敬も、国民を組成する人たちの上に絶えず働く諸々の影響によってその根本法が種々変化させられるのを妨げることは出来ない。米国憲法もまたかように国民が変るにつれて必然的に変ってきた。それはそれを看る人たちの精神に於て、従ってそれ自らの精神に於て変ってきたのである。クーリー判事は言った。我々は『憲法』が依然ちゃんと眼前に存する、と考えるかもしれない。が、実際上の目的から言えば、憲法とは政府並びに市民が、しか認めるところのものであって、それ以外の何物でもない[5]」と。

憲法はかくの如く不断に推移する。が、それにも係らず学者或はこの推移 Wandlung を目して単なる「憲法改正ノ幻相《シャイン》」にすぎずという。而してコングレスによって、及び裁判所の支持によって憲法の内容を変更する法律が発布され、それが永年平穏に慣行された時、なおそれを目して単に「憲法の休止」あるのみと言う[6]。——果して如何であろうか。それはあまりに「憲法」を形式的に、生命《いのち》なきものとして観察している嫌はないであろうか。私はそれを疑う。

（1） Federalist, No. XVII(Everym, Libr. 版七九—八〇頁).
（2） Ibid., No. XXXI(前掲版、一五一頁).
（3） Ibid., 前掲版 Introduction, p. IX; Thompson, op. cit., p. 331 et s.
（4） エアリヒ「成文法と生きた法律」(『法協』三八巻一二号、鳩山博士訳)。
（5） Bryce, Amer. Com., I, p. 400.
（6） 佐々木博士「憲法ノ改正」(『京法』大礼記念号、一四六頁以下)。

『国家学会雑誌』三八巻八・九号　一九二四年

立法・行政両機関の間の権限分配の原理

――法律と行政行為との関係――

はしがき

一

現代の議会制度は歴史的に独裁君主政から生れたものである。君主の独裁的権力を否定し、これを民主的統制の下におこうとの要求が民主的な議会をもたらしたのである。他の言葉で言えば、議会制度は独裁主義に対する民主主義の闘争において、後者によって戦いとられたものに外ならぬ。

独裁君主政においては、原理的に国家作用のすべてが君主の権限とせられる。Quod principi placuit legis habet vigorem.

議会制度は君主の外に議会という民主的な機関を有つ。ここに「議会」とは、多い程度において或は少ない程度において民主的な選挙によって成立する合議機関、又はそうした合議機関をその不可欠な一部分とする合議機関(両院制度の場合)で、国家の重要な作用を為し又はこれに参与する権限を有つものを言う。歴史的に存在する議会又は国会と呼ばれるものの大部分はこの意味の議会である。この議会が単独で、或は他の諸機関(たとえば君主)と共同して、いわゆる立法機関(又は立法府)を形成する。

議会制度を有つ国々——それを一般に「立憲国」と呼ぶのがわが国の通例である——では、従って、国家作用が立法機関と君主又は一般に行政機関(又は行政府・執行府)と呼ばれる機関との間にその権限として分配せられなくてはならぬ。その権限の分配はいかように為されるか。言うまでもなく、議会制度が民主主義の独裁主義に対する闘争の結果生れたものである以上、民主主義を代表する立法機関と独裁主義を代表する行政機関との間の権限分配は、その二つの主義の間の勢力関係によって決せられる。従って立法機関と行政機関との間の権限の分配は民主主義がより強い憲法では立法機関により有利に、これに反して独裁主義がより強い憲法では行政機関により有利に、定められるであろう。

私はここで現代の諸立憲国において立法機関と行政機関との間の権限の分配が実定法上いかなる原理にもとづいて為されているかを見ようとする。立法機関の行為を形式的に見て「法律」と呼び、行政機関の行為を形式的に見て「行政行為」と呼ぶとすれば、このことは又国家作用の何が法律として為され、何が行政行為として為されるか、ということとの原理を見出すことを意味する。私はここでわが国の憲法をとりわけ問題とする。そしてそれとの関聯において、諸外国の憲法をも一瞥するであろう。何れの憲法でも、憲法の個々の規定で特定の権限を立法機関或は行政機関に与えることが通常であるが、ここではそういう個々の権限分配の規定ではなく、両機関の間の権限分配について憲法を支配している実定法上の原理を問題とする。

二

この問題は従来「法律と命令」という題目の下に取扱われたことが多い。併し、この取扱い方は必ずしも適当とは言い難い。その際人は「法律」の概念を形式的に解し、これを以て立法機関の行為を指すものと為すのが通例であるが、「命令」の概念についてはこれと異なり、それを以て形式的に行政機関の行為を指すものと為しつつ、同時にそこに何らかの内容的な限定を与えることが多い。元来「命令」(Verordnung)の概念はきわめて多義であるが[1]、大体においてグナイストが「法律は議会の同意を経て発せられた命令であり、命令はその同意を欠く国家意志の表現である」と言っているのや[2]、ブルンチュリが「法律は立法者の意志表現であり、命令は行政府の意志表現である」と言っているのは[3]、命令を主として形式的に行政機関の行為と解しているのであろう。併し、多くの人たちは命令の概念を同時に内容的に解し、行政機関の行為であって一般的法規範を定立する(或は「法規」を定立する)ものを命令と呼ぶ[4]。従ってこうした多分に内容的な命令概念を形式的な法律概念に対立させることは妥当でないと考える。

尤も法律の概念も形式的にのみならず、内容的に構成されることも多いが、そうした場合も「法律と命令」の問題としては、立法・行政両機関の間の権限分配に関しては、行政機関の一般的法規範定立権の有無、その範囲のみが特に論ぜられるに止まり、その取扱い方はきわめて部分的で、両機関の権限の全体についてその分配の原理が取扱われることは少なかった。ここでは両機関の権限の分配の全体的観察を目的とし、その為に立法機関の行為をすべて「法律」と呼び、これに対して行政機関の行為をすべて「行政行為」と呼ぼうと思う。「法律」と「行政行為」は、従って、ここでは純然たる形式的な概念とせられる。

ただ後で明かとなるであろうように、諸国の憲法上、立法・行政両機関の権限の全体にわたる分配の原理は常に必ずしも明確ではない。両機関の権限分配の原理がいずこにおいても技術上・政治上の理由にもとづいて決定せられる以上、それは又当然のことである。それの実定法上明確な限りにおいての認識がここで目的とせられる。なお立法機関と行政機関の権限の分配のみがここで問題とせられるから、他の機関——たとえば司法機関——の権限はこれを問題外とする。

(1) G. Jellinek, Gesetz u. Verordnung, S. 366 f.

(2) Gneist, Verwaltung, Justiz, Rechtsweg, S. 73. ラーバントがグナイストを以て命令は必ず法規範を含むとする説に数えているのはその当否疑わしい。Laband, Das Staatsrecht des Deutschen Reiches, 5. Aufl., II, S. 85, Anm. 1.

(3) Bluntschli, Allgemeines Staatsrecht, 6. Aufl., S. 95. ロレンツ・フォン・シュタインの命令の概念もこれに属するらしい。G. Jellinek, a. a. O., S. 366, Anm. 2. なお参照、Jacobi, in Handbuch des Deutschen Staatsrechts, II, S. 236.

(4) ラーバントによると命令は法規律(Rechtsvorschriften)を含むとするのが通説である。Laband, a. a. O. 尤もその際「法規律」によって人の意味するところは同じでない。ゲ・マイヤーに「命令は議会の協賛を欠くことによって法律から区別せられ、それが一般的であることによって処分から区別せられる」と言っているが(G. Meyer-Anschütz, Lehrbuch des Deutschen Staatsrechts, 7. Aufl., S. 668)、こういう風に命令概念を内容的に構成するのが通例である。参照、Gerber, Grundzüge des Deutschen Staatsrechts, 3. Aufl., S. 155; O. Mayer, Deutsches Verwaltungsrecht, I. S. 83; Jacobi, a. a. O., S. 236 f.; G. Jellinek, a. a. O., S. 367 f.

一 権限分配の原理概説

一

ここに国家作用とは、憲法上国家機関の権限に属する行為の総体を言う。そしてそれらの行為と見えるものの中で国家機関たる個人が法の命ずるところの、又は許容するところの行為・不行為を現実に為すに止まり、それによってその時の法秩序の全体の中に何らかの変更をもたらすことのない行為は除外される。そうした行為、或は純粋に事実的な行為も通常は国家の作用とせられている[1]のであり[2]、それらをここで国家作用から除外することに対しては、いろいろの問題もありうることと思われるが、本稿で取扱う立法・行政両機関の権限分配の問題については、こうした純粋に事実的な行為は全く関係を有たないから、ここでは暫くそれらを国家作用の概念から除外して論をすすめる[3]。

この意味の国家作用はすべてその時の法秩序に何らかの変更をもたらす。立法機関が禁酒法を制定する行為も行政機関が特定人に恩赦を命ずる行為も、その点で変りはない。憲法の下における法秩序に何らかの変更を与えることは新な法をもたらすことであるから、その意味でそれは法の定立又は創設である。それは又憲法の下における法秩序を具体化・個別化することであるから、その意味でそれは法の適用又は執行である。国家作用は、だから、すべて法の定立行為であり、同時に法の適用行為であると言い得る[4]。この点で国家行為はすべて同質的である。

(1) 例として狂犬の撲殺、検束の執行、道路の築造などが通常あげられるが、その際人がこれらの言葉によって何を意味するかは実は必ずしも明瞭でない、それらの例はここにいう意味での厳密な事実的な行為でなく、国家の行為とせらるべきものをも多く含んでいるのが通常である。

(2) 美濃部達吉『行政法撮要』上巻二版六三頁。清宮四郎『法の定立・適用・執行(法政論纂)』二九頁。Merkl, Allgemeines Verwaltungsrecht, S. 175; W. Jellinek, Verwaltungsrecht, 3. Aufl., S. 258.

(3) ここにのべた国家作用の概念は、ケルゼンが「官庁的国家行為」に「立法行為」を加えて「規範を定立する国家行為」と呼んでいるものと、ほぼその範囲を同じくする。Kelsen, Allgemeine Staatslehre, S. 276. 併しながら、ケルゼンのいう

「法内容的」な「実質的」な国家作用の概念と「法本質的」な「形式的」な国家作用の概念との間には、必ずしも明白な区別が為され得るのではなく、いわば前者は後者の中に形成せられつつある一種の核のようなもので、それは他の部分から根本的に分化してはいない。Kelsen, Aperçu d'une théorie générale de l'Etat, p. 75. ここにのべられた国家作用の概念についても同じように考えらるべきである。

(4) この点は、言うまでもなく、大体「法段階説」の説くところに従ったものである。清宮四郎『ケルゼンの公法理論』(『ケルゼンの純粋法学』の中)、八八頁以下。勿論右の説明はきわめて不十分であるが、本稿の目的のためには、さしあたり、これを以て足りよう。

二

国家の作用は国家の機関を前提してはじめて考えられる。

極限的場合として国家機関が一つしかない場合を考えてみる。この場合は国家行為はすべてその機関の権限であって、そこに何らの制度的・形式的な分化は見られぬ。

勿論この場合も、それらの国家行為の総体を純粋に概念的に区別することは可能である。或は国家作用をその目的によって、又はその内容によって、いわば縦断的・垂直的に区別することも出来る。古い国家学理論が外交・内政(警察)・財政・司法・戦争などの諸々の高権——(Hoheiten, Regierungsrechte, Majestätsrechte, Regalien などと呼ばれる)——を区別したの[1]や、その後の行政法学が警察・保育等々の行政作用を区別するのは、何れもこうした縦断的・垂直的な区別である。近くケルゼンが直接行政作用と間接行政作用を区別しているの[2]も、これに属するであろう。

或は国家作用をその現存法秩序の中にもたらす変更の具体性・個別性の程度の強弱によって、いわば横断的・水平的に区別することも出来る。国家作用を比較的一般的な法規範の定立とそれの適用とに区別するのは即ちこれである。かくの如く国家作用を縦断的・垂直的に或は又横断的・水平的に区別することが出来るということは、国家作用にそうした分化の可能性があることを意味するに止まり、そこに制度的・形式的な分化がすでに為されていることを意味するのではない。

国家作用の制度的・形式的分化は国家機関が単一でないことにもとづく。国家が政治上又は技術上の理由により複数の国家機関を有つ時、国家作用の制度的・形式的な分化が生ずる。即ち、国家作用の「形式」が発生する。いかなる形式が存するかは国家によって異なる。又同じ国家でも時代によって異なる。本稿が本来の意義における議会制度を有つ国のみを眼中におくことは、言うをまたぬ。

国家機関が分化する時、いかなる国家行為がそれらの機関に権限として分配せられるか、の問題が生ずる。これが権限分配の問題である。それは又国家行為がいかなる形式で為さるべきであるか、の問題である。

諸立憲国の憲法で国家機関の間に権限を分配するに当っては前述の分化可能性に応じて、或は縦断的・垂直的に、或は横断的・水平的にこれを為すのが通常である。即ち、或は警察行為はこれをA機関の権限と為し、課税行為はこれをB機関の権限とするという風な縦断的な分配が為され、或は一般的規範定立はこれをC機関の権限と為し、その適用はこれをD機関の権限とするという風な横断的な分配が為される。通常行政機関(君主)と司法機関(裁判所)との間に為されている権限の分配は、大体において縦断的な分配であり、立法機関と行政機関(又は司法機関)との間に為されている権限の分配は、大体において横断的な分配である。そして横断的な権限分配にもとづいて国家行為の「形式」が分化した場合に、人はメルクルと共に、それら諸形式の間の相違が「憲法からの距離」[3]の相違に帰着する、ということが出来よう。

(1) G. Jellinek, Allgemeine Staatslehre, S. 596 f.; Kelsen, Allgemeine Staatslehre, S. 230.
(2) 清宮四郎『ケルゼンの公法理論』一二二頁。Kelsen, Allgemeine Staatslehre, S. 238 f.; Justiz u. Verwaltung, S. 21.
(3) Merkl, Allgemeines Verwaltungsrecht, S. 19.

三

かくてここに国家行為の種々の「形式」が生れる。それらは何れも常にある国家の行為である。従って、いかなる与えられた時期においても、それら相互の間に矛盾・牴触のあることは許されぬ。それらは常に統一せられていなくてはならぬ。もしそれら相互の間に矛盾・牴触がある場合には、その矛盾・牴触は必ずや何らかの方法によって止揚せられて、そこに統一的な国家行為が作られなくてはならぬ。ここに国家行為の諸形式の矛盾・牴触を解決すべき原理が要請せられる。そうした原理は国家行為の諸形式相互の間の矛盾・牴触を解決することによって、国家諸機関の権限の分界を確定するものであるから、それはいわば形式的な権限分配の原理と言い得る。そしてこれに対して、先にのべた縦断的な又は横断的な分配の原理は、内容的な権限分配の原理と言うことが出来るであろう。

内容的な権限の分配に排他的な分配と競合的な分配とがある。ある事項がある機関の権限とせられ、他の機関のその事項に対する権限が全く排斥せられる場合が排他的な分配であり、ある事項に対して二つ以上の機関が相並んで権限を有つ場合が競合的な分配である。

排他的な分配が為されている限りでは、国家行為の諸形式の間に真の矛盾・牴触は生じ得ない。権限を欠く国家機関の行為は法律上瑕疵ありとせられるから、その形式と他の形式との間に真の牴触は起らない。国家行為が法律上瑕疵ありとせられる場合も、その瑕疵の程度に種々の区別が考えられ、瑕疵が実定法上完全にみとめられる場合(絶対無効とせられる場合)や、一定の条件の下にのみみとめられる場合など(取消し得べきものとせられる場合など)があり、さらにそうした条件にも強弱種々な程度のものがあり得るのであるが、それらの点はここでは重要でない。ただ機関の無権限な行為が常に法律上瑕疵ありとせられるを以て足る。もし又そうした行為が実定法上完全に有効であるとせられるとすれば、それは実は――反対の外見にも拘らず――ここに言う意味の法律的瑕疵ある行為ではなく、従ってそれは無権限な行為ではなく、完全にその権限内の行為であると考えられなくてはならぬ。

かくの如き排他的な分配は実際には多くない。そうした分配があるように見える場合でも厳密にいうと実は競合的な分配がそこに混入していることが少なくない。

競合的な権限分配が為されている場合には、二つ以上の機関が同じ事項に対して相並んで権限を有つのであるから、ここで国家行為の諸形式の間に真の矛盾・牴触が生じ得る。先にのべた形式的な権限分配の原理はここにおいて始めて要請せられる。形式的分配の原理は競合的な権限の分配が為されている所においてのみ存在理由を有つのであるから、そうした形式的原理が妥当する範囲は必ずや競合的な権限分配の為されている範囲である。

四

二つの国家行為の形式相互間に於ける形式的な権限分配の原理として二つの種類が考えられる。

一つはその二つの国家行為の形式を対等又は並立の関係に立たしめる場合である。この場合は両形式間の矛盾・牴触は「後法は前法を廃す」という原理によって解決せられる。即ち、時間的に後の形式に常に上位がみとめられ、それに矛盾する前の形式は法的効力を有たぬとせられる。この原理はこれを「後法上位」の原理ということが出来る。

もう一つはその両形式を上下の関係に立たしめる場合である。この場合は何れか一方の形式に常に上位がみとめられ、時の前後を問わずその形式が優勝し、それに矛盾する他の形式は法的効力を有たぬものとせられる。この原理は、その上位をみとめられる形式が法律であるか行政行為であるかに従って、それぞれこれを「法律上位」の原理又は「行政行為上位」の原理ということが出来る。

これを立法機関の行為と行政機関の行為、即ち法律と行政行為との関係について言えば、もし両者の間に権限が完全に排他的に分配されているとすれば、そこに形式的分配原理の適用の余地はない。これに反して、それに多かれ少なかれ競合的な権限の分配があるとすれば、そこで「後法上位」の原理、「法律上位」の原理、或は又「行政行為上位」の原理が妥当する可能性がある。両機関の間の権限の分配は、ある部分については排他的に、他の部分については競合的に為されることが可能であるし、又競合的な分配の範囲内においても、Aの事項については「後法上位」の原理が支配し、Bの事項については「法律上位」の原理が支配し、さらにCの事項については「行政行為上位」の原理が支配する、という風に諸々の形式的原理が相並んで妥当することも可能である。例を以て説明すれば、わが国のオーソドックスな憲法学理論(1)がいわゆる「大権事項」「立法事項」及び「自由事項」を区別しているのは、「大権事項」は排他的に天皇の権限に属せしめられ、「立法事項」は排他的に立法機関の権限に属せしめられ、而して「自由事項」は競合的に天皇と立法機関の両者の権限に属せしめられ、そこで「法律上位」の原理が妥当する、ということを意味するものに外ならぬ。

形式的な権限分配の原理の中で、議会制度諸国において最も主要なのは法律上位の原理である。「法律の上位」(Vorrang des Gesetzes)という表現はオットー・マイヤーに由来するが、[2] その原理は、法律は法律によってのみ廃止・変更せられることが出来、又法律と行政行為が牴触する場合は法律が優勝する、ということを意味する。これは民主主義の結果生じた原理である。法律は民主的機関の行為であるから、独裁的な行政機関の行為は法律の前に退かなくてはならぬとせられるのである。だから、民主的な憲法においては、多少の程度においてこの原理が常にみとめられる。憲法における法律上位の原理の成立・発展は、そこの民主主義の勢力に依存する。民主主義の勢力が強ければ強いほど、この原理はより完全になり、その妥当する範囲はより広汎になる。

(1) 後述「五、日本法」の項で改めてこれに触れる。

(2) O. Mayer, Deutsches Verwaltungsrecht, 3. Aufl., I, S. 68. ラーバントはこれを「形式的な法律力」(die formelle Gesetzeskraft)と呼ぶ。Laband, Das Staatsrecht des Deutschen Reiches, 5. Aufl., II, S. 68. わが国でもこれに従って「法律の形式的効力」と呼ぶのが通例である。美濃部達吉『憲法撮要』五版五〇〇頁。上杉慎吉『新稿憲法述義』五〇一頁。市村光恵『帝国憲法論』一一版七七五頁。清水澄『憲法篇』一九版一三六一頁。それは通常よく法律の「形式」にもとづく効力であって、その「内容とは無関係」だと言われる(Laband, a. a. O., S. 69)が、この表現は誤解を招きやすい。何らの法的な意味を有たぬ「法律」——それを人はしばしば「純粋に形式的な法律」と呼ぶが——は実は一般に国家行為ではない。即ち、それは形式的にも実質的にも「法律」ではない。「法律」という「形式」は法律という名称を言うのではない。法的意味を有つ「法律」についてのみその「上位」が言われ得ることは言うまでもない。O. Mayer, a. a. O., S. 68.

五

立法・行政両機関の間の権限分配が——それが排他的であると競合的であるとを問わず——完全に縦断的・垂直的

な原理にのみもとづく場合は、法律も行政行為もすべて直接に憲法にもとづいて為される。この場合行政行為は法律にもとづかぬという意味においてこれを praeter legem と呼ぶことが出来よう。[1]

これに反してその分配が——やはりそれが排他的であると競合的であるとを問わず——完全に横断的・水平的な原理のみにもとづき、そして一般的法規範の定立権が立法機関に与えられ、その適用権のみが行政機関に与えられているとすれば、行政行為は常に原則として法律にもとづいて為される。この場合、行政行為はすべて intra legem であると言うことが出来よう。

さらに又その内容的な分配が縦断的であると横断的であるとを問わず、行政機関の権限の全体に対して立法機関が競合的に権限を有ち、而してその際法律上位の原理が支配するとすれば、行政行為は、それが intra legem であろうと praeter legem であろうとを問わず、決して contra legem ではあり得ぬこととなり、法律によって行政機関の権限の範囲を占領する可能性が無限にみとめられる結果となる。この場合は、内容的には行政機関の権限を限定することのみが意味を有ち得るにすぎず、立法機関の権限を内容的に論ずることはあまり意味を有ち得ぬ。

立法・行政両機関の間の権限分配については、諸憲法で右にのべたような、内容的な、或は形式的な原理がみとめられているが、諸憲法の実定法的の分配の原理が決して概念必然的なものではなく全く歴史的なものであること、法本質的なものではなく法律史的なものであることに注意しなくてはならぬ。[2] 又どこでもそれらの原理の一つが単独で支配することはなく、種々の原理が混在しているものであることを忘れてはならぬ。

諸立憲国の憲法は然らばこの点についてどのような原理をみとめているであろうか。以上の概説を基礎として次に諸憲法の各々に一瞥を投ずるであろう。

(1) いわゆる praeter legem な命令について語る時、人は通常憲法又は法律の授権にもとづかぬ命令(独立命令)を意味する。併し憲法にも法律にももとづかぬ行政行為というものは考え得られぬから、そのいわゆる praeter legem な命令とは、憲法の明示的・特殊的な授権にもとづかず、憲法の黙示的・一般的な授権にのみもとづく命令と解すべきである。が、そう解する時はそうした一般的授権にもとづく行為を特殊的授権にもとづく行為から区別して、前者を praeter legem と為し、後者を intra legem と為すことは適当ではない。G. Jellinek, Gesetz und Verordnung, S. 372 f. イェリネックは一般に lex を法規範と同義に解し、憲法・法律にもとづかぬ行政行為もすべて intra legem であると言う(a. a. O., S. 372, 373)。これは praeter legem な行為を以て何らの法にもとづかぬ行為とする説——この説は行政機関の作用を法以前に、或は法以外におき、それを以て一般に法から自由な作用であるとする思想に由来する——を否定する点では意味を有つが、すべての行政機関の作用が法にもとづくことを当然のこととみとめる以上、さような intra legem なる概念をみとめることは意味を有たぬ。

或は又直接憲法にもとづく行政行為の中で法律上位の原理の行われぬ範囲のものを praeter legem とすることも為される(Merkl, Allgemeines Verwaltungsrecht, S. 183)が、私はここでは法律にもとづかず直接憲法にもとづいて為される行政行為をすべて praeter legem と呼ぶ。その際法律上位の原理が行われるかどうかを問わぬ。即ち、ここにいう lex は法規範の意味ではなくて、立法機関の行為としての法律の意味である。

(2) Merkl, Prolegomena einer Theorie des rechtlichen Stufenbaues (Gesellschaft, Staat u. Recht), S. 252, 254

二 イギリス法

一

英国においてここにいう立法機関は国会における国王(King in Parliament)であり、行政機関は広く国会の外における国王である。

現代諸立憲国の立法機関はすべて独裁的君主権に対する民主的な闘争の中において成立したものであり、その意味で現代の諸立憲国は必ず多少の程度における絶対主義の時代を経て来たと考えられる。然らば英国はいつそうした時代を有ったかと言えば、ノルマン征服後一三世紀に及ぶ時代が即ちそれであると言われる。[1] 英国の王権はこの時代にすでに非常に強大であったが、英国がこの時代にそうした絶対主義的な王権を有ったことの結果として、英国の等族会議は、同時代の大陸におけるそれらのように新に勃興する強大な王権の前に消滅してしまうことなく、引きつづき存続し、すでに一三・四世紀には今日の議会制度の根柢が大体確立せられた。[2] 併し、それが近代の意義においての議会制度として完成せられるためには、さらに一七世紀において、専制権力を主張する王権との激しい闘争を経験しなければならなかった。今日の議会制度はいわばその時代の「内乱」と「革命」との産物である。

国会《パーリメント》の発生と共にその権限如何が問題となる。他の言葉で言えば、国王の手からいかなる権限が国会に奪われたかが問題となる。

国会がまず最初にその手に収めた重要な権限は課税同意権である。直接税については一二九七年（エドワード一世）にその原則が宣明せられ、一四世紀中葉までにはそれが現実に確定せられた。間接税についても一四世紀末には大体その原則が樹立せられた。[3]

国会はついでいわゆる「立法権」をその手に収めた。

国王はすでに以前から一般的法規範の定立を為すの例であったが、その際すでに古くから比較的重大な法《ロー》（一般的法規範）と然らざる法との区別が存し、前者は一定の助言者たちの助言によってこれを制定し、後者はそうした助言なしにこれを制定する例であった。この両種の法の存在は明かであったが、その区別は併し明確ではなかった。ただ助言者たちの助言によって制定される法は比較的重要であり、恒久的であり、国の法を変更するものであると考えられ、そうした助言なしに制定される法はより少なく重要であり、一時的なものであり、国民全体に関係することのないものと考えられていた[4]。庶民院は、記憶せられぬ昔から個人が有するとせられていた請願の権にもとづき、課税同意権を利用することによって、この比較的重要な法の制定の助言者となるの権、即ちその制定に同意するの権を次第にその手に収めることに成功した。一三二二年（エドワード二世の五年）の法律は国王及び人民の Estate の為に定められる事項は「従来の慣例の如く」国会において決定せらるべし[5]と定めた。併し、最初の中は国会で決定せるものの内容と後に国王が発布するものの内容が一致しないことがしばしばあった。庶民院はこれに対して数多くの抗議を試みたが、一四一四年に至って国王は国会で決定せられた内容に対して何らの変更を加えぬことを約した。かくて国王に請願書《ペティション》を提出する代りに、法案《ビル》を国会で確定し、国王はこれに対してただ可否を答え得るに止まるという近代的制度がヘンリイ六世（一四二二―一四六一年）の治世の末期頃に成立した[6]。

（1）　G. Jellinek, Gesetz u. Verordnung, S. 20.
（2）　Esmein, Eléments de droit constitutionnel français et comparé, 7e éd., I, p. 76.
（3）　Maitland, The Constitutional History of England, p. 179, 180.
（4）　Maitland, op. cit., p. 92.
（5）　"The matters which are to be established for the estate of our lord the king and of his heirs, and for the estate of the realm and of the people, shall be treated, accorded and established in parliaments, by our lord the king and by the assent of the prelates, earls, and barons, and the commonalty of the realm; according as it hath been

heretofore accustomed."(Adams and Stephens, Select Documents of English Constitutional History, p. 97)

(6) Maitland, op. cit., p. 188, 189.

二

かくて国会が「立法権」をその手に収めたと言われるが、併しその「立法権」とは必ずしもすべての国家作用について一般的法規範を制定する権限を意味するのではなく、国会成立以前に国王が種々な助言者たちの助言によって制定した法を制定する権限を意味するものと解すべきであると思う。右にあげた一三二二年の法律の意味もまさにそこにある。学者は或はこれは Statute の制定には国会の同意が必要であることを意味すると解するが(1)、それはそれだけでなく、同時にある種の一般的法規範制定権を国会の手に留保したものである。ハチェックは、国会に留保せられた事項としての「法規」の概念は一七世紀に至って始めて生れたもので、この時代には存しないと説くが(2)、この時代にそうした国会の手に留保せられた事項が全くなかったと考えることは不当だと思う。その事項の範囲が非常に狭少で、従って国会の、とりわけ庶民院の「立法的」活動はなおきわめて受働的な不活潑なものであったことは言うまでもないが、国会がこの時代にある種の一般的法規範――それがまさにドイツ法にいわゆる「法規」の概念に、程度・範囲の差こそあれ、相当するものなのである――を制定する権限をその手に収めたことは、疑いを容れない。

併し、その「立法権」がすべての一般的法規範制定権を意味したものでないことは、言うまでもないことである。だから、Statute は国会によらずしては制定され得ぬとの原則はさらにエドワード三世(一三二七―一三七七年)の治世に至ってほぼ確立せられたが(3)、そのことは国会の外の国王による一般的法規範の制定を排斥したわけではない。国会による一般的法規範の制定と並んで国王による一般的法規範の制定がそこにあった。国会の行為はStatute, 国王の行為はOrdinance(後にProclamation)として、国会の発達と共に対立せしめられていたが、その間の権限分配については実は明かな法的原理はみとめられていなかった。その限界はきわめて不明瞭であった。ただStatuteは比較的荘重な立法であるに反してOrdinanceは一時的・細目的立法であると考えられた。勿論両者の間にはしばしば争いがあった[4]が、始めの中は庶民院自身あまり革新を好まず、一時的な規定をStatuteで定めることを欲しなかった位で[5]あった。併し、やがて国会はこの国王のもつ「立法権」を奪いとろうとの努力を一四世紀以来つづけたが、それは数百年後まで成功するに至らなかった。[6]

この意味の国王の立法権についてはその後種々の変遷があった。ヘンリイ八世(一五〇九—一五四七年)の時、Statuteの効力を有つべきProclamationを制定するの権を国王にみとめる法律が作られたことがあるが、これは後に廃止せられた。エリザベス(一五五八—一六〇三年)及びジェイムズ一世(一六〇三—一六二五年)はこの立法権を多く行使したので、一六一〇年庶民院はこれに対して抗議して言った。コンモン・ロー又はStatuteによらずして、生命・土地・身体・財産に及ぶ刑罰に従わしめられることなきは、国民の疑うべからざる権利である。然るに近時以前より頻繁に命令が制定せられ、それが或は人の自由・財産に及び、或は法《ロー》を変更・創設し、或は不法に刑罰を科する。人民は、従って、命令が次第に優勢となり、法の力を得るに至ることを恐れる、云々、と。この時コウクは諮問に応じて他の判事と共に「国会は大権によって従来存しない不法行為を設けることは出来ぬが、臣民に法の遵守を命令によって警告する(admonish)ことは出来る」と答えた。これには先例がある。チュードル朝のなかばメアリ(一五五三—一五五八年)の世に、判事たちは「いかなる命令も新しい法を作り得ぬ。それはただ古い法を確認し得るのみである」と言ったことがあったのである。[7] ここにおいて「国会の命令はいかなる意味においても法の力を有たぬ。それは人民の注意を法にまで呼ぶに役立つが、それ自体何人に対してもコンモン・ロー又は法律《スタチュート》によってみとめられぬいかなる法的義務をも課し得ぬ」との近代的教理が成立した[8]と言うことが出来るが、併し実際にはその後も引きつづいて praeter legem な命令が制定せられた。

要するに国会はまず課税権を、つづいていわゆる立法権をその手に収め、国王の praeter legem な権限の範囲を次第に狭めた。両機関の権限の限界はきわめて不確定であったが、その分配はある部分においては縦断的、他の部分においては横断的であった。その分配が排他的であるか、競合的であるかは必ずしも明かでなかった。国会の権限に留保せられた事項があったことは前に述べた通りであるが、そうした事項も必ずしもその全部が排他的に国会の権限とせられたわけではないらしい。そこには行政機関の権限が競合的に及ぶ範囲がある程度において存し、而もそこでは単なる「後法上位」の原理が行われていたものと考えられる。他方において、まだ現実に国会によってなされぬ事項、即ち国王の手に残されていた事項について、抑々国会が競合的に権限を有っていたかどうか。このことは歴史上法律上位の原理の成立・発展と関聯して明かになった。

（1） Maitland, op. cit., p. 186.
（2） Hatschek, Englische Verfassungsgeschichte, S. 220 f.
（3） Gneist, The History of the English Constitution, II, p. 19.
（4） Maitland, op. cit., p. 186, 187.
（5） Taswell-Langmead, English Constitutional History, 8th ed., p. 257.
（6） Adams, Constitutional History of England, p. 205.

(7) Maitland, op. cit., p. 257, 258.

(8) Dicey, Introduction to the Study of the Law of the Constitution, p. 51.

三

英国で法律上位の原理はいつ成立したか。グナイストによれば、[1] 議会の同意を以て為された国会の命令はより強い、より恒久的な力を有つものであって、議会・国王の合意なくしては変更せられ得ぬとの思想は、エドワード三世の長い治世で、庶民院の立法権参与と並んで発展せしめられた。その王の一四年に諸々の Statute の中の「恒久的」(perpetual)な条項とそうでない条項とが区別せられたが、これは廃止の手続による別であった。その一五年に庶民院は恒久的事項について認許された請願は Statute によって認許せられ、然らざるものは Charter 又は Patent によって認許せらるべきことを請願した。その二八年に庶民院はある命令《オーディナンス》を批准し、これを恒久的な Statute たらしめた。その五一年には、国会で制定せられた Statute は国会によらずして廃止せられることなしとの原理を含む請願がなされたが、これに対して Statute は国会によらずして廃止せられることとなしと答えられた。この原理はゲルマン法の法理である。もし jus terrae は ordinance consensu meliorum terrae によってのみ変更せられ得るとするならば、そうした同意を以て変更せられたコンモン・ローはそれ自体さらに jus terrae となり、その結果それは又 meliores terrae 即ち後の議会の同意なしには変更せられ得ぬことになる。国王の命令権は原理においてみとめられる。が、その適用は Statute に牴触するを得ぬことにおいて限界を与えられる。

かくの如き法律上位の原理が成立したということは、その限りにおいては、立法・行政両機関が競合的に権限を有っていたことを意味する。

この原理は勿論はじめから無制限にみとめられていたのではない。そこには重大な制限があった。国王の有っていた免除権(dispensing power)と停止権(suspending power)とは即ちそれである。

免除する権とは、特定人に対して刑事法の適用を免除する権であり、停止する権は一般人に対してその適用を排除する権である。

免除権は国王の有つ恩赦権を予め行使するものと考えられていた。そしてこれは法王が「反対の法にも拘らず」("non obstante any law to the contrary")そのブルを発する慣行に倣って生じたものと思われるが、最初にこの non obstante 条項を利用したのは、恐らくヘンリイ三世(一二一六―一二七二年)であろう。[2] 国王がそうした権力を有つことは何人によっても争われなかった。[3] が、その限界は甚だ曖昧であった。ヘンリイ七世(一四八五―一五〇九年)の時、malum prohibitum(法定犯)たる行為については免除を為し得るが、malum in se(自然犯)たる行為については免除を為し得ぬとせられた。[4] 又コウクは、大権《プレロガチヴ》を侵害する Statute に対しては——たとえ Statute 自身でそれに対する免除を無効と定めていても——自由にこれを免除し得る、と説いた。[5] 何れにせよ、それは実際上において必ずしも常に無用な権限ではなかったので、一七世紀以前においてはさまで強く反対せられなかった。[6]

停止する権はこの免除権を極度に拡張したものと考えられる。これは元来はその存在は必ずしも明かでなく、行使せられたことも免除権のように甚だしくない。これはとりわけジェイムズ二世(一六八五―一六八八年)によって強く主張せられたものである。

かくの如き免除権乃至は停止権の存在は法律上位の原理を無意味ならしめるものである。だから民主的な議会がこの反民主的な権力に強く反対したことは勿論である。特にスチュアート王朝に至って神権説にもとづいてこの権力が著しく濫用せられ、ジェイムズ二世が極端なる停止権――それは法律上位の原理の真向からの否定に外ならぬ――を主張するに至るや、議会は全力を以て独裁主義に対抗した。

この議会と国王との争い、又は民主主義と独裁主義との争いは一六八八年の名誉革命によって清算せられた。免除する権も停止する権も共に不法《イリーガル》と宣せられた(Bill of Rights)。そして免除権はその時まではある程度において適法に存在したのであるが、停止権は始めから何らの法的根拠を有たぬ違法のものであったと考えられた。[7]

ここにおいて法律上位の原理が完全にみとめられることになった。これを他の言葉で言えば、議会主権主義が確定せられたのである。一七世紀には議会主権主義に対抗して君主主権主義及びコンモン・ロー主権主義[8]が主張せられたが、「内乱」と「革命」は議会主権主義に覇権を与えた。

(1) Gneist, History of the English Constitution, II, p. 21, 22. なお参照、G. Jellinek, Gesetz u. Verordnung, S. 12, 13; Hatschek, Englische Verfassungsgeschichte, S. 222; Esmein, Eléments de droit constitutionnel français et comparé, 7e éd., I, p. 84, 85.
(2) Taswell-Langmead, op. cit., p. 294.
(3) Maitland, op. cit., p. 188.
(4) Taswell-Langmead, op. cit., p. 305.
(5) Maitland, op. cit., p. 304.
(6) 昔の statute の文言はきわめて不完全であり、かつ議会の集会は頻繁でない上にきわめて不規則的であったので、免除権は時に必要にして便利でもあったのである。Anson, The Law and Custom of the Constitution, 5th ed., I, p. 347.
(7) Maitland, op. cit., p. 303.

(8) コンモン・ロー主権主義とは、コンモン・ローを以て Statute の上におき、裁判所はコンモン・ローに反する Statute を適用しない権力を有つとする思想をここで指す。この思想はコウクの名によって知られるが(Maitland, op. cit., p. 300, 301)、これは必ずしも民主的でない、ある意味で自由主義的な思想である。一般に成文憲法を有つ国では、憲法の法律に対する上位が一応みとめられる結果、多くの場合これに類する法原理が支配するが如き外観を呈するが、厳密に審査する時はその必ずしも然らざるを見るであろう。

四

議会主権主義とは何を意味するか。それはド・ロルムのグロテスクな表現に従えば、「国会が女を男にし男を女にすること以外は何事をも為し得る」ことを意味する。これを法律的に言い直せば、国会は Statute によっていかなる国家作用をも為し得るものであり、その行為は常にすべての裁判所によって服従せらるべきもので、他のいかなる機関の行為もそれに違背するを許されぬ、ということになる。(1)

かくの如き議会主権主義は本稿の主題とする立法・行政両機関の権限分配について何を意味するか。それはまず法律上位の原理が完全に妥当することを意味するから、立法機関の権限がすべての国家作用に及ぶことを意味する。立法機関の行為はいかなる場合にも無権限の故をもって瑕疵ありとせられることはない。

然らば国家作用の中の何が排他的に立法機関の権限に留保せられるか。歴史的な課税権、いわゆる「立法権」等は言うまでもなくこれに属する。とりわけ一七世紀においては、Bate の事件や John Hampden の事件によって一定の重要な国家作用——なかんずく臣民に負担を課する作用——が排他的に国会の権限とせられることが明かにせられた。(2)ここでドイツ公法的意義における「法規」の概念或は「実質的意義の法律」の概念が生れたとする者もある。併し、そうした概念がその以前に全く存しなかったと考えるのは、前にのべたように、正当でない。それは以前から存した。ただその不明確な内容が一七世紀の専制的王権と議会との争いにおいてより明確ならしめられたものと考うべきである。が、結局のところ、そうした概念の内容は決して明瞭とは言い難い。そしてそれは又当然のことである。何故であるか。排他的に立法機関の権限に属せしめられていると考えらるべき国家作用は、実際においてはすでに全く statute によって占領せられて居り、而して法律上位の原理の結果その点に関する将来の変更は常に必ず法律にもとづいてのみ為され得る状態にある。従って、法律上位の原理の成立・完成と法律による占領区域の拡大と共に特に排他的に立法機関の権限に留保せられている国家作用の範囲を明確に限定すべき必要は殆んど失われてしまっているからである。

然らば行政機関の権限は如何。行政機関は立法機関の成立後も後者の権限に対してある程度において競合的に権限を有っていたものと考えられるが、法律上位の原理の完全にみとめられて以来、すでに法律によって占領せられた範囲では行政機関は何らの praeter legem な権限を有つことが出来ぬ。だから実定法上国会の外における英国王の権限は、他の多くの国におけると同じく、民主的な国会との闘争においてまだ国会によって奪われず国王の手に残されてあるものである。それは全く歴史的に成立するものであるから、その権限は論理的な統一体を形成するものではなく、単に "ein Bündel von Regalien" 又は "eine Summe von Rechten" であるにすぎぬ(3)。それには praeter legem な作用と intra legem な作用とがあるが、前者は技術上国会の権限とせられるに適しない国家作用——たとえば比較的具体的・個別的な作用——の外は、主として国民一般の利害に関すること比較的直接でないと考えられた——この考え方は自由主義的国家目的観にもとづく。その考え方の当否は別の問題である。——作用である。何れもその範囲は技術的・歴史的に定められたもので、論理的にそれらをその他の作用から区別することは出来ない。いわゆる命令権(一般的法規範制定権)について見るに、英国王は本来の意義における緊急命令権を有たず(一七六六年以来)、いわゆる執行命令権を有たず(一九世紀中葉以来)、ただ法律の授権による命令を発する権と、そしてその大権の範囲において(勿論法律に占領せられぬ範囲において)命令を発する権のみを有つ。[4]

行政機関はこうした権限を有つが、先にのべたように立法機関はその全部に対して競合的に権限を有つ。そしてその際法律上位の原理が例外なく妥当する。従ってこういうことになる。行政機関は一定の praeter legem な権限を有つが、その範囲は法律による占領と共に減少し、その占領区域においては行政機関は intra legem な権限のみを有つ。いかなる場合にもその行為は contra legem であり得ぬ。つまり立法機関は法律によって大権のいかなる部分をも自由に侵略し得るし、[5] 又法律はいわゆる「授権条項」(Empowering Clause)によってその権限を無制限に行政機関に授権し得るから、立法・行政両機関の権限分配の原理は、「立法機関の定むるが如くあれ」という形式的な原理に帰着してしまう。

であるから、ドイツ公法学にいわゆる「実質的意義の法律」なる概念は現在の英法の知らぬところである。それはそこでその存在の理由を有たぬ。英法は statute 即ち「形式的意義における法律」を知るのみである。ラーバントが「英法では実質的意義における法律を Statute Law と呼んでこれを不文法即ちコンモン・ローに対立せしめ、形式的意義における法律はこれを Parlamentsakt 又は Bill と呼ぶ」と言っているのは、[6] 従って、正当とは考えられぬ。

(1) Dicey, op. cit., p. 37 et s.
(2) G. Jellinek, Gesetz u. Verordnung, S. 25; Hatschek, Englische Verfassungsgeschichte, S. 220.

（3） Hatschek, Englisches Staatsrecht, I, S. 621.
（4） Ibid., S. 620, 621.
（5） Dicey, op. cit., p. 61.
（6） Laband, Zur Lehre vom Budgetrecht, Archiv für öffentliches Recht, 1. Bd., S. 186.

五

英国王が右にのべたようにまだ法律に占領されぬその praeter legem の大権について命令を制定するの権を有つことを、グナイストは英国王が「独立命令」を発する権を有つと言っている。[1]ゲ・イェリネックはこれを評して次の如く言う。国王の大権はすべてコンモン・ローにもとづく。而してコンモン・ローと statute law とは両者共に lex として全く同じ価値を有ち、前者は後者によって自由に改廃せられ得る。従って、大権にもとづく命令はやはり lex にもとづくという意味で intra legem であって、praeter legem ではない、と。[2] ハチェック又これに賛している。[3]

イェリネックのこの批評は、lex を以てコンモン・ローをも含むものと為す——それが英国での通例の用法であるが——場合には甚だ正当であると言わねばならぬ。それは、前に指摘した如く、全く法にもとづかぬ国家作用という意味での praeter legem な命令権を否認する点においては言うまでもなく正しいが、一般に法から全く自由な国家作用なるものをみとめぬ立場に立つ時は、lex を法規範一般と同義に解して praeter legem 又は intra legem を言うことは無意味である。Lex を立法機関の行為、即ち法律と解して始めて praeter legem 又は intra legem を言うことが意味を有ち得る。本稿の最初でのべたように、私はここで lex をそういう意味に用いるから、Statute の授権にもとづかずに、直接にコンモン・ローにもとづく大権の命令こそまさにここにいう praeter legem な命令なのであるが、グナイストのいう「独立命令」の意も又そこにあるのではないかと考えられる。

(1) Gneist, Das englische Verwaltungsrecht der Gegenwart in Vergleichung mit den Deutschen Verwaltungssystemen, 3. Aufl., S. 127.
(2) G. Jellinek, Gesetz u. Verordnung, S. 24, 25.
(3) Hatschek, Englisches Staatsrecht, I, S. 611.

三 フランス法(附ベルギー法)

一

フランスにおける立法機関と行政機関の明確な分化は大革命に始まる。

大革命は独裁主義を原理とするアンシャン・レジームに根本的な変革をもたらした。この時に君主独裁主義に反対して国民主権主義が主張せられた。一七八九年八月二六日の人権宣言の第三条はいう。「全主権の原理は本質的に国民に存する。いかなる団体も、いかなる個人も、明示的に国民に由来することなき権威を行使することはできぬ」。つづいて一七九一年九月三日の憲法はいう。「主権は唯一不可分にして譲渡され得ず且つ時効にかかり得ぬものである。それは国民に属する」(Tit. III, Art. 1)。然らば主権にもとづく権力はいかにして行使されるか。同じ憲法にいう。「すべての権力の唯一の源泉たる国民はそれらの権力を委任によってのみ行使し得る。フランス憲法は代表制である。即ち、代表者は立法府《コール・レジスラチフ》と国王である」(Tit. III, Art. 2)。それらの権力はどのように委任せられるか。さきに「人権宣言」は「権力分立の定められていない社会は憲法をもたぬものである」といった(一六条)。その趣旨をうけてこの憲法は権力分立の原理をみとめた。「立法権は議会(Assemblée Nationale)に委任せられ」「執行権は国王に委任せられ」、而して「司法権は裁判官に委任せられる」(Tit. III, Art. 3, 4, 5)。「法律(lois)を提案・制定する」作用は「排他的に」(exclusivement)立法府に委任せられ(Tit. III, ch. III, sec. 1, art. 1)、「最高執行権(Le Pouvoir exécutif suprême)は排他的に国王の手に存する」(Tit. III, ch. IV, art. 1)。そして「執行権はいかなる法律《ロワ》をも——たとえ暫定的法律でも——作ることができず、ただ法律の執行を命じ又は想起せしめるために法律に適合せる命令(proclamations)を発することができるに止まる[1]」(Tit. III, ch. IV, sec. 1, art. 6)。

大革命最初のこの憲法において立法機関と行政機関の間の権限分配の原理は何であったか。それを検する前に、まずこの憲法の中に二つの区別せらるべき原理が含まれていることを注意しなければならぬ。

一は国民主権主義である。これは民主主義の原理にもとづく。「人権宣言」も九一年の憲法も主権が唯一不可分的に国民に属することを明言している。この原理はこれを徹底させると、立法機関の優位をみとめることとなり、法律上位の原理に対して限界なき妥当力が与えられることになる。

次は権力分立主義である。これは自由主義にもとづく。これも「人権宣言」及び九一年の憲法の明言するところである。この原理はこれを徹底させると、立法機関の権限に一定の限界をみとめることとなり、従って、法律上位の原

理に対しても限界が与えられることになる。(2)

国民は主権者である。併し、そこには国民を代表してその主権の作用を行使する者(ministres, magistrats)がなくてはならぬ。立法機関は国民を代表する者である。が、それは国民自身ではない。だからその権限は憲法によって限定されていなくてはならぬ。立法機関は行政機関の権限を侵してはならぬ。「最高執行権」は「排他的」に国王に委任せられる。——

こうした論理の下に、右の国民主権主義と権力分立主義の二原理が「人権宣言」並びに九一年の憲法を相並んで支配していた。

然らば立法府及び国王に委任せられた「立法権」及び「執行権」とは何を意味するか。

(1) 本稿で引用するフランスの法令の正文は大体次の本によった。Hélie, Les constitutions de la France; Duguit et Monnier, Les constitutions et les principales lois politiques de la France depuis 1789.

(2) 国民主権主義と権力分立主義の対立はつまるところ民主主義と自由主義の原理的対立に帰する。その対立は或はこれを大革命の標語によって「平等」と「自由」の対立とすることもできる。この対立は現代諸国のすべての憲法を通じて見られる現象であるが、その両原理の対立の態様によって立法・行政両機関の間の権限分配の原理もいろいろに変化する。なお憲法全体においてこの二つの原理がいかなる法制的態様の中にそれぞれ発顕しているかについては、別に研究するつもりである。

二

まず立法は legis latio であるが、その lex とはここで何を意味したか。

独裁君主制では君主の意志は即ち lex であった。だから、又君主自身は legibus solutus(法から自由)であった。

民主主義的自律思想はこれに対して国民の総意にもとづくものでなければ lex ではないと考えた。そして lex の制定を君主の独裁権限とせずにこれを民主的な機関の権限とすべきことを要請した。これはいわば民主的自然法である。この際問題とせられた「立法権」の lex とは抽象的・普遍的法規範を意味するものとせられていた。それは何故であるか。

これについては恐らく次の如き色々な理由があげられるであろう。

まず legibus solutus である君主を lex の下におくためには、その lex とは具体的人間の「意志」や「命令」であってはならぬ。それは純粋な ratio でなくてはならぬ。そしてそれはアリストテレス・スコラ哲学の伝統によれば、個別的なるものでなくて、普遍的なるものでなくてはならぬ、と考えられていた。(1)

さらに社会技術的な理由にもとづいて君主はすでに以前から多くの一般的法規範を定立する例であった。社会現象は定型的に現れる場合が多い。それがためには一般的・抽象的な法を定めることが便利であった。又社会における法的安全のために社会生活の予測可能性又は Berechenbarkeit を増大せしめることが適当であり、それがためには君主が予め一般的準則を定め、それにもとづいて具体的国家作用を為すとすることが望ましかった。その上、国家作用の多様なことの結果として君主はその権限のすべてを直接に行使することはできないので、自らは一般的準則を定めるに止まり、その執行はこれを他の機関に委任することが多く為された。こうした法政策的理由及び分業の原理にもとづいて、国家作用は君主の行為を以て直ちに完成せず、他の機関との協力によって始めて完成するとせられ、従ってそこに不完全ながら機関の分化があり、国家作用の異なる諸「形式」が存し、一般的法規範定立作用とそれの適用作用とが機関的・形式的にある程度において分化せられていた。君主の独裁権を制限する目的を以て現れた立法機関がまず君主の一般的法規範定立権をその手におさめたことはきわめて自然である。

さらに又こういうことも考えられるであろう。具体的規範の定立は直接に人民を命令・支配する作用であり、君主にとって最も枢要な権限であり、それを手放すことは君主の存在自体を脅す底のものであったから、これを君主の手から奪うことは不可能であった。又合議機関たる議会はその性質上具体的法規範の定立に適しなかった。さらに一般的法規範定立権とそれの適用との権限の分配は横断的・水平的な分配であるから、議会がその前者を手におさめることは、他の機関をして議会の行為にもとづいてのみ活動し得るものたらしめることを意味し、従ってそれによって国家作用を民主的に統制することが可能とせられた。

このことをルソーは次の如く説いている。

すべての人民がすべての人民に対して規定する場合は異なる観点における同じ対象物同士の関係が生ずる。そこには全体の分裂はない。この場合は規定の対象たる素材も規定する意志と同じように「一般的《ジェネラル》」である。かかる行為を「法律《ロワ》」と呼ぶ。「法律」の対象が常に「一般的」であるということは、法律は臣民を一体として取扱い、行動を抽象的なものと考え、決して個人たる人間又は個々の行動を問題としないことを意味する。すべて「個別的対象」(objet individuel)に関する作用は「立法権」(puissance législative)に属しない。「たとえ主権者(souverain)が特殊的対象について規定しても、それは法律ではなくて、処分(décret)である。それは主権の行為(acte de souveraineté)ではなくて執政の行為(acte de magistrature)である[2]」。

(1) G. Jellinek, Gesetz u. Verordnung, S. 37 f.; C. Schmitt, Verfassungslehre, S. 138 f.; Die geistegeschichtliche Lage des heutigen Parlamentarismus, 2. Aufl., S. 52. なお参照、Duguit, Traité de droit constitutionnel, 2e éd., II, p. 150

et s.

(2) Du contrat social, Liv. II, ch. VI. 市村・森口訳本九〇頁。

三

革命時代の憲法は疑いもなくかくの如き思想に支配されている。

一七八九年八月一七日人権宣言審議の会議においてミラボーはルソーに従って次の如き条項を提案した。「法律《ロワ》は一般意志の表現にしてその対象において一般的《ジェネラル》たるを要する[1]」。これは成立しなかったが、タレイランの提案にもとづいて「人権宣言」の第六条が成立した。曰く、「法律は一般意志の表現である。……それは保護するにせよ、処罰するにせよ、すべての人に対して同じでなくてはならぬ」。これらにおいては「法律」の下に大体において一般的法規範が考えられていたといわなくてはならぬ。もとより、当時の法令における「法律」又は「立法権」の語が常に一義的であるのでは決してない。デュギの正当にいう通り、当時の人たちはこの点について確定した観念をもってい[2]なかった。併し、革命の目的はまず独裁的王権の制限にあったとすれば、王権の恣意を抑制するために国家作用の主要なるものを横断的に形式を分ち、一の形式は他の形式にもとづいてのみ発生しうると為し、従って行政行為から法律を区別してこれを以て一般的法規範と解することは、歴史的にきわめて自然なことである。「人権宣言」の諸々の自由権の規定における「法律《ロワ》」は第一にこの意味に理解せらるべきであろう。

これを立法・行政両機関の権限分配について言えば、「人権宣言」及び九一年憲法においては一応国家作用の中で特に国民の利害に重大な関係を有つものを横断的に立法機関と行政機関とにそれぞれの権限として内容的に分配し、それらの作用に関する一般的法規範の定立は前者の、それの適用は後者の権限とせられたのである。併し、すべての国家作用について然るのではない。九一年の憲法は立法府に排他的に留保せられている権限を内容的に列挙している(Tit. III, ch. III, sec. 1)。が、その他に行政機関は intra legem ではなく、praeter legem な権限をも有っていた。併し、行政機関はいかなる場合にも——たとえ暫定的にでも——一般的法規範を制定することは出来なかった(Tit. III, ch. IV, sec. 1, art. 6)。——

ここに我々は自由主義にもとづく権力分立主義の原理の支配を見ることが出来る。

併しながら、革命の要請したところは単にここに止まらなかった。それはさらに国家作用が国民の参加によって為さるべきことを要請した。「すべての市民は自身で或はその代表者によって法律の制定に参与する権利を有つ」(「人権宣言」第六条)。「すべての市民は自身で或はその代表者によって租税の必要を確認し、これに自由に承諾を与え、その使用を監視し、而してその定率・割当・徴収及び期間を定める権利を有つ」(同第一四条)。「社会はすべての官吏に対してその施政につき責任を問う権利を有つ」(同第一五条)。これらの規定は何れもその趣旨を示す。さらに行政機関の権限は民主的な機関の行為たる法律の適用・執行をその主な部分としていた。尤も行政機関はこの外に必ずしも完全に intra legem でない権限をももっていたが、併し行政機関は、——ゲ・イェリネックの適切な表現に従えば——「それらの権限をできるだけ多く特定の法律の執行として(即ち、なるべく intra legem な行為として——宮沢)、そしてできるだけ少なく憲法の一般的授権にもとづいて(即ち、なるべく少なく praeter legem な行為として——宮沢)なすべき」(3)であった。——

ここに我々は民主主義の原理の支配を見ることができる。

民主主義がいかなる程度において「人権宣言」又は九一年の憲法を支配したかはさらに法律上位の原理の成立・発展を検することによって明かとなる。何となれば民主的な機関は即ち立法機関であり、民主主義は必然的に立法機関の権限の質的な、並びに量的な増大を要請してやまぬから。

（1） Jellinek, Gesetz u. Verordnung, S. 73.
（2） Duguit, Traité de droit constitutionnel, 2e éd., II, p. 141. 彼は「人権宣言」第六条の「法律」を形式的概念と解すべきだろうと言っている。
（3） Jellinek, Gesetz u. Verordnung, S. 86.

四

立法機関の行為を形式的に「法律《ロワ》」と呼ぶことは革命の当初から問題とせられた。

一七八九年一〇月八日の憲法会議で立法機関のすべての行為に統一的な名称を与えることが問題とせられ、ついにロベスピエールの提議にもとづいて(1)、一七八九年一〇月一二日・一一月六日の法律(Acte constitutionnel sur les impôts et sur la promulgation des lois)の第七条で次の如く定められた。「国王の裁可を得た(国民議会の)décret は法律の名称(le nom et l'intitulé de lois)をもつ」。これがついで九一年の憲法に採用されて次の規定となった。「国王の裁可を得た(立法府の)décret は……法律の効力(force de loi)をもち、法律の名称をもつ」(Tit. III, ch. III, sec. 3, art. 6)。そしてこの憲法はさらに「フランスには法律《ロワ》の権威に優る権威はない。国王は法律によってのみ統治し、法律の名においてのみ服従を要求し得る」(Tit. III, ch. I, sec. 1, art. 3)と定めている。

ここにおいてドイツ公法学にいう「形式的意義の法律」の概念がほぼ成立したということが出来る。そしてそれと同時に法律上位の原理がみとめられたのである。(2) 立法機関の行為がすべて「法律の効力」を有ち、かつ法律が国家最高の「権威」であるとすれば、立法・行政両機関の権限の分配に関して法律上位の原理がみとめられていたことは明かである。勿論「法律」の語も常に必ずしも形式的な概念を示すものとせられず、又法律上位の原理が無制限に妥当したと断ずることはあるいは困難かも知れぬが、とにかくその原理がここで一応確立せられたことは否定せられ得ぬ。

民主主義は単に国家作用が横断的に立法・行政両機関の間に分配せられることを要請するにとどまらず、国家作用、特に一般的・抽象的法規範定立の作用が民主的な機関の権限とせらるべきことを要請する。それは、従って、国家行為の内容よりもその形式に重点をおく。この観点においては「人権宣言」の自由権の規定にいわゆる「法律《ロワ》」の概念も同時に形式的に理解せられねばならぬ。法律上位の原理はつまりは民主主義の児である。

(1) Jellinek, Gesetz u. Verordnung, S. 74, 75.

(2) a. a. O., S. 76.

五

要するに、一七九一年の憲法における立法・行政両機関の間の権限分配の原理は自由主義の原理と民主主義の原理の両者の支配の下にあった。

一般的・抽象的法規範定立作用は「排他的」に立法機関に留保されていた。(1) 行政機関はいかなる場合にも一般的・抽象的法規範を制定することは許されぬ。(2) その権限は原則として法律の適用・執行である、即ち intra legem であるべきであったが、併しそこで praeter legem な権限もみとめられていた。かくの如き内容的な分配と並んで形式的な分配原理としての法律上位の原理がみとめられていた。ただ行政機関が排他的に分配せられた権限を有っていたかどうか。他の言葉で言えば、立法機関は行政機関の権限のすべてに対して競合的に権限を有っていたかどうか。この点は必ずしも明かでない。権力分立主義の原理から言えば、立法機関の権限を競合的に行政機関の権限のすべてに及ぼさしめることは望ましくない筈であったし、これに反して民主主義の原理から言えば、それは望ましい筈であった。これを憲法についてみるに、「最高執行権は排他的に国王に属する」との規定などは権力分立主義の原理の支配を思わせるが、他方において立法府の行為を「法律」と総称し、そして法律の権威にまさる権威はないと定め、法律上位の原理に対して明確な限界を与えていないことなどはむしろ民主主義の原理の優勢を思わせる。恐らく、権力分立主義にもとづいて法律上位の原理に一定の限界をみとめるとしても、もしその程度が甚だしければ民主主義の要請に反することになろうし、又もしその程度がきわめて微弱であるとすれば、その場合立法機関が行政機関固有の権限を侵蝕する可能性は技術的にネグリジブルな程度になり、従ってそうした制限が存在の理由を有たぬことになるであろうから、憲法は一応権力分立主義の原理をみとめつつも、それにもとづいて法律上位の原理に明確な限界を与えることを必要と考えなかったのであろう。そこでそのことの結果として、権力分立主義の損害において法律上位の原理に限界なき妥当性がみとめられたということが許されよう。

この点についてゲ・イェリネックはいう。この時フランスで形式的な法律概念が生れたが、それによってはまだ実質的(内容的)な法律概念が全く捨てられてしまったのではない。「一般意志の行為としての法律と立法的諸機関の意志としての法律の二重意味(Doppelbedeutung)」は一七九一年の憲法の全体を通じてみとめられる[3]、と。この言葉は九一年の憲法における立法・行政両機関の間の権限分配につき、自由主義的権力分立主義と民主主義的国民主権主義とが並んで支配したことを示すものといえよう。

カレ・ド・マルベールも、一七九一年の憲法が私のいう内容的権限分配の原理に支配されていることをみとめつつも、結局そこで形式的な法律上位の原理が優勢であることを指摘している。曰く。(4)――

「ボダンは一六世紀にすでに、法律の概念が立法行為の行為者の性質に由来することを指摘した。曰く“Lex ad imperantis majestatem pertinet. Est enim lex nihil aliud quam summae potetatis jussum.”(法律は命令者の権威に関係するものである。即ち、法律は最高権威の命令に外ならぬ。)然るに、法律はその名を立法者の最高権力に負うというこの思想は、一八世紀において、種々な学説によって不明ならしめられた。ルソーは法律が人民主権の作品たるべきこと――それは本来形式的な条件であるが――を要求しつつ、同時に法律の概念を内容の条件、即ち規定の一般性《ジェネラリテ》に係らしめた。他方モンテスキューは、異なる機関の間の権力分立制を基礎づけるために、まず分立せらるべき権力の各々、特に立法権がその資料に内容的に相当する固有の領域を有つことをみとめざるを得なかった。その結果、法律は立法府に留保せられた資料自体によって定義せられねばならなかった。こうした思想が一八世紀の終りに非常に有力であった。一七九一年の憲法自身もその影響をうけている。この憲法が国王に一般的法規範制定権(pouvoir réglementaire)を与えなかったのはこの故である。一般的法規範制定権は立法的本質を有するものであり、分立制の下においては立法府にのみ属すべきものと考えられたのである。同じように、第三篇第三章第一節第一項は内容的性質にもとづき(ratione materiae)立法府の権限に留保せられ、従って法律《ロワ》の固有の内容を形成すべき対象・処置の実質的リストを作ろうと企てた。併し、かようにその時代の有力な思想の影響をうけた後、一七九一年の憲法は一つの転回を為し、結局において(en dernière analyse)すべて立法府により立法形式において決定せられたものは法律であり、法律《ロワ》の名に値いすると宣言した。この定義において、形式が内容に勝っている。……かくて、法律を一般的規律と同視し、或は法律をその固有資料によって特色づけたりする以前の学説に対して、近代公法の建設者たちは、代表の原理——人民は代議士の会議によってその意志を表現するとの原理——から直接に派生する新しい法律概念を引出した。何となれば、人民の意志が、個別的場合について定めてもなお常に一般的意志であることはきわめて明瞭であり、同じようにその対象・資料が何であるとを問わず、それは一般的意志であるからである。ここから、立法府のすべての行為がただそれが人民を代表する議会から出たものであるという事実のみにもとづいて一般的・主権的意志に附着する優勢な価値と効力を取得するという結論が生れる。ここから、最後に、この行為は、その内容の性質の如何に拘らず、Lex est quod populus jubet atque constituit.(法律とは人民の命令・決定するところのものである)というローマの定義に従い、法律であるという帰結が生れる」。

これは私の先にのべたところと殆んど一致する。

(1) Tit. III, ch. III, sec. 1, art. 1. この外、公の経費を定めることとその他の作用がここで同じく「排他的に」立法府に委任せられている。

(2) Tit. III, ch. IV, sec. 1, art. 6.

(3) Jellinek, Gesetz u. Verordnung, S. 76.

(4) Malberg, La loi, expression de la volonté générale, p. 23, 24.

六

一七九三年六月二四日の憲法もその人権宣言で「法律《ロワ》は一般意志の自由かつ厳粛《ソラネル》な表現である」と定めている(四条)。併し、立法府(Corps législatif)の行為のすべてが必ずしも法律《ロワ》と呼ばれるのではない。その外に décret と呼ばれる行為がある。然らば loi と décret の区別はいずこにあるか。その点について九三年二月一五・一六日のジロンド憲法は次の如く規定している。「立法府の行為は loi と décret の二種に分れる」。「Loi を特色づける性格はその一般性及び不定の期間である。Décret を特色づける性格はその地方的《ロカル》な又は特殊的な適用及びその定期更新の必要である」(Tit. VII, sec. 2, art. 3, 4)。九三年六月二四日の憲法における loi と décret の別もこれと同じに考うべきものであろう。ここでは民事・刑事の立法、財務についての一般行政、国有財産、貨幣制度、税制、宣戦、領土の新なる一般的区分、教育、偉人記念の公の栄誉についての行為は loi とせられ(五四条)、軍制、外国軍隊の仏領土通過の許否、外国軍艦の仏港へ入航、治安の処置、救助・土木事業の分配、貨幣鋳造の命令、非常支出、ある行政部門・市町村・公企業に特殊な処置、領土の防衛、条約の批准、軍司令官の任免、閣員・官吏の責任訴追、一般的安全に対する隠謀者の弾劾、領土の部分的分配における変更、国家的報償についての行為は décret とせられる(1)(五五条)。

この loi と décret の区別は、恐らくはルソーの影響の下に立法府の行為につき内容的に為された区別だと考えられるが、併し、そこで為されている区別は決して論理的に正確とはいい難い。むしろ政治的・技術的理由にもとづく区別という方が当っているといえよう。恐らくその両者は、これらの憲法において、ただ名称を異にするに止まり、法律的な「形式」を異にするものとはせられなかったのであろう。両者共立法府の行為として同じように「法律の効力」(force de loi)を有つとせられたのであろう。そして両者共に立法機関の行為との意味における「法律」として同じ資格において法律上位の原理の支配をうけていたのであろう。ジロンド憲法に、所定の方式を具えぬ loi 又は décret は「法律の効力」(force de loi)を有たず、執行せられることなしと定め(Tit. VII, sec. 3, art. 16)、九三年六月二四日の憲法に、執行府(Conseil exécutif)は立法府の loi 又は décret の執行としてのみ活動し得る(六五条)と定めているのは、この趣旨を表明せるものと解すべきであろう。

共和三年果月五日の憲法は特に権力分立主義の色彩の強い憲法であったが、そこでも同じように、一方において立法府の行為は loi とその他の acte législatif とに区別されつつ(一二八・一三〇条)、他方では「『五百人院』(Conseil des cinq cents)の決議にして元老院(Conseil des anciens)を通過せるものは loi と呼ばれる」(九二条)と定められていた。

共和八年霜月二二日の憲法ではこの点はより明確に定められた。ここには法律は一般意志の表現であるとの規定はもはや見出されぬ。Loi の語は大体において常に形式的に立法機関の行為を意味するとされた。予算も loi とせられ(四五条)、宣戦・条約も loi とせられた(五〇条)。Loi の概念が主として形式的に構成せられ、その内容たるべきものが憲法で詳しく規定せられなくなったことはこの時に始まる。(2) このことは立法・行政両機関の権限分配について内容的原理の損害において形式的原理が有力になりつつあったことを示す。そして形式的原理としてはいうまでもなく法律上位の原理が考えられていた。ただこの時代は実際上独裁主義の時代であり、かつ何より立法機関の構成が著しく非民主的であったから、その原理が実際にはその本来の民主主義的な意味をもち得なかったことは勿論である。

(1) 参照、一七九一年憲法 Tit. III, ch. III, sec. 1.

(2) Jellinek, Gesetz u. Verordnung, S. 81.

七

この傾向はそのまま一八一四年六月四日の憲法《シャルト》にうけ継がれた。この憲法は一八三〇年の憲法と共に永く諸国の憲法典の模範とせられたもので、いわゆる「フランス立憲主義」と呼ばれる理論はこれにもとづくものであるが、これはまず権力分立主義の原理に従い、「執行権は国王にのみ属」し(一三条)、「立法権は国王・下院及び上院により共同に(collectivement)行使される」(一五条)と定め、さらに国王は外交上の種々な権限、一定の命令権を有つことなどを定め(一四条)、又「フランス人の公権」(一・一二条)の規定その他によって一定の事項を立法機関の権限に留保している。

ここでは勿論国民主権主義は棄てられ、国王は「自らの意志にもとづき、その主権の自由なる行使により」この憲法を臣民に与えた(前文)とせられているが、それと同時に民主的な法律上位の原理は革命以来の伝統にもとづきそこですでに自明のこととみとめられていたと考えられる。そこでloiの語が常に形式的な意味に用いられ、かつ立法機関の権限が内容的に明示せられることなく、ただ立法権が国王・議会両院により共同に行使されると規定されているにとどまることは、その趣旨を推測せしめるに足る。だからこそ後にシャルル一〇世が命令権の濫用によって法律上位の原理を侵犯するや、七月革命が起り、一八三〇年八月一四日の憲法《シャルト》で、国王の命令は決して法律を停止したり、その執行を免除したりするを得ぬ(一三条)、と明文で定められるに至ったのである。

要するに両シャルトにおける立法・行政両機関の権限分配の原理は次の如きものであろう。

まず立法権、即ち一般的法規範定立作用は立法機関に、それの適用は行政機関に権限として与えられる。それと同時に行政機関に一定の praeter legem な権限が与えられている。併し、行政機関の権限は憲法で明示的に列挙せられ、その外に出ずるを許されなかったが、立法機関の権限は明示的に列挙せられることなく、むしろ競合的に行政機関の権限のすべてに及び、而してそこに法律上位の原理が無限にみとめられていた。従って、ここでも一応内容的分配が為されつつも、結局は形式的分配の原理が支配していたことになる。

八

ここでいわゆる国王の命令権について一言する。

大革命以来、立法権が一般的法規範定立権と解せられて立法機関に排他的に留保せられ、行政機関が一般的法規範を定立することが禁止せられたことは先にのべた通りであるが、法律の段階で常に国家行為の相当な具体化が為されるとは限らなかったので、実際の必要にもとづいていわゆる「命令権」がみとめられていた。第一帝政の終りには、行政機関は法律執行のための命令(一般的法規範)を定立する権を有ち、又国家機関の組織及び警察については独立な命令(règlement autonome ou spontané)を制定する権を有っていた。一八一四年のシャルト第一四条はこの状態を明文でみとめたにすぎぬ。それが法律に違反し得ぬことは自明のこととされていたが、三〇年のシャルト第一三条で明文で定められるに至った。(1)

(1) Duguit, Traité de droit constitutionnel, 2e éd., IV, p. 661 et s.; Esmein, Eléments de droit constitutionnel français et comparé, 7e éd., II, p. 75 et s.; Moreau, Le règlement administratif, p. 63 et s.

九

現行の諸憲法（一八七五年）においてもこの点に変りはない。そこで「立法権は上下両院によって行われ」（一八七五年二月二五日法第一条）、「執行権は大統領に与えられ」（一八七三年一一月二〇日法第一条）、「大統領は法律の執行を監視し、保障する」（一八七五年二月二五日法第三条）と定められているが、立法・行政両機関の権限の内容的な分配はあまり明かにされていない。大統領の権限は数多く列挙されているが、その権限はそれに尽きるものではなく、その外に大統領はたとえば慣習法にもとづく命令（一般的法規範）制定権をもっている。[1] 立法機関の権限に至っては内容的には何ら定められるところがない。即ち、ここでも立法機関の権限の範囲に対しては実定法上何らの内容的限界のみとめられるものなく、結局両機関の間の権限分配は形式的な原理によってのみ決せられるもののようである。そして形式的な権限分配の原理として法律上位の原理が考えられていることはいうをまたぬ。

勿論ここでも立法機関の手に内容的・排他的に留保せられている権限――ドイツ公法学にいう「法規」の概念にほぼ相当するもの――が存することは殆んど何人によっても疑われぬ。[2] 併し、その範囲がすでに久しく法律の占領した区域に属し、かつ法律上位の原理が完全にみとめられている以上、それはここでいわば存在の理由をもはや有ち得ぬ。行政機関は praeter legem な権限をも有つが、併し立法機関の権限は競合的にそのすべてに及び、法律上位の原理がそこで例外なく妥当する。マルベールが、フランス憲法にいわゆる法律《ロワ》は常に純粋に形式的にのみ理解せらるべきものと為し、「法律の領域《ドメーヌ》」は――行政権との関係においては――「無限」(illimité)だと言っているのは、[3] この意味において正しい。

フランス法ではかように形式的な権限分配の原理に主たるアクセントがおかれているから、「立法権は議会に属す」という意味の諸規定[4]にいわゆる「立法権」の概念、従ってそれに含まれている「法律」の概念は形式的に構成せられるのが通例である。たとえばデュギは現行の一八七五年二月二五日憲法第一条の「立法権」の意味する法律が実質的意味(一般的法規範)であるか、形式的意味であるかは容易に定め難いといいつつ[5]、併し結局においてそれは形式的意味に理解せらるべきだといっている[6]。又マルベールは他の何人よりも強くそのことを主張している[7][8]。

この解釈は、併し、これを歴史的に見る時は正当とはいい難い。「立法権は議会に属す」という類の規定は権力分立主義の表現であり、而していうまでもなく権力分立主義は内容的な権限分配をその前提とする。だから、それと同じ趣旨の一八五〇年のプロイセン憲法六二条の「立法権」(die gesetzgebende Gewalt)の概念をドイツの多数の学者が——主としてラーバントに従って——内容的に構成しようとしたのは[9]、歴史的にはきわめて正しい。従って又、たとえば美濃部博士が「実質の意義に於ける立法が議会の議決を要することは立憲制度の根本原則の一」であるとせられ[10]、ケルゼンが「実質の意義における法律(一般的法規範)が形式の意義における法律であるべきことが立憲君主政の根本原則」であるといっているのは[11]、勿論賛成せられねばならぬ。併し、その際その美濃部博士が、日本憲法第五条にいわゆる「立法権」を形式的概念と解することは「我が国を以て半ば専制政治の国たらしむるもの」であるとせられ[10]、ケルゼンが憲法における「法律」を形式的概念を解することは「立憲君主政の保守的イデオロギー」に由来するものであるといっているのに対しては[11]、必ずしも無条件には賛成し難い。「法律」「立法権」を形式的概念と解することがドイツでアルントその他の人たちにおいて、わが国で穂積八束博士その他の人たちにおいて、保守的な政治傾向を伴ったことは事実であるが、そこに必ずしも必然的な関聯が存するわけではない。保守性はそれが法律上位の原理に対する制限を伴う場合において始めて現れる。「法律」「立法権」を形式的概念と為すこと自体は、少なくともその起源においては、前にのべたようにむしろ民主主義的なものである。比較的民主的と考えられる英・仏両国において「実質的意義の法律」の理論がきわめて少ししか知られていないのに、大戦前のプロイセンにおいてそれが特に発達したという事実は、このことを裏書きするものといえよう。ラーバントがかの「予算法」を書いた政治的動機を考えても、そこで始めて説かれた「実質的意義の法律」の理論こそ――それが後にアルントによって「国民主権説」にもとづく理論だと難ぜられた[12]にも拘らず――「立憲君主政の保守的イデオロギー」に支配せられていることが推測せられ得よう[13]。

なおフランス法における立法・行政両機関の間の権限分配の原理の考察を終るに当っては、フランスで Le recours pour excès de pouvoir の制度が一七九〇年以来次第に発展して来ていて、行政行為に対する法律上位の原理の実現に非常な保障を与えていることを想起すべきである。

（1） Duguit, Traité, IV, p. 714; Moreau, op. cit., p. 164 et s.

（2） Hauriou, Précis de droit administratif, 10e éd., p. 59; Duguit, Traité, IV, p. 664 et s. この点につきオコックは、第二帝政の終り頃、次のようにいっている。「立法機関に固有な範囲」(le domaine propre du législateur)、即ち、立法機関に排他的に留保せられた権限を定めることは重要であるが、この問題は純粋理論上甚だ困難な問題であり、かつその実際も一七八九年以来、頻りに変化して来た、と。Aucoc, Conférences sur l'administration et le droit administratif, 1869, I, p. 55.

（3） Malberg Contribution à la théorie générale de l'Etat, I, p. 327, n. 2.

（4） 一七九一年憲法 Tit. III, art. 3. 一七九三年ジロンド憲法 Tit. VII, sec. 2, art. 1. 一八一四年憲法一五条。一八三〇年憲法一四条。一八七五年二月二五日憲法一条等。

（5） Duguit, Traité, II, p. 142.

（6） Duguit, op. cit., IV, p. 410.
（7） カレ・ド・マルベールは、私の知る限りでは、この点につき最も詳細な研究を試みている。Carré de Malberg, Contribution à la théorie générale de l'Etat, I, p. 326 et s.; La loi, expression de la volonté générale.（この後の書は一八七五年二月二五日憲法第一条を特に研究したものである。）
（8） なお参照、Thoma, Der Vorbehalt des Gesetzes im preuss. Verfassungsrecht (Festgabe für O. Mayer), S. 174.
（9） 参照、後述「四、ドイツ法」。
（10） 『憲法撮要』五版、四八〇頁。
（11） Kelsen, Der Staat als Integration, S. 71; Veröffentlichungen d. Vereinig. d. Deutsch. Staatsrechtslehrer, Heft 4, S. 177.
（12） Arndt, Über deutsches u. preussisches Verordnungsrecht, Archiv f. öff. Recht, 15. Bd., 1900, S. 338.
（13） シュミット曰く、単に形式的な法律概念は立法機関万能にみちびく。C. Schmitt, Verfassungslehre, S. 151.

一〇

ベルギーについて一言する。

ベルギーの一八三一年二月七日の憲法はフランスの両シャルトの影響の下に成立したものであるが、それはフランス革命の精神を継承して国民主権主義と権力分立主義をみとめている。その二五条に言う。「すべての権力は国民より発する。それらは憲法の定めるように行使される」。そして「立法権は国王・下院及び上院が共同にこれを行い」(二六条)、「執行権は憲法の規定に従い国王に属する」(二九条)。立法権・執行権の何たるやは明かにせられていないが、行政機関の権限は限定せられたものと考えられ、「国王は憲法又は憲法にもとづく法律により明示的に与えられた権力以外の権力を有たぬ」(七八条)と明文で定められている。これに反して立法機関の権限はその内容において限定せられぬ[1]と考えられ、ただ行政行為が法律に違背することが出来ぬことだけが定められている(六七条その他)。従ってここでも立法・行政両機関の間の権限分配の原理としては形式的な法律上位の原理だけが前景に現れている。

トマがベルギーでは何が法律に留保せられているかは「立憲的法律の現状」(status quo konstitutioneller Gesetze)によって定まる、と言っている[2]のはこの意味である。従って又ヴォチエは「ドイツの学者の為す実質的意義の法律と形式的意義の法律との区別は、ベルギーでは何らの実際的意味を有つまい」と言っている[3]。ベルギー法においては、この点について、フランス法と同じように考えることが許されるであろう。

(1) Errera, Das Staatsrecht des Königtums Belgien, S. 71; Orban, Le droit constitutionnel de la Belgique, t. 2, p. 392, 393.
(2) Thoma, Der Vorbehalt, S. 173.
(3) Vauthier, Das Staatsrecht des Königreichs Belgien, S. 77.

四　ドイツ法

一

ドイツで最初に近代的意義の議会制度をもったのは南ドイツの諸邦であった。これらの邦は解放戦争の後に相ついで議会制の憲法を制定した。ナッサウは一八一四年。バイエルンとバーデンは一八一八年。ヴュルテンベルクは一八一九年。ヘッセン・ダルムシュタットは一八二〇年。(1) そしてさらにフランスの七月革命の影響の下に他の諸邦もそうした憲法をもち始めた。一八三一年にザクセン及びクアヘッセン、一八三二年にブラウンシュヴァイク、一八三三年にハノーヴァが憲法をもつに至った。(1)

これらは多くラテン諸民族の憲法の影響の下に成立したものであるが、その両者の間には重大な相違があった。前者においては民主主義の勢力が比較的強く、従って、すでに見たように、立法機関が多くの場合広い権限の推定をうける例であったが、ドイツの諸憲法では君主主義が非常に強く、議会制度の下においても立法機関は憲法上限定せられた権限のみをもつにすぎず、権限の推定は行政機関(君主)のために語る、とせられた。(2) バイエルンその他の憲法は明文で「議会両院は憲法に規定ある事項についてのみ審議し得る」と定めているが、(3) これは当然のことと考えられていた。これはベルギー憲法が「国王は憲法又は憲法にもとづく法律により明示的に与えられた権力以外の権力をもたぬ」(七八条)と定めていることとの正反対である。勿論正確にいえば、立法機関の権限も行政機関のそれも何れも憲法にもとづくものである。ただその何れが広い権限の推定をうけるか。これがここで問題とせられているのである。権限の推定が君主の権限のために語ることとの原則をバイエルンその他の憲法はさらに「君主は統治権を一身に総攬し、憲法の規定によってこれを行う」という規定で表している。(4) そして一定の国家作用は立法機関の権限とせられ、従って議会の同意によってなされねばならぬが、それにも拘らず、それは方式の上ではあくまで君主の行為として現れる。これが「君主主義」(Das monarchische Prinzip)と呼ばれるもので、(5) この型の立憲政が「ドイツ型の立憲政」といわれるものである。(6)

(1) Stimming, Deutsche Verfassungsgeschichte, S. 40, 44 f.
(2) Gerber, Grundzüge des deutschen Staatsrechts, 3. Aufl., S. 133; Anschütz, Die gegenwärtigen Theorien über den Begriff der gesetzgebenden Gewalt u. den Umfang des königl. Verordnungsrechts nach preussischem Staatsrechts, 2. Aufl., S. 2 f.
(3) バイエルン憲法 Tit. VII, § 1. バーデン・五〇条、ヘッセン・ダルムシュタット・六六条、ブラウンシュヴァイク・九五条、ザクセン・七九条。
(4) バイエルン Tit. II, § 2. バーデン・五条、ヴュルテンベルク・四条、ヘッセン・ダルムシュタット・四条、ブラウンシュヴァイク・三条、ザクセン・四条。
(5) G. Jellinek, Gesetz u. Verordnung, S. 109. 参照、E. Kaufmann, Studien zur Staatslehre des monarchischen Prinzips.
(6) Stimming, a. a. O., S. 109; Anschütz, Die gegenwärtigen Theorien, S. 2 f. わが国のオーソドックスな憲法学理論が「立憲政体」の下に概念したものはまさにこの「ドイツ型の立憲政」である。後の「五、日本法」を見よ。

二

かくの如き「立憲政」の成立によってドイツ諸邦において立法・行政両機関の分化が生じたのであるが、そこで権限の分配はどのようになされたか。

ここでもフランスにおけると同じように立法機関がまず獲得した権限は一般的法規範——それが即ち Gesetz であると考えられていた——の定立であったが、一般的法規範定立権の全部が立法機関の権限とせられたのではなく、いわばそれが二分せられて、(1) その一部だけが立法機関の権限とせられた。然らばいかなる部分が立法機関に与えられたか。「人身の自由及び臣民の財産に関する一般的な新な法律」の定立・変更がそれである。

このことを明文ではじめて定めたのは一八一四年九月一・二日のナッサウ憲法(Verfassungspatent)である。その第一条に曰く、「人身の自由・財産及び憲法に関する重要な新な国法(Landgesetze)」は議会の同意なしには作られることができぬ、と。この規定はひきつづき他の諸憲法に継受せられ、一八一五年―一八一八年の間においてドイツの諸憲法でこの「自由と財産」の条項をもたなかったものはシャウンブルクとルクセンブルクだけであったという。(2)

いかにしてかくの如き「自由と財産」の条項がドイツの諸憲法に現れるに至ったか。

フランツ・ロジン(3)によれば、これはロックなどによって自然法的基礎の上に「自由」と「財産」が不可侵的な人間の権利とせられたことに由来する(一五頁)。この思想がブラックストーンを経て、当時ハノーヴァと英国との間に存した身上聯合に助勢せられて、ハノーヴァに入った(三〇頁)。人たちは国権の任務は「自由と財産」の保護にあると考えた。これを実定法に移入しようと主張したのが誰よりもシュタイン(Freiherr von Stein)である。彼はすべての国民に「自由と財産」を保障すべきことを主張した。そしてそれがためには「自由と財産」に関する法律制定には議会をして参与せしめなくてはならぬ。先にあげたナッサウの憲法のこの条項もシュタインの影響の下に成立したものである(三四頁)。

シュタインが「自由と財産」に関する法律(Gesetze)の下に何を理解したかは必ずしも明かでない。併し、大体において、憲法で保障された自由権に関する法律を考えていたといいうるであろう。そして少なくともいわゆる司法法(Justizgesetze)がその主な部分を占めたものと想像される(四七頁)。

当時の諸憲法の中、ヴュルテンベルク、ヘッセン、ザクセン、クアヘッセン、ハノーヴァ(第一次憲法)などにはこの「自由と財産」の条項はなく、ただ「議会の同意なくしては法律(Gesetze)を制定することができぬ」とのみ定められていた。[4] 併し、「自由と財産」の条項も文字通りではなく広く解せられる例であったし、又その条項を欠く憲法においても、立法機関の権限はきわめて限定的で、その法律(Gesetze)を制定する権限なるものも決して広く一般的法規範定立権の全部を意味するものとせられていなかったから、結局においてこの時代のドイツ諸憲法にあっては、実際と学説との影響の下に、法律の内容とせらるべき特定の事項——何れの憲法でも同じような——がほぼ確定せられていたものと考えられる。これをトマと共に「実質的意義の法律のドイツ公法的概念」と呼ぶことができよう。[5] その内容はこれを明確にすることは困難であるが、最も広い意味における人民の「自由と財産」に関係ある事項と解して大過ないであろう。

いかなる理由でかくの如く「自由と財産」に関する事項が立法機関の権限に留保せられたか。それが民主的な議会の権限の拡大を阻止する意味をもつことは疑いない。[6]「自由と財産」に関する事項は立法機関の最小限度の権限である。民主的勢力はドイツではフランス、ベルギーにおけるほど独裁主義を制約することができず、わずかに人民の利益にとって関係の最も密接なものと考えられていた事項、即ち「自由と財産」に関係する事項だけを君主の手から立法機関の手へ奪うことに成功したにすぎぬ。「自由と財産」の条項は即ち強力な独裁主義の産んだものである。

これらの諸憲法において立法機関の手に留保せられた事項、即ち、国家行為の内容にして「自由と財産」に関係するものを「法規」(Rechtssatz)と呼ぶ。そして新な「法規」の定立権が立法機関に留保せられるのである。「法規」の概念がかくの如き歴史的情勢から生れた全く歴史的・習俗的な概念であることは十分注意せられなくてはならぬ。この「法規」の概念を法本質的な概念たる法規と混同することは、多くの誤謬をもたらす。[7]

要するに「三月以前」のドイツの諸憲法では独裁主義の勢力が強かった結果、立法機関は右の意味の新な「法規」

を定立する権限をその手におさめたにとどまり、その他の国家作用はすべて「国権の保持者《トレーガー》」たる君主の権限とせられていた。即ち、立法・行政両機関の権限は主として内容的に、而して著しい程度において縦断的・垂直的に分配せられていた。その権限の分配が競合的であるか排他的であるかは明かでないが、議会は憲法で明示的に与えられた権限の外に権限をもたぬとの原理が支配していたことから見て、むしろ排他的な分配が優勢であったものと推測せられる。従って形式的な法律上位の原理はまだ十分にみとめられてはいなかったと思われる。権限分配に関する形式的な原理は、ベルギー憲法の強い影響の下にプロイセン憲法が一八五〇年一月三一日に成立するに至って、とりわけ問題とせられるようになった。

(1) G. Jellinek, a. a. O., S. 109; Thoma, Der Vorbehalt des Gesetzes im preuss. Verfassungsrecht (Festgabe f. O. Mayer), S. 175; Gerber, a. a. O., S. 155; Haenel, Studien zum deutschen Staatsrechte, II, S. 199.
(2) Franz Rosin, Gesetz u. Verordnung nach badischem Staatsrecht, S. 54. たとえばバイエルン憲法 Tit. VII, § 2「人身の自由又は臣民の財産に関する新な一般的な法律 (Gesetz) は議会の同意なくては制定され得ぬ。又すでに存立する法律は議会の同意なくてはこれを変更し、公権的に解明し、又は廃止するを得ぬ」。バーデン憲法六五条「すべて人身の自由又は臣民の財産に関する新な一般的な法律の制定又は既存の法律の変更・公権的解明には議会各院の過半数の同意が必要である」。
(3) 以下の括弧内の頁は Rosin, a. a. O. のそれを示す。
(4) ヴュルテンベルク・八八条、ヘッセン・七二条、ザクセン・八六条。
(5) Thoma, Der Vorbehalt, S. 176.
(6) Thoma, Der Vorbehalt, S. 175.
(7) 従ってたとえばケルゼンが「法規」論から発展せしめられた「国法学の主要問題」を説き、また広浜教授が「法規の構造」(『法学』一巻一号)を論ぜられる場合の「法規」とここにいう「法規」とは区別せられなくてはならぬ。

三

一八五〇年のプロイセン憲法は「立法権(die gesetzgebende gewalt)は国王と両院共同してこれを行う。国王と両院の合意がすべての法律(Gesetz)にとって必要である」(六二条)と定め、さらに「執行権は国王にのみ属する」(四五条)と定めている。これが立法・行政両機関の間の権限分配に関する原理規定であるが、それはいかに解すべきものであるか。

まずこの点に関するプロイセン憲法の由来を一瞥しよう(1)。

フリードリヒ・ヴィルヘルム三世がその国民に議会制の憲法を与える約束をはじめてしたのは一八一〇年及び一八一一年であったが、この時は設けらるべき議会の権限については何らいうところがなかった。然るに一八一五年五月二二日の設けらるべき国民の代表府に関する命令は「将来の代表府(Landesrepräsentanten)」の権限は「市民の一身上及び財産上の権利(課税をも含む)に関するすべての立法の対象(alle Gegenstände der Gesetzgebung)についての審議《ベラーツング》」に及ぶと言明した。これはいうまでもなく先にのべたナッサウ憲法その他の「自由と財産」条項に外ならぬ。この約束は併し実現されなかった。そしてその代りに一八二三年六月五日の法律で「昔のドイツ憲法の精神における州会(Provinzialstände)」が設けられ、それらに対して「身上・及び財産権(Personen- u. Eigentumsrechten)並びに租税の変更を目的とする一般的法律(allgemeine Gesetze)の草案」を審議《ベラーテン》する権限がみとめられた。さらに一八四七年二月三日の勅令(königl. Patent)はこれらの州会を合併して聯合州会(Vereinigter Landtag)を設けたが、これにも同じような権限が与えられた。併し、この似而非議会が国民の立憲的要望を満足せしめなかったことはいうまでもない。そこへ革命が来た。そして「三月事件」の影響の下に一八四八年四月六日の「将来のプロイセン憲法の若干の基礎に関する勅令(Verordnung)」が発せられ、将来のプロイセン憲法の基礎原則が公に約束せられることになった。この勅令の第五条は次のように定めた。「国民の将来の代表者にはすべての法律に対する同意権(Zustimmung zu allen Gesetzen)が与えられる」。

かくの如くして一八五〇年一月三一日のプロイセン憲法は成立したのであった。

この憲法は少なくともその形式においては著しい程度においてベルギー憲法の、従って又フランスの両シャルトの影響の下に立っている。この点から考えるとここでも、フランス法及びベルギー法におけるが如く、立法・行政両機関の権限分配に関しては法律上位という形式的原理に重点がおかれているといわなくてはならぬように見える。トマはそれがプロイセン憲法の「元来の(!)意義(ursprünglicher Sinn)」であって、すでに公布せられた専制時代の勅令はすべて「法律」の効力をもち、法律上位の原理の適用をうけると解すべきだという。(2)(3)

併しながら、同時に次のことも考えなくてはならぬ。先にのべたように南ドイツ的な「自由と財産」の概念がすでに久しくプロイセンの実定法に存在していたこと。プロイセンでも独裁主義はなお強力であり、南ドイツ諸邦におけると同じように議会の権限は憲法で明示的に与えられるものに限定され、君主が広い権限の推定をうけるとせられていたこと。(4)(プロイセン憲法がベルギー憲法の二五条又は七八条のような規定を欠くことはこのことを明白に示している。)トマはプロイセン憲法における権限分配の原理が元来(!)フランス・ベルギー流のものであることを主張しつつ、プロイセンの君主権の強大なために学説と実際の勢力の下に南ドイツ的「法規」概念の継受が行われ、(5)その結果としてプロイセン憲法における権限分配の原理も南ドイツ諸憲法のそれと同じになったと説いているが、むしろ

「元来」プロイセン憲法は、その外形がベルギー型であるにも拘らず、その精神においてはドイツ型であり、従って権限分配の原理についても南ドイツ的「法規」概念がはじめからプロイセン憲法に内在していたものと解する方が妥当であるように思われる。(6)

(1) Rönne, Das Staatsrecht der preuss. Monarchie, 5. Aufl., I, S. 38 f.; Anschütz, Die gegenwärtigen Theorien, S. 167 f.
(2) 参照、Smend, Die preuss. Verfassungsurkunde im Vergleich mit der belgischen.
(3) Thoma, Der Verbehalt, S. 198 f. 参照、Smend, a. a. O., S. 31 f.
(4) 前述一六〇頁註(2)を見よ。
(5) Thoma, a. a. O., S. 212 f.
(6) スメントはいう。「ベルギー憲法の字句がそのままプロイセン憲法に採用せられているからといって、両者が同じ意味をもつ必要はない。両者の外面的同一から両国の憲法体系の構造上の内面的同一を論結してはならぬ」。a. a. O., S. 3.

四

この点はプロイセン憲法について「実質的意義の法律」と「形式的意義の法律」の問題として非常に論ぜられ、その影響はフランスに、又とりわけわが国に強く及んでいるから、その点に関するラーバント以来の通説を次に簡単に考察するであろう。

この「通説」の樹立は主としてラーバントの功績に帰せられる。彼が一八七一年にその注目すべき論文「プロイセン憲法における予算法」(1)で憲法における実質的意義の法律と形式的意義の法律の区別を説いて以来、その理論は少数の反対説を圧倒してドイツ学界の通説たる地位をかち得た。(2) 勿論通説に属するとせられる諸学説においてもその間に数多くの相違が見出されるが、その点はしばらく措いて、現在最も有力に通説を代表する者としてアンシュッツの説くところを次に見るであろう。

プロイセン憲法六二条「立法権は国王及び両院により共同に行われる」[3]にいわゆる「立法権」は「法律」を制定する作用であることは勿論であるが、その「法律」はこれを実質的意義に解しなくてはならぬ。――(と通説はいう)――然らば実質的意義の法律とは何であるか。実質的意義の法律とはすべての「法規範(Rechtsnorm)」であり「法規(Rechtssatz)」である。それは成文であると不文であるとを問わぬ。そして「法規範」即ち「法規」とは「多数の意志主体(人)の意志力を相互に限界づける規律(Vorschrift)で、その遵守が国家的強制によって保障せられているもの」である。それは必ずしも一般的規律である必要はない。[4] これに対して形式的意義の法律とは立法機関の行為を意味する。プロイセン憲法六二条は、すべて実質的意義の法律が立法機関によって制定せらるべきこと、即ちそれが常に形式的意義の法律であるべきことを意味する。そして実質的意義の法律が行政機関によって制定せられうるのは、立法機関による、即ち形式的意義の法律による授権の存する場合に限られる。いわゆる「法規命令」(Rechtsverordnung)、即ち実質的意義の法律を内容とする行政行為は必ず intra legem でなくてはならぬ。[5]

この理論によるとプロイセンその他ドイツ諸邦の憲法における立法・行政両機関の間の権限分配の原理は次の如くなる。

「法規」の定立、即ち実質的意義の「立法」は立法機関に排他的に留保せられる。そして行政機関による「法規」の定立は法律の授権にもとづいてのみなされうる。即ち「法規命令」は必ず intra legem でなくてはならぬ。「法規」定立を除く国家作用は――司法機関に留保せられたものの他は――すべて行政機関(君主)の権限とされる。なぜなら、ドイツ諸邦では権限の推定は常に君主のために語るのが原則であるから。

「法規」定立を除く国家作用——司法機関の権限とせられるものは常に除かれる——をいまかりに「行政作用」と総称することにしよう。然る時はこの「行政作用」はいわば行政機関の「家産」(Hausgut)であるが、その内容はどのようなものであるか。

まず国家機関の組織の決定、公の営造物設立・管理・利用についての規則制定、訓令などがあげられる。[6] ラーバント[7]は「法律行為」を以て「法規」定立に対立するものとなし、前者は「法規」を内容とせず、「権利義務」を内容とするといい(二頁)、又それは「法規」を創設せず「法関係」(Rechtsverhältniss)を創設し(一九一頁)、「具体的な・主観的な義務及び行政《フエアヴアルテン》する国家の主観的機能の行使を基礎づける」(一九二頁)ものとなし、ここに私のいう「行政作用」の全部を意味する(一八八頁)もののようであるが、もし然りとすれば「法律行為」の性質を有する国家作用が行政機関の「家産」を構成するということになる。

「法規」が行政機関によって定立される時、その行為は実質的には「法律」であるが、形式的には「行政行為」である。「行政作用」が立法機関によってなされる時、それは実質的には「行政行為」であるが、形式的には「法律」である。そして行政機関は形式的な「法律」[8]の授権にもとづくのでなければ「法規」を定立し得ぬという制限をうけるが、立法機関は憲法上ある種の「行政作用」をその権限としてもっている外に、法律上位の原理の結果として行政作用を自由にその手におさめることができ、[9] 行政機関の権限に対する関係ではその権限に別段の限界はみとめられていない。

(1) Laband, Das Budgetrecht nach den Bestimmungen der preuss. Verfassungsurkunde unter Berücksichtigung der

Verfassung des Norddeutschen Bundes, 1871. これははじめ Zeitschrift f. Gesetzgebung u. Rechtspflege in Preussen にのせられたものである。

（2） その理論はラーバント以前にもたとえば Stockmar (Studien über das preuss. Staatsrecht, Aegidis Zeitschrift, 1867, S. 179f.) によって説かれたそうであるが、それが「通説」たる地位をかち得るようになったのは誰よりもラーバントの功績である。通説に属する学者・反対説及びこの点の文献などは次の諸書に詳しい。Haenel, Studien zum Deutschen Staatsrechte, II, S. 100f.; Anschütz, Kritische Studien zur Lehre vom Rechtssatz u. formellen Gesetz, S. 5f.; Anschütz, Die gegenwärtigen Theorien über den Begriff der gesetzgebenden Gewalt u. den Umfang des königl. Verordnungsrechts nach preuss. Staatsrecht, 2. Aufl., S. 19f.; Meyer-Anschütz, Lehrbuch des deutschen Staatsrechts, 7. Aufl., S. 652f.; Thoma, in Handbuch des deutschen Staatsrechts, II, S. 124f.

わが国の文献としては、一木喜徳郎『日本法令予算論』二版一四頁以下。有賀長雄『国法学』下巻一一六頁以下。美濃部達吉『立法権と命令権の限界』(『憲法及憲法史研究』の中)。田上穣治「憲法に於ける法律」(『国家学会雑誌』四五・四六巻)。

（3） 他の諸憲法に「いかなる法律も議会の協賛なくしては成立し得ぬ」とあるのも同じ意味をもつとせられる。ヴュルテンベルク憲法八八条、ザクセン・八六条、ヘッセン・七二条。Anschütz, in Meyer-Anschütz, Lehrbuch d. deutschen Staatsrechts, 7. Aufl., S. 652.

（4） Meyer-Anschütz, a. a. O., S. 640.

（5） Anschütz, Die gegenwärtigen Theorien, S. 15f. この際直接に憲法の授権による法規命令もやはり intra legem とされている(S. 17, 19)。それらは、併し、憲法の特殊的な授権にもとづくものを意味するものと解すべきであろう。一二五頁註(1)を見よ。

（6） Anschütz, in Meyer-Anschütz, a. a. O., S. 669.

（7） 以下の括弧内の頁は Laband, Das Staatsrecht d. d. Reichs, 5. Aufl., II のそれを示す。

（8） アンシュッツが、同時に他方で行政機関が臣民の自由・財産を侵害するには必ずしも形式的な「法律」の根拠あるを必要とせず、「法規範」にもとづくを以て足るといっているのは、矛盾というべきであろう。Meyer-Anschütz, a. a. O., S. 761f.

（9） Laband, Das Staatsrecht, S. 68f.

五

こうした通説の全体について論ずることはここでは目的とせられぬ。ただその通説のみとめる内容的な権限分配の原理が必ずしも十分な根拠をもたぬことを次にのべるにとどめる。

この通説の恐らく最も大きな理論的難点はそのいわゆる「法規」を以て法規範一般(Rechtsnorm, Rechtsvorschrift, Rechtsregel)と同義としたことである。(1)「法規」は先にのべたように全く歴史的・習俗的な概念である。他の言葉でいえば、それは全く法律史的な概念である。通説はこのことを十分に認識せずに、これを法規範というが如き法本質的な概念とした。アンシュッツはいう。(2)

「実質的意義の法律(即ち法規範)は本来憲法の概念ではなくて、むしろ一般法学の概念である。一般法学はそれを基礎づけ、個々に教説的に発展させ、とりわけ法規範の本質が他の種類の規範(たとえば倫理・習俗・礼儀の要請)と異なる所以を示すべき任務をもつ。

「実質的法律概念は政体・憲法の変遷の上にある。それは又法の国家に対する関係に関する考え方の変更からも独立である。それは国家に関する思惟ではなくて、法に関する思惟の産物である。そうした形式(政体)や憲法の考え方が何であろうと、実質的意義の法律は常に存したのである。まさにその故に実質的法律概念、即ち『法律』と『法』との同一視は古今を通じてこれを見ることができる」。

ここに通説の誤り——それは自由主義的法律観の結果生れたものであろう——がある。この点をはじめて指摘した者はとりわけトマであろう。彼はいう。「法規」概念を理論的・論理的・哲学的に構成しうると考えるほど誤れるはない。この誤りが有力な公法学者を無益な論争に陥れた。「法規概念は歴史的・習俗的に、そして単に記述的《ベシュライベント》に定義せらるべきものである[3][4]」。

アンシュッツは「自由と財産」の条項が立法の範囲を二分し、「自由と財産」に関係せぬ立法の権限を行政機関に与えたものであるとする解釈[5]に反対し、その条項は立法の領域を内容的に限界づけるもので、それは「法規」即ち法規範の概念の定義を与えている、即ち「自由と財産」に関係することは実に法規範の本質なのである、といっている[6]。憲法の文言のみからいえば、「自由と財産」の条項を欠く憲法ではすべての法規範定立が立法機関の権限とせられ、これに反して「自由と財産」の条項をもつ憲法では法規範定立作用が二分せられ、その中で「自由と財産」に関係する事項だけが立法機関の権限とせられていると解することが可能と考えられるが、それは必ずしも正しくない。「自由と財産」の条項は実際にきわめて広く解せられているし、他方又「法規」の名の下に考えられる法規範は決して法と共に当然与えられている法本質概念としての法規範を意味するものとはせられていない。ゲ・イェリネックは「法規」は「人格者の自由な活動範囲を相互に限局することを最近の目的とするもの[7]」といい、実質的意義の法律は「現存の法秩序にまだ含まれていない・臣民及び国家の権利義務を規律する[7]」ものだといっているが、決してそれは法規範それ自体と同じに用いられてはいない。「自由と財産」の条項が立法の領域を二分するとする学説にあっても、「法規」は常に何らかの歴史的特殊な性格をもつ法規範と考えられていた。「法規」が或は一般権力関係においての新な法規範とせられ、或は臣民の権利義務を――国家の権利義務をではなく――規律するものとせられ、さらに「自由と財産」に関する法規範とせられていたのは、この趣旨を示すものである。従ってアンシュッツの二分説に対する批難はその限りでは必ずしも不当でない。

重要なことはその点ではない。右の二分説をとる学者もそれを難ずる学者も何れも歴史的・習俗的概念である「法規」の概念を法本質概念である法規範の概念と混同している。それが正しくないのである。通説に最も強く反対したヘーネル[8]もこの混同をなしているから、彼の通説に対する攻撃はある意味では的が外れているといわねばならぬ。通説では「法規」即ち法規範と考えられ、「法規」定立は立法機関の権限に留保せられるとする結果、行政機関は法規範の定立はなさぬとせられる。そしてそれがために訓令は「法規」でないと説きつつ、――「訓令は規範だが法規範ではない(!)」(アンシュッ)[9]――同時にその訓令に服従する義務――法的な義務――をみとめるような矛盾に陥る[10]。

(1) ラーバントは「法規」は通常慣習法を含まぬものと解しているが(Das Staatsrecht, II, S. 2; Das Budgetrecht, S. 3)、併し、「法規」概念に慣習法を含ませることもみとめている(Das Staatsrecht, II, S. 2, Anm. 1)。何れにせよ、ここに問題とする点に関してはそのことは何ら差違をもたらさない。

(2) Anschütz, in Meyer-Anschütz, S. 640 及び同所註a。

(3) Thoma, Der Vorbehalt, S. 176; derselbe in Handbuch d. d. Staatsrechts, II, S. 125. 参照、Heller, Veröffentlichungen d. Ver. d. deutsch. St., Heft 4, S. 112.

(4) ケルゼンは、通説にいわゆる形式的意義の法律、即ち彼のいわゆる「法律形式」(Gesetzesform)は法内容概念であるが、普遍的法規範の意味における実質的意義の法律は法本質概念であるといっているが(Veröffentlichungen d. Ver. d. deutsch. St., Heft 4, S. 177)、普遍的法規範としての「法律」の概念も全く自由主義的法律観による歴史的な概念であって、これを法本質的な概念とすることは恐らく正当ではあるまい。

(5) 前述一六三頁註(1)を見よ。

(6) Anschütz, Die gegenwärtigen Theorien. S. 168, 169.

(7) Jellinek, Gesetz u. Verordnung, S. 240, 241.

(8) Haenel, Studien zum deutschen Staatsrechte, II, S. 123.

(9) Anschütz, a. a. O., S. 73.

(10) であるから、わが佐々木博士がこの「法規」概念に相当するものを「技術上の法の概念」とせられ「性質上の法の概念」から明確に区別せられるのは、きわめて正当であるといわねばならぬ。佐々木惣一『日本憲法要論』三版五四八頁。

六

通説が「法規」を法規範そのものと解したことはかようにその根本的な誤りであるが、その点を別としてはどうであるか。

「法規」の概念の歴史的・習俗的性質を正しく認識した上で通説を検する時、我々はそれが多くの正しいものを含んでいることを見出す。ドイツ型の立憲君主政からドイツ独特の「法規」概念が生れた。それはとりも直さず国家行為の中で臣民の利害に関すること特に密接なものであった。それは或は刑法であった。民事法であった。臣民の「自由と財産」――それを擁護することが政府の任務と考えられていた――に触れる行為であった。プロイセン憲法は形式的にはベルギー憲法の子法で、そこには実質的な法律概念については何ら規定されていないが、かくの如きドイツ式な「法規」概念はそこにやはり予想されていたと考えるのが至当であろう。だから通説が praeter legem な法規命令を否認するというのは、行政機関が praeter legem に「法規」の定立をなしえぬという意味で、決して行政機関が一般的な法規範定立権をもたぬとの意味ではない。いわゆる「法規命令」と「行政命令」との間に前者は法規範を含むが後者はそうでないという区別があると解してはならぬ。[1] 両者の別は一に特殊な歴史的な性格をもつ「法規」を内容とするか否かによって定まる。法規範を含むことにおいては両者は全く異ならぬ。従って、一般的法規範定立権を命令制定権と呼ぶとすれば、行政機関が praeter legem な命令制定権をもつことは勿論である。

右のように正しく理解せられた通説によれば権限分配の原理は次のようになる。

プロイセン憲法――他のドイツ諸邦の憲法についても同じ――において「法規」の定立は立法機関の権限に、行政作用は行政機関の権限に留保せられる。この場合「法規」定立とは広い意味において臣民の「自由と財産」に触れる法規範定立行為を意味し、その外の国家行為は――司法機関の権限とせられるものを除いては――すべてここにいう行政作用である。行政機関の権限、即ち行政作用には二つの部分がある。一は立法機関の行為(法律)にもとづいてそれをさらに具体化する権限である。それは即ち intra legem な権限である。この限度においては権限が立法・行政両機関の間に横断的・水平的に分配せられている。他は法律にもとづかずに直接憲法にもとづく権限である。それは即ち praeter legem な権限である。(2) この限度においては権限が縦断的・垂直的に分配せられている。

行政機関による「法規」定立権、即ち「法規命令」制定権は、通説によれば、法律の授権ある場合にのみみとめられる。いわゆる「独立命令」即ち praeter legem な「法規命令」制定権は否認せられる。「法規命令」は必ず intra legem でなくてはならぬ。即ち、「法規」定立作用は排他的に立法機関の手に留保せられている。ただこの場合「法規」の概念が必ずしも一義的でないことの結果として、この点の権限の限界は実はかなり明確を欠いているが。

かくの如き権限分配の原理が今日でもドイツで――ライヒにおいても、諸邦においても――支配しているとせられるが、(3) 我々はさらにここでもその原理が法律上位の原理によって著しく変更せしめられていることを考えなくてはならぬ。

法律上位の原理はどの憲法においても明文で定められてはいないが、自明のこととみとめられている。(4) 諸憲法が

「法規」定立を立法機関に留保するに際し、その廃止・変更又はその有権的解釈を同時に立法機関に留保しているの[5]は、この趣旨を示すものとも解せられよう。少なくともその原理が立法・行政両機関の間の権限分配についてみとめられ、実定法上そこに別段の制約が存在しない――緊急命令の場合を除いては――ことは争われぬ。果して然りとすれば、現今の如く立法・行政両機関の権限に属するものの大きな部分がすでに法律によって占領せられている状態においては、両機関の権限を内容的に分配することの実際的意味の大半は失われてしまうことになる。[3] そしてその結果として「法規」概念を明確に構成する必要が少なくなる。どの憲法でもその点が不明瞭のまま残されてあるのはこれがためであろう。とりわけ大戦後の諸憲法の規定がその点について一そう不明瞭であり、その文言が区々であるのは[6]そこに起因する。

(1) 併しながら、命令を法規命令と行政命令とに分つこと自体に反対するのではない。法規範を含むか否かによって両者を区別することを非なりとするのである。このことは実定法上両種の命令が区別され、異なった取扱いをうけることを毫も妨げぬ。Kelsen, Allgemeine Staatslehre, S. 237; Merkl, Allgemeines Verwaltungsrecht, S. 121.

(2) 参照 Merkl, Allgemeines Verwaltungsrecht, S. 182.

(3) Thoma, in Handbuch d. deutsch. Staatsrechts, II, S. 222.

(4) Thoma, a. a. O., S. 222, Anm. 3; Anschütz, Die gegenwärtigen Theorien, S. 8.

(5) バイエルン憲法七四条、バーデン・二九条、ヘッセン・七条(何れも大戦後の現行憲法)。

(6) 現行のドイツ諸憲法の中でバイエルン(七四条)、バーデン(二五条)は「自由と財産」の条項を依然保持している。ライヒ、プロイセンその他多数の憲法は一般的留保を明文で定めていないが、ヴュルテンベルク憲法は「国民にとって拘束力ある国権の命令(法律)は議会これを定む」(四一条)と定め、ヘッセン憲法は「権利義務を基礎づけ・変更し・廃止する一般拘束的な国権の命令は原則として法律形式を要する」(七条)と定めている。併し、こうした文言の相違から、異なる解釈を引き出してはいけない。何れにおいても同じように解せらるべきである(Thoma, in Handbuch d. deutsch. Staatsrechts, II, S.

225)。ただそうした内容的な分配の原理が形式的な法律上位の原理のために実際的意義を少なからず失わしめられてしまったので、その点に関する規定が無造作になされているのであろう。

五　日本法

一

わが憲法は少なからぬ程度において「ドイツ型の立憲君主政」の諸憲法の影響の下に立っている。「天皇は帝国議会の協賛を以て立法権を行ふ」(五条)と定め、「司法権は天皇の名に於て法律に依り裁判所之を行ふ」(五七条)と定めて権力分立主義を採用しつつ、「天皇は国の元首にして統治権を総攬し、此の憲法の条規に依り之を行ふ」(四条)と定めて「君主主義」の原理の支配を示している。

立法・行政両機関の間の権限分配の原理についても、第二章のいわゆる自由権の規定その他は特定の事項を「法律」に、従って立法機関に留保しているように見えるし、いわゆる天皇の大権の規定は特定の事項を行政機関に留保し、その限りでは内容的な分配がなされているようにも思われるが、その分配が排他的であるか競合的であるかは明かでない。第九条の「命令を以て法律を変更することを得ず」の規定は法律上位の原理を宣明せるものとも考えられるが、その原理がどの範囲において行われているかは明文では明かにせられていない。

『憲法義解』はこの点について明確な解釈を与えていない。ただ第三七条の説明に、

「法律及命令の区域は専ら各国政治発達の程度に従ふ。而して唯憲法史以て之を論断すべきのみ。但し、憲法の明文に依り特に法律を要する者は之を第一の限界とし、既に法律を以て制定したる者は法律に非ればば之を変更することを得ざるは之を第二の限界とす。此れ乃ち立憲各国の同き所なり」(圏点は宮沢)。

とあるのは、憲法の明文で排他的に立法機関の権限に留保せられたものの外の事項に対しては、立法・行政両機関の権限が競合的に及び、そこでの権限分配は一に形式的な法律上位の原理によってのみ決せられる趣旨を示すようにも思われる。

一木博士は「如何なる事項と雖ども苟も国家の命令することを得べきものは法律を以て規定することを得ざるなし。之に反して命令に対して憲法は一定の限界を設けたり」(四一頁)という見解を基礎とし、『憲法義解』の解釈よりも一そう命令権の範囲を限局し、憲法で排他的に立法機関に留保せられた事項の外でまだ「法律」によって占領せられない部分においても命令はいかなる事項をも規定しうるのではなく、そこに目的による限界が存することを主張せられる(四五頁以下)。曰く、

「憲法は明文を以て命令権を認めたり。故に此の明文に命令の範囲を限界するものあるときは猶ほ其の範囲外に独立の命令権あることを認むるを得ず。憲法の明文は命令権の範囲を其の目的に依りて限界す。而して此目的は国家政務の全部と一致するものに非ずして主として内政の区域に限る。其の他の区域に在ては官庁に命令するか、官庁の組織権限を定むるか又は憲法に特別の例外を設けたる場合の外、命令権を行ふことを得ず。故に憲法上特に法律を要するの事項及び法律の先占したる事項を以て命令権の唯一の限界となす(即ち『憲法義解』の解釈――宮沢)は憲法の誤解と謂はざるべからざるなり」(六五頁)。

この『憲法義解』及び一木博士の学説は何れも学界の通説となるには至らなかった。

(1) 括弧内の頁は一木喜徳郎『日本法令予算論』二版のそれを示す。

二

わが国のいわばオーソドックスな憲法学説ともいうべき通説はこの点についてはるかに純粋に自由主義的・権力分立主義的な解釈を樹立した。それは「ドイツ型立憲君主政」の憲法学理論によって著しく支配されたものと想像せられるが、ドイツの諸学説よりも一そう権力分立主義に徹底している。ドイツの諸学説並びにその相続人たる『憲法義解』及び一木博士の学説では、先にのべたように、権力分立主義の原理が甚だしい程度において民主主義によって変更せしめられ、結局において形式的な権限分配の原理たる法律上位の原理の妥当に対し明確な限界を与えることがないが、わがオーソドックスな憲法学説では法律上位の原理に対して明確な限界が与えられている。むしろそこでは民主主義の原理があまりみとめられず、却って統治権が天皇によって「総攬」せられることにおかれるアクセントの強さは、独裁主義の原理の支配を多分に示している。

かくの如き学説を代表する者としてまず穂積八束博士のいうところを見よう。

博士はいわれる。——

思うに「大権」の憲法上の意義は「主として立法権と相対峙するの所」にある。従って両者の権限はこれを「明白に分劃」しなくてはならぬ。それには色々な方法がある。「国務を絶対に両分し、両権各々の一を専有するものとする(純粋に排他的な分配——宮沢)」方法もあるし、「国務の全部を以て一切両権に共通するものとする(純粋に競合的な分配――宮沢)」方法もあるが、わが憲法はその何れの方法をもとらず、「別に折衷の制」をとり、「国務の特殊重要なる者は両分して各々之を大権若は立法権に専属せしめ、其の以外は全く之を両権共通」としている。「此の制は実に我が政体の特色」であって「此の特色あるが為に容易に外国の学説を援きて之に擬することを許」さないのである(1)(六五九頁)。

まず大権に「専属」せしめられた事項は即ち「大権事項」である。「憲法の上に特に列記して天皇之を行ふことを明言せるの事項」(六六〇頁)がこれに当る。これは立法機関の権限の絶対に及ばぬ範囲である。このことを博士は次のように説かれる。

「抑々大権の制、実は議会の権力と相対峙するが為に起る。今文字の論に泥まず、之を我が憲法制定の当時の事情に顧るに、民間の論頗る極端なる民権主義に馳せ、欧洲風の国会全権の憲法を要求し、政府は勉て過激の論を抑へ、国会を開くも仍政府は之を君主政府の手に保留せんとしたるなり。若、外国の事例の如く、憲法を国会の衆議に付したらんには其の結果は之を想像するに難からず。故に政府は憲法は須く欽定なるべしとし、其の草案は一切外間の之を窺ふことを許さず、秘密の中に査定し、突然之を発布したるなり。此の形勢を回顧するときは、君主政府の専権自由の手に成れるの此の憲法にして仍重きを民権に置く此の如く大なるは頗る異とするに足る。其の重要の事に付僅僅数件を抽き、之を大権に留保し、議会の喙を容るるを許さざるが如きは固より怪しむを要せず。寧、民論に憚るの過ぎたるを思はしむるものあるなり。所謂大権事項の観念は茲に出づ。之を国会干渉の外に留保するの意たる甚明白なり」(六六二―三頁。圏点は宮沢)。

かかる次第であるから、「大権事項」の「大権事項」たる所以はそれが排他的に大権に留保せられていることにある。そうでないとすれば、それらの事項を憲法に明文で列記することは何らの意味をもたぬことになる。統治権が天皇の「総攬」せられるところであることは憲法第四条によって明白なことであるから(六六〇・六六一・八〇九頁)。立法機関に「専属」せしめられた事項は即ち「立法事項」である。憲法第二章その他で明文で「法律」に留保せられている事項がこれに当る。それは排他的に立法機関の権限とせられる。その委任も許されぬ(八〇九頁以下)。

「大権事項」「立法事項」の外はすべて「自由事項」に属する。この区域は大権・立法権に共通である。即ち、立法機関も行政機関も競合的にそこで権限をもつ(八二四頁)。

「大権事項」及び「立法事項」は行政機関及び立法機関にそれぞれ排他的に権限として与えられているから、そこでは形式的な権限分配の原理は存在の理由を欠く。これに反して「自由事項」は競合的に立法・行政両機関の権限に属するから、「法律」と「行政行為」の牴触がここで可能であり、従ってそうした牴触を解決すべき形式的な権限分配の原理が要請せられる。憲法第九条の「命令を以て法律を変更することを得ず」は即ちそうした形式的な原理を表明したものである。従って法律上位の原理は「自由事項」においてのみ妥当を許される(八二五頁)。

清水博士・上杉博士の学説もこれと全く同じである。(2)

市村博士の説は多少これと異なる。博士は「立法事項」「大権事項」及び「法令共同の範囲」の区別をみとめられるが、その「大権事項」は天皇の親裁を要する事項ではなくて天皇の親裁しうる事項であるとせられるから、その範囲にも立法機関の権限が及ぶことが許され、そして法律上位の原理の妥当がみとめられる。併し、結局「大権事項」の中に「法律」の及び得ぬ部分の存在をみとめることにおいて、穂積博士の学説と根本的に異なるところはない。(3)

佐々木博士の学説はこうした通説を多くの点において著しく精緻ならしめている。博士は憲法第九条但し書の規定は同条の命令にのみ適用あるものではなく、「一般に命令なるものに通じて」(4)(六三一・六三二頁)適用があるとせられて法律上位の原理に対して通説よりはるかに広い妥当の範囲をみとめられつつ、同時に法律を以て定むるを得ざる「大権事項」(「天皇の独裁事項」)(5)(三二七・三三七頁)の存在をみとめられ、その事項については「大権命令と法律とは牴触の関係を生ずることなし。又両者効力の優劣の関係を生ずることなし」(六二七頁)といわれる。即ち、その「大権事項」を以て排他的に天皇の権限に属するものとなし、そこに法律上位の原理に限界をみとめられる。この点で博士をも通説の中に数えることが許されよう。

これらの通説に反対するものが美濃部博士の学説である。博士の学説はその根柢において先にのべたドイツの「通説」に従うものであり、その点でむしろ一木博士の学説に近い。それは要するに行政機関の権限が排他的にそれに分配せられたものであることを否定するものであって、「法律を以て定むるは立法の正道」であり「正道を以てすれば如何なる事項をも定むるを得べく、所謂大権事項と雖も其の例外を為すものに非ず」(6)(四九二頁)といわれる。そして「法律は原則として国家の総ての意思表示中効力最も強きもの」(五〇一頁)とせられ、法律上位の原理は行政機関の権限に対する関係においては何らの限界に服さぬものとせられる。博士においても皇室の事務において立法機関の権限の限界を、従って法律上位の原理の限界をみとめられること(7)は勿論だが(四九三頁)、併し、法律上位の原理は博士において最も広い範囲の妥当を許されている。

これらの諸説の中でわが実定法の認識として何れが最も正しいかは容易に決し難い。それは実定法そのものがこの点について明確でないことにもとづく。ただそれの明確に認識しうる限りにおいては、美濃部博士の所説が恐らくは最も正確に近いであろう。(8)

以上において私は諸立憲国の実定法は立法・行政両機関の間の権限分配の原理について何より法律上位の原理の支配をみとめていることを指摘し、そこに民主主義の原理の実定法的表現を見た。併し、その点についてはなお憲法の裁判的保障制度との関聯における考察が欠くべからざるものである。何となれば、たとえば「立法事項」「大権事項」のように立法・行政両機関の各々に一応排他的に分属せしめられた権限があるとしても、「立法事項」を内容とする行政行為又は「大権事項」を内容とする法律の無効を主張しうべきことが実定法上みとめられていず、何人も実定法上それに服従すべきものとせられているとすれば、そうした行政行為又は法律は実定法上の意味における瑕疵ある行為とはいい得ず、その結果「立法事項」「行政事項」の「排他的」分配なるものは実定法的には全く意味を失ってしまうといわざるを得ぬことになるからである。「表見的法規範」に対して実定法上服従を拒絶することが全く許されていないとすれば、その「表見的法規範」は実は「現実の法規範」以外の何ものでもない。(9)

この点は、併し、さらに別の研究に譲りたいと思う。

＊　＊　＊

（1）　以下の括弧内の頁は穂積八束『憲法提要』のそれを示す。
（2）　清水澄『帝国公法大意』三〇三・三一六頁以下。上杉慎吉『新稿憲法述義』四八〇頁以下、六一四頁以下。
（3）　市村光恵『帝国憲法論』一一版七四四頁以下。
（4）　以下の括弧内の頁は佐々木惣一『日本憲法要論』三版の頁を示す。
（5）　佐々木博士がここで「帝国憲法上の大権事項と法律との関係に関する議論は多く右法律を以て『何々行為を為す』事と法律を以て『何々行為に関して規定す』る事とを混合するの見地に於てせらる」(三三七頁)といわれて、何々行為を為すことと、何々行為に関して規定することとを区別せられていることは、――その当否は別として――自由主義的権力分立主義の原理に徹底せるものとして注目に値いする。

（6） 以下の括弧内の頁は美濃部達吉『憲法撮要』五版の頁を示す。

（7） この点はわが国特有の事情にもとづき学界でも今のところ異論のない点であるから、ここでは終始それを除外して考える。

（8） この項では実はより詳細に実定法的論証を試みる予定であったが、そうするとこの論文があまり長くなってこの巻で完結することが困難になるので、ここでは一応の学説的鳥瞰をなすにとどめた。

（9） Merkl, Allgemeines Verwaltungsrecht, S. 200.

『国家学会雑誌』四六巻一〇・一一・一二号　一九三二年

国民代表の概念

一　法律学の概念とイデオロギー

法律学と一般に呼ばれる人間の精神作用の中において我々は法の解釈の技術と法の科学とを、あるいは法の創設と法の認識とを厳格に区別しなくてはならぬ。両者は互いに全くその性質を異にする精神作用である。

法律学の下に人はまず法の解釈の技術(1)を理解することができる。ここでの目的は我々の経験に与えられた法の認識にあるのではなくて、新しい、より具体的な法の創設にある。この場合の人間の精神作用はひとえに実践的である。だから、ここで用いられる「概念」はすべて本質的に実践的な性格をもつ。それは現実の法の認識の手段であるのではなく、現実の法に対する行動的な働きかけの手段である。従って又、この種の概念は常に当然に闘争的――政治闘争的――でなくてはならぬ。そしてそれらの概念の多数の間でそのいずれが実効的に現実の法に対して働きかけるか又は働きかくべきかは理論的・客観的にこれを決することはできない。それはすべてその闘争におけるそれぞれの力の関係によってのみ決せられうる。

法律学の下に人はさらに法の科学を理解することができよう。ここでの目的は我々の経験に与えられた法の認識にある。この場合の人間の精神作用はひとえに理論的である。だから、ここで用いられる概念はすべて本質的に理論的であり、従って非政治的・非闘争的でなくてはならぬ。それは決して現実の法に対して行動的に働きかけることの手段ではなくて、現実の法をそのままに認識し、理解するための手段である。ここでは法をより良くし、より正しくすることは問題とはせられぬ。現実の法——それが良いにせよ、悪いにせよ——を正確に認識することだけがここでの目的である。

これら二つの方向の人間の精神作用は、先にのべたように、互いに全く性質を異にするものである。法の解釈におけるそれは排他的に実践的であり、法の科学におけるそれは排他的に理論的である。あるいは——法律学的術語を用いて——前者は「創設的」であり、後者は「宣言的」であるということもできよう。その結果として、法の解釈における概念はその本質上現実と一致してはならぬのに反して、法の科学における概念はその本質上現実と一致しなくてはならぬことになる。

この点の区別は、しかし、従来の法律学においてあまり明確には意識されていなかった。その結果でもあろう、従来法の科学における概念とせられているものの中には、多い程度において、あるいは少ない程度において、現実との一致を欠くものが数多くある。その本質上現実と一致しなくてはならぬ科学的概念として自らを主張する表象であって実は現実と一致しないものを今ここでひろくイデオロギー(2)と呼ぶとすれば、法の科学的概念とせられているものにはイデオロギー的性格をもつものが少なくないということができよう。

この意味のイデオロギーはいかにして生ずるであろうか。それはむろん認識者の側における単なる個人的な誤解・誤認から生ずることもあろう。しかし、一般的に見る時は、それは人間の理論的認識がその実践的意欲によって歪められることによって生ずるといわなくてはならぬ。イデオロギーは、いわば、人間の主観的な希望・欲求が客観的な科学理論の仮面を着けたものに外ならぬ。

人間の主観的な希望・欲求と今いった。どのような人間の希望・欲求が、それならば、イデオロギーの内容を構成するであろうか。いうまでもなく現実によって不利益をえている人たち・現実の改革を欲する人たち——かりにこれを非支配層と呼ぼう——の希望・欲求である。現実によって利益をえている人たち・現実の存続を欲する人たち——かりにこれを支配層と呼ぼう——の希望・欲求は社会の現実においてすでに実現されている。彼らは、だから、現実を離れた希望・欲求をもたぬ。現実と一致しないイデオロギーの内容を構成するところの希望・欲求の主体は常に必然的に非支配層でなくてはならぬ。

ここにおいて、一般にこの意味のイデオロギーのもつ社会的・政治的機能が明らかになる。

それは何より現実を蔽う機能を持つ。それは現実と一致しない表象、すなわち、非支配層の希望・欲求に対して現実の仮面を与えることによって、現実の改革を無用だと考えさせる。非支配層の抱懐する理想社会は今すでにここに実現されている。かように考えさせることは、何より現実の存続を欲する支配層の利益に役立つ。イデオロギーは、すなわち、常にある社会における支配層に奉仕する。このことはもとよりイデオロギーをもつ個々の人間の主観的意図とは全く無関係である。そうした人間の主観においては、それがむしろ非支配層の利益のために作用すべく意図されていることもあろう。しかし、それにもかかわらず、イデオロギーは社会的には常に支配層——非支配層ではなくて——に奉仕するといわなくてはならぬ。

しかし、イデオロギーがイデオロギーとしての機能——支配層への奉仕——を営むことのできるのは、そのイデオロギーたること、すなわちその内容が現実と一致しないことが意識されぬ場合に限る。ひとたびその現実との不一致が暴露され、科学理論の仮面が剝がれる時、それはイデオロギーたることをやめて理想に転化する。[3] それはもはや理論的な扮装を着けぬ。それはもはや自らを現実なりと主張しない。反対にそれは自らが現実を超越し、その改革の規準となるべき理想であることを意識して、現実に対して行動的に働きかける。現実の仮面をもつイデオロギーが現実を超越する理想に転化するや、それによって利益をうる者はもはや現実の存続を欲する支配層ではなくて、現実の改革を欲する非支配層であろう。

従来法の科学において用いられる概念にはこの意味のイデオロギー的性格をもつものがきわめて多い。イデオロギーは本質的に非科学的である。イデオロギー的性格をもつ諸概念のイデオロギー的性格を指摘し、その現実との不一致を暴露すること、すなわち右にのべたような意味においてイデオロギーを理想にまで転化させることは、真理にのみ仕える科学の当然の任務でなくてはならぬ。そうした概念の一つとして公法学で古くから用いられている「国民代表」[4]の概念を取りあげ、そのイデオロギー的性格を指摘することによって科学に課せられた任務の一端を果そうというのがこの小論の目的である。

(1) ここに法の「解釈」とは伝統的意味における「解釈」を指すので、それはつまり既存の法規範の具体化のために新な法規範を定立する作用をいう。この「解釈」はあるいは実定法の認識作用であるとせられ、それによって新な、より具体的な法規範――それはすでに実定法の中に含まれているものである――が見出されると考えられるが、それは正しくない。それは一般に法理論的な作用ではなくて、法政策的な作用である。参照、Kelsen, Zur Theorie der Interpretation, Revue internationale de le théorie du droit, 1934, p. 9 et s.; Juristischer Formalismus und Reine Rechtslehre, Juristische Wochenschrift, 58. Jg. 1929, S. 1723 f.

(2) イデオロギーという言葉はきわめて色々な意味に用いられるが、ここではしばらくこういう意味に用いることにする。

(3) このイデオロギーと理想との区別はマンハイムのイデオロギーとウトピーとの区別に少なからず影響されている。参照、

Mannheim, Ideologie u. Utopie, 2. Aufl., S. 169 f.
（4） この概念については矢部教授の周到な政治学的研究が公にされた。矢部貞治「代表の社会的基礎」（『筧教授還暦祝賀論文集』）。なお参照、美濃部達吉「議会ハ国民ノ代表機関ナリ」（『憲法及憲法史研究』二七七頁以下）。上杉慎吉「民意代表」（『議会政党及政府』一五三頁以下）。

二 国民代表の概念

ここに国民代表というは何を意味するか。

それはまずある種の国家機関――これが代表者である――の行為が法律上国民の行為と考えられ、国民の行為としての効果をもつことを意味する。(1) 従来かくの如き代表者たる資格をみとめられた者には君主をはじめ色々な機関があるが、その最たるものは、いうまでもなく、近代の議会である。近代の議会――少なくとも下院――が Volksvertretung と呼ばれ、その議員――少なくとも下院議員――が Abgeordneter, député, representative,「代議士」などと呼ばれているのは、それらが国民の代表者であることを示すものである。

元来かくの如き「代表」の概念は古くからあったものらしい。ゲ・イェリネックは「代表の表象はたしかに原始的な人間的法律観の財産目録に属する」という。(2) しかし「国民」代表の概念は、少数の統治者の外の一般国民――その内容・範囲には時代によって非常な相違があろうが――が国家という統一体の組織者であるとの思想が発生し、その一般国民が何らかの意味と程度において政治の計算に入って来るようになってはじめてひろく行われるに至る筈である。従って、それが――たとえ不完全な形態においてはすでに古代・中世に見出されるとしても(3)――近代的な自由主義・民主主義思想の勃興と共に特に明確に人間の法律観の中において市民権をかちうるに至ったことはきわめて当然である。

しかし、ここにいう国民代表とはある国家機関の行為が法律上国民の行為としての効果をもつだけのことを意味するのではない。それはさらにその場合その国民代表者たる国家機関がその職務を行うに当って何人からも完全に独立であることを意味する。いわゆる命令的委任(mandat impératif)に服する議員は、だから、この意味の国民代表者ではない。ここにこの「近代的意味における代表」[4]の概念を一般の他の代表概念から区別する特色がある。国民代表者が何人からも独立であることとの結果として、ここで代表せられるのは個々の国民ではなくて、全体としての国民だと考えられる。つまり全体としての国民と国民代表者との関係がここに国民代表と呼ばれるものなのである。

この概念はまず英国で生れた。それはそこで一七世紀以来徐々に確立された。ハチェックによると、英国の下院が国民を代表するとの考えは一四世紀にすでに英国民の確信となっていたそうであるが[5]、その代表が命令的委任を否定する「近代的意味における代表」となったのは、はるかに後のことである。Sir Walter Yonge は一七四五年下院において、代議士は英国全人民の代表者であって、選挙区の訓令に拘束せらるべきでない、と主張している[6]。又一七七四年にはバークがかの有名なブリストルの演説においてこの思想に古典的な表現を与えているし[7]、ブラックストーンもすでに一七六五年に同じ思想を述べている[8]。ここにいう国民代表の概念は英国では大体この時代に確立したと考えてよかろう[9]。

この概念は大陸ではフランス革命の時に確立された。一七九一年九月三日の憲法の次の規定はそれを明白に表明している。

Tit. III, chap. I, sec. 3, art. 7. Les représentants nommés dans les départements, ne seront pas représentants d'un département particulier, mais de la Nation entière, et il ne pourra leur être donné aucun mandat.

これと同趣旨の規定はその後諸国の法令に移入せられ[10]、この概念は今日では我々の常識とまでなっている[11]。かように近代諸国民の常識となった国民代表の概念はそもそも歴史的に何を意味するであろうか。それを知るためにその概念がフランス革命においていかなる経過で確立したかを次に見よう。右にいったように、この概念はまず英国で生れたのであるが、英国でのその発生過程は比較的無意識的であり、かつ漸進的であった。これに反してフランス革命でのその発生過程は比較的意識的であり、かつ急進的であった。だから、国民代表概念の歴史的意味を知るには、フランス革命におけるその発生過程を検することが何より便利である。そしてその歴史的意味を把握する時、我々はそのイデオロギー的性格は一そう明瞭に知ることができるであろう。

(1) ここに「代表」(Repräsentation)というはいわゆる「代理」(Stellvertretung)と区別せられた意味においていうのではない。私は法律学的概念としては「代理」から区別された「代表」の概念をみとめる必要はないと考え、たとえば、この頃のドイツのナチス的学者たちが主張するような「代理」と異なる「代表」の概念は法律学的概念としては成立しえぬと信ずるが、その点はここでは論じない。ここで「代表」というはいわゆる「代理」をも包含するものと考えていい。参照、矢部貞治、前掲、四四頁以下。

(2) G. Jellinek, Allgemeine Staatslehre, S. 567.

(3) G. Jellinek, a. a. O., S. 567 f.; Hatschek, Deutsches u. preussisches Staatsrecht, I, S. 293 f.; Duguit, Traité de droit constitutionnel, 2e éd., II, p. 495 et s.

(4) Loewenstein, Volk u. Parlament, S. 23.

(5) Hatschek, Englisches Staatsrecht, I, S. 238.

(6) "Every one knows that, by our constitution after a gentleman is chosen, he is the representative, or if you please the attorney, of the whole people of England, and as such is at full freedom to act as he thinks best, for the people of England. He may receive, he may ask, he may even follow the advice of his constituents; but he is not obliged, nor ought he to follow their advice, if he thinks it inconsistent with the general interest of his country." Hatschek, a. a. O., S. 273 に引くところ。

(7) このバークの言葉は至るところで引かれているが、念のためここにもう一度摘記しておこう。"Parliament is not a congress of ambassadors from different and hostile interests; but parliament is a deliberative assembly of one nation, with one interest, that of the whole. You choose a member indeed; but when you have chosen him, he is not a member of Bristol, but he is a member of parliament." Burke, ed. by Hughes, p. 64.

(8) ブラックストーンのこの点に関する言葉も亦常に引かれるところである。"Every member, though chosen by one particular district, when elected and returned, serves for the whole realm; for the end of his coming thither is not particular, but general; not barely to advantage his constituents, but the *common*wealth. And therefore he is not bound, like a deputy in the united provinces, to consult with, or take the advice of, his constituents upon any particular point, unless he himself thinks it proper so to do." Commentaries, I, 2. p. 159.

(9) Leibholz, Das Wesen der Repräsentation, S. 55. しかし、命令的委任が英国で全く行われなくなったのは、一八三二年の選挙法改正の後である(Hatschek, Englisches Staatsrecht, I, S. 272)。しかも、その後もいわゆる"Pledges"の形式によって事実上命令的委任類似のものが行われていることは人の知るところである。

(10) たとえばフランスでは一七九三年六月二四日憲法二九条、共和三年憲法五二条、一八四八年憲法三四・三五条、一八七五年一一月三〇日選挙法一三条など。ドイツでは一八四九年三月二八日のフランクフルト憲法九六条、一八五〇プロイセン憲法八三条、一八七一年ライヒ憲法二九条、ヴァイマール憲法二一条など。なお一八一八年のバイエルン憲法七篇二五条や一八三一年のザクセン憲法七八条などにも同じ趣旨が表れているといえよう。さらに一八三一年ベルギー憲法三二条、一八七四年スイス憲法九一条、一九二〇年オーストリア憲法五六条等々。

わが国にはこうした明文はないが、それは当然の原則とみとめられている。選挙法の四条に「行政区劃ノ変更ニ因リ選挙区ニ異動ヲ生ズルモ現任議員ハ其ノ職ヲ失フコトナシ」とあるは間接にその趣旨を表したものともいえよう。地方制には「議員ハ選挙人ノ指示又ハ委嘱ヲ受クベカラズ」とあって(市制五八条・町村制五四条・府県制四六条)、地方議会で命令的委任の許されぬ旨が明言せられている。

(11) なおこの点につき参照、Bluntschli, Allgemeines Staatsrecht, 6. Aufl., S. 49 f.; Hübner, Die Staatsform der Republik, S. 54 f.; Seidler, Grundzüge des allgemeinen Staatsrechtes, S. 99 f.

三　フランス革命における国民代表概念の成立

絶対君主政に終局を与えたフランス革命を指導した原理は国民主権主義であった。

一七八九年ルイ一六世は従来の三等族(貴族・僧侶・市民)をヴェルサイユに召集した。五月五日これら三等族は旧慣及び国王の命令に従って各別に集会した。しかるに、第三等族はほとんど一致して等族別の審議・表決に反対し、各等族の全部が一体として審議・表決すべきことを要求した。それは六月一七日自らを Assemblée nationale(以下で国民議会と呼ぶ)と改称し、国民の volonté générale を解釈・提示することはその専権に属すると宣言して[1]、以てルソー的な国民主権主義を強調した。国王ははじめ第三等族のこの措置に反対の意を表明したが、ついにこれに譲歩し、六月二七日貴族および僧侶の代表者が国民議会に加入することを許した。国民主権主義は各種の法令で明言せられることになった[2][3]。

ところで国民主権主義による国民の意志はいかにして見出されうるであろうか。ルソーは全国民の投票によって国民の意志を見出しうると考えた。彼がここで意志の代表の可能性を否定したことはあまりに有名である。「意志は代表せられえぬ。それは同じものであるか、さもなければ違うものである。その中間はない」[4]。

それならば、かくの如き国民主権主義の立場から「議会」をみとめることができるだろうか。できる。次の二つの態様のいずれかによって[5]。

まず議会では立法の準備手続をなさしめるにとどめ、最終の決定は国民の投票に留保することによって、国民主権主義と議会制を調和させることができる。これは強制的レフェレンダム(referendum obligatoire)であり、あるいは人の gouvernement semi-représentatif と呼ぶところのものである[6]。ルソー自身もこの可能性をみとめているようである[7]。

次に議会の議員をして選挙人の単なる全権大使たらしめることによって、換言すればいわゆる命令的委任をみとめることによって、国民主権主義と議会制を調和させることができる。この態様は人のあるいは atomistische Vertretung と呼ぶところのものである[8]。ルソー自身はこれを明確には論じていない[9]。

ルソー的な直接民主制を実行し、全く議会をみとめぬことは現実の問題としてフランスのような大国では不可能事である。だから、当時国民議会で問題となったのは、いかにして国民主権主義と議会制を調和させるかということであった。その調和の態様として考えられる右の両態様の中で、第一の態様はそこであまり問題とならなかった[10]。これはそれがそこで実際的でないと考えられたからであろう。これに反して第二の態様はそこで大いに問題とせられた。これは又きわめて自然である。国民議会の前身たる等族会議では命令的委任が原則であったからである。むろんその命令的委任の制度は必ずしも国民主権主義と関係はなく、何より各等族の利益の代表がその目的であった。しかし、その思想は国民議会においても相当の勢力をもっていたから[11]、それが国民主権主義と結合し、国民主権主義と議会制とを調和させるに適当な方法と考えられたのはきわめて自然である。

従って、国民議会がその奉ずる国民主権主義に忠実であろうとすれば、この命令的委任の制度を維持するのが順当であった。[12] ことに人権宣言六条の文言には命令的委任制を暗示させるあるものすらある。[13] ところで国民議会は、命令的委任制を維持したであろうか。否。それは反対にそれを断然廃止してしまった。

命令的委任の廃止に対しては有力な反対があった。[14] しかし、結局それらの反対論は敗れた。一七八九年七月七日および八日の両日にわたる討論の挙句、国民議会は八日の宣言(Déclaration de l'Assemblée nationale sur les mandats impératifs)で命令的委任廃止を定めた。そしてこの趣旨がさらに一七八九年一二月二二日の法律[15]や、一七九一年九月三日の憲法[16]で明言されたことは、さきにのべた通りである。

命令的委任が廃止されると国民主権主義は否定されることになりはしないか。議員と国民との間には法律上何の関係もないことになりはしないか。この問題に対して人はこう答えた。命令的委任が廃止されても国民が依然主権者たることに変りはない。いかにも主権の行使権は議会に与えられる。が、その本体は国民の手にある。[17] この意味において議員は依然国民を代表するのである。彼は個々の国民を代表するのではない。が、国民全体を代表する。[18] 彼は個々の国民から mandat particulier ou impératif は受けないが、mandat représentatif は受ける。[19] 又は彼は選挙人から instruction particulière は受けないが instruction générale は受ける。[20]

(1) 《Il est indispensable de concure qu'il lui(à l'Assemblée nationale)appartient et qu'il n'appartient qu'à elle, d'interpréter et de présenter la volonté générale de la nation.》

(2) 一七八九年八月二六日の「人権宣言」三条《Le principe de toute souveraineté réside essentiellement dans la nation.

Nul corps, nul individu ne peut exercer d'autorité qui n'en émane expressément.》および六条《La loi est l'expression de la volonté générale.》一七八九年一〇月一日の Acte constitutionnel sur les pouvoirs publics 一条《Tous les pouvoirs émanent essentiellement de la nation et ne peuvent émaner que d'elle.》さらに一七九一年九月三日の憲法 Tit. III, art. 1.《La souveraineté est une, indivisible, inaliénable et imprescriptible ; elle appartient à la nation : aucune section du peuple ni aucun individu ne peut s'en atribuer l'exercice.》なお国民議会における色々な人権宣言乃至憲法の草案の中に見られる同趣旨の規定について参照、Redslob, Die Staatstheorien der französischen Nationalversammlung von 1789, S. 67, Anm. 2.

(3) 国民議会では憲法は国民会議かぎりで制定しうるか、それとも国王の裁可が必要であるかが論議されたが(Redslob, a. a. O., S. 68 f.)、結局国民会議だけが主権者たる国民の代人として主権的権力を有し、国王はそれに従い、それからその権力を受けることが確立された。でき上った憲法は国王にまで提出された。が、それは裁可を求めるためではなかった。ロベスピエールはいった。「吾人は憲法をルイ一六世の審査にまで提出するものではない。吾人はただ『汝はフランス人の国王たるを欲するか』との問いを提出するにすぎぬ」(Redslob, S. 74)。国王は九一年九月一四日国民議会において国民に忠実なるべきを誓った。国王は起立してこの誓いを行い、議員たちは坐ってこれを国民の名において受けた(Redslob, S. 73)。

(4) 『民約論』三篇一五章。平林氏の邦訳(岩波文庫)一三五頁、市村・森口両博士の邦訳二一六頁。

(5) Redslob, a. a. O., S. 107 f.

(6) Duguit, Traité de droit constitutionnel, 2e ed., II, p. 476.

(7) 右の(4)に引いた言葉(本文一九四頁)にすぐ続く次の言葉を見よ。「議員は人民の代表者(représentant)ではなく、又それであることはできず、人民の受託者(commissaire)にすぎぬ。彼らは何ごとをも終局的に決定することはできぬ。すべて人民が自身で批准しなかった法律(loi)は無効である。それは法律ではない」。

(8) Redslob, a. a. O., S. 108.

(9) もっともルソーはその Considérations sur le gouvernement de Pologne et sur sa réformation projetée en avril 1772 の第七章で一寸これを暗示しているそうである。Redslob, S. 109.

(10) もっとも一般投票制度を設けよとの提案がなかったわけではない。参照、Duguit, op. cit., p. 481. なお国民議会における直接民主政に関する議論・提案について参照、Loewenstein, Volk u. Parlament nach der Staatstheorie der französischen Nationalversammlung von 1789; Fridieff, Les origines du referendum dans la Constituante de 1793, p. 212 et s., p. 228 et s.

(11) Redslob, a. a. O., S. 109; Malberg, Contribution à la théorie générale de l'Etat, II, p. 248.

(12) 命令的委任の制度はむろん民主的なものであるが、これに反する見解もある。たとえばシュテフェンは命令的委任は非民主的なものと考えている。Steffen, Das Problem der Demokratie, 1912, S. 93. この種の議論はルソー的民主政に反対する論者によって常に用いられるところであるが、それは不当である。参照、Kelsen, Vom Wesen und Wert der Demokratie. 2. Aufl., S. 116, Anm. 27.

(13) レーヴェンシュタインはいう。人権宣言において、直接人民立法主義はまず世界を支配すべき使命をもった代表原理とならんで同等な立法的承認を見出した。Loewenstein, Volk u. Parlament, S. 150.

(14) Redslob, a. a. O., S. 110 f.

(15) その前文の八条《Les représentants nommés à l'Assemblée nationale par les départements ne pourront être regardés comme les représentants d'un département particulier, mais comme les représentants de la totalité des départements, c'est-à-dire, de la nation entière.》

(16) 前述一九一頁。

(17) シエイエスはいった。《Le mandataire public, quel que soit son poste, n'exerce donc pas un pouvoir qui lui appartienne en propre, c'est le pouvoir de tous; il lui a été seulement confié; il ne pouvait pas être aliéné.》Redslob, a. a. O., S. 122, Anm. 1に引くところ。一七九一年憲法三篇一条（前述一九五頁註2）および二条（La nation, de qui seule émanent tous les pouvoirs, ne peut les exercer que par délégation.）もその趣旨を示していると考えられる。なお参照、Redslob, a. a. O., S. 122; Loewenstein, a. a. O., S. 9. 孫文が「権」と「能」を区別するのもこの考えに類する。その「権」はすなわち「本体」であり、「能」はすなわち「行使」である。参照、孫文『三民主義』金井氏の邦訳（改造文庫）一三六頁以下。

(18) このことは一七八九年一二月二二日の法律や、一七九一年憲法で言明されている。

(19) Duguit, op. cit., p. 501.

（20）　モンテスキュー『法の精神』一一篇六章。私の邦訳（岩波文庫）上巻二三一頁。

四　フランス革命における国民代表概念の意味

かようにして近代的意味における国民代表概念がフランス革命の中で生れたのであるが、それはそこで一体どのような意味をもったであろうか。

この概念がそこでまず絶対君主政に反対の意味をもったことは疑いない。何となれば、議会制がその中心であり、しかも議会制はその本質上絶対君主政に反対するものであるから。

しかし、同時にそれがルソー的民主主義に反対の意味をもったことは注意を要する。命令的委任の廃止を一ばん巧妙に理由づけ、近代的意味における国民代表概念に古典的な表現を与えたシェイエスは次のようにいっている(1)。

「市民たちはその仲間のある者にその信頼を与えることができる。彼らが自分たちよりも一般的利益をよく知り、その点について彼ら自身の意志をよく解釈しうる代表者を指名することは共同福利のためになる。法律の形成への権利を行使する他の方法は自分で直接に法律制定に参加することである。この直接の参加が真の民主政(la véritable démocratie)を特色づけるところのものである。間接の参加は代表政(le gouvernement représentatif)を指す。これら二つの政治制度の相違は大きい」。

ここに「真の民主政」とはルソー的直接民主政や、それに準ずるものとして先にあげた強制レフェレンダム制や、命令的委任制をみとめる制度をいい、「代表政」とはすなわち本稿の主題をなす国民代表を原理とする制度をいう。

ところでこの二つの中のいずれを良しとすべきであるか。

「この二つの法律制定方法のいずれを採るべきかはわが国では明白である」。「わが国民の大部分はフランスを統治すべき法律制定に直接に従事するを欲するほどの教育もなければ閑暇もない」。「民主政でない国(フランスは民主政であることはできぬ)では、人民はその代表者によってのみ語り、活動することができる」。「代表者を指名する市民たちは自分で直接に法律を制定することを放棄するし、また放棄しなくてはならぬ。すなわち、彼らは命ずべき特殊意志をもたぬ。その受任者の一身に対するすべての支配・権力は彼らに属するが、それだけである。もし彼らが意志を指図するならば、それはもはや代表政ではなくて、民主政であろう」。

ここにシエイエスの説くところは、すでに先にモンテスキューや、ド・ロルムが説いたところの直接民主主義反対論に外ならぬ。モンテスキューも、ド・ロルムも国民が本来直接に政治に参加する能力を欠くことから、命令的委任のない議会制、すなわち、近代的意味の代表制を主張している。

たとえば、モンテスキューはいっている(2)。

「自由国においてはすべての人は自由な心をもつと看做され、人は彼自らによって統治されなくてはならぬから、人民全体が立法権をもつことが必要であるとも考えられる。しかし、それは大国では不可能であり、小国では多くの不便を伴うから、人民は自身でなしえぬことをその代表者によって行うことが必要である。

「代表者の大きな長所は彼らが政務を討議する能力をもつことにある。人民はそれには全く不適当である。そしてこのことが民主政の大きな不便の一つを形成する。

「多数の古えの共和国には一の大きな欠点があった。すなわち、そこでは人民が能働的な、而して執行を必要とする議決をなすの権をもっていた。が、このことたる人民の全くなす能力のないところである。人民はその代表者を選ぶため以外において政治に干与してはならぬ。代表者を選ぶことは人民の十分良くなしうるところである。なぜなら、人の能力の正確な程度を知る人は少ないが、何人も一般にその選ぶ人が多数の他の人たちより識見がすぐれているかどうかは、これを知る能力をもっているから。

「選挙人から一般的訓令をうけた代表者がドイツの議会で行われているように、各事件につき特殊的訓令をうけることは必要でない。なるほどそうすれば代議員の発言が国民の声をよりよく表現することにはなろう。けれどもそれは非常な遅滞をもたらし、各代議員をしてすべて他の代議員の支配者たらしめ、そして最も緊急の際において国民のすべての力が一の気紛れのために阻止されうることになろう」。

さらに又ド・ロルムもルソー的直接民主政に反対し、代表制を主張する。彼によれば大衆(la multitude)は自ら法律を制定する能力をもつものではない。(3)

「大衆の大多数は生活の緊急な用事に追われてそうした事柄に対する閑暇をもたぬし、又その教育の不完全な結果それに必要な知識をもたぬ。加之与うるに吝なる自然は立法の複雑な事務に堪える能力を一部少数の人間にしか与えなかった。そして病人が身を医者に託するように、訴人が弁護士に託するように、多数の市民は彼らの利益に重要な関係があると同時にそれを良く処理するにしかく多くの能力を必要とするところの事柄の執行のために自分よりも有能な人たちに自己を託さなくてはならぬ。

「これらの理由にさらに一そう決定的な理由が加わる。それは大衆はそれが大衆であるということだけの理由で熟慮した決定をなす能力を欠くということである」。

従って、ド・ロルムによれば、人民が自ら立法に参加せず、これをその代表者に託するのが適当だということになる[4]。しかし、その場合、人民が代表者に完全な独立を与えることが必要である。さもないと代表制の利益は全く失われてしまうであろう[5]。

　これらの論述によって明らかであるように、フランス革命において生れた国民代表の概念はそこで何より民主政――代表政に対立せしめられるルソー的民主政――に反対の意味をもっていた。それは国民主権主義の表現ではなく、反対にそれの論理的帰結である命令的委任の否定をその核心としていたのである。

　なぜこうした概念が有力となったか。それがこの時革命を指導した新興市民階級の利益に適合したからである[6]。絶対君主政を倒して政治的支配権を獲得した彼らは何よりその権力の保持を欲した。彼らは一般大衆による政治的統制の下に立つことを欲しなかった。従って、一般大衆の政治参与は最小限度にとどめられた。彼らは個人――《monade humaine》[7]――を社会の出発点と考えた。しかも、その個人主義の徹底を欲しなかった。すべての市民が立法に参加する権利をもつとの人権宣言の堂々たる規定にもかかわらず、選挙法は制限制・等級制であった。国民は主権をもつとの宣言にもかかわらず、議員は国民から完全に独立であった。かくの如き意味合いにおいて、議員が国民から完全に独立だということがまさに当時の国民代表概念の核心をなしたことが了解できる。

　それならば、完全に独立な議員を以てなお国民全体の代表者だと考えることに何の意味があるか。これによって国民代表概念がイデオロギー的機能を営むことができたのである。法の現実においては、いうところの国民と議員との間に何らの関係も存しない。国民代表の概念は現実に何らの関係の存しないところへ代表の関係を擬制することによって、法の現実に対してそれが実際にそうである以上の民主的な仮面を与え、それによって当時の社会の支配層へ奉仕することができたのである。

この時の国民代表概念が純然たるイデオロギーであったことは、この時議会とならんで国王が国民の代表者とせられた(8)ことからも知られうる。立法府の議員はその職務を行うに当って完全に独立であるとはいえ、その他位につくには公選せられなくてはならなかった。この点で議員と国民の一部、すなわちその選挙区の有権者との間には選挙という法律的な関係が存在した。しかるに国王は世襲的にその地位につく者で、何人によっても選任せられる者ではない。国王と国民との間には後者の一部分による前者の選任という関係すらない。むろん国王はその職務において何人からも独立である。すなわち、国王と国民との間にはいかなる法律関係の存在も考えられえぬ。しかも一七九一年の憲法では、国王は本来(!)国民に属する主権をその代表者としてその委任を受けて行使する(9)とせられている。それが現実と一致しないイデオロギーであることは明白である。

(1) 一七八九年九月七日の国民議会において。Malberg, op. cit., p. 256-7 に引くところ。
(2) 『法の精神』一一篇六章。私の邦訳、上巻、二三一―二頁。
(3) De Lolme, Constitution de l'Angleterre, 5e éd., Paris, 1819, Liv. II, ch. V, p. 259. ド・ロルムについてはなお参照、私の「大陸に於ける英国憲法研究の先駆」(『国家学会雑誌』四一巻、一五六五頁以下)。
(4) De Lolme, op. cit., ch. VI, p. 266 et s.
(5) De Lolme, op. cit., ch. VII, p. 269 et s.
(6) Malberg, op. cit., p. 261, 318; Redslob, a. a. O., S. 117.
(7) Boutmy, Etudes de droit constitutionnel, p. 261.
(8) 一七九一年憲法 Tit. III, art. 2.《La constitution française est représentative; les représentants sont le Corps législatif et le Roi.》
(9) Tit. III, art. 4.《Le Pouvoir exécutif est délégué au Roi.》

五　国民代表概念の否定

かくの如き過程を経て生れた国民代表の概念は、先にのべたように、特にそのイデオロギー的性格を意識されることなしに、近代人の常識となった。そしてそれは多くの旧自由主義者[1]によっても唱えられた。

この概念にはじめて厳密な科学的検討を加え、それが科学概念として成立しえぬことを論証したのはドイツの公法学者——とりわけラーバント——である。ラーバントは、ゲルバーに従って、「法律的方法」を唱え、公法学の政治からの独立に努力した人である[2]から、その立場から伝統的な国民代表概念を否定したのはきわめて当然である。ラーバントはどのように説くか。

彼は「議会の議員は全国民の代表者(Vertreter)であり、委任や訓令に拘束せられぬ」というビスマルク憲法二九条の規定についていう[3]。議員が全国民の代表者だという言葉の意味は全く政治的なものである。議員は法律上個々の国民の訓令に拘束されぬように、「全国民」の訓令にも拘束されぬ。彼は一般に法律的意味における代表者ではない。「全国民」は国家から独立な人格をもつものではなく、従って代表者をもつことはできない。議員は何人の代表者でもない。彼の権能は他の権利主体から伝来するものではなく、直接に憲法に立脚する。議員の全体の法律的地位の中に代理・委任等の原則の支配を受けている点は一つもない。なるほど議員は国民の一部である有権者によって選挙される。しかし、有権者の権能は選挙に尽きる。選挙が終れば、議員はその権能行使において独立であることは皇帝と異なるところはない。皇帝が国民の代表者でないように、議員もそうではない。議員が全国民の代表者であるとは、法律的には、議会はその議員の選挙を通じて有権者が国家の政治に対して間接にコントロールをおよぼしうるところの機関であることを意味するにすぎぬ。

すなわち、ラーバントによれば、議会は法律的にはブンデスラートや皇帝とならんで国家の機関であるにとどまり、いかなる意味においても「全国民」を「代表」するものではない。

このラーバント説はドイツで通説となったが、[4] フランスでもカレ・ド・マルベールは同じ見解をとっている。彼は公法学におけるいわゆる国民代表の関係が国家機関の関係にすぎぬことを強調し[5]（二三一頁以下）、フランス革命の国民議会における国民代表者とはつまり国家の意志機関に外ならぬといいドイツ流の機関論も実はここに由来する（二九七頁以下）といっている。

このラーバントの説明は、法律学的概念としての国民代表概念を否定したかぎりでは、科学的に正確であるといわなくてはならぬ。むろん、彼の国家機関の概念にはなお批判せらるべき多くのものが含まれてはいるが。フランス革命流の国民代表概念は科学概念としては、到底成立することはできない。

（1） たとえばロッテクは「代表制の意味における議会」とは “ein, das gesammte zur Staatsgesellschaft vereinte Volk, d. h. die Gesammtheit der vollbürtigen Staatsangehörigen, vorstellender, und zwar in Natur und Wahrheit, also nicht bloss vermög positiver Festsezung oder Rechtsdichtung vorstellender Ausschuss, berufen zur Vertretung dieses Volks gegenüber der Regierung.” であるといっている。Rotteck, Lehrbuch des Vernunftrechts und der Staatswissenschaften, 1829, II, S. 225.

（2） 参照、私の「公法学における政治」（『法学協会雑誌』五〇巻、一二七三頁）。

（3） Laband, Das Staatsrecht des Deutschen Reiches, 5. Aufl., I, S. 296–8.

（4） Meyer-Anschütz, Lehrbuch des deutschen Staatsrechts, 7. Aufl., S. 330, Anm. 5；Anschütz, Die Verfassung des Deutschen Reichs, 13. Aufl., 1930, S. 164.

（5） Carré de Malberg, Contribution à la théorie générale de l'Etat, I. 以下の括弧内の頁はこの本の頁を示す。

六　国民代表機関の概念

ここにおいて国民代表の概念は、法律学の世界では、国家機関の概念によってとって代られてしまったように見える。しかし、もしそうだとすると、国民代表概念が身に着けていた民主的な外観は少なからず――たとえ全くでないにしても――失われてしまわなくてはならぬことになる。議会は国家機関の名の下に他の多くの国家機関と同列におかれなくてはならぬことになる。そこで国家機関の概念をみとめつつ、同時に民主的な外観をもつ伝統的な国民代表の概念を活かすことはできぬであろうかが、さらに問題とせられる。

かくの如き問題を提出して、これを巧妙に解いたのがゲ・イェリネックである。

彼によれば、近代的な議会およびその議員は直接的・第二次機関である[1]（五八五頁）。第二次機関とは自身他の機関に対して機関関係に立ち、その機関を直接に代表する機関をいう。この場合代表せられる第一次機関はその第二次機関を通じてのみその意志を表示しうるのであり、第二次機関の意志は直接に第一次機関の意志とみとめられる（五四六頁）。議会によって代表せられる第一次機関は何であるか。それは国民である。すなわち、議会は国民代表の機関である。

第一次機関としての国民は議員を選挙する。しかし、それは単なる選定機関（Kreationsorgan）――その権能は議員の選定に尽きる――ではない。国民と議員との間には機関関係――それはその性質上ただ法律関係としてのみ成立しうる――という継続的な結合関係が存する（五八四―五頁）。議員が全国民の代表者であるという言葉は何を意味するか。それは法律上議員の構成する議会の意志が国民の意志であることを意味する(五八三頁)。

だが、そこで国民というのは何か。イェリネックは憲法上参政権を与えられている者の全体をそう呼ぶ[2](五八五・五八七頁)。この国民は選挙において第一次機関として行動する(五八五頁)。「個々の選挙の全体が、従って、選挙にまで組織された全体の国民の共同行為《ゲザムトアクト》——議員の指名に向けられたところの——を形成する。たとえその個々の部分行為《タイルアクト》が非常に異なり、また時間的に大いに離れていようとも」(五八八頁)。

イェリネックは通説を評していう。

「通説では議会はいわば空中に浮遊している。それに従って代表者を被代表者から全く離してしまうと、選挙法に関する色々な規定は議会の性格にとってすべて全く同じ価値をもつこととならざるをえぬ。何となれば、そうした立場からは、議会の形成手続は——それがどのようにできていようと——議会の本質にとってどうでもいいことであるから。国王によって任命される貴族院の議員[3]と普通選挙で選出される下院議員とは通説にとって全く同じ価値をもつものである。両者共に全国民の代表者である。この後の場合には国民が自身で機関を作るが、前の場合には機関が国民に外から与えられること、従って深い、単に政治的であるにとどまらず法律的でもある相違——それは代表者選定の方法をはるかに越えるものだ——がそこにあることは、通説によってはみとめられえぬ」(五八六頁)。

かようなイェリネックの説明ははたして科学的に正しいであろうか。それは近代議会の実定法的性質の科学的説明としては不当であると私は考える。

彼は国民——すなわち「代表者の選定の目的のために組織された一体」(五八七頁)——が単に議員を選定するのみな

らず、国民と議会・議員との間には代表関係・機関関係という継続的な結合関係があるという。しかし、その継続的な結合関係とは実定法的に何を意味するかといえば、それは国民が議員を選定するということ以外には何ものをも意味しない。国民は議員に命令的委任を与えることはできぬ。議員を罷免することもできぬ。議員は実定法上はその権能において国民から完全に独立である。国民のなしうるところはただ議員を選定することだけである。国民が議員を選定するだけの権能をもつことを、議員が国民の機関であり、国民を代表する機関であるという言葉で表現するならば格別、イェリネックのするように、議員が国民によって選定せられる外に、それ以上に出て、議員が国民を代表すると考えることは実定法上無意味である。イェリネックは通説のように考えると「若干の能動的市民に対して無数の政治的無権利者が存することになろう」(五八一頁)といい(4)、また通説によると議員の任期満了又は議会の解散の後新選挙が行われるまでの間における立憲国は同時に暫定的な絶対政国家とならざるをえぬであろう(五九〇頁)、という。そして問題のこの種の法律的取扱いは「現実のカリカチュア」を提供するだけだという(五八一頁註二)。

しかし、議会のある国家において、若干の能動的市民とならんで無数の政治的無権利者が存することこそ現実の姿を示すものである。いずれの国においても有権者の数は国民の一部分にすぎぬ。多数の者は実定法上政治的無権利者である。しかもこれらの有権者たちはただ議員を選挙する権能をもつだけである。議員が一度び選挙されてしまえば、選挙人は議員に対して何らの法律的な統制手段をもたぬ。彼はここで他の選挙権のない者と何ら異なるところはない。いずれも同じように政治的無権利者であろう。もしかような政治的無権利者をいまかりに「奴隷」と呼ぶとすれば、英国人は選挙の瞬間においてのみ自由であり、それが終れば奴隷となるというルソーの言葉(5)はきわめて正当であるといわなくてはならぬ。また議会のない国家を絶対政国家と呼ぶならば、議員の任期満了又は議会の解散の後新議会が成立するまでの間の立憲政を暫定的な絶対政国家と呼ぶことに何の妨げもない。却ってそれこそ現実を表現するものである。

要するに、イェリネックの説明は現実に一致しない。それは現実に対してより民主的な外観を与えようとの政治的意図に――むろん無意識的に――動かされている。このことは彼が通説に加える批難の中にも明らかに表れている。彼は通説によれば多数国民が政治的無権利者になり、立憲政が絶対政国家になるといって難ずるが、多数国民が政治的無権利者になり、立憲政と呼ばれているものが絶対政国家になることに何の不都合があろうぞ。もしそれが現実であるならば、それをそのままに認識することこそ科学の要請するところではないだろうか。現実がはたして民主的であるかないか。それは科学的観察をまってはじめて明らかにせられることである。頭からこれを民主的なものと前提して、その前提によって現実の認識を歪めること――それこそイェリネックのなしたところである――は科学的な態度とはいい難い。イェリネックは又いう。通説によると、「全代表制の丁度一ばん重要な点が看過せられ、又は少くともそれが法律の領域の外におかれ、法律的形式主義はそれを理解することができぬ。しかし、それでは選挙法の改正によって行われた近代国家構造における大変化や、選挙法の民主化・少数代理などのために戦われた大闘争は法律的には全く理解し難きものとなる」(五八一―二頁)。しかし、この批難は当らぬ。そうした変化や闘争は議員が国民(の一部)によって選挙せられる外にこれを代表し、その機関であると考えることなしに、十分理解せられうる。それればかりではない。そうした変化や闘争は、議員は公選せられるが、有権者は国民の一部分にすぎず、しかも彼らは議員を選定すること以外には法律上何ら権能をもたず、従ってそれ以外に議員と有権者との間には何らの法律的関係がないことを端的にみとめることによって、はるかに正確に理解せられうる。

イェリネックの外にも国家機関概念をみとめながら同時に法律学的概念として国民代表の概念を活かそうとする学者も少なくないが、その論ずるところはイェリネックほど巧緻ではない。たとえばシュルツェは、近代の議会が国民の総体を代表するものでないことはみとめつつも、同時にそれは「国民性(Volksethos)――生命的に作用する国民精神――に対して法律的に把握しうる表現を与える任務をもつところの機関である」となし、次のようにいっている。(6)「この機関(議会)によって事実上重要なあるもの、しかし法律的には存在しないものが一つの法律的存在にまで高められる。議会はその時に生存している個人の原子的全体を代表するのではなくて、国民的全体存在(die volkstümliche Gesammtexistenz)を代表する」。

であるから、

「議会はいわゆる国民の意志(Volkswille)を遂行すべきであるのではなく、議会の意志は法律上(von Rechtswegen)国民の意志なのである。議会の外には一般に国民の意志はありえぬ。議会がその権能の範囲内で憲法の定める形式で議決するところのものは国民の意志表現(Willensausdruck der Nation)として妥当する」。(6)

むろんこの国民代表関係は選挙にもとづくのではない。議会の議員が選挙によるものであろうと、世襲乃至は君主の任命によるものであろうと、同じことである。(7) それらは一様に国民の代表者である。(6)

なおハチェックははじめイェリネックの見解に従っていたが、(8) 後これを多少改めて議会と選挙人との間には一つの法律的紐帯が存立するが、それは「相互的拘束という法律的な状態」であるといっている。(9) これは国民代表概念をほとんど否定しているとも考えられる。

(1) 以下の括弧内の頁は G. Jellinek, Allgemeine Staatslehre, 3. Aufl. の頁を示す。

(2) だから、イェリネックが国民というのは、参政権のない者をも含めての国民ではない。その意味でケルゼンがその Hauptprobleme der Staatsrechtslehre, S. 484 f. でのべている批難は必ずしも当らぬといえる。Jellinek, Allg. St., S. 585, Anm. 1.

(3) 「公権論」ではイェリネックは君主の任命による議員や世襲議員も公選せられた議員と同じように国民代表者たる資格をもつといっている。Jellinek, System der subjektiven öffentlichen Rechte, S. 174. 国民の選挙によって選定され、国民から独立な議員が国民の代表者であり、君主によって任命せられ、君主から独立な裁判官が君主の代表者である(Allgemeine Staatslehre, S. 592)とするイェリネックの議論を徹底させれば、君主の任命にかかる上院議員は君主の代表者と考えられなくてはなるまい。

(4) 美濃部博士もイェリネックのこの言葉を引き、これを以て「能く反対説の最も大なる弱点を指摘せるもの」として居られる。『議会制度論』七九頁。

(5) 『民約論』三篇一五章。平林氏の邦訳(岩波文庫)一三五頁、市村・森口両博士の邦訳二一六頁。

(6) Schulze, Lehrbuch des deutschen Staatsrechtes, 1887, I, S. 457-8; Das preuss. Staatsrecht, 1872, II, S. 132-3. イェリネックはこのシュルツェをもってラーバントに従う者と見ているようである(Allgemeine Staatslehre, S. 581, Anm. 1)が、それは正当ではあるまい。

(7) 一八四九年三月二八日のフランクフルト憲法の九六条(Die Mitglieder beider Häuser können durch Instruktionen nicht gebunden werden)や、一八五〇年一月三一日のプロイセン憲法の八三条(Die Mitglieder beider Kammern sind Vertreter des ganzen Volkes)はいずれも公選にもとづかぬ上院議員が下院議員と同じように国民代表の性質をもつことを明言している。プロイセンの憲法争議の時、下院で公選にもとづく下院だけが国民を代表するもので上院は国民を代表するものでないという意見がのべられたが、これに対して宰相ビスマルクは右の憲法八三条の明文を引いて憲法上、上下両院が全く同じ性質をもつものであることを強調した(Rieker, Die rechtliche Natur der modernen Volksvertretung, S. 7, 8)。なお後にのべられるように(二一二頁)、美濃部博士も公選によらぬ貴族院議員が衆議院議員と全く同じ程度において国民代表の性質をもつことを主張せられる。

(8) Hatschek, Deutsches u. preuss. Staatsrecht, I, S. 300.

(9) Hatschek, a. a. O., S. 302. シュティア・ソムロもこれに賛意を表している(Stier-Somlo, in Anschütz-Thoma Hand-

buch des deutschen Staatsrechts, I, S. 383, Anm. 5)。

七　わが国の学説

わが国の通説は法律学の概念として国民代表の概念を否定している。(1) 穂積八束博士はすでに次のように説かれた。

「或は之(国会)を国民の代表と謂ふ、公議輿論は国会の制に依りて自ら体を具して表はるべきの大勢を意味するに於ては敢て妨げなし、若之を以て特定の法律関係を表示するものとし、之に依りて議会の憲法上の地位を決せんとするものとせば、誤謬是れより大なるはなからん。国民代表説、立憲の精神を談ずるものとして可なり、憲法の法理を解説するものとして不可なり、此の義混同すべからず。国民代表と謂ふ語、欧洲国法の通用語なれども、実は其の意義を的確に説明すること難し、或は之を個人権利の委任代理の意に用ひ、或は之を国民全体の代表者たるの意に用ひ、或は之を汎く国民社会の縮写たるの意に用ふ。極端なる個人主義の民権論は、国会議員は各選挙人の委託を受け、其の訓令の下に、其の権利を代理行使するの任務を有する者と為したり。此の説、法理として貫徹せず、事実として行ふべからず、政策として不可なり。故に此の論一時仏国に行はれたるに止り、今は人多く之を唱へず。却て或る国の憲法には特に明文を掲げ、国会議員は選挙人を代表するに非ず、全国民を代表する者なる旨を宣言するあり、是れ蓋、前に謂ふ個人的の委任代理の観念を排斥するの趣旨を表明せんが為なり。此の類の宣言亦其の消極的の意義は即ち明かなり、然れども積極的に之を全国民の代表なりと宣言せるは、法理の解としては之を分疏するは頗る亦難し、唯代表と謂ふ義を法律関係を指す者と視ず、単に事物を形容するの仮用語なりと視るに於て、之を諒すべきなり。故に所謂国民代表とは、国会は国民社会の実相を縮写表出せんとするの精神を以て、之を設くる者なることを指称するに過ぎずして、特に一定の法律関係を指示するの義には非ざること知るべきなり」(『憲法提要』四二三―五頁)。

この説明はラーバントのそれと同じであって、その結論においては正当であるといわなくてはならぬ。他の諸学者も多くこれと同じような説明を与えている。(1)

かくの如き通説に反して国民代表の概念を法律学の概念として維持しようとせられる者に美濃部・佐々木両博士がある。

美濃部博士によれば、(2) 議会は国民の法定代表の機関である。すなわち、代表的直接機関である(四七頁)。議会の議決は法律上国民の意志の発表として認識せられる(三四六頁)。しかし、その代表関係は国民の授権にもとづくものではない。それは直接に法の力によって生ずる(三四八頁)。国民の代表者たる性質は公選議員から成る衆議院だけに特有なものではない。貴族院も、従って、その議員も、同じように、国民の代表者である(三五一―二頁)。(3) それならば、国民とは何であるか。それはむろん有権者だけをいうのではない。しかし、日本人の全体をいうのでもない。内地の人民だけがここでいう国民で、植民地の人民はその中に含まれない(三五一頁)。

美濃部博士のこの見解はその根柢においてイェリネックに類するものであるが、その限りにおいては先にイェリネックに対してなされた批判がそのまま妥当しよう。博士の説かれるところはイェリネックのそれに比して擬制的分子が一そう多い。イェリネックにあっては議会が国民代表者であるためにはその議員が国民(の一部)によって選任せられることが必要であった。美濃部博士にあってはそれも必要でない。議会はここでは国民によって選任せられるのでもなく、その訓令に拘束せられるのでもない。それだのに議会が法律上国民の――国家のではない――代表者だということに何の実定法的根拠があろうか。全くない、と私は考える。しかも博士はこの場合の国民は内地の人民だけを意味し、植民地の人民を含まぬといわれる。が、この主張も到底実定法的に根拠づけられることはできぬであろう。貴族院の勅任議員――その中には朝鮮人もあれば台湾人もある――がなぜ国民の代表者であるか。しかもなぜ内地の人民だけの代表者であるか。この問いに対して実定法的な根拠を示すことは不可能であろう。博士は

「若し議会が国民の代表機関たることを否定せば、民主政の国は其の実寡人政の国となり、民主政の観念は法律上不可能となるべく、議会殊に民選に依らざる上院と例へば我が旧制に於ける元老院との間に判然たる性質上の区別を認め難く、貴族院の勅任議員が官吏に非ざる所以も亦之を説明するの途なきに至るべし」(三五〇頁)。

といって居られるが、これに対しては先にイェリネックに対していったように、次のようにいいえよう。議会をもつ国は民主政であり、そこで国民大衆は議員の選挙の外にも政治に参与すること、あるいは政府の任命する国会議員と官吏との相違は前者が国民を代表するが後者はそうでないことにあることなどをまず前提してその前提にもとづいて現実を説明しようとするのは科学的な態度ではない。却ってそうした言葉の中に論者の国民代表の概念がいかにイデオロギー的性格をもつものであるかが示されていると考えることができよう。

なお美濃部博士の国民代表の概念に対しては、すでに森口博士が数次批判を加えられ、その科学的に成立し難いことを指摘して居られるから(4)、ここにはこれ以上論じない。

佐々木博士は「帝国議会は国民を代表して其の権限を行ふ機関なり」とせられ(5)、「帝国議会が国民を代表すと云ふは帝国議会なる機関の一体の機関意志が国民全般の意志と認めらるるの義なり(5)」と説いて居られるが、これに対してもイェリネック、美濃部博士に対してなされた批判が――mutatis mutandis――妥当するであろう。

(1) 清水澄『帝国公法大意』一九二頁。市村光恵『帝国憲法論』一一版四九六頁。上杉博士によれば、国民代表の概念は、要するに「一種の擬制又は法律上の構成」にすぎぬ。わが帝国議会の説明としてはもとより成立しえぬ。『新稿憲法述義』三三八—九頁。
(2) 以下の括弧内の頁は博士の『憲法撮要』五版のそれを示す。なお参照、美濃部達吉「議会ハ国民ノ代表機関ナリ」(『憲法及憲法史研究』二七七頁以下)、同『議会制度論』七〇頁以下。
(3) 参照、前述二一〇頁註(7)。
(4) 森口繁治『比例代表法の研究』三〇頁以下、同『憲政の原理と其運用』一五〇頁以下。
(5) 『日本憲法要論』五版四二一頁および四二三頁。

八 国民代表概念の再興

国民代表概念はイェリネックのおよぼした大きな勢力にもかかわらず、ラーバント以来は法律学の概念としては凋落しつつあった。ラーバント以来の公法学の主潮流は法実証主義であり、法律学的観察を政治や倫理から解放することがそこでの努力の対象であったから、政治的な国民代表の概念が法律学の範囲の外に逐われたのはきわめて当然である。ラーバント流の法実証主義は実はそれを奉ずる学者たちによって貫徹されていないことが多く、従ってラーバントをはじめとしてそれらの学者の説くところには非実証的な点が多々あるが、国民代表概念が法律学概念として成立しえぬことを明らかにした点では、彼らは実証主義に忠実であったということができる。

しかるに近年のドイツの公法学界では法実証主義の勢力が急激に衰え、カント的哲学思想の衰微と相俟って「精神科学的方法」「目的論的方法」の名の下にいちじるしく政治的な方法が支配的となって来た。(1) 換言すれば、科学的方法に代って神学的・形而上学的方法が優勢となって来た。この風潮に応じて、国民代表概念が再び流行するようになったことに何の不思議もない。

こうした新しい潮流に棹さす諸学者がどのように国民代表の概念を説いているかを詳しく説くはここでの目的ではない。ここではそれらの学者の一人としてオットー・ケルロイターの説くところを取り上げ、いかにそれが極端にイデオロギー的性格をもつものであるかを指摘するにとどめよう。

ケルロイターによれば、(2) 政治的形式の創設にあたっては今日は常に国民と国家の関係の政治的形成が問題とせられなくてはならぬ。政治的形式づけの問題は、だから、いかにして国民の意志(Volkswille)が形式にまでもたらされ、それによって国家の政治的統一性が現在化せられ、確固にせられうるかということに存する。しかし、政治の現実の示すところによれば、国民それ自体は決して直接に政治的に形成的に・構成的に現れることのできぬものである。国民は政治生活の意志基礎であるよりは、むしろその感情基礎である。それは政治的指導者が演奏すべき楽器である。指導者がこれを正しく演奏すれば、すなわち、彼の指導が国民の信任をかちうれば、それによって彼はその政治的指導の活動性にとって欠くことのできぬ根柢をうる。しかし、国民は決して自ら指導することはできない。(3) だから、国民の意志は、それが完結的な政治的表現をうるためには常に必ず代表せられなくてはならぬ。

それならば、代表(Repräsentation)とは何であるか。

国民の間には政治的な分離関係が当然に存する。そうした分離関係を止揚して、国民における政治的連帯性と統一性を外部的に表現することが代表である。国民の意志とはつまり政治的な連帯性・統一性の外部的表現に外ならぬ。それならば、何によって人はそうした代表の存否を認識することができるか。

「代表の本質の決定的な標徴はひとえに代表者――それは自ら国民と一体と感じ、その故にその意志に代表的作用を与えうる――による国民意志の現在化に存する。であるから、はたして真の代表がそこにあるかどうかは、しばしば遡及的にのみ確定せられうる(4)(!)」。

代表はどのような性質をもつか。

まず代表せられうるものは政治的な価値にかぎられる。私的利益の代表というものはない。私的利益はただ代理(vertreten)せられうるのみである。しかし、代表における現在化過程は必ずしも公開せられる必要はない。代表においては密行は可能であるばかりでなく、時々は必要ですらある。「たとえば、君主の枢機顧問や日本におけるいわゆる長老政治家の会議(5)(die Versammlung der sog. alten Staatsmänner in Japan)は、たとえそれが公行せられなくとも、重要な代表形態である(6)」。

この代表には全体代表(Gesamtrepräsentation)と部分代表(Teilrepräsentation)とがある。

前者は国家権威の持ち手(Träger der Staatsautorität)によって行われる。全体代表は、従って、常に同時に人的な代表である。権威の持ち手は直接に彼の人格によって代表する。そうした人的な全体代表の明白な形態は真正の君主政(die echte Monarchie)である。そこで君主の代表するものは、しかし、国民ではなくて、神的に投錨された超国家的な価値である。そこでの代表は、従って、国民代表(Volksrepräsentation)とは全く異なる。こうした真正の君主政における代表は、国民と国民意志が国家の政治的実体としてまだ現れず、君主政を神的価値の中に超現世的に投錨させることが国民によって欲せられ、かつ信じられる時代においてのみ可能である。今日では君主政は、これに反して、ただ国民代表の表現でのみありうる(7)。

国民代表も全体代表であり、人的に行われる。このことは何より真正の議会主義(der echte Parlamentarismus)について妥当する。何が真正の議会主義であるか。それはたとえば古典的な英国の議会主義である。その時代にあっては国民は議会の中にその代表を見出していた。初期のドイツ立憲主義の時代においてもそうであった(7)。自由主義は国民における国家権威および人的全体代表の価値の意識と信仰を破壊してしまった。個人主義は国民を政治的実在として承認せず、人的代表を否定した。国民的法治国(der nationale Rechtsstaat)の特色は権威と全体代表を再び本質的に結合することにある(8)。

かような全体代表とならんで部分代表の諸形態がある。これらは人的代表の性質をもたず、機能的代表(die funktionelle Repräsentation)の性質をもつ。ドイツで部分代表の一ばん重要な形態は官僚(Berufsbeamtentum)である(8)。

しからば代表者はどのような性質をもつか。彼の本質的性質はその権威、および権力保持者としての地位に存する。代表者は常に国民《ナチオン》を代表しなくてはならぬ。この意味において彼は統治《レギーレン》しなくてはならぬ。単なる政党指導者は、従って、代表者ではない。政党指導者は国家力の参与者でありうる。が、それによって直ちに代表者になるのではない。むろん代表と国家力への参与は離れることはできぬ。しかし、代表の本質は単に力に参与することにあるのではなく、権威と結合することにある。従って、すべての代表は、政治的・法律的に見て、公法の領域にのみ存する。私経済については代表は存しない。だから、代表者たるものは諸政党および諸利益から経済的にも精神的にも独立でなくてはならぬ。官吏の身分保障はまさにその代表的性格から是認せられる。権威的国家においては、本質的に「指導者」――ファシスト国家では Il Duce――が国家の全体代表を構成する。ドイツではヒンデンブルグおよびアードルフ・ヒットラーが新しいドイツ的国家価値の全体代表の持ち手である(9)。

国民代表概念は今多くのドイツの公法学者・政治学者によって説かれ、その内容は互いに非常に異なる。しかし、それらがいずれも強い程度においてイデオロギー的性格をもつことは、ケルロイターと全く同じである。従って、それらの一々についてはここで論じない。

ケルロイターの右のような説明においてその非科学性はきわめて明瞭である。彼は国民が政治的に形成的に・構成的に活動しえず、国民意志なるものもはじめから人に与えられてはいないことをみとめている。しかも、ある種の人間は国民の代表者であり、国民の意志を表明するものと考えられる。それならば、人間はそのいかなる性質にもとづいて国民の代表者とみとめられるのか。国民の代表者をそうでない人から区別する標準は何であるか。この点の説明は甚だ曖昧である。ケルロイターは、先にのべたように、代表者は「自ら国民と一体と感じ、その故にその意志に代表的作用を与えうる」といっているが、「自ら国民と一体と感ずる」というような主観的な標準で代表者をそうでない者から区別することにどういう科学的な意味があろうか。彼は自由主義的な議会政治の下における議員や政府に対しては国民代表的性格を否認している。それらは国民の代表者であるよりはむしろ私利益の代理人だというのである。しかし、たとえばヴァイマール憲法の下における政党国家の議員又は政府が一部国民の私的利益の代理人であり、これに反してヒットラーが全国民の代表者であるということを、客観的に断定することができるであろうか。そのようなことのできる筈がない。ケルロイターその他の人がそうだと主張するだけの話である。ヒットラーのような独裁者を国民の代表者と呼ぶことを許すべき科学的な根拠は少しもない。その場合の国民の代表者とは単なる形容であり、又は擬制であるにすぎぬ。あたかも昔の専制君主が国民の代表者であると呼ばれたように。もしそうした独裁者や専制君主を国民の代表者と呼ぶことが許されるならば、それと同じ権利をもってそうした独裁者や専制君主を神の代表者であると呼ぶことができる筈である。その場合代表せられるものが神であるか、国民であるかは、各人のきわめて主観的・恣意的な志向乃至信仰によって決せられるだけである。それを科学的に決することは全く不可能である。

要するに、この種の国民代表の概念も現実との一致を欠く。従ってそれはイデオロギーであるといわなくてはならぬ。私はかつてこの種の国民代表の概念を評して独裁政理論がその身に着けた一つの「民主的扮装」であるといったことがある。(10) この種の論者は多く国民代表の概念を用いることによって、その主張する独裁政的政治形態に民主政の仮面を与えようとする。彼らはすべて議会政に反対するが、その際彼らは決して民主主義に反対するものでないことを強調する。彼らの反対するのは何であるか。それは自由主義である。そしてその表現としての議会政である。彼らによれば、自由主義・議会政は民主主義と根本的・原理的に性格を異にする。両者は正反対ですらある。だから、自由主義・議会政に対する反対は必ずしも民主主義に対する反対ではない。むしろそれは真正の民主主義のためにするものですらある。スメントが「自由主義・議会政は国家形態ではない」といっている(11)のは、かくの如き考え方の結果である。

しかし、民主政は独裁政の反対概念である。独裁政を以て民主的なりと主張するは矛盾である。ナチス的公法学者の否定するのは単に自由主義・議会政であるばかりではなく、民主政でもある。であるから、スメントが議会政を自由主義的として批難しつつ、民主政のために戦うような扮装をつけることに対してケルゼンが次のようにいう(12)のはきわめて正しい。「議会政に対する戦いは実は民主政に対する戦いである。この戦いを明らさまに、すなわち民主政に対する戦いとして戦うべきことは誠実の要求するところに外ならぬ」。

現代ドイツにおける国民代表の概念(13)が極端にイデオロギー的性格をもつことはここに明らかになったと思う。

(1) 私の「公法学における政治」(『法協』五〇巻、一一七三頁)。
(2) Koellreutter, Grundriss der allgemeinen Staatslehre, S. 111–2; Volk u. Staat in der Verfassungskrise (Zum Neubau der Verfassung, hrsg. v. Berber), S. 17.
(3) この理由にもとづき、ケルロイターはカール・シュミットが政治的形成原理として代表とならべて自同(Identität)をあげていることに反対する。彼によれば、自同の原理は一般に政治的な形態原理ではなくて、その反対である。Volk u. Staat, S. 17.
(4) Staatslehre, S. 113; Volk u. Staat, S. 17.
(5) これは元老会議を指すのか、枢密院を指すのか明白でないが、おそらく後者を指すのであろう。
(6) Staatslehre, S. 114.
(7) a. a. O., S. 114–5.
(8) a. a. O., S. 116.
(9) a. a. O., S. 118.
(10) 私の「独裁政理論の民主的扮装」(『民主制の本質的性格』五一頁)。
(11) Smend, Verfassung u. Verfassungsrecht, S. 112.
(12) Kelsen, Der Staat als Integration, S. 82.
(13) Jerusalem, Gemeinschaft u. Staat, S. 30 f.; C. Schmitt, Verfassungslehre, S. 204 f.; E. Kaufmann, Zur Problematik des Volkswillens, S. 10 f.; Smend, Verfassung u. Verfassungsrecht, S. 94 f.; Heller, Souveränität, S. 74 f. 等々においてのべられている国民代表の概念はいずれもイデオロギー的性格をもち、法科学概念としてはすべて成立しえぬ。

九　いわゆる国民代表者の実定法的性質

色々な形態の下に主張される国民代表概念がいずれも、右にのべたように非科学的であるとすれば、そこで国民の代表者とせられているものは、実定法的にどのような性質をもつものであろうか。それを検することは、国民代表概念の非科学性を論証するにさらに役立つであろう。

まず国民の代表者とせられているものの随一である近代議会を考えよう。

議会の議員には選挙による者とそうでない者とがある。前者は一定数の選挙人によって選挙せられる。しかし、選挙人は国民の全部ではない。その一部分にすぎぬ。また全国の選挙人が一団となって選挙するのでもない。選挙は各選挙区毎に全く独立なものである。(1)議員を選挙するのはある選挙区の選挙人である。しかも議員は一度び選挙せられると、その選挙人から完全に独立である。もしかりにある国家機関が他の国家機関を選任する場合、後者が前者を代表すると呼ぶとすれば、議員はその選挙区の選挙人を代表するということができよう。しかし、その場合でも代表せられるのは全国民でも、全国の選挙人でもなく、ある特定の選挙区の選挙人だけである。しかも、その代表とは実定法的には単なる選任関係を意味するだけであり、それ以外の何ごとをも意味しない。この意味で議員がその選挙人を代表するというならば、政府の任命する議員は政府を代表するといわなくてはならぬことになろう。そうした代表の概念が科学的に全く無用であることはあまりに明らかである。選挙による議員はその選挙区の選挙人によって選任せられる以外に、「国民」とは実定法的に何の関係もない。選任関係を代表関係と呼ぶことが、今のべたように、科学的に無意味であるとすれば、選挙による議員が実定法的に国民代表の性質をもつと考えることが科学的にいかに不正確であるかは何人にも明らかであろう。

選挙によらぬ議員に至ってはその国民代表の性質をもたぬことは一そう明瞭である。彼らはいかなる意味においても国民とは実定法的関係がない。この点で政府によって選任せられる議員は同じように政府によって選任せられる官吏と少しも異なるところはない。美濃部博士は国民代表の性質をもつかどうかによって貴族院の勅任議員と官吏を区別して居られるが、(2)これは正当ではない。貴族院の勅任議員と官吏との間には他の色々な実定法的な相違はあるが、政府の選任する国家機関であるという点では両者全く同じである。国民代表の性質をその一方だけに与えることは許されぬ。

近代議会の議員がかように国民代表の性質をもたぬとすれば、そうした議員の集りである議会それ自体に国民代表の性質のないことはいうまでもない。佐々木博士は個々の議員は国民を代表するものではないが、議会は国民を代表するといわれるが、(3)そうした主張は実定法的な根拠を全く欠くと思う。

議会以外の国家機関——君主・大統領・指導者・官吏・軍隊等々——が国民代表の性質をもつものでないことはもはや特にいう必要のないことであろう。国民代表の概念が単なる文字上の形容であり、擬制でしかないことはそれらの場合には一そう露骨に表れている。

(1) イェリネックが個々の選挙の全体が国民の合同行為を形成するといっている(Allgemeine Staatslehre, S. 588)のは正しくない。実定法的に見れば、一の選挙区における選挙と他の選挙区における選挙との間には——たとえそれが同時に行われようとも——何らの関係もない。
(2) 『行政法撮要』上巻四版三三一頁。『憲法撮要』五版三五〇頁。
(3) 『日本憲法要論』五版四二三頁。

一〇 国民代表概念のイデオロギー的性格

以上で明らかであるように、近代人の常識となっている国民代表の概念は純然たるイデオロギーであって、法科学的概念としては成立しえないものである。それを単なる政治常識たるにとどまらしめず、法科学的概念にまで高めようとの努力は、従来数多くの学者によって試みられたが、いずれも先に見たように失敗に終っている。人が国民の代表者と呼ぶところの者と国民との間には実定法的には何らの関係がない。国民代表の概念はそうした実定法的な関係の不存在を蔽う「名」であるにすぎぬ。

このことは国民代表概念の変形である議会即国民という説を考える時一そう明らかになる。人は議会が国民を代表するという。しかし、議会の外に国民という意志の主体があるわけではない。議会の意志が——シュルツェや美濃部博士のいわれるように、法の力によって——国民の意志とみなされるのである。とすれば、議会はすなわち国民である、議会の意志は国民の意志を代表するにとどまらず、国民の意志そのものである、という考えが生ずるのに不思議はない。たとえば、古くトマス・スミスは英国の議会について「すべての英国人がそこに在るものと看做される」[1]といっているし、リーカーも「議会は国民、すなわち臣民の総体そのものである」といっている。[2]これらはいずれも議会即国民説へいちじるしく傾いている。かくの如き考えを見る時、議会はすなわち国民だという命題が単なる言葉以外の何ものでもないことはあまりに明瞭であろう。しかもこの議会即国民説はつまるところ議会は国民の代表者だとする説を論理的に徹底させたものにすぎず、それは後者に比してより少なくイデオロギー的性格をもつものでは決してない。

国民代表の概念が法科学的概念として成立しえぬことを指摘したのは、先にのべたように、ラーバントの功績であるが、それがかようにこの稿でいう意味のイデオロギー的性格をもち、そしてイデオロギーとしての機能を営むことを明らかにした者としては誰より先ずケルゼンをあげなくてはなるまい。彼はその仮借せざる実証主義の立場から国民代表の概念が単なる「擬制」にすぎず、科学的概念として到底成立しえぬことを明快に論証[3]した後にこういっている。

「明らかにこの理論(国民代表論)は一つの政治的な目的に仕える[4]」。どのような政治的な目的に仕えるか。

「そうした擬制は民主的進化がさらに発展することを阻止するにきわめてよく役立つ[5]」。

「代表理論は——国民の議会による代表の理論として——国民が立法権をもち、それを議会によってのみ『代表』せられて行使するとの擬制を立てることによって、真の国民立法への民主的発展を無用と考えさせる[6]」。

* * *

カール・シュミットは「代表するとは一つの見えぬ存在を公に現在する存在によって見えるようにし、現在化することである」といい[7]、又ライプホルツは「代表によってあるものが不在であり同時に現在すると考えられる」といっている[8]。これらの言葉は——いうまでもなくこれらの著者たちの意図には反して——その文字通りの意味において、換言すれば、代表なる表象がひとえに唯名的なもので、その名の背後には何らの法律的実在が存しないこと、すなわちそれが全くのイデオロギーにすぎぬことを意味することにおいて、きわめて正当であるといわなくてはならぬ。

(1) Thomas Smith, De Republica et Administratione Anglorum, 1583 における言葉として Leibholz, a. a. O., S. 55, Anm. 3 その他の諸書にしばしば引かれている。
(2) Rieker, Die rechtliche Natur der modernen Volksvertretung, S. 53.
(3) Kelsen, Allgemeine Staatslehre, S. 312f.
(4) Kelsen, a. a. O., S. 315.

（5） Kelsen, a. a. O., S. 316.
（6） Kelsen, a. a. O., S. 319.
（7） C. Schmitt, Verfassungslehre, S. 209.
（8） Leibholz, a. a. O., S. 26.

『公法学の諸問題——美濃部教授還暦記念——』一九三四年八月

立法の委任について

一九世紀的諸憲法においては形式的意味の法律の優越ということが大きな特色のひとつであった。形式的意味の法律の優越がなぜそこでの特色とせられたのであろうか。公選議員を要素とする議会が法律の成立に決定的に参与する権能をもっていたからである。つまり、「すべての市民は自身で、またはその代表者によって、法律の制定に参与する権利をもつ」という一七八九年のフランスの人権宣言第六条にあらわれている民主的要請がかような法律の優越という原理をもたらしたのである。

法律はそこでは単に多くの国法の諸形式のうちのひとつの形式ではなかった。それは国法の形式 par excellence であった。すべて定立せらるべき法は原則として法律の形式をとるべきものとせられ、法と法律はしばしば同意語と考えられた。「立法」、すなわち「法」を定立することは「法律」を作ることと同じこととせられた。「法なければ罰なし」(Nulla poena sine lege)の原理は多くの場合において「法律なければ罰なし」の原理であった。また「法による行政」(Rechtmässigkeit der Verwaltung)の原理も実はしばしば「法律による行政」(Gesetzmässigkeit der Verwaltung)の原理にほかならなかった。元来自由主義的法理論においては法は抽象的な、いわば非人的な法的規範を意味するものとせられ、法概念は主としてその実質(内容)によって標識づけられていた。だから、そこではそうした法が誰によって、どのような手続で定立せられるかということは必ずしも重要な問題ではなかった。が、民主的要請が単なる自由主義に代って政治の指導原理となり、法は原則として法律であるべきであるとせられるようになると、法の実質よりはその創設形式が問題とせられてくる。そして法概念は抽象的な法的規範という風なその実質によって標識づけられるよりはむしろ議会による定立というその創設形式によって標識づけらるべきだとせられるに至った。言葉をかえていうと、一九世紀的諸憲法においては、民主的要請にもとづいて実質的意味の法律概念に代って形式的意味の法律概念が前景に進出し、ここに法律の優越という原理が確立せられたのである。

かような現象はまさしく当時の資本主義経済組織に照応するものであった。個人の自由競争を基礎原理とする私経済主義の下では国家はどこでも多かれ少なかれ「夜警国家」(Nachtwächterstaat)であり、従って専ら「司法国家」(Justizstaat)であり、「立法国家」(Gesetzgebungsstaat)であった。だから、そこで議会が優越的な地位を獲得・保持したことはきわめて自然であった。そして議会の優越が議会の参与によって作られる法律の優越をもたらしたことはむろんいうまでもない。

*　*　*

ところがかような状態に対しては、人の知るように、大戦を機として非常な変革が生じた。至るところで経済的自由主義が捨てられ、いままで私的自治に放任されていた領域に対して次第に国家的統制の手が差しのべられるようになった。国家は単なる「司法国家」であり「立法国家」であることをやめて「行政国家」(Verwaltungsstaat)となった。一九世紀における新興市民階級と共に非常な発展をとげた私法——一九世紀は典型的な私法の時代であった——はいまやその各方面において公法による侵蝕を蒙ることになった。

こういう社会情勢の変化に際して議会が諸国の政治機構において依然としてその優越的地位を維持することは困難

である。国家の主な任務が抽象的な法の定立であった時代には議会は容易にそこで優越的地位を占めることができた。議会はそうした任務を遂行するに十分な能力を具えていた。ところが国家の主な任務が具体的な法の定立、すなわち、具体的な行動であるという時代になると、議会はもはやそこでそうした優越的地位を占めることはできない。議会はそういう任務を遂行するに十分な能力を欠くからである。議会は「審議」し、また「監視」することはできるが、具体的に、個別的に「行動」することはできない。ここにおいてか法律の優越の原理は色々な修正を蒙ることを余儀なくされる。

こういう政治情勢の影響の下に近時各国においてさかんに見られる法現象に立法の委任がある。ここに「立法の委任」(délégation législative)とは法律(むろん形式的意味においていう)がその所管事項を他の国法の形式――ことに命令――に委任することをいう。あるいは「法律の委任」[1]とも呼ばれる。右にのべられたような政治情勢の変化は各国において最近この意味の立法の委任がきわめて頻繁に行われるという結果をもたらしたのである。

これはきわめて当然な現象である。国家が単なる「立法国家」や「司法国家」ではなくて「行政国家」にまで転化してくると、国法の支配する領域がそれに応じてひろくなり、従って、すべての法を法律の形式で定立することが不可能となる。ここにおいて法律がそのあまりに尨大な所管事項のあるものを執行府の発する命令に委任することが技術的に必要とせられ、立法の委任が従来のように立法の権道ではなくて、立法の常道たる地位を占めるようになる。

ところでかような立法の委任というものは諸国の憲法でどのように定められているであろうか。また学説ではどのように取扱われているであろうか。この点をここでごく簡単に概観してみようとおもう。[2]

「立法の委任」(délégation législative)という言葉は実は必ずしも適当な言葉ではない。それは憲法によって与えられた権力(pouvoir)そのものを他に委譲するように解せられるので、学者のあるものはここで立法の委任と呼ばれる法現象を「立法の委任」あるいは「立法権の委任」と呼ぶことに反対する。たとえば、今日のフランスの多数の学者は「立法権」を「委任」するという表現に反対することに一致している[3]。そして、マルベールは立法の委任を「授権」(habilitation)と呼んでいるし[4]、またオーリューはそれを法律の「所管事項」(matières)の委任と呼んでいる[5]。

いかにも「立法の委任」とか「立法権の委任」とかいう言葉は言葉としては必ずしも正確なものとはいえぬかも知れない。しかし、それは永年ひろく用いられた言葉で、きわめて便利である。であるから、ここでは、デュギ[6]と共に、それが適当な表現ではないことを承認しつつ、しばらく「立法の委任」という言葉を用いようとおもう。そして諸家の所説を検討するにあたっても、そこで「立法の委任」という言葉が用いられていると否とにかかわらず、ここにいう立法の委任に該当する法現象はすべてこれを立法の委任と呼ぶことにする。トマは立法の委任に関する論議において、いわゆる立法の委任の場合にはたして立法権が委任せられるのか、それとも行政権がそれだけ拡大せられるのかという問題を論ずることは「無用な概念法学」だといっている[7]が、そこで「立法権」そのものが委任せられるのか、それともその「所管事項」が委任せられるのか、あるいはまた単に「授権」がなされるにすぎぬのかという問題を論ずることも同じように「無用な概念法学」ではないかとおもう。

(1) 穂積八束『憲法提要』八〇一頁。佐々木惣一『日本憲法要論』五版六〇六頁。

(2) この問題については最近カール・シュミットの頗る要領のいい比較法的研究が公にされた。C. Schmitt, Vergleichender Überblick über die neueste Entwicklung des Problems der gesetzgeberischen Ermächtigungen (Zeitschrift für ausl. öff. Recht u. Völkerrecht), B. VI, 1936, S. 252 f. これは『公法雑誌』二巻(一二〇一頁)に大西芳雄氏によってきわめて精密に紹介されている。本稿の論述もこれに負うところが多い。

(3) Malberg, La loi, expression de la volonté générale, p. 69; Duguit, Traité de droit constitutionnel, 2e éd., IV, p. 747 et s.; Rolland, Le projet du 17 janvier et la question《des décrets-lois》(Revue du droit public, 1924, p. 53); Hauriou, Précis de droit constitutionnel, 2e éd., p. 264; Barthélemy et Duez, Traité de droit constitutionnel, p. 200.

(4) Malberg, op. cit., p. 80 et s.

(5) Hauriou, op. cit., p. 264.

(6) Duguit, op. cit., p. 748.

(7) Thoma, in Anschütz u. Thoma, Handbuch des deutschen Staatsrechts, II, S. 227, Anm. 16. ナヴィアスキイもここに立法の委任と呼ぶ法現象を「委任」と呼んでも呼ばなくても結局同じことに帰着するといっている。Nawiasky, Bayerisches Verfassungsrecht, S. 339.

* * *

権力分立主義の原理は各権力の間に明確に権能を分配する必要上、成文憲法を要請することが多い。しかもその成文憲法は必然的に硬性《リジッド》であることが要請される。かようないわば自由主義的要請は諸権力の混同を忌むから、立法の委任はそこではどうしても否定せられやすい。たとえば、共和三年のフランス憲法第四六条は「いかなる場合にも立法府はその議員の一人または多数に、あるいは何人に対しても、この憲法によって立法府に与えられている職務を委任することはできない」と定めているが、これはかような意味で権力分立主義にもとづく硬性成文憲法主義から生ずる当然の帰結と考えられる。

フランスの権力分立主義にもとづく成文憲法主義の伝統を忠実に保持しようとしたエスマンは立法の委任について次のような説明を与えている。[1] 立法の委任ということは法的に不能である。その理由はごく簡単である。議会に与えられた権力はその固有の権利ではない。それは憲法によって与えられた職務であって、議会はそれを憲法の規定に従って自身で行使すべく、それを任意に処分すべきではない。そうした処分をなしうるのはひとり主権者だけであるが、議会は主権者ではない。それは主権者の受託者《デレゲ》であるにすぎない。

かような意味での立法の委任の否定をもっとも明確に憲法上の大原則としているのはいうまでもなくアメリカ合衆国である。クーリー(2)はいう。憲法上確立している格律のひとつは立法府に与えられた立法権は他の部局あるいは官庁に委任せられえぬということである。国の主権がある権力をある場所に置いたなら、それはそこにとどまらなくてはならない。そして憲法自体が改正せられぬかぎりは、法律は憲法上みとめられた立法府によってのみ作られなくてはならない。

この原則はそこで聯邦最高法院《シュプリーム・コート》の多くの判例によって確立せられているが、とりわけ近くルーズヴェルト大統領のNIRA法の憲法適合性に関してなされた判決はこの原則を明確に宣明したものとして興味が深い。NIRA法は、人の知るように、大統領に対して広汎な立法の委任を行ったが、この点が憲法上許されるかどうかという問題について一九三五年一月七日の Panama Refining Co. v. Ryan の判決(3)では次のようにいわれている。

「米国憲法は『本憲法によってみとめられる立法権はすべて上院および下院より成る合衆国議会《コングレス》に与えられる』と定めている。そして議会はその一般的権力を『執行するために必要かつ適当なすべての法律を作る』権力をみとめられている。議会がかように与えられた本質的な立法作用を放棄したり、他に委譲したりすることが許されぬことは明瞭である。むろん立法はしばしば聯邦立法府が直接に処理することのできぬような詳細な規定を必要とするような複雑な事情に適応しなくてはならない。憲法は議会に対して弾力性と実際性(flexibility and practicality)の必要な手段を拒否していると考えられたことはない。議会はそうした手段によって自ら政策(policies)を定め、標準(standards)を立て、そして定められた限界のうちで下位の規則を作り、立法府の定めた政策が適用せらるべき事実を決定することはこれを他の者に委せることができると解せられている。そういう権能がなければ、立法府は非常時に役に立たぬであろう。しかし、そういう規定の必要と効力がたえずみとめられ、それによって行政権の領域がひろく発展せしめられたとはいえ、それだからといって、いやしくも我が憲法制度が維持せらるべきものであるかぎり、委任を行う権力に対して与えられている限界を曖昧にすることは許されない」。同じ議論はさらに一九三五年五月二七日の Schechter Corp. v. U.S. の判決[4]でのべられている。

これらの判決にあらわれた見解によれば、立法の委任は原則として許されない。むろん法律の施行細則は委任しても差支えない。しかし、法律自体が政策を定め、標準を立てなくてはならない。そして限られた限界の範囲内で細則を定め、政策の適用せらるべき事実を決定することだけが命令に委任せられうる。従って、こうした範囲を超えて委任を行っているNIRA法の規定は違憲とせられざるをえない。なるほどこの法律は非常な事態に応ずるものであろう。「非常な事態は非常な対応策を必要とする」。しかし、「非常な事態は憲法上の権力を創設したり、拡大したりはしない[5]」。

これに類する見解はドイツでも往時のプロイセン的立憲主義者、たとえばレンネなどによって唱えられた[6]ことがあるが、この説はドイツであまり勢力を持つに至らなかった[7]。

(1) Esmein, Eléments de droit constitutionnel français et comparé, 7e éd., II, p. 81.
(2) Cooley, Constitutional limitations, 8th ed., p. 224.
(3) 293 U. S. 388.

（4） 295 U. S. 495.

（5） Schechter Corp. v. U. S. 295 U. S. 495.

（6） Rönne, Das Staatsrecht der preussischen Monarchie, 4. Aufl., I, S. 356. ゲルバーも原則として立法の委任は許されぬような口吻を洩らしている。Gerber, Grundzüge des deutschen Staatsrechts, 3. Aufl., S. 150, Anm. 5.

（7） Meyer-Anschütz, Lehrbuch des deutschen Staatsrechts, 7. Aufl., S. 672, Anm. 6 はレンネの見解をもって「全く根拠はない」(völlig unbegründet)と評している。

*　　*　　*

わが国においてもこれと同じように立法の委任を強く否定する学者は必ずしも少なくない。その随一としてはおそらく穂積八束博士をあげなくてはなるまい。博士は立法の委任がわが憲法上許されぬとする見地から、明治二三年法律第八四号や台湾総督の律令制定権をみとめる法律の不当な所以を強く難ぜられた。前者に関する博士の意見は公にせられていないようであるが、後者に関する意見はとりわけ「台湾に怪物あり法律に非ず又命令に非ず律令と自称して白昼公行す。明治の昭代一の源三位なきか。嗚呼源三位なきか」の名句によって知られる「台湾総督の立法権に付きて」と題する論文(1)で説かれた。

博士は立法の委任を否定せられる理由として次のようにいわれる。

「立法権は之を委任することを得ず。立法権は議会の協賛を以て天皇之を行ふ。憲法の明文動かすべからず。若、法律を以て之を君主政府に委任するを妨げずとせば、是れ政体の根柢を顚覆することを許す者なり。裁可と協賛とは憲法上の立法の要件たり。若、法律を以て此の要件を不用ならしむるを得ば、是れ法律を以て憲法を変更することを得る者なり。所謂立法権の委任の自由は立法権の自殺の自由なり。憲法豈之を許す者ならんや(2)」。

ヨーロッパ諸国では立法の委任は許されるかも知れないが、わが国ではそれと同じく論ずるわけにはいかない。いわく。

「之を欧洲の憲法について謂へば、所謂法律の委任の可能なる論なきのみ。是れ即ち憲法の委任なればなり。憲法と法律とは外形を異にするの空文は仍之を存するも、彼にありては、法律は憲法と其の効力同等なり。法律を以て憲法を変更することを禁ぜず。法律を以て国家最高の法則とすればなり。立法権は最高の権力なり。法律は最高の法則なり。為して能はざる所なし。何ぞ委任の自由あるを怪まん(2)」。

ところがわが国の実際は博士の意見にもかかわらず、立法の委任を是認するようにおもわれた。博士はこれに対していわれる。

「然れども予が此の切切二十年の論、終に人の耳目に入らず、反対の学説は立法成例の後援を得るに由りて愈々勢を為し今は動かすべからざるが如し、予は自ら過を知るの明なきを悲む者なり(2)」。

「委任説の最有力なる弁護は政策の談に在りて法理の論に在らず。実例に付き、政策の必須として、之を聞く。寔に否む能はざる者あるに似たり。法理の弁護としては未だ耳を傾くるに足る者あるを知らざるなり(2)」。

上杉博士も同じような趣旨で立法の委任を否定せられる。いわく。

「諸国に於ては、法律を要する事項と雖も、法律自ら之を発するの権を命令に委任するときは、命令を以て之を定むることを得ること実際上学説上一般に認められ、之を委任命令と称せり。之れ法律を要する事項の範囲を一切の法規を定むることと為せる結果生ずべき実際上の不便に本づくものなりと雖も、法律を制定することを以て、恰も国会なる権利主体の権利なるが如くに見て、自己の権利は之を他に委任することを妨げずと為すに出づるものにして、欧羅巴中世以来の、国会を以て国王と相対立する権利主体なりとする思想に本づけり。然れども、国会は今日の国家に於ては権利主体に非ず。其の権限は憲法の定めたる、行はざるべからざるの職務にして、自由に拋棄して之を行はざることを得るの私権に非ず。又立法権を最高とし、法律を以てすれば、何事をも為し得べく、憲法に違反するも亦可なりとするの思想に出づるものにして、固より我が憲法に於て成立し得べき理論に非ず。……されば憲法を以て法律の一種なりとし、国会の意志を以てすれば、憲法に拘はらざるの規定を設くることを得べしとするに非ざる以上は、法律を以て憲法の規定に直接違反して、命令を以て憲法の法律を以て定むべしとする事項を定むることを得と為すの委任命令は、憲法違反なりと為さざるべからず」[3]。

これらの議論のうちでヨーロッパ諸国では立法の委任が当然にみとめられているようにいわれているが、それは後にのべられるように、主として当時のドイツにおける学説および実際を基礎とした議論で、フランスについてはいわれうるところではない。フランスの伝統的な憲法思想が――権力分立主義と成文憲法主義にもとづき――本来立法の委任に反対の色彩を身につけていることは、そうした憲法思想の代表者エスマンの見解によっても容易に知ることができる。

（1）『穂積八束博士論文集』七二九頁以下。本稿で邦語の論文を引用する場合に原文が片仮名の場合は便宜上すべて平仮名に改めた。また句読点も必ずしも原文そのままではない。

（2）『憲法提要』八〇一頁以下。なお参照、穂積八束「法の委任の説を難ず」前掲論文集、三四二頁以下。同「法律の委任」同書、八五五頁以下。

（3）上杉慎吉『新稿憲法述義』五〇三頁以下。

* * *

かような立法の委任否定論にもかかわらず、ある範囲の立法の委任はどこでも実際上の必要である。いかなる立法の委任をも禁ずるということは実際においては不能に近い。だから、アメリカ法でもきわめてかぎられた範囲においては立法の委任がみとめられている。再びクーリーを引く(1)ならば、立法府は裁量を要する法律の執行に関して規定する権力を委任することは許される。が、それは法律にもとづいて行使されなくてはならない。立法府は法律の政策を宣言し、与えられた場合において監督すべき法律原則を確立しなくてはならない。さきに引かれた判決でも法律自体が政策を定め、標準を立てた場合に、そのかぎられた範囲内で細則を定め、政策の適用せらるべき事実を決定することを命令に委任することは許されるといわれている。

フランスでも実際上の必要からある範囲の立法の委任が行われ、それに応じて学者も多く一定の限度においてこれを承認することに傾いている。そこで立法の委任と考えられる現象のもっとも通常なのはいわゆる《règlement d'administration publique》である。それから近時問題とせられるかの《décret-loi》も立法の委任にもとづく命令、すなわち、委任命令に属すると考えられる。そこで立法の委任の問題は特にこれらの命令の法的性質の問題と関聯して取扱われる。

さきにのべられたように、フランスの学者は立法権は憲法によって立法府に与えられたもので、それを行政府に委任することは権力分立主義に反し、また憲法の規定に反するという理由で立法権の委任は許されぬ(2)とするが、我々がここで立法の委任と呼んでいる法現象は必ずしもこれを否定しているわけではない。むしろ一定の限度内ではそれを是認するというのが現在の通説とおもわれる。

バルテルミおよびデュエズ(3)によれば、フランス憲法では立法の委任を禁止する規定もないし、また法律事項の限界を明確に定めた規定もないから、一般に議会が命令の利益にまで自らその権限を制限することは許される。しかし、彼らも無制限な立法の委任をみとめるわけではなく、委任はすべての立法権を吸収してしまうように「一般的《ジエネラル》」であったり、「絶対的《アブソリユ》」であったりしてはならず、従って、立法の委任は特定の事項または特定の地域に限定せられる場合にのみ有効であり、またむろんその委任はいつでも法律で撤回することができるといっている。ロランも同じように立法の委任をみとめるが、やはりそこに限界をみとめる。いわく。(4) 法律または憲法的慣習によって議会に留保せられていない事項を、少なくともその期間とその施行地域を限定して命令に委任する法律は適法である。しかし、成文憲法または憲法慣習によって議会に留保されている事項を命令に委任したり、またはあまりに一般的《ジエネラル》な不明確《アンブレシ》な委任を行う法律は違憲である。同じようにオーリューも法律は例外的に(exceptionnellement)にその所管事項の一部(une partie des matières)を命令に委任することが許されると説明している。(5) デュギは立法の委任に関する制限を具体的に説くところきわめて詳細であるが、結局ある制限内においてのみ立法の委任をみとめる点においてこれらの通説と軌を同じくする。(6)

フランスの裁判所は——司法裁判所も行政裁判所も——これと同じ見解をとっているが、そこでは端的に立法権の委任が承認せられている。(7) 学者はこれらの判決を批評して立法権の委任という言葉を難ずるが、(8) その実質においては裁判所の見解は一般学者の説くところと大差はないとおもわれる。

ヴァイマール憲法時代のドイツでもこの種の見解がかなり有力であった。(9) トリーペルや、ペチ・ヘフターは、ビスマルク憲法時代の通説に反して、立法の委任が「かぎられた生活関係に対するかぎられた目的」(10) のためにのみ、あるいは法律を施行し、それを補充する限度においてのみ許されるので、(11) それ以外には許されぬものと主張した。

わが国でも今日はこれが通説である。学者はいずれも立法の委任がわが憲法上許されるとするが、そこには一定の制限があると主張している。ところでどのような制限が一体そこにあるのかという点になると――これはすべてのこの種の論者において必然的に見られる現象であるが――一般にきわめて抽象的にしか説かれていない。美濃部博士によれば「法律の委任が憲法上許され得るのは唯特別の委任、即ち特定の事項を指定してこれを命令の規定に譲ることのみに限られ(12)」る。また佐々木博士によれば、立法の委任には次のような限界がある。それは第一に法律が「特定の事項に関して」命令で規定することを定めるものでなくてはならない。従って「一般に法律事項を命令を以て規定し得るものとする」ことは憲法上許される立法の委任ではない。たとえば、法律が「某地方に於ては法律を要する事項を命令を以て規定することを得」と定めるのは憲法の規定そのものを変更することになるから許されない。第二に立法の委任は特定の事項に関して「特定の点に付」命令で規定することを定めるものでなくてはならない。従って「特定の法律事項を全体として命令を以て規定し得るものとする」ことは憲法上許される立法の委任ではない。たとえば、法律が「所有権の制限は命令を以て之を定む」と規定するのは憲法の規定そのものを変更することになるから許されない(13)。

従って、かような通説(14)によれば、かの「六三問題」や、また明治二三年法律第八四号の性質の問題は少なくとも立法の委任の法理によっては説明せられえぬことになる。

(1) Cooley, op. cit., p. 228.
(2) Malberg, op. cit., p. 69 et s.; Hauriou, op. cit., p. 264.
(3) Barthélemy et Duez, op. cit., p. 762.

(4) Rolland, Le projet du 17 janvier 1924 et la question des décrets-lois (Revue du droit public, 1924, p. 42 et s.)
(5) Hauriou, op. cit., p. 265.
(6) Duguit, op. cit., p. 747 et s.
(7) Moreau, Le règlement administratif, p. 185, n. 2.
(8) Duguit, op. cit., p. 750; Barthélemy et Duez, op. cit., p. 200.
(9) Schmitt, a. a. O., S. 262. 大西、前掲、一一〇八頁。
(10) Triepel, Verhandlungen des 32, Deutschen Juristentags (Bamberg), S. 11f.
(11) Poetzsch-Heffter, Verhandlungen des 32, Deutschen Juristentags (Bamberg), S. 35f.; Derselbe, Handkommentar der Reichsverfassung v. 11. August 1919, 3. Aufl., S. 303.
(12) 美濃部達吉「命令」(岩波版『法律学辞典』一六一六頁)。
(13) 佐々木、前掲、六〇七頁。
(14) 清水澄『逐条帝国憲法講義』一三六頁。佐藤丑次郎『帝国憲法講義』二六五頁。

* * *

これらの見解より一歩をすすめて立法の委任を原則的に承認するものはまずイギリス法である。ここには権力分立主義もなく、成文憲法もない。立法の委任に対してはなんらの法的限界はみとめられていない。その問題は一般に論議の対象ともせられたこともない。[1]

ビスマルク憲法時代のドイツの通説もこれと同じように立法の委任を原則として承認した。[2] そこでは命令を行政命令(Verwaltungsverordnung)と法規命令(Rechtsverordnung)に分けるのが通例であったが、後者は法律による委任にもとづいてのみ許されると考えられた。つまり法規命令は原則として委任命令であった。そしてそうした立法の委任は一般に許されるものとせられたのである。ここで立法の委任が原則として許されると解せられたのは必ずしもイギリス法におけるように議会全能主義あるいは法律全能主義にもとづいてではない。これは当時のドイツの憲法理論の一般的性格から容易に推測しうるところである。むしろそれは権力分立主義的立憲主義を一応承認しながら、その範囲内においてなるべく行政権に広汎な活動領域をみとめようとする意図――この意図は実に当時のドイツ的「立憲政」学説のもっとも大きな特色である――の表現であると考うべきであろう。

フランスでもモロー[3]やマルベール[4]はこれに類する見解を示している。とりわけ後者の見解はビスマルク憲法時代のドイツの通説にきわめて類似している。彼は多くの学者と同じように一方において「立法権の委任」が許されぬことをもってフランス憲法の大原則とみとめながら、他方において立法的授権(habilitation législative)が無限に許されると説くことによって、ここにいう立法の委任を全般的に承認している。

わが国でも立法の実際ではかなり広汎な立法の委任が行われ、それらがいずれも、さきにのべた諸学説にもかかわらず、有効なものとして取扱われている。たとえば、朝鮮総督の制令制定権や台湾総督の律令制定権あるいは明治二三年法律第八四号は少なくとも今日では何人によってもその効力を疑われぬが、実際ではそれらはいずれも立法の委任によって根拠づけられているようである。大審院も「法律が命令に委任して立法事項を規定せしむる場合に於ては法律は其の命令を以て自己の内容と為したるものなるを以て其の命令を適用するは即法律を適用するものに外ならず」といって、明治二三年法律第八四号の委任を立法の委任として根拠づけている[5]。そして学者のうちでもかような現実に着目して端的に立法の委任を承認している者も全くないではない[6]。

（1） Schmitt, a. a. O., S. 254; 大西、前掲、一二〇三頁。
（2） Schmitt, a. a. O., S. 260; 大西、前掲、一二〇七頁。

Meyer-Anschütz, a. a. O., S. 672; Thoma, in Anschütz-Thoma, Handbuch des deutschen Staatsrechts, II, S. 227; Jacobi, in Anschütz-Thoma, a. a. O., S. 242.

（3） Moreau, op. cit., p. 183 et s. フランスの古い時代の学説にも同じ見解が多かったといわれる。Moreau, op. cit., p. 185, n. 1.

（4） Malberg, op. cit., p. 80 et s.

（5） 大正二年七月一一日『刑録』一九輯七九〇頁。

（6） かような傾向の学者としては金森徳次郎氏をあげることができる。氏はこの点に関するわが学界の通説に疑義を提出され、むしろかなり広汎な範囲の立法の委任をみとむべきであろうと説いておられる。その現実に即した所説にはきわめて傾聴すべきものが多いとおもう。金森徳次郎「委任命令」(『自治研究』九巻一二号)。私自身の考えて居るところも金森氏の所説に近い。

* * *

立法において、また学説において立法の委任を否定する根拠は主として権力分立主義と成文憲法主義である。高度な権力分立主義を採用し、かつもっとも硬性な成文憲法をもつアメリカ合衆国において立法の委任がもっとも徹底的に否定せられているのはこれがためであろう。

これに反してそれを是認する根拠は必ずしも一様ではない。あるいはそれは立法権優越の原理によって根拠づけられうる。イギリス法の場合はこれである。フランス法に関するマルベールの学説もかような色彩を身につけているようにおもわれる。あるいはまたそれは立法権の侵蝕に対する行政権力の保障乃至拡大の原理によって根拠づけられうる。ビスマルク憲法時代におけるドイツの学説はこれに属する。近来の社会情勢の変遷に伴って諸国に行われる立法の委任の場合もおそらくこれに属するであろう。そして権力分立主義と成文憲法主義が厳格にみとめられていないということがこれら両者に通ずる特色であるとおもわれる。
わが国の通説が立法の委任をある制限の下にみとめているのは、おそらくやはり原則として権力分立主義と成文憲法主義の思想にその根拠をもつものであろう。私はこれらの通説より一歩をすすめて一般的に立法の委任を承認すべきものと解するのがわが国法の現実に適合する妥当な解釈ではないかと考えているが、もしかりにそういう解釈が成立するとすれば、その根拠はおそらく伝統的な権力分立主義を今日の社会情勢の現実によりよく適合する執行府強化の原理によって補正することの必要に求めらるべきであろう。

『公法雑誌』二巻一一号　一九三六年

ドイツ型予算理論の一側面

一

世界大戦前のヨーロッパで支配的であった憲法理論については、きわめて概括的に見て、二つの大きな定型を区別することができる。一はイギリス・フランス型であり、他はドイツ型である。

この二つの定型の間には、たとえば、議会主義と立憲主義あるいは民主主義と君主主義というような根本的な性格の相違があった。その結果として当時のドイツの諸邦の立憲的政治体制がいずれも多かれ少なかれイギリスあるいはフランスの影響の下に成立したものであり、そこで制度や成文憲法の規定も多くはイギリスあるいはフランス（またはその影響の下に立った国々）のそれと少なくとも外形的にはきわめて類似したものであったにもかかわらず、ドイツでその憲法についてなされた教説的解明とイギリスやフランスでその憲法についてなされたそれとの間にはきわめて多くの重要な鋭い対立が見られた。

人はしばしば一九世紀的・ヨーロッパ（乃至アメリカ）的憲法理論について語る。それは決して間違いではない。たしかに人はそういう憲法理論について語ることができる。しかし、そういう憲法理論のうちにさらに右にのべられたような対立する二つの定型があることを看過してはならぬ。

この二つの定型の対立がともすれば看過される恐れがあるのは、なにより、いま一言したように、ドイツ諸邦の立憲的政治体制が多かれ少なかれイギリスあるいはフランスの影響の下に立つものであり、従って、そこでの制度や成文憲法の規定などがイギリス・フランス系統のそれと外形的にきわめて類似しているからである。しかも、そうした類似の背後には原理的な対立が厳として存するのである。

ドイツの制度や成文憲法が外形的にイギリス・フランス系統のそれにきわめて類似しているにもかかわらず、ドイツで生れた憲法理論がイギリスやフランスで生れたそれといちじるしく違う点について、ジョゼフ・バルテルミは次のように説いている。(1)

ドイツ人は本来きわめて「詭計的」(artificieux)である。だから、その成文憲法の規定の正確な分析や、論理的な註釈はそこでの制度の現実をはなはだ不正確にしか表現しないであろう。一八五〇年のプロイセン憲法は、急いで読むと、ベルギー憲法の翻訳のように見えるかも知れぬ。が、少し注意してみると、そこで立法者が少しでも自由主義的意味をもちうる文句を周到にも修正してあることにすぐに気がつくであろう。それだけではなく、その立法者が反対にそこに一見何気ない副詞を附加していることにも気がつくに違いない。が、実はそういう副詞がしばしばその無邪気な外見の背後にいろいろな arrière-pensées をひそめているのである。もし、憲法に「国王は毎年一回議会を召集す」とあれば、その意味はしごく明瞭であるが、プロイセンの憲法にはそこに「原則として」(regelmässig)という——一見何気なさそうな——副詞が插入されている。そうすると、それにもとづいて、たとえば、ボルンハクはこの規定は国王に議会を厳格に毎年召集する義務を負わせるものではないと主張する。「原則として」というのは「通常は」という意味であるから、かりに一度・二度あるいは三度国王が召集を怠ったところで、それは憲法上の義務の違背ではないというのである。

このバルテルミの言葉は世界大戦中に書かれたものである。従ってドイツ人は「詭計的」だというようなやや矯激にわたる表現が用いられてはいるが、ドイツの制度や成文憲法の規定がイギリス、フランスのそれに外形上類似しているにもかかわらず、ドイツ型憲法理論がイギリス・フランス型憲法理論とはいちじるしく違うということ、しかもどういう点において違うかということは、そこで明瞭にかつ正当に示されている。

かような対立を正確に認識することは、イギリス・フランス型憲法理論を十分に理解するためにきわめて必要であるが、それはドイツ型憲法理論を正しく理解するためにはいっそう必要であると考えられる。というのは、前者は原則として明晰判明な形で説かれており、その多くの部分は一般人の常識のうちにもはいっているが、後者はそれとは異なりはなはだ幽玄な形で説かれる――(だからこそ「詭計的」などと評せられるのである)――を通例とするからである。

この種の対立は憲法理論のあらゆる部門において表れている。それを網羅的に、そして系統的に検討することを私はかねてから企図しているが、その企図はいままだ実現せられるまでになっていない。ここでは専ら予算理論においてあらわれたそうした対立の一様相を考察し、それによってドイツ型予算理論のひとつの側面を明らかにすることに多少なりとも役立たせたいとおもう。

(1) Joseph-Barthélemy, Les institutions politiques de l'Allemagne contemporaine, 1915, p. 3.

二

議会が予算議定権をもつことは一九世紀このかたヨーロッパ諸国における共通な現象と考えられている。ところで、議会が予算議定権をもつとは何を意味するか。それは通常一定の期間内における国庫の収入および支出——の少なくとも一部分——が議会によって議定せらるべき予算にもとづいてのみなされうることを意味すると解せられている。

ここからイギリス・フランス型予算理論は次のような結論を引き出した。議会の予算議定権はむろん予算の否決権（または少なくとも予算の一部分の否決権）を含む。ところで、政府は予算にもとづかずには少なくともある種の重要な支出を行うことができぬわけであるから、議会はその予算の全部または一部を否決することによって政府を財政的窮地に陥れることができる。議会のこの権力からその政府の行動一般に対する強力な批判権が生れる。

議会がかような予算を否決あるいは拒絶する権限をもつことはイギリス・フランス型予算理論では議会が予算議定権をもつことから生ずる当然の帰結とせられている。たとえば、トッドは「下院が政府に対して経費《サプライズ》を拒絶するという疑いのない権利(the undoubted right)」について語っているし、[1] エスマンも毎年予算の拒絶(le refus du budget annuel)が議院内閣制度において議会が政府に対して自らを主張するための強力な手段であると書いている。[2] またジョゼフ・バルテルミおよびデュエズも「予算議定権のおかげで、議会は政府に対して直接なコントロールを行う。そして、政府が反抗する場合にも、議会は予算の拒絶(le refus du budget)という最高の武器をもつであろう」と説いている。[3]

かような理論は、しかし、ドイツ型予算理論においてはそのままにみとめられるに至らなかった。ここでは、議会の予算議定権は、イギリス・フランス型予算理論におけるよりは、はるかに微力なものとして説かれていた。

それならば、ドイツ型予算理論において議会の予算議定権はどのような性質をもつものとせられたのであるか。この点を明らかにするためには、ドイツ型予算理論のもっとも典型的なものとせられているパウル・ラーバントのそれを検討することが適当である。この当時のドイツにおける「半官的」[4]な公法学説の代表者は一八七〇年に『プロイセン立法および司法雑誌』に「予算法」[5]と題する論文を公にし、そこで――専らプロイセン憲法につき――議会の予算議定権の性質を詳細に論じ、後さらにその『ドイツ・ライヒ憲法』[6]において、その理論をライヒ憲法について展開させた。ここでは大体「予算法」を中心としつつ、彼の特色ある予算理論を概観することにしたい。

（1） Todd, Parliamentary Government in England, Walpole's edition, 1892, I, p. 4.
（2） Esmein, Eléments de droit constitutionnel français et comparé, 7e éd., I, p. 161, II, p. 420.
（3） Joseph-Barthélemy et Duez, Traité de droit constitutionnel, p. 797. なお参照，Jèze, Théorie générale du budget, 6e éd., p. 45 et s.; Joseph-Barthélemy, Les institutions politiques, p. 161.
（4） Koellreutter, Integrationslehre und Reichsreform, S. 10.
（5） Laband, Das Budgetrecht nach den Bestimmungen der Preussischen Verfassungs-Urkunde unter Berücksichtigung der Verfassung des Norddeutschen Bundes, Zeitschrift für Gesetzgebung und Rechtspflege in Preussen, Bd. IV, 1870, S. 625f. これは翌年単行本として別刷せられた。以下で引かれるのはこの単行本である。
（6） Das Staatsrecht des deutschen Reiches, 5. Aufl., Bd. IV.

三

一八五〇年のプロイセン憲法の第九九条は予算について「国のすべての収入および支出は各年につき予め予算に見積られなくてはならぬ」。「後者(予算)は毎年法律によって確定せられる(Letzterer〔der Staatshaushalt-Etat〕wird jährlich durch ein Gesetz festgestellt)」と定めている。これがそこで議会の予算議定権に関する唯一の規定であるから、予算に関する議論はすべてこの規定の検討から出発しなくてはならぬ。

ところで、いったい「法律」とは何を意味するか。ここにラーバントの注目せらるべきかの実質的意味の法律と形式的意味の法律の理論(1)が展開せられる。

「法律」(Gesetz)という言葉は立憲的国家体制が成立するずっと以前から用いられていたが、それはそこで法規の宣言(Ausspruch eines Rechtssatzes)、すなわち、規範の意欲かつ意識的確立(die gewollte und bewusste Festsetzung〔einer Norm〕)を意味していた。それは国家意思の意識的発顕であり、その点で慣習法と対立するものであった。しかし、国家意思の発顕がすべて法律であったわけではなく、そのうちで法規、すなわち、法律関係の規正または決定のための規範(Norm zur Regelung oder Entscheidung von Rechtsverhältnissen)を内容とするものだけが法律であったのである。だから、裁判判決や、行政官庁の処分や、国際条約の締結などは、いずれも国家意思の発顕ではあるが、法規を含んでいないから、法律ではないとせられた。

この意味の法律概念の本質的標識はその内容にあり、従って、それは実質的(materiell)なものである。その内容が身につける形式はここでは問題とせられぬ。立憲的体制が設けられる以前、プロイセンでKabinets-Ordre, Edikt,

Verordnung, Allerhöchster Erlass そのほかの名称が、Gesetz と同じ意味に用いられたのはそのためである。この用語法は立憲的体制成立の後も依然として存続した。一八五〇年のプロイセン憲法自身も「すべてのプロイセン人は法律の前に(vor dem Gesetze)平等である」(第四条)とか、「何人もその法定の裁判官(gesetzlicher Richter)を奪われることはない」(第七条)とか、「刑罰は法律にもとづいてのみ(nur in Gemässheit des Gesetzes)科せられうる」(第八条)とか、「所有権は公益にもとづき法律の定めるところにより(nach Massgabe des Gesetzes)……剝奪または制限せられうる」(第九条)とかいう規定では、法律という言葉をこの意味に用いている。

立憲的体制の設立は法律という言葉に新しい意味を与えた。そこでは新しい法規の定立には原則として議会の同意が必要とせられ、議会の同意を経て国王の定立する法規形式が法律と呼ばれることになった。プロイセン憲法に「すべての法律(Gesetz)には国王と両院の合意が必要である」(第六二条)とあるはこの意味である。法規の定立がこの意味の法律の形式によるべしという原則には、しかし、例外がみとめられる。すなわち、一定の場合には法規が議会の参与なくして定立せられる。憲法は議会の参与なくして定立せられる法規形式を命令(Verordnung)と呼んでいる。ここにいう法律概念の標識は国王と議会の合意という全く形式的(formell)なものである。

かようにして法律には実質的意味における法律(Gesetz im materiellen Sinne)と形式的意味(または狭義あるいは立憲的意味)における法律(Gesetz im formellen〔od. engeren od. konstitutionellen〕Sinne)が区別せられることになる。そして、実質的意味の法律が形式的意味の法律の内容とならぬ場合があるのと同じように、形式的意味の法律が実質的意味の法律以外のものをその内容とする場合も生じうる。

実質的には法律の概念に属しない行為が憲法上立法の形式(Form der Gesetzgebung)によるべきものとせられ、形式的意味の法律の内容とせられる場合は、一八五〇年のプロイセン憲法に多く規定せられている。そこでは国債を起すこと、国家が保証債務を負担すること(第一〇三条)、国境を変更すること(第二条)などが法律によって行わるべきことが定められているが、それらの規定は専らそれらの行為が国王と議会両院との合意にもとづいて行わるべきことを意味するので、決してそれらの行為が実質的意味において法規定立行為の性質をもつことを意味するのではない。元来実質的意味における法規定立行為の性質をもたぬ行為は、たとえそれが国王と議会両院との合意によってなされ、形式的意味の法律の形式を身につけても、それによってそうした性質を取得することはできぬ。

「予算は毎年法律によって確定せられる」という規定も、だから、専ら予算は毎年国王と議会両院の合意によって確定せらるべきことを意味するだけで、予算の確定は実質的意味の法規定立行為だという結論は必ずしもそこから当然には出て来ないといわなくてはならぬ。(2)

それならば、予算の確定とはいったいどのような性質の行為であるか。

(1) この理論に関しては参照、Haenel, Studien zum Deutschen Staatsrechte, II, S. 100f.; Anschütz, Kritische Studien zur Lehre vom Rechtssatz u. formellen Gesetz, S. 5f.; Anschütz, Die gegenwärtigen Theorien über den Begriff der gesetzgebenden Gewalt u. den Umfang des königl. Verordnungsrechts nach preuss. Staatsrecht, 2. Aufl., S. 19f.; Meyer-Anschütz, Lehrbuch des deutschen Staatsrechts, 7. Aufl., S. 652f.; Thoma, in Handbuch des deutschen Staatsrechts, II, S. 124f. 一木喜徳郎『日本法令予算論』二版一四頁以下。有賀長雄『国法学』下巻一一六頁以下。美濃部達吉「立法権と命令権の限界」(『憲法及憲法史研究』所収)。田上穣治「憲法に於ける法律」(『国家学会雑誌』四五・四六巻)。

(2) Laband, Das Budgetrecht, S. 2-11; derselbe, Das Staatsrecht d. d. R., 5. Aufl., II, S. 61f.

形式的意味の法律の内容とせられる予算が実質的意味の法律であるかないかを検するには、まず実質的意味の法律概念を明確に定める必要がある。

四

ラーバントによると、ひとつの規律(Regel)は法律内容(Rechtsinhalt)をもつとき、すなわち、それがなんらかの関係において個人または国家的共同体の法律領域(Rechtssphäre)に触れるときにのみ実質的意味の法律と呼ばれうる。だから、ただ法律を定立することが立法なのではなくて、かような法規律を定立することが立法なのである。たしかに、この意味の立法の限界を正しく認識することはきわめて困難である。しかし、その限界を認識することが困難であることは決してその限界の存在を否定することの理由にはなりえぬ。

この観点から見るとき、予算は通常なんらの法規を含まず、従って、実質的意味の法律でないことは明瞭である、とラーバントは主張する。予算はひとつの計算(Rechnung)である。それはすでになされた収入および支出の計算、すなわち、決算ではなくて、将来において予想せられる収入・支出に関する見積り(Voranschlag)である。それは決算とその法律的性質を同じくする。決算はなんらの規律を——ましてなんらの法規律を——含むものではなく、ただ事実(Thatsachen)を含むにすぎぬが、予算もそれと同じように原則として収入または支出の法律上の義務を基礎づけるものではなく、むしろ、そういう義務を前提として、その財政的結果を綜合するだけである。予算も、決算も、だから、立法(Gesetzgebung)とはなんの関係がなく、それはひとえに行政(Verwaltung)に属する。そして、それらの両者に関して議会が憲法上与えられている権利はいわゆる立法権への参与ではなくて、いわゆる執行権への参与の性質をもつ。ほかの言葉でいえば、国王は議会との合意の下に予算を確定しなくてはならぬとか、決算はこれを議会に提出してその承諾を得なくてはならぬとかいう規定は、国の行政を議会の不断のコントロールの下に置こうとするものである。(1)

予算の確定が立法の形式で行わるべきひとつの行政行為(Verwaltungsakt)であるという右の論述から多くの重要な法律的帰結が——一方においては、議会の予算承諾権の憲法的限界が、また、他方においては、予算の成立または不成立の効果が——生ずる。

まず議会の予算承諾権について考えてみる。

一般にはしばしば議会は予算の審議にあたって、そのほかの法律の審議の場合と全く同じような権をもっていると考えられている。議会は、たとえば、その審議の対象となっている法律の各条項を自由に否決しうるが、それと同じように、議会は予算の款項を自由に削除する権をもつ。こう考えられている。

この考えは正当でない。ところで、どうしてこういう誤謬がひろく行われるかというと、予算の確定が実は国の行政の行為であることが一般に認識せられず、それが通常の立法の行為であると考えられているからである。

元来国家行政についてはそれが法律によって(den Gesetzen gemäss)行われなくてはならぬという原理がある。これはほとんど証明を必要としない公理のようなものである。これは決して——誤った俗流権力分立説が説くように——行政とは法律の執行にほかならぬということを意味するのではない。行政には法律の単なる執行以外に自由な行動のかぎりない領域がある。しかし、法律は消極的にはその行動に対する限界を形成し、また、積極的には政府を一定の行動にまで義務づけることもできる。かような意味で行政が法律によってなされなくてはならぬという原理は今日ではたとえ憲法に定められなくとも法律意識に刻まれた原理と考えられる。

ここで予算の確定がひとつの行政行為であるという命題を想起すると、ここに「予算の確定は現行法に従って(dem geltenden Recht gemäss)なされなくてはならぬ」という原理が生ずる。この原理は政府をも、議会をも、同じように拘束する。従って、有効な法律が存在し、それが直接または間接にある種の収入または支出を規定するとすれば、それを尊重することは政府ならびに議会の憲法上の義務であり、予算の確定における自由な意思決定もその点において限界を与えられる。

しかしながら、行政はその全部が法律によって羈束せられるわけではなく、そこには自由な決定および行為の領域は残されているから、議会が政府から提出された予算に対してどの範囲で修正権をもつかという問いに答えるためには、予算を現行法によって制約せられた領域とそうではない領域との二つの部分に分けて考えることが必要である。まず収入について考えると、この点に関して議会の修正権乃至否決権というものは成立しえぬ。収入はすべて法律または法律で定められた国の制度にもとづくもので、議会はその見積りの適否を批判したり、その見積りを通じて国の財政計理の適否を批判したりすることはできる――そういう批判はあるいは全く財政学的な・理論的なものであり、または全く政治的な・道徳的なものであるが、決して法律的なものではない――が、その款項を削除したり、それを否決したりすることはできぬ。これは国の行政は法律に従って行われなくてはならず、しかも、予算の確定は行政に属するということから生ずる当然の帰結である。(2)

(1) Laband, Das Budgetrecht, S. 12-3. 参照, derselbe, Das Staatsrecht d. d. R., IV, S. 522f.
(2) Laband, Das Budgetrecht, S. 19-23. なおこれは通常の収入についての考察で、そのほかの収入――公債または紙幣の発行・前年度の剰余金または現年度の過剰収入・国有財産の譲渡などの方法によって獲得せられるもの——については事情がやや異なると説かれている(a. a. O., S. 23–32)が、その点は必ずしも重要でないからここでは略す。参照、Laband, Das Staatsrecht d. R., IV, S. 533f.

五

議会の予算を修正する権利は収入についてよりも支出について一般により強く主張せられる。収入については、議会の予算修正権をみとめぬ人も、支出についてはそれをみとめ、議会の予算議定権とは、つまり、支出承認権にほかならぬと主張せられることが多い。しかし、ここでもラーバントがさきにかかげた「予算の確定は行政行為であるから、現行法に従って行われなくてはならぬ」という原理を適用すると、議会の権能には多くの制限がみとめられなくてはならぬことになる。

この点について、しばしばこう説かれる。私法上の原因にもとづく国家の債務は国庫に対する訴訟において主張せられ、強制執行も可能である。その場合、その債務の支払いが予算によって定められていると否とにかかわらぬ。そして、議会はその議決によって国家が負った義務を免除することはできぬから、そういった私法上有効な契約にもとづく支出は議会もこれを削除することは許されぬ。これに反して、国家が私法上ある支出をなすべく義務づけられていないかぎりは、議会はその自由な裁量によってそういう支出を削除しうる。すなわち、議会は予算において、国家が私法上負っている有効な義務にもとづくものでないかぎり、あらゆる支出を削除する権能をもつ。

この説はひろく行われているが、ラーバントによれば、それは間違っている。それは一方において議会の支出承認権を不当にひろく解しており、また他方においてそれを不当な制限に服せしめており、かつ、最後にそれは法律論理(juristische Logik)に矛盾する。

第一に国家が法律上なすべき支出はその私法上の義務にもとづくもののほかにまだいくらでもある。たとえば、刑務所を維持し、囚人を保育するための支出などは法律上——私法上ではないが、公法上——政府がなさなくてはならず、また、なしうる支出である。国家の私法上の義務にもとづく支出に対しては議会は削除権はないが、この種の支出に対してはそれがあると解するのは不当である。

第二に、この説は国家の私法上の義務のための支出に対しては議会はなんらの削除権がないと主張するが、大臣そのほかの国家職員は、原則としては議会の意思に関係なく、国家をして私法上の義務を負わしめることができる。この場合、債権者の権利はその私法契約の締結にあたった国家職員が議会の承認を得たかどうかということ——それは res interna(内部問題)である——とは全く無関係に成立する。だから、国家の私法上の義務にもとづく支出に対しては議会は全く削除権がないということになると、議会の予算議定権というものはその大部分がきわめて幻影的なものになってしまう。大臣は私法契約を締結して国庫をその支出にまで義務づけておきさえすれば、それによって議会のそれに対する反対を不可能ならしめることができる。

この説は、だから、不当に議会の権力を弱めすぎることになる。プロイセンの実際もこれをみとめていない。そこでは国庫の私法上の義務は決して議会をそのための支出をそのまま承認すべく義務づけるものではないとせられている。

第三に、この説は原因と結果を顛倒させることによって法律論理の規律に矛盾する。ある義務が私法上有効であるためには契約者がその契約を締結する権能をもつことが必要であり、従って国庫を法律的に拘束するにはそういう契約を締結する行政官庁が正当にそういう権能をもっていることが必要である。ただ行政官庁の行為によって国庫が私法上の義務を負ったということは決してその官庁がそうした行為をなす権能をもつということの理由にはならぬ。

元来行政行為の公法的な妥当性と私法上の実効性は一致するのが法律秩序――それは矛盾のない調和を示していなくてはならぬ――の要請である。この要請は右にのべられた説を顚倒させ、行政官庁は、議会の承認なくしては、国庫を拘束する法律行為をなしえぬ、という命題を定立することによって満たされるわけであるが、この命題は現行プロイセン憲法ではみとめられてはいないし、またそれをみとめることは国家の存在そのものを危うくする恐れがある。ラーバントによれば、やはりここでも問題は「予算の確定は行政行為であり、行政行為は現行法に準拠して行われなくてはならぬ」という原理を支出に関しても適用することによってのみ解決せられうる。すなわち、議会は現行法および法律にもとづいて存立する国家の制度(das bestehende Recht und die gesetzlich bestehenden Einrichtungen)を国王の同意なくして一方的な議決によって直接に廃止することはできぬが、それと同じように、それはそれらの実行に必要な支出を拒絶することによって間接にそれを行うこともできぬ、と解すべきである。法律の改正にはいわゆる立法の要素(die gesetzgebenden Faktoren)[(1)]の意見の一致が必要であり、それがあるまでは現行法はその効力を保持するから、政府はもとより議会もそれを遵奉する義務を負っている。

かような原理をみとめると、ここから次のような結論が生ずる。予算の支出のうちには議会が自由に否決しうる部分と、そういう否決権がみとめられぬ部分との別がある。後者は法律を執行したり、現存の諸制度を維持したりするために必要な費用であり、前者はそうでない費用である。[(2)]

(1) プロイセン憲法第六二条に「立法権は国王および議会両院により共同に」(gemeinschaftlich)行使される。「国王および両院の意思の一致がすべての法律のために必要である」とある。従って国王と議会両院が立法の要素と呼ばれる。
(2) Laband, Das Budgetrecht, S. 32-5. 参照、derselbe, Das Staatsrecht d. R., IV, S. 531 f.

六

ラーバントの説くところによれば、予算における支出で議会が自由に削除することのできるのは法律の施行および現行の国家制度の維持のために必要でない支出にかぎられるという原理が一応議会の支出承認権に対して存する制限を説明するが、しかし、それだけでこの点に関するすべての問題が解決されるわけでは決してない。

この原理がそのままに適用せられうるのは、支出のうちの一部分にかぎられる。すなわち、一方においては、疑いもなく恣意的な(zweifellos und unbestritten willkürlich)支出、また他方においては、その項目だけでなく、金額および方法までが法律で明確に定められている支出についてのみその原理が適用せられる。ここに恣意的な支出とは、たとえば、学問的探険旅行に対する補助金とか、新たな鉄道建造費とかの類をいい、法律で明確に定められている支出とは、たとえば、公債の利子とか、恩給とかの類をいう。この後の種類の支出については、議会は全く承認権——従ってまた否決権——をもたず、それらを予算へ載せることはただ計算的意味(kalkulatorische Bedeutung)をもつだけである。

これらの二つの種類の支出の中間に、そのいずれにも属しないひろい行政領域に関するものがある。そこでは支出が法律によってたしかに必要とせられてはいるが、その使用の方法や必要な金額は特別に定められていない。中級および下級の官庁の数を定めたり、職員の数を定めたり、さらに個々の官吏の給料を定めたりすることは、すべてこの種の行政の領域に属する。(1)

ここではさきにかかげられた原理は直接にはなんらの解決を与えぬ。どの支出がはたして法律の施行のために必要であるかということが客観的に明瞭でなく、その点について議会と政府の間に見解の対立が生じうるからである。ラーバントはここでこの点に関するモールの学説を批判する。モールは支出を必要費(nothwendige Ausgaben)と有益費(blos nützliche Ausgaben)に分け、議会は前者については承認の義務があるが、後者についてはそれはなく、自由に削除しうると説く。しかし、何が必要費であり、何が有益費であるかを区別することはむずかしい。この点について、行政権は政府にのみ属するのであるから、何が法律を施行するために必要な費用であるかは専ら政府の決するところによるべきだとする説と、それは政府と議会との意見の一致によって決すべきだとする説がありうるが、前者は議会の支出承認権を――少なくともその最も重大な部分において――全く否定し、それを単なる諮問せられる権にまで引き下げてしまうことになるし、後者はそれとは反対に、国家の行政の全部をそのときどきの議会の多数党の恣意に一任し、政府の独立な行政権を全く幻影的なものにしてしまうことになる。いずれも正当ではない。(2)問題の正当な解決をうるためには、ラーバントは予算が現行法の拘束の下にあるという右にのべられた原理のほかに第二の原理をみとめることが必要だという。第二の原理とは、すなわち、議会の議決の拘束力に関するものである。

(1) Laband, Das Budgetrecht, S. 36.
(2) Laband, a. a. O., S. 37–9.

七

すべての国家意思はそれを作製した人間が変っても引きつづきその法律的効力をもつということは、国家の性質から生ずる当然の帰結である。このことは立法の行為や、国際条約などについては何人によっても承認されているが、同じことはすべての官庁の行動についても妥当する。官庁の命令や処分は、その官庁を構成する個人が変っても、引きつづきその官庁の意思表示として効力を有する。

ところが、議会に関してはこれと違う見解がしばしば行われている。議会はそのときどきの国民の意向を表現すべきものであるから、立法期が違う場合はもとより、単に会期が違う場合でも、それぞれ違った見解をもちうる。だから、前の議会の議決は後の議会を決して拘束しない。議会は、たとえば、前年度の議会が反対した議案に賛成したり、それが賛成したものに反対することができる。

この考えは、ラーバントによると、その政治的側面においては正しいが、法律的側面においては必ずしもそうでない。議会に対しても、政府に対すると同じような原理が妥当する。両者共政治的には全く自由であるが、いずれも公法的行為によって拘束せられている。大臣が変り、政府の政策が根本的に変っても、さきの政府のなした公法上の行為は依然として効力を保有するのと同じように、ある議会が公法的効力をもって議決したところのものはその効果を後にまでおよぼす。ある議会で議決せられた法律が引きつづき後の議会でも効力を保有することは何人によっても疑われていない。その代り、議会の公法的効果をもたぬ行為——決議・建議・上奏の類——は、たとえその成員が変らなくとも、寸毫も後の議会を拘束することはない。

立憲国では立法または行政の作用に議会の参与が必要とせられる場合にしばしば「契約」という概念が用いられる。ラーバントは、ここで私法的な契約を考えることは正当でないが、ただ、ひとたび作られた合意を当事者の一方が一方的に廃棄することは許されぬという点においてはそこに契約的な性質があらわれているのであり、すべて政府と議会との間の合意は両者の間における反対の合意(contrarius consensus)によってのみ変更せられうるというのが立憲国家の大原理であると説く。

ところで、この原理を予算に適用すると、予算は一ヵ年のみ効力を有するのであるから、議会はその審理にあたってはなんらの拘束を受けていないという結論が出て来そうにおもわれる。が、ラーバントによると、そういう結論は成立しがたい。予算は一ヵ年についてのみ定められ、それは一ヵ年における収入支出の計算を含む。その財政的な意味と機能はその行政年度にのみかぎられる。しかし、実質的にはその効果は一ヵ年の期間を超える。ここでは問題は個々の支出項目の性質によって定まる。一ヵ年で決済せられ、従って、その費用も一ヵ年の期間に集中している行政規準もあるが、多くの重要な行政規準や制度はそれより長い期間に関係し、従って、その費用も一ヵ年の予算に集中せずに、数ヵ年の予算に分れて載せられる。

憲法の文言にすべての支出は各年のために承認せらるべきだ(für jedes Jahr bewilligt werden müssen)とはなく、各年のために見積らるべきだ(für jedes Jahr veranschlagt werden sollen)とあるのもこのことを示している。法律が一方において裁判所やそのほかの官庁のような継続的な制度を設けつつ、他方においてそれらの存立を毎年議会による必要な支出の承認に依存せしめるのはひとつの矛盾であるが、法律が財政における秩序と国家行政の概観を容易ならしめるために収入および支出を毎年綜合的に見積るべきことを定めるのは決して国家の継続的な諸制度に対する矛盾ではない。むろん、予算法(Etats-Gesetz)は一ヵ年間のみ効力を有し、ほかの法律のように改正せられるまでは引きつづき効力を有するということはないが、このことは全体としての予算法についてのみ正当なのであって、予算の個々の項目のすべてについてそう考えることは単に不当であるばかりでなく、まさしく背理的(widersinnig)である。国家の行政は永続的なもので、国家の存続するかぎり存続する。それは一年一年申合せによって延長せらるべきものではない。その費用を一定の期間について確定するのはひとつの便宜規則(Zweckmässigkeits-Massregel)であるにすぎぬ。予算にあらわれる継続的な国家制度の費用の年額はなんら独立な意味をもつものでなく、ただ時間的にかぎられた表現にすぎぬ。

であるから、ラーバントによれば、議会の支出承認権の限界を正しく知るためには、一ヵ年の国家経済の概観としての予算法の性格と個々の項目の性格とを明確に区別することが必要である。(1)

(1) Laband, Das Budgetrecht, S. 39–42.

八

かような意味で予算における個々の項目を考察するにあたっては次のような各種の場合を区別することが必要である。

支出にはまず一回かぎりのものがある。これはある予算年度に特有な国家行政の要求を満足させるためのもので、従って、それは翌年はもはや不用とせられる。むろん、翌年もそれに類似した支出が要求せられることはあるが、それに対しては議会は完全な承認権(従ってまた否決権)をもつ。たとえば、ある年度に議会が区裁判所拡張費として若千ターラーを承認したとしても、むろん、その翌年そのほかの区裁判所の拡張費として同じ金額を承認しなくてはならぬということはない。それらの支出はいずれも個別的性格をもっているからである。

支出にはさらに一回かぎりのものではあるが、数年度に分割せられるものがある。たとえば、政府が五ヵ年かかる建築に対して五〇万ターラーを要求するとすれば、各年度の予算には一〇万ターラーしか載っていない。しかし、この場合は議会はその支出を最初に審議するときにその事業全体を承認し、従って、その後の年度の支出をも承認しているわけで、そういう議決は後の会期においても拘束力をもつ。

さらに一定の目的の到達までの不特定年数のために承認せられる支出もある。たとえば、土地測定費とか、ある個人の一生継続する支出とかいうものはこれで、これらについてはむろん、政府は議会の承認を必要とするが、議会がひとたびその一ヵ年の支出をみとめることによってこの承認を与えたときは、その承認は年々引きつづき効力を有し、後の議会は一方的にこれを取消しえぬ。

以上のべられた支出はいずれもあるかぎられた時間につき必要とせられるものであるが、これらと違って、継続的な国家制度に仕え、従って、継続の性格をもつ支出がきわめて多い。法律の定める官庁の組織をどう施行するか、それにはどのくらいな金額が必要かということについては、むろん、政府と議会の合意が必要であるが、この合意はひとたび与えられれば、それで十分なので、決して毎年更新せられる必要はない。ラーバントはここで議会が与える承認は一ヵ年または数ヵ年という期間に関して与えられるのではなくて、いわば永久に(auf die Ewigkeit)与えられる、といっている。それは議会と政府との合意によってその制度の変更が行われるまでは引きつづき有効で、政府も議会も毎年一方的にこれを問題とすることはできぬ。

ここから次のような結果が生ずる。

（一）　政府は一方的に現存の官庁の数・その有給職員の数またはその給料の額を増加することはできぬ（むろん、現行の規定にもとづく、予算の範囲の昇給は別である）。

（二）　他方において、議会は、一方的に、すでに存立し、議会によって前に承認せられた官庁の費用を否決したり、その職員数以下の費用だけを承認したり、あるいは職員の給料を減らしたりすることはできぬ。

（三）　また議会はすでに存立している継続的な官職を一方的にその現任者の在任期間をかぎり——すなわち、"künftig wegfallend" として——承認することはできぬ。但し、はじめから予算法で（すなわち、政府の承認の下に）ある官職の費用が "künftig wegfallend" として承認されているときは別で、この場合はその担任者が去った後は政府は議会の承認なしにはその後任者を置くことができぬ。

（四）　人的な支出についていわれることは、物的な支出についても同じように妥当する。議会は裁判所や政府の職員の給料を拒絶しえぬのと同じように、裁判所や政府の建物における物的な支出——照明・煖房・家具・筆墨などの支出——を拒絶することもできぬ。ある営造物——図書館・病院・学校・官庁のような——に対してきまった資金が与えられているときは、政府も一方的にこれを引上げることはできぬし、議会も一方的にこれを廃除削減することはできぬ。

この理論は予算を継続的に効力を有する経常予算（Ordinarium）と毎年承認せらるべき非経常予算（Extraordinarium）に区別することと混同せらるべきではない。そういう区別をみとめることは、行政の継続性は毎年更新せらるべき議会の承認から独立に保障せられなくてはならぬというはなはだ正当な思想——というよりは、むしろ感情——

に立脚するものであるが、ラーバントの見るところでは、その方法では所期の目的はきわめて部分的にしか満足させられることができぬ。問題はなによりその性質上継続的なものであり、はじめに政府および議会によってそういうものと意図せられた支出の承認は後の議会によって一方的に撤回されることはできぬ、という原理を確立することである。この意味の経常予算を設ける方法にはいろいろあるが、ここにあげた原理がみとめられれば、そういうものを設ける必要は全然ない。この原理は立憲国家の根本原理および事物の性質から派生するものであるから、別に憲法で明示的に定められていなくとも、それは当然に実定憲法に属する。それは政治的な要求あるいは法律哲学的論議ではなくて、法規である。従って、それは、その正当性が承認せられるならば、政府および議会を拘束する。(1)

支出の点について、右にのべられた国家の行政費と区別せらるべきものは国家営造物の経営費である。この費用は、ラーバントによれば、財政の見地からは支出の性質をもたず、収入の削減の性質をもっている。その結果としてそれについてはさきに収入についてのべられた原則が適用せられることになる。すなわち、

(一) その金額は、いうまでもなく、単なる予想にとどまる。

(二) それについて、議会は無制限な批判権をもつ。

(三) 議会はその費用がその営造物の通常の経営の度を超えており、またはその目的に全く関係がないときは、これを削ることができるが、そうした限界を超えていないかぎり、それを批判することはできるが、削ることはできぬ。(2)

(1) Laband, Das Budgetrecht, S. 42-8.

(2) Laband, Das Budgetrecht, S. 49-51.

九

正式に成立した予算は、それならば、どのような法律的効果をもつか。これが次に来る重要な問題である。予算の法律的効果という点についても、ラーバントの見るところでは、予算が「法律」だという考えが多くの誤謬の原因となっている。むろん、ここでも予算に真の法律力をみとめ、それは予算に定められた収入を収納し、支出を行うべしとする命令と、予算に定められてない収入を収納し、支出を行うことの禁止を包含すると解する者はない。そう解することはあまりに明白な不条理であるからである。多くの学者は、むしろ、予算を法律のひとつの特殊な種類と考え、それは命令や禁止を内容とせず、予算に定められた収入を収納し、支出を行うという政府に対する授権(Ermächtigung)を内容とすると解する。そして、予算は国の財政の法律的基礎(die gesetzliche Grundlage)だと考える。

この考えは、しかし、ラーバントによれば、正当でない。国の収入が予算にもとづいて収納せられるのでないことは勿論、支出の多くの部分も予算にもとづかずに行われうるものである。予算の効果は、むしろ、ある支出の必要または有用性が議会および政府によって承認せられるということにある。それらの支出を行う政府の権能は予算によって創設せられるのではなく、ただ宣言せられるにすぎぬ。

ここから次のような結果が生ずる。

(一)　ある支出が必要であり、適当であるという政府と議会の合意は必ずしもその支出が現実において必要となってくるということを意味しない。だから、ある支出を予算で定めることは、決して政府がその支出を行うべき義務を命ずることではない。しかも、政府が予算に定める支出を行わなかったことについては――予算超越の場合と異なり――議会の事後承諾を求める必要もない。

（二）　予算に定められてない支出を政府が行っても、それをもって違法(ungesetzlich)または予算法の侵害となし、政府はそういう支出を行う権能をもたぬと主張するのは、間違っている。政府はそういう支出を行う権能を十分にもっている。ただ、それが議会によって承認されていないから、政府はその事後承認を求めさえすればいいのである。政府はこの承認が拒絶されうるという危険を負担し、自己の責任においてその支出の必要と有用性を審査しなくてはならぬのである。この場合、政府は違法な行為をなすのであるから、議会の免責(Indemnität)を求むべきであるという考えがひろく行われているが、ラーバントによると、これは「ただ政治的予断にのみ立脚する謬見(nur auf politischen Vorurtheilen beruhende, irrthümliche Anschauung)」である。一八五〇年のプロイセン憲法は「予算超越には両議院の事後承諾が必要である」(第一〇四条)と定めており、「免責」についてはなんら語るところがない。

（三）　予算超越に対する事後承認はもとの予算の補訂と考うべきである。従って、それについては予算の承認についてのべられたと同じような原則が妥当する。すなわち、ここでもその承認を与えると否とは決して議会が無制限に任意になしうるところではない。

（四）　予算超越(Etats-Ueberschreitung)の意味については予算の全金額を標準とする説や、そこに表示せられてある各項目の金額を標準とする説などがあるが、いずれも正当ではない。予算の法律的効果がある支出の必要と有用性に関する政府と議会との合意の確認にある以上、予算超越という点について予算のすべての項目を平等に取扱うのは不当である。ここで問題はその合意が予算の項目のどこまでおよんでいるかということであるが、これは個々の場合における事実問題(quaestio facti)であり、従って、項目の種類によって一様でない[1]。

(1) Laband, Das Budgetrecht, S. 52–69; derselbe, Das Staatsrecht des deutschen Reiches, 5. Aufl., Bd. IV, S. 536 f.

一〇

プロイセン憲法では予算は毎年法律で確定せられることになっているが、予算が成立しないことも実際上ありうる。かの有名なプロイセンの憲法争議が予算の不成立を原因として生じたことは後にのべられるとおりである。

ところで、予算が不成立の場合は国の収入・支出はどのように律せらるべきものであろうか。プロイセン憲法にはこの点についてなんの規定もなかった。ラーバントはこれをもって憲法典の欠缺(Lücke)だとする。憲法典(Verfassungs-Urkunde)の欠缺は、しかし、憲法(Staatsverfassung)の欠缺と混同せられてはならぬ。後者は考えられぬ概念である。法律(Gesetze)は欠缺をもちうる。が、法律秩序(Rechtsordnung)は欠缺をもちえぬ。あたかも、自然の秩序が欠缺をもちえぬように。

憲法典に欠缺があるとすれば、一般的な法律の原理から問題の解釈を引出さなくてはならぬ[1]。

この場合、もし法律たる予算は財政の唯一の法律的基礎であり、政府は予算によってのみ支出の権能を授権せられると考えるならば、その当然の帰結として、予算がなければ、政府はなんらの支出を行う権能をもたぬといわなくてはならぬことになる。この考えはラーバントの予算理論があらわれるまではドイツで通説の地位を占めていたといわれる[2]。

この考えは、ラーバントによれば、予算に関する誤った出発点から生じたもので、彼の説くような予算理論をひとたび確立すれば、その不当なことはただちに明らかになる。それだけではない。そうした考えは実行不能であり、かつ、多くの不条理な結果をもたらす。

まず、その考えは民法の原則と公法のそれとの間に解くことのできぬ衝突をもたらす。すなわち民法の立場からは、国庫は国債の利子や官公吏の給料を支払う義務がある。ところが、予算が成立しないと、政府は公法の立場からはそういう支出を行う権能がないということになる。しかも、こういうことは実際には行われえぬ。なぜなら、それは国家活動の休止、国家の解消を意味するであろうからである。

そこでこの考えを主張する人たちはさらに政府は議会が要求するように予算を定むべきであると説く。すなわち、一方において国家の存立のためには国庫金の支出が絶対に必要であり、しかも政府は法律たる予算がなくては支出をなしえぬ以上は、政府はなんとしても予算を成立させるように配慮しなくてはならぬ、プロイセン憲法第九九条は政府に対して単に予算案を毎年議会に提出する義務を定めているだけではなく、予算を確立する法律を成立せしめる義務を命じているのだ、と説く。

この説も、ラーバントによると、正当でない。予算を成立させると否とは決して政府のみの自由に決しうるところではない。たとえ、政府が下院の意思に盲従するとしても、予算の成立にはそのほかになお上院の意思が必要であり、しかも、政府は上院に対してその意思を強制することはできぬ。さらにまた議会が予算に反対している場合でなくとも、その審理遅滞のために予算が不成立となるということも考えられる。政府がどのように努力しても、予算を成立させることのできぬ場合は十分ありうる。

それだけではない。政府が下院の意思に無条件に従うということは憲法の根本原理に反する。プロイセン憲法第六二条はすべての法律には国王と両院の合意が必要だと定めているが、その合意が自由な合意でなくてはならぬことは当然である。政府が議会に従わなくてはならぬということは、かりに政治上の原則としてはいえるとしても、法律上の原則としては決していえない。もし、政府が下院に従わなくてはならぬとすれば、下院は政府に従う必要は毫もないわけであるから、それは結局完全な議会主義になってしまう。そして、下院の多数がそのおもうままに予算を定め、従って、行政の全体をその権力の下に置くことになる。軍隊も、裁判所も、すべて毎年下院の多数によってその運命を決せられ、あらゆる法律や国家制度はつねに解除条件の下にのみ設けられることになる。

プロイセンの憲法争議において下院の多数によって主張せられた右のような説はかように不当であるが、さればといって、そこでその反対派ならびに政府が主張した説――予算が成立しなければ、国王の無制限な権力が出現するという説――も、ラーバントによると、排斥せらるべきである。この後の説の論者は国王の権力は、憲法典で明示的に制限せられていないかぎり、立憲的政治体制成立以前におけると同じ範囲において存続するという原理から出発し、予算に関する国王と議会の合意が成立しない場合に関しては憲法典はなんら定めるところがないから、その場合国王は、立憲制成立以前におけると同じように、議会の協力なしに予算を確立することができる、と説く。しかし、予算は毎年法律で確立せらるべきだという憲法の規定は、国王が単独で予算を確定する権は憲法上廃止されたという意味を当然に包含する。だから、議会の協力なしに予算を確定することは憲法上許されぬと解すべきである。もしそうでないとするならば、さきに引いた「予算は毎年法律によって確定せられる」という憲法の規定は「予算は毎年法律で確定せられるにおよばぬ」という意味をもつことになり、憲法の規定は真向から蹂躙せられてしまうことになる。(3)

（1） Laband, Das Budgetrecht, S. 76–7.

（2） この説の最も有力な代表者としてはレンネがあげられる。Rönne, Das Staatsrecht der preussischen Monarchie, 4. Aufl., I, S. 641f. ツァハリエもレンネの解釈が正当だといっている。Zachariä, Deutsches Staats- und Bundesrecht, 3. Aufl., II, S. 529, Anm. 7.

（3） Laband, Das Budgetrecht, S. 76–81. 参照、derselbe, Das Staatsrecht d. R., IV, S. 549f.

二

予算の不成立の場合に関するラーバントの解釈はおよそ次の如くである。

予算は、支出についても、収入についても、その法律的基礎ではない。それはひとえに見積りが正当であることと、そこに定められている金額が必要であり、適当であることについての政府と議会との合意を確認するものにほかならぬ。支出の法律的基礎は、その大部分については、予算がなくとも存在する。予算の不成立は決してすべての国庫金を停止せしめるものではない。ただ、政府はその個々の支出について責任を負うべく、それが、それ自体において、およびその金額において、法律または国家の福祉(Staatswohl)によって必要とせられた所以を議会に対して証明しなくてはならぬ。予算不成立の場合における国庫金の支出に関する政府の法律的地位は、予算成立の場合における予算超越に関するそれと類似している。

予算が成立しなくても、それによって国家の解消とその生活機能の停止が生ずるわけではない。また、国王はすべての国庫金の支出につき議会の承認を求めなくてはならぬという政府の義務を一方的な命令で廃止することはできぬ。予算が成立しなくとも、国庫金を支出する政府の権能は依然存続するし、その支出について議会の承認を求むべき義務もやはり同じように存続する。

この承認を与えることはまた決して議会の恩恵行為(Gnadenakt)ではない。予算の審理に際して議会の削除権には限界があり、予算超越の承認についても同様に考えらるべきだとする原則は、ラーバントによれば、議会は予算なしになされた行政の審査にあたっても、予算から削除しえぬような性質の支出はすべて承認すべき法律上の義務を負うという帰結を当然に生む。ここではさらに議会はそれがひとたび継続的に承認した支出を後になって一方的に、すなわち、政府の同意なしに、削除することはできぬという原則を想起すべきである。

プロイセン憲法施行後ただちに政府は予算が年度開始前に成立しない場合に処するために一八五〇年一二月一六日の決議(Ministerial-Beschluss)で次のように定めた。

(一) 最近の、法律で確定せられた予算からそのまま(なんの変更なしに)新予算案に移された経常費は別段の必要の証明なしにただちに支払われうる。

(二) 新予算案に暫定的に載せられたすべてのそのほかの支出、たとえば経常費に属する費用の増額や、非経常費の費用は、支払いの法律上の義務が存在する場合または支払いを延期することが行政の正常な運行またはそのほかの重要な国家利益に侵害を与える場合にのみ、支払われうる。

この原則は、ラーバントによれば、避くべからざる実際的な必要に適合するものであるが、そればかりではなく、それは予算議定権の真の性質から生ずる理論的な原則に適合している。従って、予算議定権の正しい理解を欠くラーバント以前の予算理論から見れば、その規定はきわめて不当なものであり、その論者からはしばしば憲法違反と批難せられた。プロイセンの憲法争議解決の際には、政府も、後にものべられるであろうように、予算がすべての国家の支出の唯一不可欠な法律的基礎だとする見解を採用し、それに応じて政府は議会において「一八五〇年一二月一六日の決議の立場は政府によって捨てられた」と宣言した。しかし、実際において政府はそれに事実上従うよりほか仕方がないのである。(1)

(1) Laband, Das Budgetrecht, S. 81-3. 参照、derselbe, Das Staatsrecht d. R., IV, S. 549 f.

二

右にのべられたラーバントの予算理論の核心は、いうまでもなく、議会が予算に対して自由な承認権――従ってまた削除権(乃至否決権)――をもたず、むしろ、多くの場合においてそれを承認すべき法律上の義務を負うという点にある。ハチェックはその理論を評して「もし、そのいうが如くならば、議会の承認すべきものはもはやいくらも残されてあるまい」といっているが、(1) ラーバント説の核心はまさにそこにあるのである。

議会が予算――少なくともその支出――の自由な承認権(従ってまた削除権乃至否決権)をもつことは、さきにのべられたようにイギリス・フランス型予算理論では当然のことと考えられ、(2) ハチェックによれば、(3) 大戦前のオーストリアでもその原理がみとめられていた。しかも、一八五〇年のプロイセン憲法がベルギー憲法のいちじるしい影響の下に作られたことは多くの学者の指摘するところであり、(4) その予算に関する規定についても憲法草案の審議に関係した人の多数が――少なくともその支出に関するかぎりは――それをフランス・ベルギー的な意味のものと諒解していたことは明瞭である。(5) 従って、たとえば、ザクセン憲法第九七条におけるように、議会の予算承認義務が特に定められている場合は格別、ここに問題とせられるプロイセン憲法におけるように、そういう規定を欠く場合に解釈によって

そういう義務を憲法に入れこめる(hinein interpretieren)ことは頗る困難であると考えられる。(6)

それにもかかわらず、ラーバントがその形式においてはベルギー憲法の子法である一八五〇年のプロイセン憲法の規定にフランス・ベルギー型とは全く違ったドイツ型予算理論を盛ろうとしたことはきわめて注目に価いするが、彼の理論の根本的性格を正しく理解するためには、なによりそれを生む機縁となったところの一八六二年から一八六六年にわたるプロイセンの憲法争議を想起しなくてはならぬ。

この憲法争議は要するに、政府の軍備拡張予算を下院が議決しなかったので、政府が下院の議決なしに、従って、正式の予算なしに数年間その財政を計理したという事件である。下院の多数派は予算が成立しなければ、政府は退くべきものであるという――イギリス・フランス型の――憲法理論を主張したが、政府は、これに反して、そういう議会主義的な理論をみとめず、予算がなくとも、政府は国務を遂行する義務があるから、自己の責任においてその財政を計理すべきであると主張した。結局、政府はオーストリアとの戦争に大勝した後において、下院との和協を図り、議会に対して「免責」(Indemnität)を求め、議会はこれを承認して、ここに四年にわたる争議はついに解決を見たのであった。(7)

この憲法争議における争点は議会は予算に対して自由な承認権(乃至否決権)をもつかどうか、政府は予算なくしては支出をなしえぬかどうか、という点にあった。下院の多数派はこの点について大体イギリス・フランス・ベルギー型の予算理論に立脚したが、政府は、さきに一言せられたように、それをみとめなかった。

ラーバントの予算理論はまさにこの争点について下院の多数派の主張を排斥し、政府の態度を基礎づける効用をもったのであった。そういう効用をもつことがその理論確立の直接の目的であったかどうかは、むろん、それを断定すべき根拠を欠くが、少なくともそういう効用をもつことが、その理論のいちばんの強味であったことは疑いなかろう。その理論では実質的意味の法律と形式的意味の法律の区別や、予算が行政行為であることや、行政が法律に適合すべきことなどが詳しく弁明せられているが、それらは結局、予算に対しては議会は自由な承認権（乃至否決権）をもたず、政府は予算によらずに支出をなしうるという結論を引出すための伏線にすぎぬと考えられる。

（1） Hatschek, Deutsches und preussisches Staatsrecht, II, S. 207.
（2） この点に関するイギリス・フランス型予算理論の詳細については参照、刑部荘「予算議定権の特異性」（『国家学会雑誌』四九巻二・三号（特に四一三頁以下）。
（3） Hatschek, a. a. O., S. 209.
（4） プロイセン憲法とベルギー憲法の比較については参照、Smend, Die preussische Verfassungsurkunde im Vergleich mit der belgischen, 1904.
（5） Arndt, Das preussische- und das Reichs-Budgetrecht (Archiv für öffentliches Recht, III, S. 533 f.), S. 559 f. 参照、Zorn, Das Staatsrecht des deutschen Reiches, 2. Aufl., I, S. 437, Anm. 2; Hatschek, a. a. O., S. 209.
（6） Zorn, a. a. O., S. 456, Anm. 38.
（7） 参照、Löwenthal, Der preussische Verfassungsstreit 1862–1866, 1914.

一三

ラーバントの予算理論は当時のドイツの公法学界に大きな問題を投げたので、その後それを機縁として多くの論議がなされた（1）。そこではなにより実質的意味の法律と形式的意味の法律の区別が科学的に正当であるか、また、それは立憲的憲法に適合するか、という問題が争われたが、予算議定権に関する論議の核心は、ラーバント自身がきわめて正当にもみとめているように、(2)定期的な予算法というものが収入の収納および支出の支払いについて憲法上欠くべからざる授権であるか、従ってまた、そういう予算法が存しなければ、行政を継続することは憲法に違反し、法律に牴触するか、という点にあった。

ラーバントの予算理論の核心がまさにこの争点に関するものであることはさきにのべた。彼の理論はその後多くの支持者を見出し、当時のドイツ学界の通説となった。彼自身そのプロイセン・ドイツ法に関する予算理論は学説においても、実際においても正当に「支配的(herrschende)」と呼ばれていいとのべている。(3)ところで、その彼の理論の核心がさきにのべられたようなものである以上、それがドイツで通説となったということは、とりもなおさず、議会の予算議定権についてイギリス・フランス・ベルギー型理論がそこでラーバント流のドイツ型理論によって完全に圧倒せられてしまったことを意味する。(4)

むろん、ラーバントの予算理論に対しても反対がなされなかったわけではない。多かれ少なかれ彼の理論に対して批判的な態度を示した学説の主なものについては、彼はその『ドイツ・ライヒ憲法』第五版(5)で詳細な論評を試みているが、イギリス・フランス型理論に従って、議会が完全な予算否決権をもつと主張する論者に対しては次のような反撃を加えている。(6)

「もし、議会が毎年政府に対してすべての収入・支出の授権を拒否する権能を有し、政府は議会の多数派の気に入る後継者に席をゆずるか、それとも、憲法侵害の判決を受けるか、そのいずれかを選択しなくてはならぬ地位に置かれるとすれば、実際においては君主はその施政権の所持を奪われて、議会がそれに代ることになる。そうなれば、国家の本来の元首は国王ではなくて、選挙を支配するデマゴジイだということになり、ドイツ・ライヒについていえば、皇帝が宰相を任命するという憲法の規定は全く空文となってしまう」。憲法争議におけるプロイセン政府の態度——主としてそれを法律的に基礎づけることにラーバントの理論が貢献したのであったが——も必ずしも彼の理論に適合するものではなかった。

この争議の末期において政府は議会と妥協することに決意し、免責法案を提出したことはさきにも一言したが、そのときの議会における国王の演述(一八六六年八月五日)では次のようにいわれている。[7]

「予算の確定について、この数年間は議会との合意が成立することができなかった。従って、この間において行われた国庫金の支出は法律的基礎——それを予算は、余が重ねて承認する如く、憲法第九九条により毎年余の政府と議会両院との間で合意議決せらるべき法律によってのみ取得する——を欠くものである」。

さらに、その後に成立した一八六六年九月一四日の免責法(Indemnitätsgesetz)は、一八六二年以来法律的に確定せられた予算なしに施行せられた行為に関して政府に対して免責(Indemnität)を与え、政府の責任に関しては、その期間における行政が法律的に確定せられ、適時に公布せられた予算にもとづいて行われたかの如くに取扱う、と定めた。[8]この政府の態度は予算をもって国庫金支出の法律的基礎とするもので、それはむしろイギリス・フランス型予算理論に傾き、ラーバントの理論とはいちじるしく異なるものであった。いうまでもなく、政府はその実際政治的な考慮からあえてかような解釈をとったのであるが、ラーバントによれば、それは政府の側における無用な譲歩であったわけであろう。

ラーバントの予算理論がかようにプロイセンの憲法争議というひとつの全く実際政治的な闘争を機縁として生れ、しかも、そこで当事者の一方の主張を法律理論的に基礎づける効用をもったということは、はなはだ興味が深い。

「予算法」の著者は、人の知るように、ゲルバーにつづいて公法学を非政治化することに努力した「法律的方法」の選手であり、「予算法」の中で彼は力をこめて法律学的考察から政治的考慮を排斥すべきことを説いているのである(9)が、その著者によってまさしくその本の中で説かれている予算理論がきわめていちじるしい程度において政治的色彩を身につけているということは、いろいろな意味においてわれわれの注意を惹くに値いしよう。

彼の予算理論が予算理論として学問的にはたして正当なものといえるかどうか。これは容易に断じがたいむずかしい問題であるとおもうが、それにはここでは触れぬ。ここではただ当時のドイツの公法学界を風靡したその理論が右にのべられたような意味において政治的なものであることを指摘するにとどめる。この理論のかような意味の政治的性格を十分に認識することは必ずやその当否を科学的に検討する上に役立つところが少なくないとおもわれる。

(1) 参照、Laband, Das Staatsrecht d. d. R., IV, S. 577f.
(2) Laband, a. a. O., S. 578.
(3) Laband, a. a. O., S. 579, Anm. 1.
(4) 参照、Heckel, Die Entwicklung des parlamentarischen Budgetrechts und seiner Ergänzungen (Anschütz-Thoma, Handbuch des deutschen Staatsrechts, II, S. 358 f.), S. 368.
(5) Laband, Das Staatsrecht d. d. R., IV, S. 579f.
(6) Laband, a. a. O., S. 600. この言葉はヘーネルの学説についていわれたものである。
(7) Zorn, a. a. O., S. 455. 参照、Löwenthal, a. a. O., S. 291f.
(8) Haenel, Studien zum deutschen Staatsrechte, II, S. 269. 参照、Löwenthal, a. a. O., S. 292f.
(9) 私の「法および法学と政治」(『牧野教授還暦祝賀法理論集』一二三五頁以下) 七頁以下。

『国家学会雑誌』五二巻一〇・一一号　一九三八年

国民主権と天皇制

一　国民主権と天皇制とについてのおぼえがき

――尾高教授の理論をめぐって――

新憲法(日本国憲法を指す。以下同じ。)に関連して、主権の問題が、多くの人のとりあげるところとなった。新憲法が、国民主権を明文で定めている以上、これはきわめて自然な現象である。

主権についての論議は、しばしば、天皇制についてのそれを伴った。これも、決して、不自然な現象ではない。いままでの日本の憲法の原理が天皇主権であり、そして、新憲法の採用した国民主権の原理が、それに対して、多かれ少なかれ、原理的な変更をもたらす恐れがある以上、天皇主権から、多かれ少なかれ、絶縁をよぎなくされる天皇制が、どのように、国民主権と調和することができるかが、問題とならざるを得ないからである。

もちろん、新憲法による国民主権の採用は、必ずしも、日本のこれまでの政治体制に原理的な変更をおよぼすものではないという見解もある。たとえば、金森国務大臣が、新憲法草案審理の際、帝国議会で主張された見解(1)によれば、日本の政治体制は、むかしから国民主権の原理に立脚していた。これまでは、このことが正しく認識されず、天皇主権が日本の政治体制の根本原理だと説かれていたが、これは、まちがっている。そうした認識のいかんにかかわらず、日本の政治体制の原理は、むかしから、終始、国民主権だったのである。したがって、新憲法が国民主権を定めているのは、そうしたこれまでの認識の誤りをただしただけであって、実体になんらの変更を加えたものではない。ここで変ったのは、「認識」である。「実体」ではない。これによれば、天皇制は、必ずしも、天皇主権と必然的な関係はなく、いままでも、それは国民主権に立脚して来たということになるから、新憲法がその明文で国民主権を定めたからといって、天皇制との調和というようなことを、ことあたらしく、問題とする必要はないわけである。

しかし、これと反対の見解もある。それによれば、国民主権の採用は、これまでの日本の政治体制の根本原理の変更を意味する。これまでの日本の政治体制の根本原理は、天皇主権であった。国民主権は、この天皇主権と原理的に両立しない。前者の採用は、すなわち、後者の否定にほかならない。

前の見解をとればともかく、後の見解をとるかぎり、すなわち、国民主権の採用が、これまでの天皇主権に対して、多かれ少なかれ、原理的な変更をもたらすと考えるかぎり、国民主権についての論議は、多かれ少なかれ、天皇制にまでおよばざるを得ない。

天皇制は、原理的には、国民主権と両立しない。国民主権を徹底させれば、天皇制の廃止まで行くべきである。新憲法が、とにもかくにも、天皇制をみとめているのは、現実政治上の妥協である。……

かような見解がある。たとえば、横田教授の見解は、これに属するといえよう。(2)

ところで、いまの日本人のうちには、さきにのべられたような金森理論には満足できず、国民主権の採用が、多かれ少なかれ、従来の天皇主権に変更をもたらすものであることは、十分承認するのであるが、さればといって、横田教授のような見解にも賛成することを欲せず、なんとかして、国民主権と天皇制とを原理的に調和させたいとおもう者がなかなか多いのではないかとおもわれる。新憲法が世に出てから、多くの哲学者が天皇制について論じているが、それらの論議の多くは、まさしくかような欲求を満足させようとの意図にもとづいているようである。ただ、国民主権ということは、主としては、政治学ないし法律学の問題であるから、そうした意図の実現は、哲学者よりはむしろ政治学者ないし法律学者に対して、より多く期待さるべきものであろう。

かような期待に応じうる理論として、私の知るかぎりで、いちばん注目に値いするとおもわれるのは、尾高教授のそれである。(3) 教授は、一方において、ノモス主権論によって、君主主権と国民主権との対立を、多かれ少なかれ、克服しうるとし、他方において、従来の天皇制の基礎が必ずしも天皇主権——国民主権と対立する意味の——ではなかったとすることによって、天皇制が国民主権と少しも矛盾することなく、反対に、両者がみごとに調和することを論証しようとされる。教授のいつもながらの meisterhaft な論弁は、右にのべられたような多くの人の欲求を何にもまさって満足させるであろう。その意味で、教授の理論が、いまの日本の学界あるいは思想界で演ずるであろう役割は、きわめて大きなものがあることと予測される。

尾高教授の理論に対してかように大きな役割が約束されているとすれば、少しでも、国民主権と天皇制とについて考察しようとする者、とりわけ、かねて教授の多くの労作によって貴重な教示を与えられることをよろこび、かつ、それについて限りない謝意を抱いている私が、教授のこの点に関する理論について、そこばくの疑いをもっていながら、それをのべて重ねて教授の教えを請わないとすれば、それは、教授の学問への熱情に対して十分な敬意を欠くものだという非難を免れないであろう。

国民主権と天皇制とについてのこのおぼえがきは、かような理由にもとづいて、尾高教授のこの点に関する理論をめぐっての若干の causerie を、そのおもな内容としたいとおもう。

国民主権と天皇制との関係については、私は、まだ、まとまった見解を公にしたことはない。ただ、新憲法草案が帝国議会で審議されたときの、貴族院での私の質疑(三四五頁附録参照)のうちには、この点についての私の見解が、部分的かつ断片的ながら、のべられている。尾高教授は、その著書で、右の質疑の内容を全面的に紹介され、(4) その上で、そこにあらわれた見解とは根本的にちがう教授の理論を展開しておられる。したがって、その著書における教授の理論の展開のうちに、すでに、私の見解に対する批判が含まれていると考えられる。してみれば、いまここで試みようとする causerie は、尾高教授の理論に対する批判でもあるが、同時にまた、それへの反批判でもあるといえようかとおもう。

(1) 参照、金森徳次郎「新憲法の精神」(時事通信社編『日本国憲法』一六頁以下)一七頁。貴族院の帝国憲法改正案特別委員会委員長安倍能成氏の報告(同書、六八頁以下)七一頁。

(2) 「そもそも、民主主義は人民の政治であり、人民が政治の主体となることである。それは政治の最高権力が人民の手にあること、つまり主権が人民にあることにほかならない」。横田喜三郎『戦争の放棄』(『新憲法大系』)四頁。「特定の人が世襲によって特別な地位、身分、権利を有することは、民主主義の根本理念に反する。……はたしてそうだとすれば、天皇制を維持したことは、民主主義の根本理念に合致しないといわなくてはならぬ」。同、七頁。

(3) 尾高教授のこの点に関する見解は、もっともまとまった形では、『新憲法大系』中の教授の『国民主権と天皇制』でのべられている。ここでは、もっぱらこれによる。なお、次の論文にも、同じ見解がのべられている。尾高「国民主権と天皇制」(国家学会編『新憲法の研究』一八頁以下)。

(4) 尾高『国民主権と天皇制』(『新憲法大系』)二七頁以下。

* * *

主権という言葉は、つねに指摘されるように、いろいろなちがった意味に使われるので、国民主権とか、君主主権とかを論ずる場合にも、ともすると、必要以上の混乱が生じがちである。そこで、問題の考察にはいる前に、ここで使われる概念をはっきりさせておくことが適当だとおもう。

国民主権を問題とする場合の主権とは、国家の政治のあり方を最終的にきめる力をいう。これを、「国家における最高の意志」といってもいいし、「最高の権力」といってもいいし、また、「最後の決定権」といってもいいだろう。(1) あるいは、シェイエス流に、「憲法制定権力」といってもいいかも知れない。国家法人説の言葉でいえば、「国家意志を構成する最高の原動力たる機関意志」である。(2) たとえば、いまの日本で、天皇制を存置すべきや否やが、問題となったとする。その場合、それを最終的にきめる権力あるいは権威が、ここにいう主権である。新憲法でいえば、前文の第一項と第一条とで使われている主権は、この意味である。

したがって、国民主権を問題にする場合の主権は、国際法で、主権国と非主権国とを区別する場合の主権とは、その意味がちがう。後者は、国家の独立性の意味である。新憲法の前文第三項にいう主権は、その意味である。統治権を主権ということもある。ポツダム宣言第八項にいう「主権」は、その意味である。これも、国民主権にいわゆる主権とは、意味がちがう。

ここにいう主権は、ひとつの建前である。あるいは、理念であるといってもよかろう。それは、政治を現実に動かす力を意味するのではない。たとえば、君主主権ということは、政治が現実に君主だけの力で動かされていることを意味するのではない。専制君主の支配している国家でも、政治が、現実に、君主だけの力によって動かされていることは、おそらくあるまい。そこで、現実に政治を動かすものは、金持であったり、軍人であったり、また、ときには大衆であったりしよう。何がそうした政治の原動力であるかを正確に知ることは、実際には、きわめてむずかしかろうが、それはともかく、そうした政治の現実の原動力は、ここにいう主権ではない。ここにいう主権は、あくまで、ひとつの建前であり、理念である。したがって、君主主権の国では、そこで政治を現実に動かす力が何であろうとも、また、その君主がなんら現実の力をもたず、単なるかざり物にすぎないような場合でも、政治の最終的な決定権は君主に存することが、その建前とされ、理念とされるのである。

この意味では、ここにいう主権の問題は、さきに引かれた金森国務大臣の言葉を使うならば、「実体」の問題ではなくて、むしろ、「認識」の問題である。金森大臣は、国民主権の採用によって、「実体」が変ったのではなく、単に「認識」が変っただけだといわれたが、主権の主体についての、「認識」が変ったことは、すなわち、主権の主体が変ったことにほかならない。

(1) 横田喜三郎「新憲法に於ける主権の概念」(憲法研究会編『新憲法と主権』)二四頁。
(2) 美濃部達吉『新憲法の基本原理』(『新憲法大系』)六三頁。

＊　＊　＊

このおぼえがきで問題とする主権は、かように、政治のあり方を最終的に決定する意志である。しかも、それは、単に抽象的な内容をもった意志であってはならない。具体的な内容をもった意志でなくてはならない。意志は、主体をもたなくてはならない。しかも、具体的な内容をもった意志の主体は、つねに、具体的な人間でなくてはならない。したがって、ここにいう主権の主体は、具体的な人間でなくてはならない。

この意味の主権の主体の問題は、しばしば、主権のありかの問題として説かれる。主権の主体といっても、主権のありかといっても、ここでは、同じ意味である。主権の主体は君主であるということと、主権のありかは君主であるということは、まったく同じことである。

主権の主体またはありかについては、従来、君主と国民(または人民)とが問題になった。

君主主権とは、主権の主体は君主である、または、主権は君主にある(主権在君)とする建前である。ここでは、政治のあり方は、最終的には、君主の意志できめられるとされる。

この場合、君主の権威は神に由来すると説かれることが多い。王権神授説の考えは、これである。もし、そこで、君主が神の意志に従属するものであるとすれば、主権の主体は君主であるよりは、むしろ、神にあるとも考えられよう。私が、明治憲法の原理を神勅主権と呼んだの(1)は、そういう意味である。しかし、その場合でも、神の意志の具体的な内容は、君主(または、その祖先たる人間)の意志によって供給されるのであるから、実質はあくまで君主主権なのである。神の意志というものは、いかなる場合においても、それが具体的な内容をもつかぎり、必ず人間の意志でなくてはならない。

国民主権とは、これに反して、主権の主体は国民である、または、主権は国民にある(主権在民)、とする建前である。ここで、「国民」というのは、特定の誰それではない。むしろ、誰でもである。特別の資格をもった君主というような人間ではなくて、Jedermann である。したがって、国民主権の原理の主眼は、主権が国民に属するということよりは、むしろ、主権は君主というような特定の人間に属していないということにあるといえる。

主権の主体またはありかの問題に対しては、右にのべた君主主権と国民主権とのほかにも、答えが可能である。まず、君主主権のヴァリエイションとして、貴族主権が考えられる。特殊な身分をもつ一人ではなくて、特殊な身分をもつ多数人の全体が主権の主体とされる建前がこれである。近代の諸国家の憲法には、これは見られない。

さらに、君主主権と国民主権との妥協形態として、主権の主体は君主と国民との両者だとする建前――これを、かりに君民主権と呼ぼう――も可能である。これは、君主制をとる近代諸国の憲法にとくに見られるところである。一八三〇年のフランス憲法は、この建前をとったといわれる。イギリスの一二一五年のマグナ・カルタや、一六八九年のビル・オブ・ライツは、国王と貴族ないし国民とのあいだの合意という性格をもつといわれるが、そのかぎりにおいて、かような建前を含んでいると考えられる。いまのイギリス憲法で、sovereignty が Parliament にあるといわれる場合を考えてみても、そこで主権の主体とされる Parliament が、国民の代表者たる下院と、国民と別段のつながりを持たない世襲国王(および貴族)との両者を含むとされる点において、それは、君民主権的な性格をそなえているということができる。

ここにいう君民主権は、国民主権とは、明らかにちがう。後者にあっては、国家の政治のあり方を最終的にきめる意志――いうならば主権意志――は、君主の意志というものには全然かかわりなく、国民の多数の意志によって成立するのであるが、前者にあっては、そうした主権意志は、国民の多数の意志と君主の意志との合致によって成立する。すなわち、前者にあっては、君主がうんといわなければ、主権意志は成立することができないことが、注目さるべきである。

(1) 私の「新憲法の概観」(国家学会編『新憲法の研究』)一〇頁。私は、明治憲法では、主権は現在の天皇ではなく、これを超えた皇祖皇宗――その極限として天照大神が考えられる――にあるという意味で、神勅主義という――言葉としては、必ずしも適切でない――表現を用いたのである。(私の『憲法』五版、七四頁)

*　*　*

ここで問題とする主権の主体は、かように人間でなくてはならないのに、ときに、人間以外のものが、その主体だと主張されることがある。

そういう主張の代表的なものは、国家主権の主張である。すなわち、主権は、君主にあるのでもなく、さりとて、国民にあるのでもなく、国家にあるという主張である。

この点について、私の結論をさきにいえば、国家主権は、ここでの問題に対する答えには、なりえない。国家主権という概念が、ほかの場合に、成立しうることは、もちろん、争われない。ただ、ここで問題とする意味の主権がどこにあるかという問題に対して、それは国家にあると答えることは、意味をなさない。問題は、国家が意志の主体であるかどうかにあるのではない。もし、国家の意志というものがあるとするならば、その具体的な内容を最終的にきめる資格のある人間は誰か、にある。国家法人説流の言葉でいえば、「国家意志を構成する最高の原動力たる機関意志」を提供することのできる人間は誰か、にある。そして、その「誰か」は、さきにのべられたように、人間でなくてはならないのである。この問題に対して、その「誰か」は国家だと答えることはそもそも答えにならない。それは、ただ、問題を回避あるいは延期することに役立つだけである。

このことは、きわめて明白だと考えられるが、この点については、しばしば誤解があるようであるから、ここで、まず、それについて一言したい。

尾高教授は、明治憲法では、主権のありかは天皇だと考えられていたことを指摘しながら、次のようにいわれる。(1)

「もっとも、明治憲法の解釈に関しては、天皇主権説はかならずしも学問上の定説として異論なく通用していた訳ではない。むしろ、ドイツ公法学の影響を主として受けた日本の有力な憲法学者たちは、ドイツに発達した国家法人説を受け入れて、統治権は法人たる国家そのものに帰属すると考えた。したがって、天皇は主権または統治権の主体ではなく、統治権の主体たる国家の統治作用をつかさどる機関たる地位にあると説明した。……「この理論を今日も支持することができるとすれば、新憲法の下でも、厳密な意味での主権の所在は国家そのものであると見る可能性が残されるであろう」(四—五頁)。

この見解によると、(一)主権はどこにあるかの問題については、君主主権、国家主権、国民主権という答えがいずれも同じように可能である、(二)明治憲法については、通説は天皇主権を説いたが、これに賛成せず、国家主権を説いた者もあった、(三)新憲法は国民主権ということになっているが、国家法人説を今日も支持し得るとすれば、今日もあえて国民主権を説かずに、国家主権を説くことも可能である、ということになろう。こういう考え方は、常識的にもひろく行われていると見え、新憲法が公にされた時も、「新憲法の文字を見ると、国民主権ということがうたってあるようだが、君主主権を真正面から否定して国民主権とまで行かずに、両者を綜合(?)して国家主権とか、あるいは、国民共同体主権とか説明できないものだろうか」というような見解があちこちで聞かれた。

しかし、この見解はまちがっているとおもう。

天皇主権説は、国家の政治のあり方を最終的に決定する力が天皇の意志にあるとする説である。国家主権説は、国家を法人と考え、統治権の主体は国家法人であり、天皇や帝国議会は、その法人の機関だとする説である。国家が法人であり、国家が統治権の主体であるならば、その統治権の具体的な内容を最終的にきめる力をもつものは誰か。これが、ここにいう主権の問題である。だから、天皇主権と国家主権とは、たがいに次元を異にする問題である。それらは、決して対立するものではなく、十分に両立しうるものである。

一般に、国家法人説をとるかどうかということと、ある憲法の原理を君主主権と見るか、国民主権と見るかということとは、理論的には、関係がない。もちろん、国家法人説というものが、ドイツで生れ、そこで主として君主主権思想と国民主権思想との妥協——というよりは、むしろ、その対立に直面することの回避——という政治的役割を演じたことは、事実である。その点については、別に改めて研究したいとおもう。しかし、国家法人説が、その後、諸国で有力になったのは、必ずしも、それがそうした政治的役割を演ずるためではなかった。(日本で、国家法人説が、天皇機関説の名の下に、演じた政治的役割が、それが「立憲主義」のドイツで演じたそれとはちがって、主として、反神権主義的、反専制主義的なものであり、その結果、進歩的なものであったことを、注意すべきである。ドイツでは、むしろ反民主主義的な役割を演じたこの理論が、日本で「民主共和の説」と非難されたことを、おもい出すがいい。)少なくとも、今日、国家法人説がみとめられるとすれば、それは何より国家を法人と見ることが、国家についての法律現象の説明に理論的に役立つからであって、そこで君主主権が建前とされようと、国民主権が建前とされようと、それとは、理論的にはなんの関係もないのである。

たとえば、フランス憲法では、大革命このかた、国民主権が自明の原理とされている。しかも、国家を法人と見ることは、今日フランスの法学における通説である。国民主権を憲法の建前として承認しつつ、国家法人説をみとめることに、誰も矛盾を感じていないのである。また、ヴァイマール憲法が、その明文で、国民主権を定めていることは、人の知るところであろうが、その下で国家を法人と見ることに矛盾を感じるドイツの法学者はおそらくあるまいとおもう。

日本でも、そのとおりである。いかにも、「ドイツ公法学の影響を主として受けた日本の有力な憲法学者たちは、ドイツに発達した国家法人説を受け入れて、統治権は法人たる国家そのものに帰属すると考えた」。しかし、そう考えることは、日本憲法の建前を君主主権と見るか、国民主権と見るか、という問題に、なんらの論理必然的な影響をおよぼすものではない。(日本の国家法人説論者は、たとえば、アメリカの国家をも、法律上は法人と見るべきだと考えるだろうが、だからといって、アメリカ憲法が国民主権の原理に立脚することを否定しはしないだろう。)

尾高教授は、「明治憲法の解釈に関しては、天皇主権説はかならずしも学問上の定説として異論なく通用していた訳ではない」といわれるが、ここでいう意味の天皇主権は、むしろ、明治憲法については、定説として通用していたと見るべきではないかとおもう。天皇主権ないし君主主権を否定するとすれば、さきにのべられたように、貴族主権、国民主権あるいは君民主権を説かなくてはならないが、明治憲法について、そういう説を主張した人は、あまり見あたらない。

いかにも、国家法人説は、明治憲法時代に、かなりひろく行われた。尾高教授が「天皇主権説はかならずしも学問上の定説として異論なく通用していた訳ではない」といわれるのは、おそらく、国家法人説がかように定説に近い地位を占めたことの反面を指しておられるのであろう。しかし、くりかえしていうように、国家法人説の採用は、少しも天皇主権の否認を意味しないのである。

このことは、国家法人説ないしは天皇機関説の代表者と考えられる美濃部博士が、明治憲法の基本主義のひとつとして、「君主主権主義」をあげておられることからも、容易に理解されよう。(2) もし、国家法人説が君主主権と論理的に両立しないものならば、美濃部博士が、明治憲法について、君主主権をその建前とされることは、許されないはずである。博士は、新憲法については、もちろん国民主権をもってその建前とされる。(3) もし、国家法人説が国民主権と論理的に両立しないものであるならば、これも許されないはずである。それらが、いずれも、十分に許されるのは、君主主権か、国民主権かという問題と、国家は法人かどうかという問題とは、まったく別の問題だからである。国家法人説の代表者が、明治憲法の建前は天皇主権だと説き、新憲法のそれは国民主権だと説くことに、なんの背理も、不思議も存しないのである。

美濃部博士は、このことをきわめて分りやすく、次のように説いておられる。

「主権在君とは、国家意志を構成する最高の力(これがここで問題とする主権である——宮沢)が君主に発することをいい、主権在民とはその力が国民に発することをいうもので、それは君主又は国民が統治権の主体たることを意味するのではなく、統治権は何れの国に於いても、(したがって、君主主権の国でも、国民主権の国でも——宮沢)、常に国家(法人たる国家——宮沢)の権利であり、国家がその権利主体であるが、ただその統治権を発動する最高の意思(これがここで問題とする主権である——宮沢)が、国家の組織上君主又は国民に属することを言い表わすのである。

「我が新憲法が国民主権主義をとっているというのは、この最後の意義においての主権、即ち国家の最高の意志が国民に発することを意味する(4)」。

さらにいわく。

「主権が国家に属するという場合と主権が国民に属するという場合とは、同じ主権という語がその意義を異にし、後の場合の主権は統治の権利ではなくして統治の権能であり、国民が国家の最高機関として国家を代表して統治を行う最高の権能を有することを意味するのである(5)」。

国家の政治のあり方を最終的にきめる力としての主権がどこにあるかという問題と、国家が法人かどうかという問題とが、全く次元のちがう問題であることは、以上で、明らかにされたこととおもう。したがって、「この理論(国家法人説)を今日も支持することができるとすれば、新憲法の下でも、厳密な意味での(?)主権の所在は、国家そのものであると見る可能性が残されるであろう」などということはできない。国家法人説を今日なお支持し、国家が統治権(主権)の主体であることを承認したところで、それによって、ここでいう意味の主権はどこにあるか——君主主権か、国民主権か——の問題は、少しも答えられない。新憲法が国民主権を建前とすることは、今日ほとんどすべての憲法学者の承認するところであるが、そのことは、決して、それらの学者が国家法人説を今日も支持することを論理的に禁止するものではない。

要するに、ここでいう主権がどこにあるかの問題に対し、国家主権と答えることは、答えにならない。それは、せいぜい、問題を回避し、あるいは、延期することに役立つだけである。

新憲法の草案が論議されたとき、それに関連して、「民族共同体」または「国民共同体」を主権の主体とする建前が主張されたことがある。(6) 南原総長は、「これによって一面、我が国の歴史に於て君主主権と民主主権(国民主権の意に解してよかろう——宮沢)との対立を超えたいわゆる『君民同治』の日本民族共同体の本質を生かす所以であると同時に、他面、民主主義が原理的には個人とその多数に基礎を置けるに対して、さらに国家共同体を構成するところの新な世界観的基礎を供し得ると考える」といわれるが、(7) それは、実は決してそういうものではなく、さきにのべられた君民主権でないとすれば、ここに問題とされた国家主権と少しもちがうものではない。したがって、国家主権についてなされた批判は、そっくりそのままそれにあてはまる。

横田教授は、右の南原総長と見解を同じくする高木教授が、君主主権とか、国民主権とかいう考え方は、西洋の二元的国家観念から生れたもので、一元的な日本の国家——その本質は、「君民一体」であり、「君民同治」である——にはあてはまらないとされることをもって、主権の概念を「抹殺」するものとし、これを不当とされる。(9) ここでいう主権の概念を「抹殺」することは、とりもなおさず、解決を要する問題の解決を回避あるいは延期することにほかならないから、この批判は正当とさるべきである。

(8) の位置: 「とされること(8)をもって」

(1) 以下で、尾高教授の言葉の引用は、別にことわらないかぎり、すべて『国民主権と天皇制』(『新憲法大系』)からであり、引用文のおわりに記されるページは、その本のそれである。なお、引用文中に見られる傍点や、疑問符や、感嘆符は、原則として、私のものである。

(2) 美濃部達吉『憲法精義』一六頁。同『日本憲法の基本主義』四二頁以下。

(3) 美濃部達吉『新憲法概論』二四頁。

(4) 美濃部『新憲法概論』二六頁。

(5) 美濃部『新憲法の基本原理』(『新憲法大系』)六三—四頁。

(6) 南原繁『人間革命』九一頁以下。

(7) 南原、前掲、九二頁。

(8) 高木八尺「憲法改正草案に対する私見」(『国家学会雑誌』昭和二一年五月)。同「憲法改正草案に対する修正私案」(『中央公論』同年七月)。

(9) 横田喜三郎「主権抹殺論」(『社会』昭和二一年一一月)。横田教授のこの批判が、尾高教授の理論——それは、南原・高木理論と根本の志向を等しくするものである——に対しても、同じように、妥当するものであることは、これからの論述のうちに明らかとなるであろう。

*　*　*

国家主権が、かように、ここでの主権の問題に対する答えになりえないとするならば、尾高教授の説かれるノモス主権についてはどう考えるべきであろうか。主権はどこにあるかという問いに対して、君主主権とか、国民主権とか答えるかわりに、ノモス主権と答えることは、はたして、許されるであろうか。

国家主権について右にのべられたところから、おそらく、読者にはすでに明瞭であろうと推測されるが、ノモス主権に対する私の答えは、消極的である。主権はどこにあるか。君主主権か。国民主権か。この問題に対して、ノモス主権は、少しも答えるところはない。ノモス主権は、もしそれがなんらかの問題に答えているとすれば、ここでの問題とはまったくちがった問題に答えているのである。なお、もちろん、論者がそれによって意識的にかえりみて他をいっているというわけではないが、少なくとも、ノモス主権論は、そういう目的——つまり、主権の問題に直面することの回避または延期——に利用される可能性があることも、特に指摘されていいことであろう。

ところで、ノモス主権とは、どういうことであるか。尾高教授は、「ノモスとは法であり、法の根本原理を意味するものと解する」といわれる(六二頁)。では、その「ノモス」に「主権」があるとは、どういうことか。教授は、つづけて、いわれる。

「王は、地上の世界での最高の権力者である。もしも主権が国民に存するならば、その場合の国民もまた一つの王である。王はすべてのものの上にある。しかし、その王といえども、法の権威を犯すことはできない。否、天上の神々でさえもが、法の理念の前には恭順でなければならない。その意味で、ノモスこそ王の上にある王であり、神々に対してすら王として君臨する。法は、地上の権力者によって勝手気ままに作られるものであってはならない。王が法を意のままに作るのではなく、王といえども法の理念にしたがってその権力を行使すべきである。

故に、国家における最高の権威をもつものを『主権』と名づけるならば、王が主権者であるのではなくて、主権はノモスにこそあるといわなければならぬ」(六三頁)。

これによると、ノモスとは、「地上の世界での最高の権力者」たる「王」がしたがうべき「法の理念」であり、「最高の権威」である。それは、ほかの言葉でいえば、「正義」とでもいうことになろう。ノモスに主権があるとは、つまり、「地上の世界での最高の権力者」たる「王」は、「正義」にしたがって行動しなくてはならないというほどの意味である。『『天地崩るるとも、正義をして成らしめよ』。この正義を蹂躙する暴逆は、天人ともにこれを許さない。正しく、そこにノモスの主権があるといわなければならぬ」(七五頁)。

かようなノモス主権の理論が、このおぼえがきで問題としている主権のありかに対する答えになりえないことは、右に引かれた尾高教授の言葉のうちからも、容易に知られるところである。くりかえすまでもなく、ここで問題としているのは、教授の言葉をもってすれば、「地上の世界での最高の権力者」は誰かである。「王」は誰かである。その「王」がノモスにしたがわなくてはならないかどうかは、ここでは問題ではない。「王」がノモスを、あるいは正義を破ることができないことは、いわば、自明のことである。しかし、「王」を拘束するものが、ノモスであるか、正義であるか。それともまた、「善」であるか、エウダイモニアであるか、ロゴスであるか、エトスであるか、パトスであるか、エロスであるか。これは、重大な問題であるにはちがいないが、ここでの問題ではない。君主が「王」なのか。国民が「王」なのか。それがここでの問題である。

人は問う。主権はどこにあるか。ノモス主権論は答える。「主権はノモスにある」。しかし、人は、さらに問うであろう。「ノモスの具体的な内容を最終的にきめるのは誰であるか」。この最後の問いが、ここでの問題である。これに対して、ノモスだと答えることができないことは、あまりに明白であろう。

ノモス主権の理論と聞けば、誰しも、かの法主権の理論をおもい出すだろう。ノモスが、「法」であり、「法の根本原理」だとすれば、ノモス主権は、つまり、法主権と同じものではないか。誰もが、こう考えるだろう。

尾高教授は、クラッベの法主権論を評して、これは「主権という概念のもつ『主体性』を無視する結果に陥っている」とし、「主権とは、そもそも『主体的』な概念である。ノモスの主権といっても、誰がノモスを現実に把握するか、という主体性の問題から離れて主張されただけでは、意味をなさない」といわれる(六六―七頁)。

まさに、そのとおりである。もっとも、尾高教授もみとめているように、法主権説の説く「規範の支配」は、結局は、その規範を作る人の支配をみとめることになるから、そこで全く「主体性」が無視されているわけではないが、とにかく、そこにその理論の弱みがあることは、疑いない。ここにいう意味の主権が誰の手にあるかという問いに対して、「法」にある、「規範」にあると答えることは、たしかに正しい答えではない。ところで、それならば、ノモス主権説は、この点について、法主権説とくらべて、どのように「主体性」を誇りうるであろうか。教授はつづける。

「ノモスの主権とは、むしろ何が法であるかを決定する力をもった人々の心構え(!)の問題でなければならない。権力を有する者が、その思うがままに法をつくるのが主権なのではなく、いかに権力を有する者といえども、法の根本原理にしたがって、不断に正しい法を作るために努力をつづける義務があるという意味で、ノモスが権力の上に位するのでなければならないのである」(六七頁)。

これでは、ノモス主権ということは、単なる立法者の心がまえの問題になってしまいそうである。立法者は「法の根本原理にしたがって不断に正しい法を作るための努力をつづける義務がある」というだけでは、法主権説に対して、より多くの「主体性」を誇りうるどころか、むしろ反対である。右にのべたように、法主権説には、まだしもいくぶんの「主体性」がある。ところが、ノモス主権には、そうした「主体性」が、全く欠けている。

法主権説は、「人の支配」に対して、「規範の支配」を代えようとする。そこで、「規範」というのは、自由主義的意味におけるそれである。すなわち、個別的・具体的な規範ではなくて、抽象的・一般的規範である。法主権説は、たとえば、一七八〇年のマサチューセッツ憲法が「人間の政治」(government of men)ではなくて、「法の政治」(government of laws)を主張しているのと同じく、抽象的、一般的規範にもとづく政治――「法による政治」――を主張している点で、単なる立法者の「心がまえ」を説くノモス主権よりも、はるかに、実際的な意味をもつ。それが近代的デモクラシイの確立に大きな寄与をなすことができたのは、そのためである。これにくらべると、ノモス主権説は、単なる言葉だけにおわってしまう危険がはるかに大きい。

＊　＊　＊

ノモス主権の理論が、主権論として、とりわけ、君主主権と国民主権との対立を克服する主権理論として成立しえないことを以上でのべたが、さらに、その理論を天皇制との関連において考えてみたい。尾高教授のノモス主権論は、なにより、新憲法の定める国民主権と天皇制とを調和させることを目的とするものであり、それは、たとえていうならば、国民主権の採用――それは、必然的に天皇主権の否定である――によって天皇制に与えられた致命的ともいうべき傷を包み、できるだけそれに昔ながらの外観を与えようとするホウタイの役割を演じようとするものである。

尾高教授は、従来の日本の政治体制の根本原理を天皇主権と見ることに反対される。読者は、教授が、この稿で引用されるその言葉のうちで、従来の日本の政治体制の根本原理をつねに「天皇統治」と呼び、これを「天皇主権」と呼ぶことを注意ぶかく避けておられることに、気がつくであろう。これは、従来の天皇制がかならずしも国民主権と原理的に対立するものでなく、新憲法による国民主権の採用は、これまでの天皇制に対して本質的な変更をもたらしたものでないという教授の結論のための伏線である。

教授は、そのいわゆる天皇統治の理念を「主権は天皇に存する」というような言葉で表現することに、反対される。いわく。

「なぜならば、それはもはや、天皇が現実の政治の上で常に最高の決定権をもっておられたということでもなく、そういう政治の形態が永遠につづくべきものと考えられていたということでもなく、現実の政治はすべて『常に正しい天皇の大御心』に適うものでなければならない、という理念の表現に外ならないからである。『国体』とは、ここではもはや現実の政治の根本構造ではなくて、理念としての政治の根本のあり方を意味する。よしんば天皇親政ということが現実に行われたとしても、その天皇の現実の統治意志の上には、さらに『理念としての天皇の大御心』が君臨していなければならなかったのである。それは天皇という具象の形に結びつけて考えられてはいても、実は、永遠に変るべからざる法の正しさへの志念であり、『ノモス主権』の民族的な把握の仕方に外ならなかったといわなければならない。

「それであるから、天皇の統治を中心とする日本の国体を、国民主権と氷炭相容れ得ない対蹠の原理と見るのは、むしろ皮相の見解である。国民主権と天皇の統治とは、政治の理念の表現としては、根柢において深く相通ずるものをもっている」(一五四―五頁)。

しかし、教授のいわゆる天皇統治が天皇主権と呼ばれるに適しないと見るのは、まちがっている。反対に、それは、まさしく、天皇主権と呼ばるべきものである。

尾高教授は、「天皇が現実の政治の上で常に最高の決定権をもっておられた」わけでないことを、しばしば、強調される(一三七頁以下、一四七頁以下、等)。天皇の権力が、実際の政治において、ノミナルなものにすぎなかったことは、すでに多くの人の指摘したところである。しかし、さきにも述べたように、天皇主権ということは、決して天皇が現実の政治の上で決定権をもつことを意味するのではない。現実の政治の上でそういう決定権をもつかどうかは、ここにいう主権の問題とは、なんの論理必然的な関連はない。明治より前の歴史については、まだ明確でないことが多いから、しばらくこれを別として、もっぱら、明治憲法時代についていえば、この時代の根本原理が天皇主権——国民主権に対立する意味の天皇主権——であったことは、多く疑いをいれないとおもわれるが、そう見ることは決して、その時代に、天皇が現実の政治の上で決定権をもっていたと主張することではない。教授は、「大日本帝国は万世一系の天皇之を統治す」という命題をば、「過去の日本において現実の統治意志の構成がつねに天皇によってなされたという意味に解することは、到底できない」(一四七頁)といわれるが、それは当然すぎるくらい当然である。そもそも、誰が「過去の日本において現実の統治意志の構成がつねに天皇によってなされた」という主張をしたであろうか。むしろ、その反対が、これまで多くの人によって主張されて来たのではないか。いずれにせよ、天皇の統治とか、天皇主権とかいうのは、すべて「現実の政治権力の行使とは次元をことにする面でのことである」(一四八頁)。したがって、天皇の統治が、歴史上、必ずしも、天皇が現実に政治を支配したことを意味しないからといって、「主権は天皇に存する」というような表現について、「普通の考え方とはよほど違った解釈を加える必要が生ずる」(一五四頁)とは、いえない。天皇が現実の権力者でなかったという事実は、天皇に主権が存したことに対して、なんらの妨げをなすものでないのである。

また、同じく、すでにくり返しのべたように、「永遠に変るべからざる法の正しさへの志念」というようなものは、天皇主権にも、国民主権にも、まったく同じように、妥当するものである。それをもって、日本のいままでの天皇制の特色とすることはできない。それが「天皇という具象の形に結びつけて考えられて」いたところにこそ、その特色があるのであり、そのことは、ここにいわゆる天皇統治の理念なるものが、実は天皇主権にほかならないことを意味する。もしそれが、天皇ではなくて、国民という「具象の形に結びつけて考えられて」いたとすれば、それは疑いもなく、国民主権であったのである。

天皇主権ということは、決して天皇が現実の政治の上で最高の決定権をもつということではなく、また、そういう政治形態が永遠につづくべきものと考えられるということでもなく、尾高教授の言葉を借りていえば、「天皇の大御心」を通して、——「国民の総意」を通してではなく——ノモスをつかもうという原理である。

＊　＊　＊

かように、尾高教授のいわゆる天皇統治は、すなわち、天皇主権である。そして天皇主権は、国民主権と両立しないのであるから、その結果として、いわゆる天皇統治は国民主権と両立しないことになる。

しかし、尾高教授は、かように考えることをどこまでも拒否される。いわく。

「天皇の統治を中心とする日本の国体を、国民主権と氷炭相容れ得ない対蹠の原理と見るのは、むしろ皮相の見解である。国民主権と天皇の統治とは、政治の理念の表現としては、根柢において深く相通ずるものをもっている。すなわち、国民主権の原理は、決して現実の政治が国民の思うがままに行われてよいということを意味するのではなくて、『常に正しい国民の総意』を以て政治の最高の指針としなければならないという理念なのである。同様に、天皇の統治といわれるものも、天皇の現実の意志によって政治上の最後の決定が与えられて来たというのではなくて、『常に正しい天皇の大御心』を以て政治の範としなければならないという理念の現れなのである。故に、両者は、帰するところ、ともに『ノモスの主権』の承認であって、その点では何らことなった意味内容をもつものではない」(一五五―六頁)。

この言葉に対しては、さきにのべられたところを、くり返すよりしかたがない。ノモス主権は、君主が主権者であるにしろ、国民がそれであるにしろ、その政治意志の決定はノモスに則してなされなくてはならないという――いわば自明な――原理をいうだけのことである。それは、もちろん、すべての人の承認するところであろう。しかし、そういうノモス主権が承認されたとしたところで、ここでの問題は、それによって、少しも解決されはしない。ノモスが主権をもつ。よろしい。ところで、そのノモスの具体的な内容を最終的にきめるものは誰か。人は、どこまでもこう追及するであろう。

尾高教授も、このことを全く無視されるわけではない。いわく。

「両者(国民主権と天皇統治)は、同じノモスの主権の理念を内容としてはいるが、これを明らかに違った主体と結びつけている。すなわち、一方は、これを『国民』の主権としてとらえ、他方は、これを『天皇』の統治として把握しているのである。この点に、両者の根本の相違があることは確かである」(一五六頁)。

まさにそのとおりである。その「根本の相違」を、われわれは、ここで問題としているのである。

ところが、せっかく、こういわれたかとおもうと、残念なことには、すぐまた、ノモス主権が出て来て、かような

「根本の相違」を、多かれ少なかれ、ぼかそうとするのである。いわく。

「しかし、主体といっても、それは、現実の主権的権力意志の主体ではなくて、同じ理念をどういう形で『人の心』の中に位置づけるかという意味での主体なのである。国民主権主義は、『国民の総意』ならば常に正しいと見る。天皇統治の伝統は、『天皇の大御心』は曇らぬ鏡のように公明であると信じた。しかも、両者は、さような別個の『人間の心』を通じて、何ら変ることのない同じ一つの理念を見つめているのである。故に、新憲法が、天皇の統治という伝統的ないい現し方をやめて、政治の最高の原理を国民の主権という形でかかげることになっても、そこにかかげられている理念そのものには、何の変りもないのである。だから、それを『国体の変革』であるとして、天地鳴動する問題のように考える必要はないということができるであろう」(一五六頁)。

しかし、くりかえしていうが、「同じ一つの理念を見つめている」かどうかは、ここでの問題でない。ナチスの論者は、ヒットラーの心は「曇らぬ鏡のように公明であると信じた」ことであろう。しかし、それはここでの問題ではない。「同じ理念をどういう形で『人の心』の中に位置づけるかという意味での主体」、それをここでは問題としているのであり、そのかぎりにおいて、天皇統治と国民主権とのあいだには「根本の相違」があることを、はっきりとみとめなくてはならない。

尾高教授は、「日本に国民主権という伝統がなかったことは事実であるが、天皇統治という形の中に融け込んだ姿においては、国民主権と相似た内容の理念が日本に存在していたといっても、あながち詭弁として排斥さるべきではない」といい、さらに、「かように考えるならば、天皇の統治と国民の主権とは、全く反対の立場のように対立しながら、実は、理念の面では、反対の極致において深く結びついているものであることがわかる」といわれる(一五七頁)。

なるほど、そういう意味の「理念の面では」、天皇主権も、国民主権も、深く結びついているといえよう。その意味で、「天皇統治という形の中に融け込んだ姿においては、国民主権と相似た(?)内容の理念が日本に存在していた」ということもできるかも知れない。

しかし、そういういい方をすれば、「理念の面では」、あらゆる政治原理がみな深く結びついていることになるのではないか。西洋の王権神授説だとて、右にいわれたようなノモスの主権を否定はすまい。(そもそも誰がそれを否定しようぞ!)フィルマーも、ロックも、「同じ一つの理念を見つめている」といっていえないことはなかろう。

植原悦二郎氏は、主権は、いかなる国においても、その国民に帰属するとし、明治憲法も主権在民であったのであり、そこで主権が天皇にあると解したのは、官僚学徒の曲解であるとされる。[1] この理論は、ここで問題とするような主権の問題そのものを否定することになるから、横田教授のいわゆる「主権抹殺論」[2]に属するといえよう。それは、ほかの言葉でいえば、Salus populi suprema lex esto とか、あるいは、日本のさる有名な政治家がよくいった「政治は正義なり」とかいう標語に帰着する。それはそれでわるくないだろうが、ここでの問題が、それによって、少しも答えられえないことは、明らかである。ノモス主権論は、結局この植原理論に帰着すると評されても、弁明はむずかしいのではなかろうか。

政治のあり方は、ノモスにもとづいて定められなくてはならない。しかし、ノモスというものは、具体的な内容をもってわれわれに現前するものではない。誰かがノモスの具体的な内容を定めなくてはならない。その「誰か」がここでいう主権の主体である。君主という特定人がその「誰か」だとする建前が、君主主権であり、君主とか、貴族とかいう特定の身分をもった人間がその「誰か」たる地位を独占することを否認する建前が、国民主権である。したがって、君主主権は国民主権と両立せず、一方の是認は、論理必然的に、他方の否認を意味する。

ところで、尾高教授のいわゆる天皇統治は、すでに明らかにせられたように、天皇主権、すなわち、君主主権にほかならない。したがって、天皇統治と国民主権とは、いかに「政治の理念の表現としては、根柢において深く相通ずるものをもって」いようとも（一五五頁）、原理的には、決して、両立することはできない。それらが、たがいに「氷炭相容れ得ない対蹠の原理」（一五五頁）であるかどうか、その一方から他方に変ったことが、「天地鳴動する問題」（一五六頁）であるかどうか。教授独得のこういう多彩な修飾的な表現は、しばらく、問題の外におこう。ここでは、いわゆる天皇統治は、天皇主権にほかならず、しかも、天皇主権は国民主権と原理的に両立しないこと、したがって、前者より後者への推移は、政治の根本原理の変革と見るべきものであること、を強調しておきたい。

なお、尾高教授は、右のような変革を「国体の変革」という必要はないといわれる（一五六頁）。この点は、国体という言葉の意味いかんによって、どうとでもいえることであるが、いままで普通に使われた国体の概念が天皇主権または天皇統治をその本質的特色としていたことは、明白である以上、天皇主権または天皇統治の否定は、これを国体の変革と呼ぶのが、言葉の使い方として、自然だとおもう。

要するに、天皇統治と国民主権とのいずれもノモスの主権の承認に帰するという理論は、国民主権と天皇制との関係についての論議に対して、なんら寄与するところはないとおもう。あらゆる政治体制の原理は、すべて、その意味の「ノモスの主権の承認」に帰着するといえるからである。さらに、ノモス主権説は、天皇統治と国民主権との区別を一応はみとめながら、しかも、「両者は帰するところ」同じだとか、「理念の面では、反対の極致において深く結びついている」とかいって、そのちがいを、多かれ少なかれ verhüllen する役割を勤める点においても、批判さるべきものをもっていることを忘れるべきではあるまい。

新憲法における天皇制についての論議は、従来の天皇統治の原理、すなわち、天皇主権の原理はいまや否定されたということとの明確な認識から出発しなくてはならない。この認識から出発しないかぎり、新憲法における天皇制の本質は決して正しく認識されないだろう。

(1) 植原悦二郎『現行憲法と改正憲法』。ここでは、鵜飼信成「主権概念の歴史的考察と我国最近の主権論」(憲法研究会編『新憲法と主権』所収)七八頁以下によってのべた。植原氏は、同じ見解を、国務大臣として、新憲法草案審議の際、貴族院の委員会でも、のべられた。

(2) 横田「主権抹殺論」、前掲。

* * *

かように、新憲法は、天皇統治を否定し、天皇主権を否定している。しかも、それは、天皇制をみとめている。してみれば、新憲法のみとめる天皇制は、明治憲法のみとめた天皇制と、まったく本質をことにするものであるといわざるを得ない。

この点について、尾高教授は、「もしも明治憲法第一条の規定している天皇の統治が、天皇による現実の統治権力の行使を意味するならば、……新憲法によって規定された天皇制は、それとは全く本質をことにするものとなっていると認めざるを得ないであろう」(二〇〇頁)といわれるが、くり返すまでもなく、現実の政治権力が天皇にあったかどうかは、はじめから、ここで問題となっていないのであるから、そういう事実の有無によって、新憲法の天皇制が、明治憲法のそれと、本質をことにするかどうかを判断することは、許されない。天皇が実権をもったかどうかではなく、天皇制を基礎づける憲法の根本建前が変ったかどうかによって、判断すべきである。

教授は、「もしも天皇統治という形式は、現実の政治形態としての実体をもつものではなかったとするならば、天皇統治とは過去の日本においても単なる名目にすぎなかったのである。その天皇制が新憲法によって単に名目上存置されることになったからといって、それを天皇制の本質の変革であると論ずるのは、理由のないことである」といわれる(二〇一頁)。しかし、過去の日本で、天皇の統治は、「単なる名目」であったのではない。それは、むしろ、「名分」であったのである。そして、新憲法は、その「名分」を改めたのである。そこに、本質の変化を見ることは、むしろ、当然というべきではなかろうか。

尾高教授も、もちろん、新憲法がこの点にもたらした変化を全く無視されるわけではない。しかし、その変化が決して本質的なものでないことを強調されるのである。いわく。

「日本国民によって、常に変るべからざるものとして仰がれて来た天皇の統治とは、『正しい統治の理念』であった。国民は、常に正しかるべき統治の理念をば、天皇の統治という形で具象的に仰いで来たのである。故に、天皇は、昔から正しい統治の理念の『象徴』であられ、『君が代』は、かかる象徴的な意味において永遠性をことほがれていたのである」(二〇一頁)。

それならば、そのように永遠性をことほがれていた「君が代」に、どうして、変改を加えることが必要になったのであるか。

「正しい統治の理念を天皇の統治として仰ぐということも、それが現実政治とのかかわりをもつようになると、重大な影響を生むことを免れない。なぜならば、天皇の統治ならば常に正しいということになると、どんな政治も天皇の名の下に美化され、不合理な政治や、強引な政治や、不正な政治ですらもが、批判を許さぬ正しい政治として強行されるにいたるからである。そこで、新憲法は、この弊害を根絶するために、明治憲法第一条の表現形式を廃止した。そうして、その代りに、主権は国民にあるという表現の仕方を用いた」(二〇一―二頁)。

ここで教授が、実は天皇主権から国民主権への推移にほかならないこの変化を、単なる「表現形式」や、「表現の仕方」のちがいのように説かれることは、用語の問題としても、注目に価いする。それは、「実体は変らない。変ったのは、認識だけだ」という、さきに引かれた金森大臣の理論をおもい出させる。

教授は、かような変化――「表現形式」や、「表現の仕方」の変化――は、いわば、同じ高嶺の月を見るためにのぼって行く道のちがいにすぎないとされるが、そのちがいにまったく意味をみとめないわけではない。いわく。

「同じノモスの主権をば、天皇の統治としてではなく、国民の主権として宣言(!)することは、国民の政治に対する自力本願・自己責任の態度の表明として、格段の進歩的意味をもつ。なぜならば、国民の政治的自覚が高まり、公明な輿論によって立法が方向づけられ、自由な言論によって政治に不断の批判が加えられるようになれば、国民主権の理念は、次第に実体性をもった政治の原理となって行く可能性があるからである。その意味からいって、新憲法が政治の根本原則の表現形態(!)を天皇統治から国民主権に改めたことは、大きなプラスの変革として高く評価されてしかるべきである」(二〇二頁)。

しかも、このような「大きなプラスの変革」も、あくまで「宣言」のしかたや、「表現形態」のちがいにすぎず、天皇の統治といっても、国民主権といっても、つきつめれば、なんら変るところがないことを、教授は、どこまでも説きつづけられる。

「国民主権ということも、つきつめれば(！)、同じ『正しい統治の理念』の表現形態に外ならない。だから、天皇の統治といっても、国民の主権といっても、『ノモスの主権』たる理念の内容においては、何ら変るところはないのである」(二〇二頁)。

しかしながら、そこまで「つきつめれば」、「国家とは朕なり」といった「日輪王」の政治も、「わがたたかい」を書いた「指導者」の政治も、やはり、同じ「正しい統治」の理念の表現形態だといえることになりはしないか。さらに、「つきつめれば」、独裁政治といっても、「ノモスの主権」たる理念の内容においては、なんら変るところはないことになりはしないか。そこまで「つきつめ」て考えられる境地——「一切無差別」の境地——があることを、私は、かならずしも、否定しない。だが、ここで問題とされる主権の問題は、そこまで「つきつめ」る一歩手前の境地——「差別」の境地——での問題であること、したがって、それは、そこまで「つきつめ」ずに答えられなくてはならないことを、指摘しておきたい。

＊　＊　＊

尾高教授によれば、国民主権主義の政治とは、「国民を主体とする政治」であり、それは、「国民の総意」をもって立法および行政の方向を決定して行く政治である。そして、「国民の総意」による政治は、現実には、「多数決原理」によって行われる(二〇二—三頁)。

教授は、ここで、多数決原理を説明し、それが、相対主義に立脚し、絶対主義によって否定されることを明らかにされた後、次のように、いわれる。

「けれども、多数の支持する意見ならばかならず正しいという保障はどこにも存在しない。実際には、少数意見の方が正しいこともある。万人から奇矯の言として抹殺されるただ一人の判断が、真に先見の明に立脚している場合もある。故に、もしも、民主政治が、事の理否の如何にかかわらず、ただ多数の赴くところに追随するようになるとその結果は多数の横暴を許すことになる」（二〇三―四頁）。

これは、常識的には、多くの人々によっていわれるところであるが、そこには、理論的にいうと、かなり不正確なものが含まれていることを、ついでながら、注意したい。

多数の意見必ずしも正しいとかぎらないことは、もちろんである。「実際には（！）、少数意見の方が正しいこともある」かも知れない。ただ、少数意見のほうが正しいということを、具体的な場合において、どうして知ることができるのか。ここに根本の問題がある。もし、少数意見のほうが正しいということが、はっきり分るならば、少なくともその問題に関するかぎり、多数決原理を排斥すべきは、当然である。しかし、具体的な場合に、いったいどうして、少数意見のほうが正しいということを知ることができるだろうか。具体的な政治方針を定める場合に、何が正しいかということを、客観的に知ることができないと考えるからこそ、多数決できめるのではないか。多数決原理ないし民主主義が相対主義に立脚するというのは、まさにこのことを意味するのではないか。もし、具体的な政治方針を定める場合に、何が正しいかを客観的に知ることが可能であるならば、そもそも多数決をいう余地はない。たとえば、二と二で四になることは、客観的に知ることのできる真理である。したがって、それについて、多数決を云々する余地はない。もし、多数決でその反対をきめたとしても、それはただその多数がまちがっていることを証明するだけの話である。具体的な政治方針を定める場合——たとえば、死刑廃止法を可決すべきや否やをきめる場合——には、何が正しいかが客観的には知られえないから、これを多数決できめるのである。死刑は廃止すべきものという命題が正しいということが、客観的に知られるならば、多数決だの、民主主義だのというものは、必要はない。問題は、その正しいときまったことを、実行するだけである。「事の理否の如何にかかわらず」、多数の意見を尊重するという表現は、それ自体、矛盾である。「事の理否」がはじめから客観的にわかっているならば、多数も、少数もない。ただ、ひたすら「否」を捨てて「理」をとればいいのである。君主の語るところはつねに「理」だとされる専制君主国で、多数決の原理をみとめないのは、この意味で、きわめて当然である。

ところで、ここでもまたノモスが出てくる。

「民主政治、……数によって行われる現実の政治を、正しいノモスの理念にしたがう『理の政治』に接近せしめるように不断に努力して行かなければならない。いかなる多数といえども、多数なるが故に何ごとをもなし得る絶対の力ではなく、正しい政治の理念にはかならずしたがうべきであるという根本原則を確立して置かなければならない」(二〇四頁)。

この言葉に、私は、少しも異論はない。ただ、このあまりに自明な政治の格律を改めてここで説くことの必要を見出すに苦しむだけである。

尾高教授は、かように、国民の総意による政治が、現実には、多数決原理による政治であることを明らかにし、国民主権主義が、現実には多数決によって行われる政治を、「国民の総意」による政治として意味づけていることを指摘し、おもむろに、日本で民主政治を行うのに、天皇制が必要な所以を論証されようとする。

「民主主義においては、多数によって決定された政治の方針を、単なる多数党の政治方針としてではなく、国民の総意による政治方針として行うという形が、是非とも必要なのである。しかし、それは、形のない形であり、姿のない原則であって、そのままではいまだあまりに抽象的でありすぎる。故に、この原則に形のある形を与え、それを具象の世界にはっきり示すということは、きわめて意味の深いことであるといわなければならない。そこで、新憲法では、この形のない原則が、天皇という形のある形を通じて具象化せられることになっているのである」(二〇五頁)。

民主主義では、多数の意志に国民の総意という「形」を与えることがぜひとも必要であるのと同じように、その「形のない形」に天皇という「形のある形」を与えるのが適当だというのであろう。しかし、国民の総意というものは、多数の意志に与えられた「形」ではない。民主政治における国民の総意は、つまり、多数の意志そのものなのである。多数の意志に、国民の総意という「形」を与えるか否かの自由はない。多数の意志は、すなわち、国民の総意なのである。だから、たとえ、多数の意志に国民の総意という「形」が与えられるべきだとしても、そこからは、この「形のない形」に天皇という「形のある形」を与えるべきだという理由は少しも出て来ない。

「形のない形」になんらかの「形のある形」を与えることは、実際政治上、妥当なことであるかも知れない。そういう「形のある形」は、諸国の政治の実際にしばしば例が見られる。しかし、新憲法においての天皇制の存在理由を論証するためには、今日の日本のあらゆる情勢の下において、そういう「形のある形」が必要だということを、積極的に証明する必要がある。ただ、「それは、形のない形であり、姿のない原則であって、そのままではいまだあまりに抽象的でありすぎる」というだけでは、論証は不十分である。多くの国家は、現在、そうした「形のある形」をもたずに満足していることを忘れてはならない。

かりに、「形のない形」に「形のある形」を与える必要があるとして、なぜその「形のある形」が天皇でなくてはならないか。日の丸の旗では、なぜ足りないか。国民主権の下での天皇制の存在理由を論証するためには、さらにこのことを証明しなくてはならない。尾高教授は、この点について、次のようにいわれる。

「日本の伝統によれば、天皇は『常に正しい統治の理念』をば具象化して来られた。その天皇の立場から一切の現実政治上の夾雑物を除き去ったものが、『象徴としての天皇』である。象徴としての天皇は、目に見えぬ国民全体の、目に見える形として、内閣総理大臣や最高裁判所の長官を任命し、改正された憲法や法律や政令や条約を公布せられる。それによって、多数の決めたことが、国民全体の行為として意味づけられるのである。かくて、象徴としての天皇の行為は、無意味な形式ではなくて、国民主権主義の理念と意味とに満ち満ちた最も重要な国事となる。それが新憲法における国民主権と天皇制との真の調和である。それが、歴史の伝統を断絶せしめることなしに、しかも、歴史の伝統にまつわる宿弊を洗い浄めたところの、新しい時代にふさわしい新しい天皇制の姿に外ならない」(二〇五—六頁)。

「天皇は『常に正しい統治の理念』をば具象化して来られた」という命題を、尾高教授は、しばしばくりかえされるが、そのことについての論証は、十分といいかねる。何にもとづいて、天皇が「常に正しい統治の理念」を具象化して来たといえるか。天皇の統治が、歴史の現実で、つねに正しく行われたわけでないことは、教授もみとめる。それにもかかわらず、天皇がそうした理念を具象化して来たといいうることの根拠はどこにあるか。もし、いやしくも統治者の地位にある者は、そういう地位にあることにもとづいて、当然にそうした理念を具象化するといえるならば、足利尊氏も、徳川家康も、「常に正しい統治の理念」を具象化したといえるのではないだろうか。

さらに、天皇によって任命され、公布されることによって、多数が決めた公務員の選任や、法令の制定が、「国民全体の行為として意味づけられる」ということも、解しがたい。それらは、天皇の干与がなくとも、りっぱに「国民全体の行為として意味づけられる」のである。たとえば、衆議院議長は、衆議院が選任するのであり、天皇は少しもこれに干与しないが、その選任は、もちろん「国民全体の行為として意味づけられる」のである。

こう考えると、「象徴としての天皇の行為は、無意味な形式ではなくて、国民主権主義の理念と意味とに満ち満ちた最も重要な国事となる」ということの根拠も怪しくなってくる。たとえば、内閣がきめた政令を公布するという行為が「無意味な形式」だとは、必ずしも、いえないわけかも知れないが、それを「国民主権主義の理念と意味とに満ち満ちた最も重要な国事」だと断ずるには、もう少し積極的な理由を必要としよう。それは、なんらかの理念と意味とに満ち満ちているかも知れないが、少なくとも、国民主権主義の理念と意味とに満ち満ちている可能性はもっとも少ないはずである。

＊　＊　＊

私は、このおぼえがきのはじめで、尾高教授の理論は、国民主権と天皇制との原理的な調和に対する多くの日本人の欲求を満足させるだろうと書いたが、教授の意図も、もちろん、はじめから、そこにあったのである。『国民主権と天皇制』の「はしがき」は、このことを次のようにはっきり言明している。

「新憲法ができ上りつつあったころ、多くの人々は、新憲法の採用しようとしている国民主権主義と、日本固有の天皇制とは、水と油とのように融け合い難いものであると考えた。したがって、新憲法の草案は、名目の上では天皇制を存置せしめているけれども、その内容はいままでのそれとは全く違ったものに仕立て上げて、国民主権の原理の邪魔にならない程度で、伝統尊重のジェスチュアを示しているのであると見た。

「なるほど、新憲法成立の由来やその背景には、あるいはそのような考慮が働いていたかも知れない。しかし、でき上った日本国憲法をば、日本国民がわれわれの憲法として受け取った以上、そうなったものならそれでよかろうというような、日本人一流の『流れ次第の風次第』的な態度ですますことは許されない。新しい日本の建設の出発点たる国民主権主義と古い日本の歴史を担っている天皇制とは、新憲法の中で、木に竹を継いだように、間に合わせに結びつけられているだけであるのか、あるいは、その結び目を通って、両者の間に生きた民族精神の血が通うようになる見込みがあるのか。新憲法が真の『日本国憲法』として国民生活の中に深く根を下すことができるためには、この問題を第二の可能性の方向にむかって解決するように、あらゆる努力を傾注しなければならないと信ずる」。

教授の意図は、明瞭である。それは、一言でいえば、新憲法における天皇制のアポロギヤである。この意図そのものには、批判さるべきなにものもない。教授が問題を「第二の可能性」の方向にむかって解決するように努力すべきだといわれることも、もっぱら、教授の政治観の問題であって、ここでとやこういうべきことではない。

ここで問題とさるべきことは、国民主権と天皇制とは、「水と油とのように融け合い難いもの」であるかどうか、「木に竹を継いだように、間に合わせに結びつけられているだけであるのか」どうか、である。それは、なにより、客観的な認識の問題である。主観的な希望の問題ではない。「第二の可能性」の方向にむかって解決するように努力すべきかどうか、ではなくて、そういった「第二の可能性」が客観的に存在するかどうか、である。

尾高教授の所論は、天皇制を国民主権的に基礎づけ、天皇の活動を「国民主権主義の理念と意味とに満ち満ちた」

ものにしようとの熱意に燃えるのあまり、本来理論的に説明さるべき問題を、たぶんに感情的・前理論的に扱いすぎたきらいがある。そして、その結果として、教授の意図した天皇制の民主的基礎づけが、十分理論的になされたといえないことになってしまったようである。

このおぼえがきは、尾高教授の天皇制の弁明を批判することになったが、私は、決して現在、天皇制を廃止すべきものと考えているわけではない。反対に、新憲法の定める天皇制には、賛意を表しているものである。ただ、尾高教授がノモス主権論によってそれに与えているような理由づけには、賛成しかねるというだけである。

『国家学会雑誌』六二巻六号　一九四八年

二　ノモスの主権とソフィスト
——ふたたび尾高教授の理論をめぐって——

昨年(一九四八年)六月の『国家学会雑誌』(六二巻六号)に、私は「国民主権と天皇制とについてのおぼえがき」と題する一文をのせて、尾高教授のいわゆる「ノモス主権」の理論に対するいささかの批判をこころみた。尾高教授はさっそく同じ『国家学会雑誌』の第一一号(六二巻)で、「ノモスの主権について」の題の下に、私の批判に対する「答え」を提供するの労をとられた。私はこれについて心から感謝するとともに、私としても、もう一言する必要を感じたのであったが、雑用にとりまぎれ、ついそのままにして今日にいたってしまった。しかし、問題は時局に関するものではなく、それについて、かさねて考察することは、今日でも決して無意義ではないと考えられるので、ここに、おくればせながら、教授の「ノモスの主権について」に関して、私の見解をのべることによって、教授の好意を謝するよすがとしたい。

尾高教授の右の文章は、『国家学会雑誌』にのるとほとんど同時に、教授の著書『法の窮極にあるものについての再論』の中におさめられて公刊された。ここでは、便宜、後者によって、議論をすすめたいとおもう。

＊　　＊　　＊

私がさきに批判の対象とした『国民主権と天皇制』(『新憲法大系』)における尾高教授の議論の全体を、教授自身は、その「答え」において、次のように要約しておられる。(1)

「国民主権と天皇制の問題についての私(尾高)の議論は、一方からいえば、一種の政治論である。その目的は、日本国憲法にあらわれた『象徴としての天皇』の地位に、単なる間に合わせや気やすめというだけでない意味を与えると同時に、明治憲法からの移りかわりが、『木に竹を継いだ』ような細工ではなくて、その間に『生きた民族精神の血』を通わせて見たいというにあった。それ故に、私の意図は、『一言でいえば、新憲法における天皇制のアポロギヤである』といわれる宮沢教授の言葉は、まさにその通りであり、それはまた、小著を読まれた読者のだれにでも、一目瞭然であるに相違ない」(三九—四〇頁)。

「新憲法の天皇制が、過去の伝統にまつわる弊害を一掃すると同時に、日本民族の歴史的つながりを中断しているわけではなく、国民主権の理念とよく調和し得るものであることを立証しようとした私の試みは、新憲法が日本の民主政治の将来に禍根を残すことがないようにしたいという、いわば『政治的』な老婆心のあらわれにほかならない」(四〇頁)。

かような意図を実現するために、教授は、教授の「専攻する法哲学の立場から考察して」(四一頁)、「ノモスの主権」の理論を展開されたわけである。

「なるほど、法は政治によって作られ、政治によって支えられ、政治から見放されれば、実定法としての効力を喪失する。しかし、法をその意のままに動かしているかに見える政治にも、その則るべき筋道がある。それは、与えられた具体的な条件の下で、できるだけ多くの人々の福祉をできるだけ公平に実現して行かなければならないという筋道である。この筋道を無視したり、ふみにじったりする政治や実力は、やがて多くの人々の不満をつのらせて、王座から脱落せざるを得なくなる。私は、かような政治の正しい筋道をば、『政治の矩』と名づけ、あるいは『ノモス』と呼んだ。いかなる政治も、ノモスにはしたがわなければならない。したがって、政治の方向を最後的に決定するものを主権というならば、主権はノモスに存しなければならない。それが私のいう『ノモスの主権』である。

「日本では、これまで、ノモスの主権をば『天皇の統治』という形で具象化していた。その弊害が明らかになった今日では、同じノモスの主権は『国民の主権』としてとらえられることになった。それは、日本の国家体制の大きな変革ではあるが、主権をば政治を動かす最高の実力意志と見ず、政治を動かす実力意志のさらに根柢に、正しい政治の矩としてのノモスを認めるという意味では、その間に一貫したつながりがある。私は、そう説いて、ノモス主権論による国民主権と天皇制の調和をはかった」(四二―三頁)。

要するに、教授の議論の趣旨を、私の言葉で要約すれば、

「新憲法で国民主権の原理がみとめられたというので、いままでの天皇主権が否定され、日本の国家組織の根本性格がここでまったく変ってしまったと考える――そして、そう考えて悲しむ――人がいるが、それはまちがっている。主権はノモスにある。天皇も、国民も、ノモスに支配される。この意味で、天皇主権から、国民主権にかわったからといって、ノモスの主権ということには、少しの変りもないのだから、そのために、日本の国家組織の根本性格がかわってしまったと考える――そして、悲しむ――にはおよばない」。

ということになり、これに対する私の批判の趣旨を要約すれば、

「天皇主権から国民主権にかわったことは、国家組織の根本性格の変化である。もちろん、いわゆるノモスの主権は、かわらないだろう。しかし、ノモスの主権という原理は、どのような国家にも、――君主国にも、共和国

にも、アメリカにも、ソ連にも――同じように妥当するものであるから、それがかわらないということは、決して国家組織の根本性格の変化を否定することにはならない。もし、ノモスの主権の原理がかわらない以上、国家組織の根本性格の変化をいうことができないとすれば、そもそも国家組織の根本性格の変化などというものはなくなってしまう。フランス革命によるアンシャン・レジームから近代フランスへの変化も、ツァーのロシアからソヴィエト・ロシアへの変化も、ヴァイマール・ドイツからナチ・ドイツへの変化も、すべてノモスの主権で架橋されうることになる。そうした政治体制の根本性格の変化の認識を、ノモスの主権によって、多かれ少なかれ、アイマイならしめることは、適当でない」。

ということになる。

尾高教授の私の批判に対する「答え」は、かならずしも、私が問題とした問題のみにかぎられず、むしろ、それと関連はするが、それとはちがった問題をも、取り扱っている。私は、ここでは、私のさきの批判の趣旨をいっそう明らかにすることを主眼としつつ、必要に応じて、それ以外に、尾高教授のとりあげられた問題にも、ふれてみようとおもう。

(1) 以下で引用される尾高教授の言葉は、別にことわらないかぎり、すべて同教授の『法の窮極にあるものについての再論』に収められてある「ノモスの主権」からのもので、ページの数字は、その本のページを示す。

*　*　*

私は、さきの一文で、国民主権とか、君主主権とかいう場合の主権の意味を説明したときに、国家主権と国民主権または君主主権との関係について、のべた。それを、尾高教授は、次のように、要約される。

「教授（宮沢）によると、国家を法人と見なし、それを統治権の主体と考えても、結局やはり、その国家の統治意志の内容をだれが最終的にきめるかという問題が残る。それが教授（宮沢）の問題とする主権の所在である。その意味での主権は、君主にあるか、国民にあるか、である。だから、国家法人説を採り、国家主権論を唱えても、それとは別個に、君主主権も成り立つし、国民主権も成り立つ。いいかえると、国家主権は君主主権とも矛盾しないし、国民主権とも両立する。なぜならば、国家主権と君主主権あるいは国民主権とは、『たがいに次元を異にする問題』だからである。多くの学者は、この点を誤解して、国家主権説に加担すれば、君主主権も国民主権も成り立たないと思い勝ちである。けれども、それは誤解であり、したがって、まちがっている」（四六―七頁）。この要約は、だいたい、これでいいが、これについて、尾高教授が次のように、いわれるのは、すこぶる意外である。「宮沢教授は、こういわれるのであるが、そこには明らかに同一用語の二義使用が存在する。……二つの別個の概念が問題となっているのであるならば、それを両方とも『主権』と名づけて、その間に矛盾がないと主張するのは、はなはだまぎらわしい理論の立て方であるといわなければならない。一方が主権であるならば、他方は主権ではないのである。宮沢教授は、主権という言葉が多義に用いられることを指摘し、そのために必要以上の混乱が生ずることを戒めておられるが……二つの別の意味の主権という語を併用している美濃部博士の理論を引用し、それを、国家主権と君主主権または国民主権とが立派に両立するという教授（宮沢）の主張の最も有力な傍証とされるのは、まさに『必要以上の混乱』を生ぜしめる所以ではなかろうか」（四七―八頁）。

尾高教授は、ここで、さきの私の議論に「明らかに同一用語の二義使用がある」といって、攻撃されるが、この言葉は、すこぶる私を当惑させる。なぜなら、そこに「明らかに同一用語の二義使用がある」からこそ、国家主権ということと、国民主権(または、君主主権)ということが、両立し得るとされるからである。国家主権というときの主権と、国民主権というときの主権とは、同じ言葉でありながら、意味がちがうことを、私は、たびたび、強調しておいたはずである。それらのちがった意味を、ひとしく「主権」の名で呼ぶことは、もちろん「同一用語の二義使用」である。私が国家主権というときの主権と、国民主権というときの主権とは、意味がちがうことを強調したのは、実際にひろく行われている、そういう「同一用語の二義使用」に対して、警戒の必要を説いたのであることは、何人の目にも明らかであろう。(主権についてこれまで論じたほとんどすべての公法学者および国際法学者は、——もちろん、美濃部博士をも含めて——この点の警戒の必要を説いている。) 主権という言葉について、そういう「二義使用」が存するからこそ、国家主権と国民主権とが両立しうるとされるのである。もし、そこにそうした「同一用語の二義使用」が存しないとすれば、すなわち、国家主権にいう主権と国民主権にいう主権とが同じ意味であるとするならば、国家主権と国民主権とが「たがいに次元を異にする問題」であったり、両者が両立することができたりするはずはなかろうではないか。

たがいに意味のちがうものを、ひとしく「主権」の名で呼ぶのは、不当ではないか。尾高教授は、こう反問されるかもしれない。たしかに、それは、すでに主権について論じた多くの内外の学者が、くり返し指摘したように、不当な用語法である。ただ、従来一般にひろくそうした二義使用が行われており、その結果、国家主権と国民主権とが「たがいに次元を異にする問題」であることが気づかれず、前者か、後者かというような問題提出がしばしばなされるので、両者は次元のちがう問題であり、一方の承認はかならずしも論理必然的に他方の否認を意味するものでないことを、説明する必要があったのである。げんに、尾高教授自身も、そういう「二義使用」にまどわされたらしく、国家法人説が有力であり、国家主権説が唱えられたという理由で、「明治憲法の解釈に関しては、天皇主権説はかならずしも学問上の定説として異論なく通用していた訳ではない」(『国民主権と天皇制』四—五頁)などといわれ、主権という言葉の二義使用にもとづく混乱がいかにひろく行われているかを、身をもって証明しておられるではないか。はじめから、国家主権というときの主権と国民主権というときの主権とが、ちがった言葉で表現されていれば——たとえば、前の場合の主権を「統治権」と呼び、後の場合の主権を、尾高教授がこの「答え」であらたに提唱されるように、「責任」と呼ぶことがひろく行われているとすれば、——そこになんらの混乱も生じないだろうから、美濃部博士はじめ多くの憲法学者や、国際法学者が主権という言葉の多義性について、くどくどのべたてる必要はなかったであろう。

なお、私がこの点の説明で、美濃部博士の説明を引いたのに対し、尾高教授が、「美濃部博士が憲法学の大家であられたことは、何人もの疑わないところであるが、国家法人説の代表者たる博士が、明治憲法の基本主義の一つとして『君主主権主義』をあげておられるからといって、国家主権と君主主権とが両立し得るものであることが、『容易に理解され』るようになるとはかぎるまい」(四八頁)といわれることについても、一言しておきたい。私が、美濃部博士を引いたのは、かならずしも、博士の権威を借りて、私の主張の「最も有力な傍証」としようというつもりではなかった。国家法人説をとり、国家が主権(統治権)の主体であると考えることと、その国家において主権が国民または君主にあると説くこととが、論理的に十分両立しうることは、あえて、美濃部博士の権威を借りるにおよばないほど、私には明らかなことであると考えられる。私はただ、私の考えをできるだけわかりやすく表現するために、美濃部博士の明快な説明を借用しただけの話である。

私は、なおこの点をわかりやすく表現するために、美濃部博士を援用するほかに、次のようにも、書いた。

「たとえば、フランス憲法では、……国民主権が自明の原理とされている。しかも、国家を法人と見ることは、今日フランスの法学における通説である。国民主権を憲法の建前として承認しつつ、国家法人説をみとめることに、誰も矛盾を感じていないのである。また、ヴァイマール憲法が、その明文で、国民主権を定めていることは、人の知るところであろうが、その下で国家を法人と見ることに矛盾を感じるドイツの法学者はおそらくあるまいとおもう[1]」(二九一頁)。

ただ一人の美濃部博士の援用について云々されるくらいならば、むしろ、右のような、いわば、フランスおよびドイツの両学界の援用についてこそ、云々されるべきではなかったか。

なお、この点について、尾高教授が次のようにのべられることも、この問題に対する正しい理解を欠くと評されざるを得ないことにおいて、私の遺憾とするところである。

「もしも、宮沢教授のいわれるように、主権が政治のあり方を最終的に決定する具体的な人間の意志であるならば、主権は君主主権か国民主権かのいずれかであって、国家主権ということは否定されなければならない。逆に、それにもかかわらず、君主主権または国民主権の立場に立って、なおかつ国家主権を認める余地があるならば、それと同じ論法で『ノモスの主権』を認めても、一向さしつかえないはずである」(四九頁)。

政治のあり方を最終的に決定する力という意味の主権を問題にするとき、国家に主権があるという答えは、答えにならない。これは、私がさきの批判で、くりかえしのべたところである。したがって、君主主権または国民主権というものと両立しうる国家主権をいう場合の主権は、政治のあり方を最終的にきめる力という意味ではない。したがって、「それと同じ論法で」――ということは、つまり、主権という言葉を、国民主権・君主主権という場合とは、ちがった意味に使うことによって、――ノモスの主権をみとめることは、もちろん、少しもさしつかえない。私は、ノモスの主権というものそのものが成り立たないといったことはない。尾高教授は、ほかの場所で、私がノモス主権論はまちがいだといったと書いておられる(四四頁)が、これこそまったく「まちがい」である。私は、ノモス主権論によって、国民主権と天皇主権との原理的な区別を中和しようとしたり、天皇制のアポロギヤを試みたりすることを不当としたので、ノモス主権論そのものについては、特に批判するところはなかった。しいてあげれば、ノモス主権論を「自明的」な原理と評し、「それは、もちろん、すべての人の承認するところであろう」といったくらいなものである(三〇三頁)。

尾高教授は、私が、右のような趣旨で「国家主権と君主主権あるいは国民主権とは、たがいに両立する」とのべたことをもって、「少しばかり廻り道」をしたとされる(四六頁)。このちょっとした言葉のうちにも、この問題に対する理解の不十分さ――と私におもわれるもの――が見られるようにおもう。右の議論は、私にいわせれば、決して「廻り道」ではない。ここで問題とする問題を明確ならしめるためには、ぜひはっきりさせなくてはならない事柄なのである。

(1)　以下で引かれる私の言葉は、別にことわってないかぎり、私の「国民主権と天皇制とについてのおぼえがき」(『国家学会雑誌』六二巻六号・本書二八一頁以下)からの引用であり、ページの数字は、本書のページを示す。

＊　　＊　　＊

尾高教授は、その「答え」において、「いわゆる『主権』の力といえども、決してオール・マイティではない。それには、やってできることと、やってはならないことがある。そのけじめを定めるものは、国民の福祉であり、国際社会の信義であり、秩序と公平であり、法の根本原理であり、ノモスである」ことを、くり返し強調される(五六頁)。私も、天皇であれ、国民であれ、主権のありかとされるものは、つねに「政治の矩」を守り、「ノモス」にしたがわなくてはならないと固く信じている。したがって、この点については、ここに改めていう必要をみとめない。

尾高教授の私の見解に対する批判のうちで、いちばん重要なのは教授の主権否定論である。教授は、私が問題にしたような主権の概念を否定し、抹殺し、それによって、私が問題にした問題——国民主権と天皇主権との原理的な区別——の問題性そのものを否定しようとされる。いわく。

「私(尾高)の主張を改めて——余計なフェルヒュルングをしないで——直截にいうならば、それは、主権否定論であり、主権抹殺論である。主権はノモスにあるというのは、現実の人間がノモスをいかようにもきめる『最終的』な力をもつということの否定である。したがって、そういう意味での主権を否定することである」(六三頁)。

もし、教授の主張されるように、ここに問題とされる主権の概念が成り立ち得ないものとすれば、国民主権とか、君主主権とかいうことも成り立たないこととなり、したがって、両者が原理的にちがうか、ちがわないかというようなことは、問題になり得なくなるはずである。

それならば、ここに問題とする主権の概念——君主主権とか、国民主権とかいう場合の主権の概念——は、はたして成り立ち得ないものであるか。君主主権と国民主権との原理的な区別を問題にすることは、まったく無意味なことであろうか。

人の知るように、いわゆる国民主権の原理は、従来多くの国の成文憲法でみとめられ、主権は国民に存するとか、国民が主権をもつとか、定められるを例とする。また、日本国憲法も、主権は国民に存するといい、尾高教授の著書にも、「国民主権」ということが、新憲法の特色として説かれている。(1) ところで、これらの場合における「主権」とは、いったい、どのような意味のものであろうか。

「この問いに対する私(尾高)の答えは、簡単である。すなわち、私(尾高)の信ずるところにしたがえば、日本国憲法に記されてある主権とは、(したがって、おそらく、ほかの国々の憲法に書いてある主権という言葉も――宮沢)、具体的なノモスのあり方を最終的に――したがって意のままにどのようにでも――決定し得る『力』を意味しているのではない。それは、具体的なノモスをば、すなわち具体的な国法の内容をば、『人類普遍の原理』たるノモスの根本理念にしたがって決定して行くべきところの、最も重大な『責任』である。日本国憲法が、主権は国民に存するといっているのは、その責任が、他のだれでもない日本国民自身の双肩に担われているという意味である。それが、新憲法にいわゆる国民主権である。そこに使われている主権という言葉は古い。しかし、その言葉の中に盛られている『意味』は新らしい。それを、言葉が古いからといって、あくまでも旧い型の主権概念で律して行こうとする理論には、私は同意できない」(六四頁)。

この言葉は、かつて日本で天皇の権力について説かれたところをおもい出させる。

「憲法は、天皇が『国家統治の大権』をおもちになっていらっしゃると定めているが、ここにいう『大権』とは、西洋流の個人主義的な『権利』とか、実力主義的な『権力』とかいうものとは、まったくちがったものである。それは、畏れ多くも、『国家の丕基を鞏固にし、八洲民生の慶福を増進す』べき、もっとも重大な『責任』である。憲法が『国家統治の大権』が天皇に属すると定めているのは、そうした重大な責任が、他のだれでもない上御一人の双肩に担われているという意味である。古く後醍醐天皇は天下の畿龍をきこしめして、『朕不徳あらば、天予一人を罪すべし。黎民何の咎有てか此災に遭ふ』と仰せられたし、近く明治天皇は、『朝政一新の時にあたり、天下億兆一人も其処を得ざる時は、皆朕が罪なれば』と仰せられた。これは、天皇の『国家統治の大権』というものが、実は、重大な『責任』を意味することを明らかに示している」。……

こんな調子の議論は、一時いやになるくらい聞かされたものである。

それはともかくとして、日本国憲法にある主権という言葉は、「力」ではなくて、「責任」を意味するという見解は、天皇の権力についての右の説明の例でもわかるように、かくべつ新しいものではないし、また、私として、特に異議を申し立てたいとおもうものでもない。ここにいう主権のもち手であるということが、重大な責任をその双肩に担うことを意味することは、私ももちろん承認したい。しかし、日本国憲法その他諸国の憲法にいう「主権」という古い言葉に「責任」というあたらしい(?)意味を盛ったからといって、私がここで問題とした問題は、決して、問題性を失ってしまうわけでないことに、注意をねがいたいとおもう。

私は、たびたびいうように、天皇主権と国民主権との原理的な区別を問題にしているのである。国民主権ということが、具体的なノモスを決定して行くべき「責任」が国民の双肩に担われているという意味であるならば、天皇主権ということは、そうした「責任」が天皇の双肩に担われているという意味であろう。ところで、その「責任」が天皇の双肩に担われているということ(すなわち、通常の言葉でいう天皇主権)と、その「責任」が国民の双肩に担われているということ(すなわち、通常の言葉でいう国民主権)とは、原理的にいって、同じことではなかろう。してみれば、尾高教授のように「主権」を「責任」と解したところで、私が問題にしている問題は、「天皇責任」と「国民責任」

との原理的な区別という名の下に、依然として、問題とされるべき権利をもっているはずである。私は、日本国憲法その他の諸国の憲法が「主権」と呼んでいるところのものを、ふつうの言葉使いにしたがって、主権と呼んだのであるが、それがいけないというのであれば(私自身は、大していけないとはおもわないが)、これを「責任」と呼んでも、少しもさしつかえはない。しかし、それだけでは「主権」という言葉を否定しただけで、主権の名で呼ばれたところの「もの」を否定したことにはならず、したがって、実は、ほんとうの主権否定論にも、主権抹殺論にもならず、せいぜい主権回避論になるだけではなかろうか。

尾高教授は、さきに私が指摘した(二九九頁)ように、その『国民主権と天皇制』において、ふつうに天皇主権と呼ばれるところのものを、つねに「天皇統治」と呼び、明治憲法の「天皇統治」と新憲法の「国民主権」とを対比された。何が故に、国民については「主権」の言葉を使い、天皇については、これを避けるのか、不可解である。いくら天皇主権という言葉を避けてみたところで、国民主権に対比され、それによってとって代られた天皇統治というものそのものを否定してしまわないかぎり、天皇主権という概念を否定したことにも、抹殺したことにもならないのではなかろうか。

なんらの理論的な必要がないのに、天皇主権を天皇統治といいかえてみたりすることは、――そうした「いいかえ」が、実はしばしば一定の政治目的のために利用される危険があることにかんがみ、――学問的な議論においては、できるだけ避けるべきだとおもわれるが、どういうものであろうか。

尾高教授はいわれる。日本国憲法にいう「主権」とは、「責任」の意味である。よろしい。それならば、そうした「責任」が天皇にあるという原理(ふつうの言葉でいえば、天皇主権)と、そうした「責任」が国民にあるという原理

(ふつうの言葉でいえば、国民主権)とは、原理的に同じものであるのか、ちがうものであるのか。後者の承認は、論理必然的に、前者の否認を意味するか。それとも、両者は、原理的に両立しうるものであるか。……

私は、どこまでも、こう問うだろう。これが、私がここで問題としているところなのである。

諸国の憲法に見られる「主権は国民にある」という趣旨の規定にいわゆる「主権」は「責任」の意味だといっただけでは、ここにいう主権の概念——これとはちがった意味に使われる「主権」については、話が別である——は、少しも否定ないし抹殺されたことにならず、したがって、天皇主権と国民主権との原理的な区別を問題にすることは、決して、無意味にはならないのである。

(1) 尾高『法学概論』一二〇頁以下。

* * *

尾高教授はその主権否定論ないし主権抹殺論は、「私(尾高)や、あるいは横田教授のいわゆる主権抹殺論者によってはじめて唱えられた新説でも、珍説でもない」といわれ、諸学者を援用されている。しかし、その援用には、やや不正確なものがあるとおもわれるので、ことのついでに、それにふれておきたい。

教授はいわれる。

「主権をば、法に対して活殺自在に作用するオール・マイティと考える考え方は、国際法の理論としてはすでに前から否定されているといってよい。ラードブルッフのいうように、国際法上の国家の主権とは、国家が直接に国際法によって規律され、直接に国際法のみとめる権利を有し、義務を負うているということ、すなわち、国家の『国際法的直接性』の意味に解せらるべきである」(六五頁)。

しかし、教授のいわゆる「国際法の理論としては、すでに以前から否定されているといってよい」主権の概念は、国家の最高独立性という意味の主権であることに注意されたい。それは、すでに、多くの学者が指摘したように、また、私がさきにのべたように、ここで問題とされる主権——君主主権とか国民主権とかいう場合の主権——とは、意味がちがっている。(私がさきに指摘したように、こういうぐあいに、主権という言葉につき、「同一用語の二義使用」が、一般にひろく、行われているのである。)諸学者がそこで、国家の主権を問題にしていることは、そこにいう主権が、国家の最高独立性の意味であることを、明らかに示している。右の文章で引かれている横田教授は、そのいわゆる主権抹殺論につよく反対しておられるが、国家の最高独立性の意味における国家の主権に対しては、むしろ否定的ないし抹殺的態度をとられることは、ケルゼンとともに、国内法に対する国際法の優位を説かれる教授としては、当然の話である。尾高教授の文章によると、国家の最高独立性の意味の主権を抹殺するケルゼンの見解に賛成する横田教授が、主権抹殺論につよく反対されることは、矛盾であるかのようにきこえるが、ケルゼンが抹殺しようとする「主権」と、尾高教授が、南原・高木両教授とともに「抹殺」されようとする「主権」とは、意味がちがうのであるから、それは少しも矛盾ではないのである。

尾高教授は、つづいて、「国内公法についても、主権概念を抹殺しようとする有力な学者」として、ケルゼンとデュギイをあげておられる。いわく。

「ケルゼンの場合にも、主権は国家の根本規範の最高性としてとらえられている。したがって、それは実力としての主権を否定しているものというべきであるし、この規範論理的な主権概念ですらも、国内法に対する国際法優位の理論構成を取るならば、——ケルゼンがこの立場に傾いていることは、疑いを容れない——当然に相対化され結局において否定されざるを得ない」(六五頁)。

私は、ここでも、ケルゼンが問題にしているのは、国家(したがって、法秩序)の属性としての主権、すなわち国家の根本規範の最高性としての主権であることに、教授の注意を促したいとおもう。それは、主権の言葉で表現されるを例とするさまざまな概念のうちで、国家の最高独立性という意味の主権の概念に相当するものであり、決して、私がここで問題としている主権ではない。さればこそ、そのケルゼンとともに、国際法の優位を説き、国家の主権を相対化ないし否定される横田教授が、南原・高木両教授の説くような主権抹殺論に対して、あのようにつよく反対されることが、論理的に少しも矛盾ではないのである。

ケルゼンが、その原案の起草に参与した一九二〇年一〇月一日のオーストリアの憲法の第一条は、「オーストリアは、民主的共和制である。その権利は、国民から発する(Ihr Recht geht vom Volk aus)」と定めた。この後段の規定は、いうまでもなく、ヴァイマール憲法第一条第二項の「国権は、国民から発する(Die Staatsgewalt geht vom Volke aus)」という規定と同じく、国民主権(Volkssouveränität)の原理を定めたものである。そこに「権利」と呼ばれ、「国権」と呼ばれているものが、日本国憲法第一条にいう「主権」に相当することは、いうまでもあるまい。オーストリア憲法が、ヴァイマール憲法のようにStaatsgewaltといわずに、Rechtといったのは、「権力」という言葉使いを否定しようとの起草者たちの考えの結果であるが、「権力」と呼ぶにせよ、「権利」と呼ぶにせよ、君主主権に対立する国民主権(Volkssouveränität)という概念は、そこで明白にみとめられている。そして、ケルゼンも、オーストリアの憲法の研究において、決して、これを否定しようとも、抹殺しようともせず、むしろ、代表民主制における「国民主権」という「ひとつの政治的ドグマ」(1)について、いろいろと考察している。(2)

デュギイについても、ほぼ同じことがいえようかとおもう。教授はいわれる。

「デュギイのごときも、主権の概念は、国法学上抹殺さるべき形而上学的独断であるとし、これに加うるに『公共的奉仕』(service public)の概念を以てすべきことを主張している」(六五―六頁)。

そのとおりであるが、デュギイの否定したのは、何より、外に対しては、国際法の根拠を国家の自己制限にもとめようとする国家の最高独立性の意味における主権であり、内に対しては、法人格を有する国家の権利としての主権である。そこで、つねに国家の主権が問題とされているのは、そのためである。

尾高教授は、「私(尾高)は、主権の問題については、これらのすぐれた先人たちのひそみ(ひそみ?――宮沢)にならおうとしているにすぎない」(六六頁)といわれるが、少なくとも、ここに名を引かれた先人たちの国家理論・公法理論の論理的な帰結は、むしろ尾高教授のノモス主権論の否定ないし抹殺にみちびくように、私には、おもわれるのであるが、はたしてどんなものであろうか。

(1) Kelsen, Allgemeine Staatslehre, S. 331f. 彼が、ここで、国民主権は、ひとつの「政治的ドグマ」だというのは、私が、さきの批判で、国民主権は、ひとつの建前であり、理念であるといった(二八五頁)のと、同じ意味である。

(2) Kelsen, Oesterreichisches Staatsrecht, S. 135, 164.

*　*　*

多数決原理に関する尾高教授の見解にも、容易に承服しがたいものがある。

私は、教授が、多数決原理が相対主義に立脚することを説いたのちに、「けれども、多数の支持する意見ならばかならず正しいという保障はどこにも存在しない。……もしも、民主政治が、事の理否の如何にかかわらず、ただ多数の赴くところに追随するようになると、その結果は、多数の横暴を許すことになる」といわれたことに対し、「そこには、理論的にいうと、かなり不正確なものが含まれている」と評し、「具体的な政治方針を定める場合に、何が正しいかということを、客観的に知ることができないと考えるからこそ、多数決できめる」ので、「もし、具体的な政治方針を定める場合に、何が正しいかを客観的に知ることが可能であるならば、そもそも多数決をいう余地はない」といい、したがって、『事の理否の如何にかかわらず』、多数の意見を尊重するという表現は、それ自体、矛盾である」と書いた(三二一―二頁)。

この点について、教授は、次のように説かれる。

「私(尾高)の考えによれば、具体的な問題について分岐・対立するいくつかの意見の中には、比較的にいって、ただ一つのいちばん正しい意見があるはずなのである。したがって、多数意見の方が正しい場合も多いだろうが、逆に、少数意見の方が正しいこともすくなくないはずなのである。しかし、人間の力では、そのどれが正しいかをあらかじめ絶対の権威を以て断定することはできない。だから、民主主義は、そのかぎりにおいて相対主義に立脚する」(七九頁)。

「民主主義は、対立するいくつかの意見のうち、どれが客観的に正しいかを、あらかじめ断定すべきでないと考える」(八〇頁)。

「それでは、何が正しいかは、結局いつまでもわからないのであろうか。否、それはわかる。それは、多数できめたことを実際にやって見ればわかる。経験がそれを教えてくれる。民主主義は、事前においては何が正しいかを知り得ないとする態度ですむが、事後においては何が正しいかを経験によって知ることができると確信している。経験によって多数決の結果が正しかったことがわかれば、つづいてその方針によってすすむであろう。逆に、経験によって少数意見の方が正しかったことがわかれば、国民は今度は少数意見の方を多数で支持し、これを多数意見に育て上げることによって、その方針を試みるであろう」(八一―二頁)。

この説明は、一見非常に巧妙であるが、よくしらべてみると、そこには、まだ問題が残っている。尾高教授によれば、民主主義が相対主義に立脚するというのは、「一応」のことであり、それは、「事前においては何が正しいかを知り得ないとする態度ですすむが、事後においては何が正しいかを経験によって知ることができると確信している」。ところで、かりに多数決によってある政策がきめられたとして、それが正しいかどうか、「事後において」いったい何によって知ることができるのであろうか。教授が、「実際にやって見ればわかる」とか、「経験がそれを教えてくれる」とか、こともなげにいわれるのは、私には、はなはだ不可解である。「実際にやって見」たところで、ある人はこれを是とし、他の人はこれを非としたら、いったいどう判断したらいいのか。たとえば、六三制は、すでに実行されているが、いったい「経験」は、われわれに、それは是なりと教えてくれたのか、それとも、非なりと教えてくれたのか。この点を究明することなしに、ただ漫然と「実際にやって見ればわかる」とか、「経験がそれを教えてくれる」とかいうのは、科学的に正確な議論とはいえまい。

例をあげて説明しよう。たとえば、米の統制をやめろという意見が出たとする。「事前において」Aはそれを正しいと考え、Bはそれを正しくないと考えたとする。そこで、Aの意見が多数の賛成を得たので、多数決の原理にもとづいて、米の統制が廃止されたと仮定しよう。ところで、その場合、その措置がはたして正しいかどうかを、「事後において」、いったいどうして知ることができるのであろうか。もし、事後においても、Aおよびその賛成者たちは、事前におけると同じく、米の統制の廃止をもって正しいと考えており、Bおよびその賛成者たちは、依然として、それを正しくないと考えているとしたら、「経験」は、われわれに、それが正しいと教えたと見るべきであるのか、それとも、それは正しくないと教えたと見るべきであるのか。「実際にやって見」て、いったいどうわかったのであるか。

「事前において」はわからないが、「事後において」は、「経験によって」わかる、「実際にやって見ればわかる」という議論は、そのもっともらしい外見にもかかわらず、実は問題の核心を少しも解決してはいないのである。

尾高教授の「経験によって、少数意見の方が正しかったことがわかれば、国民は今度は少数意見の方を多数で支持し、これを多数意見に育て上げることによって、その方針を試みるであろう」という言葉は、ある意見が、「事後において」あらたに多数の賛成を得るということは、つまり、それが「経験によって」正しいと教えられたということである、という意味にもとれる。右に引いた例でいうと、事後において、Aの意見の賛成者が減り、それよりも、Bの意見の賛成者のほうが多くなった場合は、つまり、Bの意見のほうが正しいということが、「事後において」、「経験によって」教えられた、と見るべきだという意味である。しかし、もし、そうだとすると、それは結局、多数の支持を得た意見をつねに正しいと見るというのと、まったく同じことで、少しも問題の答えにはならない。

要するに、尾高教授は、Aがある政策を正しいと主張し、Bがそれは正しくないと主張する場合、そのいずれの主張が正しいかをあらかじめ知ることはできないとされつつ、「事後において」は、「経験」によって、そのいずれが正しいかを知ることができると説かれるのであるが、教授の説明では、右に指摘されたように、「事後において」どうしてそれを知ることができるのかが、少しも明らかにされていない。

私が、さきの一文で、説いたように、何が正しいかを具体的に客観的に知ることができる場合には、多数決を行う余地はない。「事の理否の如何にかかわらず、多数の意見を尊重する」などということは、明らかな背理である。たとえ、事後においてであっても、何が正しいかを、具体的に客観的に知ることができるならば、そのかぎりにおいて、多数決は無意味にならなくてはならない。かりに、多数によってある政策が決定された事後において、尾高教授の主張されるように、その政策が正しいということが、「経験によって」知られたとすれば、そこで正しいと具体的に客観的にわかったその政策について、多数決を行うことは、無意味であるから、そのあとになって、たとえ、あたらしい多数がそれを変更すべしと主張しても、そういう多数の主張は確実にまちがっているといわなくてはなるまい。もし、そうでなくて、あとになって、あたらしい多数がその政策を変更すべしと主張するようになったということは、つまり「経験によって」その政策が正しくないことが明らかにされたということだと解するならば、それは、さきにも一言したように、多数の主張するところはつねに正しいと見るのと、少しもちがわないことになる。

私は、いうまでもなく、何ごとでも多数決できめろといっているわけでもなければ、多数のきめるところがつねに正しいというわけでもない。ただ、民主主義における多数決の原理が、「事の理否の如何にかかわらず、ただ多数の赴くところに追随するようになる」かの如き批評は、あまりに通俗常識的であり、理論的にきわめて不正確であることを指摘したいとおもっただけである。

民主政治は、尾高教授によれば、——

「数によって行われる現実の政治を、正しいノモスの理念にしたがう『理の政治』に接近せしめるように不断に努力して行かなければならない。いかなる多数といえども、多数なるが故に何ごとをもなし得る絶対の力ではなく、正しい理念にはかならずしたがうべきであるという根本原則を確立して置かなければならない」(『国民主権と天皇制』二〇四頁)。

「数」の政治と「理」の政治という表現は、おそらく末弘博士がはじめて使われた表現ではないかと記憶するが、それはともかくとして、私は右の言葉に対して、次のように書いた。

「この言葉に、私は、少しも異論はない。ただ、このあまりに自明な政治の格律を改めてここで説くことの必要を見出すに苦しむだけである」(三一二頁)。

これについて、尾高教授は、次のように、不満の意を表される。

「私(尾高)にいわせれば、ここでまたノモスをもち出す私(尾高)の態度を、『ところで、ここでもまたノモスが出てくる』と軽くあしらわれる宮沢教授の立場は、多数のおもむくところを手をこまねいて眺めている傍観者のそれに近いように見える。『このあまりに自明な政治の格律を改めてここで説くことの必要を見出すに苦しむ』といわれる教授自身は、それを説いても説かないでも結局は同じことだと見ておられるように見える。『民主政治における国民の総意は、つまり、多数の意志そのものなのである』とのみいって、それ以上に、前者の理念性と後者の責任性とに省察を加えようとされない教授(宮沢)の態度は、典型的な法実証主義のそれと共通しているように思われる」(八三頁)。

私は、さきに引かれた批判で、少しも尾高教授を「軽くあしらう」などという不遜な意図はもたなかったのであるが、もし私の不用意な表現が、そういう感じを与えたとすれば、教授のお許しをねがうほかはない。また、教授のいわゆる「典型的な法実証主義」がここで何を意味するのか明らかでないから、はたして私の態度がそれであるかどうかについては、ここで問題としないが、私の立場を「多数のおもむくところを手をこまねいて眺めている傍観者のそれに近い」とされることに対しては、いささか異議を申し立てたい。私自身は、現実に行われる多数の決定がつねに正しいと思ったことは少しもないし、多数のおもむくところをただ手をこまねいて眺めていようとも考えたこともない。もとより、人一倍無力な私のことであるから、手をこまねくのをやめたところで、大したことはあるまいが、それでも「多数」の名の下に、暴力政治が実行されるというような場合には、強力な尾高教授の旗の下に、微力の許すかぎり、それに反対する用意はある。また、私は、ノモスの主権の原理をあまりに「自明な政治の格律」だと評したが、それでも「それを説いても説かないでも結局は同じことだと見て」いるわけでは決してない。説かないより、説くほうがいいと、私は、かたく信じている。ただ、それを熱心に説くことによって、ここで問題とされる国民主権と天皇主権の原理的なちがいが、多かれ少なかれ、ぼかされる危険があることに対して、警戒警報を発する必要をみとめるだけである。

* * *

尾高教授のノモス主権の理論は、教授自身の言葉によれば、「国民主権と天皇制との間に血を通わせようとする政治論としての面をも」っている。しかし、教授が、その理論を主張されるのは、決してそれだけのためではない。

「私(尾高)は、法哲学を専攻する者として、法は結局マイトの動くままに動かされるか、あるいはいかなるマイトも法の根本原理によって方向づけられるものであるか、という、ソフィスト・ソクラテスの対立以来の人類の大問題と取り組んでいるのである。

「この大問題の帰趨にくらべれば、『天皇制のアポロギヤ』のごときは、第二次的な問題にすぎない」(六三頁)。

いかにも、この大問題の帰趨にくらべたら、「天皇制のアポロギヤ」のごときは、第二次的な問題にすぎないだろう。そもそも、「ソフィスト・ソクラテスの対立以来の人類の大問題」にくらべて、「第二次的な問題」でないような問題が、そうたくさんあるわけはないではないか。だから、そういう大問題にくらべて、「第二次的な問題」だということは、少しもその問題――ノモス主権の理論による天皇制のアポロギヤ――の理論的重要性を失わしめるものではないばかりでなく、そういう「第二次的な問題」を問題にしたのが、実に尾高教授の『国民主権と天皇制』であったことを忘れないでほしい。教授が、そういう「第二次的な問題」を問題としたからこそ、私がそれに応じて、これを問題としたのである。

ところで、ソフィスト・ソクラテスの対立以来のこの大問題は、まさしく「人類の大問題」である。いやしくも、法について、多少でも、根本的に考えようとする人は、誰でも、法哲学の専攻者であるなしにかかわらず、いやでもおうでも、この問題に当面せざるを得ない。ただ、尾高教授が、ここでの問題を、いとも無造作に、ソフィストとソクラテスとの対立にすりかえられたことは、どう考えても、妥当を欠くようである。教授は、「ソフィストの流れを汲む法実証主義」や、「実力決定論」と「この種の考え方を克服しようとする」教授自身の「『法哲学的』な理論」とを対比させ(六三頁)、教授のノモス主権の理論は、いわばソクラテスの嫡系であり、それに反対する私(宮沢)の批判は、いわばソフィストの亜流であるとされるもののようである。もし、教授の説かれるようなノモス主権を説くことがソクラテス的であるとするならば、私は、かならずしもソクラテス的であることを欲しないし、また、そうしたノモス主権を批判することがソフィスト的であるとするならば、私は、あえてソフィスト的であることを恥としないだろう。しかし、それはともかくとして、ノモス主権の理論とそれに対する批判との対立を、いきなりソクラテスとソフィストとの対立におきかえることに対しては、私はつよく反対したい。

両者――すなわち、ここで問題とするノモス主権理論批判の問題と、ソクラテス・ソフィストの対立以来の問題――は、たがいに決して無関係ではない。いや、多少でも法学の根本原理に関する問題で、このソクラテス・ソフィストの対立以来の大問題とまったく無関係な問題というものは、ほとんど考えられないくらいである。しかし、両者のあいだの関係というものは、決して、尾高教授のいわゆるノモス主権の理論とその批判との対立を、そのまま、ソクラテスとソフィストとの対立におきかえることを正当化するような単純なものではない。尾高教授の目には、反対論者は、すべて、ソフィストのように見えるかもしれないが、ことはそう簡単ではない。もちろん、尾高教授の趣意が、私の考え方のうちに、ソフィスト「的」なものが含まれていることを指摘するにあるにとどまるならば、私は、かならずしも、これに不服を唱えるつもりはない。およそ「科学的」な考え方――ことに、社会現象に関する「科学的」な考え方――の発達は、ソフィストに負うところが決して少なくなく、その結果として、そういう考え方のうちに、多かれ少なかれ、言葉の正しい意味におけるソフィスト的なものが含まれていることは、当然だからである。しかし、ソクラテス的であることと、尾高教授のノモス主権の理論を承認することとのあいだには、なんらの論理必然的な関係がないこと、ソクラテス的でありつつ、ノモス主権の理論に賛成しないことは、論理的に十分可能であること、したがって、ノモス主権の理論の批判者をもってただちにソフィストに擬することになんらの理論的な根拠がないことを、ここに特に注意しておきたい。

尾高教授が、「法哲学を専攻する者」として、ソフィスト・ソクラテスの対立以来の人類の大問題と「取り組んで」いられることは、もとより当然であろう。そこで教授がソクラテスの立場に立たれることは、もちろんけっこうであり、また、ノモス主権の理論によって、天皇制のアポロギヤをされることもよかろうが、教授のノモス主権の理論とその反対論との対立をもって、そっくりそのままソクラテスとソフィストとの対立におきかえることは、なんらの理論的根拠をもたない。ソクラテスの立場に立つことが、論理必然的に、ノモス主権の理論による天皇制のアポロギヤを意味するものでない以上、教授が、ここで私の問題とした教授の『国民主権と天皇制』における主題――ノモス主権の理論による天皇制のアポロギヤ――を「第二次的な問題」として、いわば脇へおしやり、問題をきわめて無造作に、ソクラテス・ソフィストの対立以来の問題――「何千人の法哲学者が何千年かかって『研究』して見ても、決して解決され得ないであろう」(六七頁)ような問題――にすりかえておられることは、決して科学的な論法とはいえないとおもう。

尾高教授がいわれるような意味における「第二次的な問題」についての見解の相違を、大まかに、ソクラテス的だとか、ソフィスト的だとかいうふうに片づけることは、きわめて危険である。ケルゼンの学説は、一般に、ソフィスト的だと評されており、おそらく、尾高教授も、その批評に同感されるだろうとおもうが、しかも、ソフィスト退治の桃太郎をもって自任される教授は、さきに指摘したように(三三四頁)、主権の理論については、そのケルゼンの「ひそみにならおう」としておられる。この教授の態度が少しも論理的に矛盾でないことを考えてみても、法学上の個々の問題に関する見解の対立を、簡単にソクラテスとソフィストとの対立におきかえることが、いかに論理的に不正確であるかがわかるだろうとおもう。

＊　＊　＊

この文章のはじめでのべたように、ここでは、尾高教授のノモス主権への私の批判に対する同教授の「答え」について、私の考えをのべ、さきの私の批判の補いとするとともに、そのほかに出て教授が問題とされた問題にも、ふれてみた。これによって、尾高教授の理論に対する私の見解が明らかにされ、問題の正しい解明にむかってさらに一歩でも前進することができたとするならば、私のもっとも幸いとするところである。

ここに改めて、わが親愛なる同僚に心から敬意を表するとともに、万一私の不注意によって、礼を失するような表現を用いている場合は、切にお許しをねがいたいとおもう。

『国家学会雑誌』六三巻一〇・一一・一二合併号　一九四九年

附　録

憲法改正案に関する政府に対する質疑(貴族院における)

一九四六年(昭和二一年)八月二六日、憲法草案が貴族院に上程されたとき、著者は、議員として、政府に対して質疑を行った。その内容が、ここでの論争の主題にふれているので、ここに、その速記を、官報号外の第九〇回帝国議会貴族院議事速記録二四一頁ないし二四三頁から、転載する。

速記録で使われている漢字や、かなづかいや、句読は、もちろん、私自身のものではないから、これらは、すべて、私流になおした。また、速記録がまちがっているとおもわれる場合もある。たとえば、私はかならず「重要な一歩」とか、「完全なもの」とかいったはずであるのに、速記録には、すべて「重要なる一歩」、「完全なるもの」というふうになっている。明らかにまちがいとおもわれるところは、適宜これをあらためた。

しかし、そのほかは、すべて速記録のままとした。私としては、いまとなっては、あらためたい表現が少なくないが、質疑がなされたときの空気を伝えるために、あえて手を加えなかった。ただ、ところどころにある「(拍手)」は、のぞいた。

なお、〔　〕にかこまれた言葉は、読者の便宜を考えて、あとから入れた説明である。

ただ今の憲法改正が、はたして日本の政治の民主化に役立つかどうかという点については、いろいろ意見がございますが、私はさきほどからの沢田〔牛麿〕議員がおっしゃったところとは違い、むしろ大体において、ただ今板倉〔卓造〕議員がおっしゃったところと同様に、これは日本の政治の民主化の道における重要な一歩前進であると考えております。しかし、その憲法案が非常に完全なものだと考えるのではありません。そこには不明瞭な規定や、不適当な規定が少なからず存するのでありまして、それらが然るべく修正せられることを希望する者でありますが、それにもかかわらず、全体として、この改正案が成立することを心から祈っております。そういう立場から、この憲法改正案に関する原理的な問題の若干について、きわめて簡単に、箇条的に、おたずね申し上げたいとおもいます。

質疑の第一点は、ポツダム宣言の受諾ということは、国民主権主義の承認を意味するとおもうがどうであろうか、ということであります。ポツダム宣言の第一二項には、御承知のとおり、日本国国民の自由に表明せられた意思にしたがって、平和的傾向を有し、云々、という言葉がございます。さらに、昨年〔一九四五年〕八月一一日のわが国の降伏申入に対する連合国の回答には、最終的な日本の統治の形態は、ポツダム宣言にしたがって日本国国民の自由に表明した意思によって決定さるべきものである、といわれております。国家の統治形態が、その国民の自由に表明せられた意思によって決定さるべきものであるとする建前は、すなわち、いわゆる国民主権主義にほかならないのでありますす。したがって、ポツダム宣言の受諾ということは、国民主権主義の承認ということを意味するのであるとおもうのでありますが、いかがでありましょうか。これが第一点であります。

次に、第二点。この国民主権主義は、終戦までのわが憲法の根本建前と原理的に異なるものであるとおもうがどうか、という点であります。終戦以前のわが憲法の根本建前は、わが国の統治の形態が、いわゆる天壌無窮の神勅によって、すなわち、神の意思によって決定されるという建前であったとおもいます。神勅によって、それにもとづき、万世一系の皇統に出でさせ給う天皇が、現人神として日本に君臨し給うというのが、その根本の建前であったとおもいます。この建前をどういう名前で呼ぶかは問題でありますが、それはともかくと致しまして、この建前は、天皇が国民の意思にもとづいて君臨し給うというものでなかったということは明白であろうとおもいます。したがって、それは、国民主権主義とは原理的にまったく異なるものであった、異なる建前であったということは、疑いないとおもいます。もちろん、この建前にもとづく統治形態、すなわち、天皇統治制は、多くの場合、国民の支持を得ていたことでありますし、また御歴代の天皇はつねに国民の意思を何よりも尊重し給うたことでありますが、しかし、それにもかかわらず、そこでは国家の統治の形態が、あくまで、神意にもとづくものとせられたのであります。少なくとも、国家の統治の形態の根拠は、決して国民の意思に存するとはせられなかったのであります。政府はわが国が終戦以前から国民主権主義をその根本建前として居るというふうに説いておられるようでありますが、それは理論的にいって、何としても無理ではないかとおもいます。皇祖皇宗の遺訓を明徴にするために制定せられ、皇祖皇宗の後裔に貽し給える統治の洪範を紹述したものといわれております明治憲法のどこに国民主権主義を見出すことができるでありましょうか。もしこれを国民主権主義というならば、どのような国家も、いやしくもそれが多少でも継続的生命を有するかぎり、すべて国民主権主義であるといわなくてはならなくなりますし、それでは君主主権主義と国民主権主義との原理的な区別はまったく意味を失ってしまう。その結果として、この憲法改正案が国民主権主義を唱えること自体が、まったく無意味になってしまうのであります。わが国が終戦以前から国民主権主義をみとめていたと説くことは、かように理論的に見て誤りであるとおもいますが、あるいは、実際的見地から見ては、そう説くことがなんらかの効用を持つという考えもあるかも知れません。しかし、日本の政治がここに建国以来の生れ変りを断行しようという時に、その根本建前が以前と少しも変らないと説くことこそ、現在日本が行いつつある根本的な変革に対する正しい認識を妨げることになり、真の民主政治の実行という目的から見て、実際的にかえって不適当ではないかと考えるのでありますが、いかがでありましょうか。

次に、第三点。新憲法草案は、右に述べたような国民主権主義を採用しているとおもうがどうか、という点であります。これは、憲法の前文その他からいって、きわめて明瞭であるとおもうのであります。前文および第一条の字句について、衆議院で多少の修正が行われました。私はこの修正が絶対に必要なものであったとは必ずしも考えないのでありますが、ただ、一部には、政府原案のような表現は、必ずしも、単純な国民主権主義を意味せず、多かれ少なかれ、それとは違ったものを意味するという見解が行われ、現にこの憲法改正案の定める国民主権主義は君民共治主義であるとか、さらにそれは必ずしも天皇主権主義と根本的に違うものでないというような見解までみとめられたくらいでありますす以上、そういう誤解乃至は曲解の生ずる余地を防ぐためには、この修正は適当であったといえようとおもいます。しかし、いずれにせよ、憲法改正案が国民主権主義を採用していることは、この修正の有無にかかわらず、明白であり、また、それはポツダム宣言受諾によって、最終的統治形態が、自由に表明せられた人民の意思によって定まるとする原理を承認した日本の憲法改正案としては、当然の態度であるとおもうのでありますが、いかがでありましょうか。

次に第四点。主権者たる国民の中に天皇が含まれるという説明は、理論的にも実際的にも、不適当ではないか、ということであります。政府は、ただ今も金森国務大臣がおっしゃいましたように、主権は国民にある、国民の中には天皇が含まれると説明していらっしゃいます。しかし、天皇の地位が主権の存する国民の総意にもとづくとせられるのに、その国民の中に天皇が含まれると説くことに、どういう根拠があり、また意味があるでしょうか。天皇の地位にいらっしゃる個人が、個人として日本民族の一人であられ、したがって、日本人であられ、日本国民の中に含まれるということは、あまりに当然でありまして、特にことわる理由のないこととおもいます。問題は、憲法上の制度としての天皇であります。そうして、制度としての天皇は、明白に、主権の存する国民の総意にもとづいて存するのであります。国民が主権を有するということは、国家が主権を有するということとはちがいます。国家の内部において、君主または貴族が主権を有するのではないということを意味するのであります。国民主権を承認しながら、その国民の中に天皇が含まれると説くことは、そう説くことの心持、あるいは感情、単純な国民主権といい切るに忍びないというようなお気持は十分理解しうるところでありますが、それは天皇の地位そのものが主権の存する国民の総意にもとづくという根本原理を曖昧ならしめる恐れがあるばかりでなく、さらに政府が表に国民主権主義を唱えながら、裏から昔ながらの天皇主権主義を忍びこませようとしているなどと誤解せられ、痛くない腹をさぐられる可能性がありはしないかとおもいます。したがって、この説明は、理論的にも実際的にも、妥当でないのではないかとおもうのでありますが、いかがでありましょうか。

次に、第五点であります。国民主権主義の承認を核心とする新憲法は、国体にどういう影響を与えるかということであります。この点は、ただ今板倉議員から詳細にお尋ねがありましたが、私もややちがった角度から、簡単にお伺いしたいとおもいます。国民主権主義を核心とする新憲法が国体にどういう影響をおよぼしたかということは、衆議院で大いに論議せられたところであります。金森国務大臣は、ただ今この壇でおっしゃったような意味に国体という言葉を理解せられ、その意味の国体は、この憲法改正によって、少しも変っていないと説明しておられます。この説明は、さきほどの板倉議員のお言葉どおりに、私も賛成いたします。しかし、ここで問題と私がいたしますのは、そういう意味の国体でなくて、従来わが国法上、国体とせられて来たものが変ったかどうかということであります。国体という言葉が学者によってどう用いられて来たか、あるいはそれは正しくはむしろ政体として呼ばるべきではなかったかというような問題は、しばらく別といたします。ここでは、成文法により、あるいは政府により、公式に、公に用いられた国体の概念を問題といたします。国体という言葉が成文法に現れましたのは、おそらく治安維持法が最初でありましょう。ところで、治安維持法にいわゆる国体とは何を意味するかについて、ちょうど今朝ほどの朝日新聞に出ておりましたように、大審院はこう説明しております。「わが帝国は万世一系の天皇君臨し統治権を総攬し給うことを以てその国体となし、治安維持法のいわゆる国体の意味もまたかくの如く解すべきものとす」。そうして、この解釈は、おそらく、わが成文法上の国体概念の説明として、多くの人の賛成するところであろうとおもいます。もっとも、大審院の判例の中にも、多少これとちがったのもございまして、たとえば、朝鮮の独立運動などをいたしましたことをもって、治安維持法第一条の国体の変革に該当するとした判例もあります。そうして、有力な学説としてこれを支持するものもありますが、これは、おそらく、多数の人の賛成は得ていないとおもいますから、別といたしまして、ただ今いいましたような国体、金森国務大臣のおっしゃるような国体ではなくて、従来わが国が、治安維持法によって、その変革を厳禁しようとしたところの国体、すなわち、万世一系の天皇が君臨し、統治権を総攬し給うとする原理は、国民主権主義を核心とする新憲法によって、はたしてどういう影響を受けるでありましょうか。これが問題であります。金森国務大臣は、新憲法の下では、天皇は統治権の総攬者たる地位はもっておられないといっておられます。したがって、私がここで申すような意味の国体は、新憲法によって変っているということを、承認していらっしゃることとおもいます。衆議院での金森国務大臣の御答弁の中でも、もちろん国体が変ったというお言葉はありませんが、そういう趣旨は明瞭に読みとることができると思うのでありますが、どうでありましょうか。終戦当時、いわゆる国体の護持が問題とせられましたこと、とりわけ昨年の八月一〇日、下村情報局総裁が、政府は国体の護持と民族の名誉のために、最善の努力をしつつあるという、あの悲痛な声明を発しましたことは、なお私どもの記憶に新たなところであります。その同じ日に、わが政府は、ポツダム宣言が主権的な統治者としての天皇の大権を害するような要求を包含していないとの了解の下にこれを受諾する用意がある、ということを連合国に申し入れました。ここに「主権的な統治者」としての、「ソヴリン、ルウラア」としての、天皇の「プリロガティヴ」という表現は、頗る明確を欠くのでありますが、その前後の事情の下にこれを解すれば、それが当時護持を叫ばれていたところの国体を意味することは明瞭である。しかも、そこにいわゆる国体は、決して、金森国務大臣のいわれるような国体ではなくて、むしろそれまで国法上用いられた意味の国体、すなわち、治安維持法でその護持を保障したところの国体と、ほぼ同じ意味であったと思います。はたしてそうであるとすれば、日本の最終の統治形態が自由に表明せられた人民の意思によって決定されるとする原理を承認し、国民主権主義を採用することは、理論的に見て、この意味の国体に根本的な変革を与えることといわなくてはならぬと思いますが、いかがでございましょうか。八月一四日の終戦の詔書には、「国体を護持し得て」というお言葉が拝されるのでございますが、主権的統治者としての、「ソヴリン、ルウラア」としての、天皇の「プリロガティヴ」は、無条件降伏によって、重大な侵害を加えられたのではないでありましょうか。少なくとも、天皇の統治権の総攬者たる地位を廃止した新憲法の下においては、そういう意味の国体は決して健在ではあり得ないのではないでしょうか。この点に関連して、国体の変革を承認することは、日本民族またはは日本国家の同一性を否定する、というような見解があるようでありますが、これは不当であると思います。治安維持法にいわゆる国体が変ったとしましても、また、終戦当時護持を叫ばれた国体が変ったとしましても、日本民族は依然として日本民族であり、日本国家は依然として日本国家であります。民族としての同一性、国家としての継続性は、それによって少しも傷つけられることはないのであります。国体が護持され得なかった、国体が変更されたということを正面から承認することは、多くの国民の感情に多大のショックを与えるかも知れません。その意味において、政府がそれを正面から承認することを避けようとするお気持は十二分に了解されるのでありますが、日本の政治の民主化という大変革を国民全部の心の中に徹底させるためには、そうした――さきほど板倉議員のお使いになった言葉でありますが、――センチメンタリズムを捨てて、冷たい真実に直面することが必要ではないでしょうか。

次に第六点。明治憲法第七三条によって国民主権主義の採用を内容とする憲法改正が許されるか、ということであります。従来、学説では、明治憲法第七三条によって、いわゆる国体の変革を定めることは許されないとせられております。すなわち、明治憲法は治安維持法にいわゆる国体の原理に立脚して作られたものでありますから、その定める憲法改正手続によって、その国体の変革を定めることは、論理的に矛盾であり、法律的には許されないと解されたのであります。したがって、もし終戦以前において、何人かがこの憲法改正案と同じ内容をもつものを提案したと仮定するならば、その者が治安維持法違反として罰せられるかどうかは別としまして、少なくとも、彼の憲法改正の提案は、おそらく憲法上許されないと考えられたと思いますが、政府はどうお考えになるでしょうか。私はこの度の憲法改正草案は、その前提として、ポツダム宣言受諾によってもたらされた、わが国の政治体制上の根本的な変革、――この変革は、学問的意味において、これを革命と呼んでもいいと思いますが、その言葉がもし誤解を招くおそれがあるとするならば、これをひとつの超憲法的な、憲法を超えた変革と呼んでもよろしいかと思いますが、――そういう変革を考えなくては、それが憲法上許される所以を説明することができないと思います。すなわち、この度の憲法改正は、単純な明治憲法第七三条による憲法改正ではなくて、終戦によって行われた超憲法的な変革にもとづき、その根拠の上に、明治憲法第七三条によって、しかし、同時にそれを超えて行われる憲法改正だと思うのでありますが、いかがでありましょうか。

最後に、第七点。民定憲法の建前とこの度の憲法改正手続との関係はどうであるか、ということであります。この憲法改正草案は、国民がこれを制定するという建前、いわゆる民定憲法、民が定める憲法という建前に立脚しております。このことは、三月六日の詔書でも、また、改正案の前文でも、きわめて明白であると思うのであります。ところで、政府は、この憲法改正案は明治憲法第七三条によるものとして取り扱っておられるのでありますが、これは民定憲法という建前とどこまで両立するでありましょうか。明治憲法第七三条は、御承知のとおり、いわゆる民定憲法の建前はとっておりません。憲法改正は、議会の議決と天皇の裁可とによって成立する、という建前をとっております。衆議院の速記録によれば、金森国務大臣は、この改正案は明治憲法第七三条によるものでありますから、もちろん、議会の議決のほかに、天皇の裁可があってはじめて成立する、と説明していらっしゃいますが、もしそうだとすれば、この改正は貴族院の意思に反しても、また、天皇の意思に反しても、成立することができないということになるのであります。しかし、そういう建前にもとづく憲法改正、貴族院の意思に反しても、また天皇の意思に反しても成立することができないという憲法改正の前文が、どうして「日本国民は……この憲法を確定する」と宣言することができるのでありましょうか。政府の趣旨は、あるいは、この憲法改正は必ずしも民定憲法の建前を採るものではなくて、その改正手続は全く明治憲法第七三条によるものだというにあるとも解せられます。しかし、もしそうだとしますれば、何が故にその前文で、「日本国民は……この憲法を確定する」というような、典型的な民定憲法、たとえば、アメリカ合衆国の憲法で用いられているような言葉と同じ言葉を用いたのでありましょうか。この改正が公布せられる場合は、おそらく公式令によって、天皇が議会の議決を経た憲法改正を裁可するという趣旨の上諭がつけられることと思いますが、そういう上諭の言葉と、この前文の言葉との間には、明白な矛盾があるのではないでしょうか。政府は、明治憲法第七三条による改正手続においても、国民の代表者たる衆議院の議決があるから、その改正をもって、日本国民がこれを確定したものと考えることがあえて不当でないと解するもののようでありますが、明治憲法第七三条によるかぎり、国民の代表者と考えることのできない貴族院や、天皇の意思に反しては、改正は絶対に成立することができないのであります。国民の代表者の意思のみによっては、改正は不可能なのであります。諸国の憲法の前文に、国民がこれを制定する旨を宣言する例はきわめて多いのであります。それらは、いずれも、現実に、国民の代表者たる憲法議会によって制定せられております。国民の代表者でない貴族院の議決と、天皇の裁可とがなくしては成立することができない憲法の前文に、国民がこれを制定すると書くのは、何としても矛盾ではないかと思います。この矛盾を解決するには、国民が憲法を制定するという建前、すなわち、民定憲法の建前に徹するか、あるいは、明治憲法第七三条の建前に徹するか、この二つ以外には、道はないのではないかと思います。この憲法改正について、もし前の道をとるとすれば、すなわち、民定憲法の建前に徹するとすれば、天皇の裁可ということは理論的に不要となると考えられますし、また貴族院のそれに対する審議権も、衆議院のそれと同等のウェイトをもつものではない、と考えられなくてはならないのであります。もし、これに反して、後の道をとるとするならば、すなわち、明治憲法第七三条の建前に徹するとするならば、この改正は天皇の裁可と貴族院の議決なくしては成立することができないことになります。その結果、日本国民はこの憲法を確定するという前文の言葉は、事実に合しないことになると思いますが、この点について、政府はどうお考えになるでありましょうか。

以上七点について、御質疑申し上げた次第であります。

ここでとり扱われている主題については、当時も、その後も、多くの文献が出ている。それらのうちで重要なものを(ここでの論争にあてられた尾高教授の論文をも含めて)、次にあげておこう。

黒田覚『憲法における象徴と主権』(一九四六年、有斐閣)
尾高朝雄『国民主権と天皇制』(一九四七年、国立書院)
恒藤恭「天皇の象徴的地位について」(『新憲法と民主主義』所収、一九四七年、岩波書店)
和辻哲郎『国民統合の象徴』(一九四八年、勁草書房)
尾高朝雄「ノモスの主権について」(一九四八年『国家学会雑誌』六二巻一一号、後に『法の窮極にあるものについての再論』所収、一九四九年、勁草書房)
横田喜三郎『天皇制』(一九四九年、労働文化社)
佐々木惣一『天皇の国家的象徴性』(一九四九年、甲文社)
尾高朝雄「事実としての主権と当為としての主権」(一九五〇年『国家学会雑誌』六四巻四号)
石井良助『天皇』(一九五〇年、弘文堂)
中村哲『主権』(一九五二年、法学理論篇四一、日本評論新社)
佐藤功「天皇象徴論の根本問題」(『日本国憲法十二講』所収、一九五二年、学陽書房)
河村又介『国民主権』(一九五五年、河出書房)
鵜飼信成『憲法』(一九五六年、岩波書店)

「法律の留保」について

はしがき

私のコンメンタール『日本国憲法』(一九五五年、日本評論新社)について、すでに多くの同学の方々から紹介批判して頂いたこと(1)は、著者として、ほんとうにありがたくおもう。

諸教授の紹介には、著者に対する過分のお賞めの言葉が含まれている。これに対しては、著者は、ただただ恐縮する。そして、今後さらに検討を加えて、少しでもよりいいものにするように努力することによって、諸教授の好意に報いたいとおもう。

清宮教授の紹介には、私の記述における誤り——アメリカの連邦議会の召集日に関する誤り(これは、さきに佐藤功教授からも注意された)と、Petition of Right のつづりの誤り——が指摘されている(2)。これらは、御注意を謝しつつ、できるだけ近い機会に訂正したい。(なお、このほかにも、私の不注意にもとづく誤りを指摘してくれた学生諸君に、ここであわせて感謝の意を表することを許されたい。)

諸教授の紹介には、また著者に対するいろいろな注文が含まれている。たとえば、清宮教授は、第三章や前文についてもう少しくわしく説明すべきだという(2)。この点については、将来できるだけ考慮してみるつもりである。

諸教授の紹介には、さらに、私の考えに対する批判が含まれている。これらは、憲法学ないし憲法解釈論の根本問題にふれるものもあり、簡単にお答えすることはできないが、私としては、それらにもとづいてこの上ともにじゅうぶん反省をかさねて行きたいとおもっている。

ここでは、それらの批判のうち、「法律の留保」という言葉に関する清宮教授の批判(2)をとりあげて、少し考えてみることにしたい。批判に対する反批判という意味ではない。批判を機縁として、問題をかさねて検討してみようというのである。

(1) 鵜飼信成、『法律時報』一九五六年一月。清宮四郎、『日本読書新聞』一九五五年一一月一四日。同、『国家学会雑誌』七〇巻三・四号。黒田了一、『図書新聞』一九五五年一一月二九日。佐藤功、『読書タイムズ』一九五五年一〇月二五日。

(2) 清宮四郎「宮沢俊義『日本国憲法』」(『国家学会雑誌』前掲)。

一 批 判

清宮教授は、私の『日本国憲法』の中の次のような表現を問題とする。

「明治憲法での権利の保障は、多くいわゆる『法律の留保』を伴った。すなわち、それらを行政権の行為(命令)で侵すことは禁じられたが、立法権の行為(法律)で侵すことは、かならずしも禁じられていなかった。本章(日本国憲法第三章——宮沢)は、原則として、かような『法律の留保』をみとめず、行政権のみならず、立法権をも……制限しようとする。そこで保障されている権利は、法律によっても……侵してはならないとされる」(同書、一八七頁)。

この表現について、清宮教授は、次のように批判する。

「ここでは、『法律の留保』という言葉が、国民の権利を行政権によって侵すことは禁ずるが、立法権によって侵すことは認めること、すなわち、行政権は制限するが立法権は制限しない、という意味に解せられ、明治憲法の場合は、原則として、立法権を制限しなかったから、『法律の留保』ということがあったのに対し、現行憲法の場合は、立法権をも制限しようとするから、『法律の留保』ということはなくなった、という意味の結論が示されているようである。立法権の制限について、明治憲法と現行憲法とのあいだに相違があることは、ここにいわれるとおりである。しかし、ドイツあたりで伝統的に慣用されている Vorbehalt des Gesetzes という言葉は、行政権の行為によって国民の権利を侵害する場合には立法権の行為たる法律にもとづかなければならない、という点に重点がおかれているように思われる。用語の問題であるが、『法律の留保』とは、むしろ右の Vorbehalt des Gesetzes の意味に解するほうが適当ではなかろうか。もしそのように解すれば、『法律の留保』ということは、現行憲法のもとでもみとめられているといっていいことになろう(1)」。

ここに引かれた清宮教授の批判は、おおむね次の諸点に要約されよう。

(1) ドイツで慣用される Vorbehalt des Gesetzes という言葉では、行政権の行為によって国民の権利を侵害する場合には法律にもとづかなければならない、という点に重点がおかれている。

(2) 日本語の「法律の留保」という言葉は、右にいわれたようなドイツ語の Vorbehalt des Gesetzes の意味に使うのが適当である。私(宮沢)のいうような意味に使うのは、適当でない。

(3) 「法律の留保」を Vorbehalt des Gesetzes の意味に使うとすれば、それは、現行憲法のもとでもみとめられているというべきである。

「法律の留保」という言葉を、私は、以前から、『日本国憲法』におけるような意味に使っている。[2] そして、そういう言葉使いは、かならずしも私一人のものではない。[3] 清宮教授の批判はしたがって、私だけでなく、そういう言葉使いをするすべての学者に妥当するであろう。

ある日本語の学術語について、それに相当する外国語を問題にすることは、かならずしもつねに必要ではなく、ときには、無意味な場合もある。しかし、「法律の留保」の場合は、かならずしもそうではない。

私自身がこの言葉を使うに際して、ドイツ語の訳語と意識して使ったのか、それとも他の学者の用例にならったのか、正確に記憶していないのは残念であるが、かりに後の場合であったとしても、「法律の留保」という言葉の背後にそれに相当するドイツ語の言葉がたえず頭にあったことは、事実である。そして、次に説明されるように、「法律の留保」に相当する言葉が現にドイツの学術語にちゃんとあるのである。だから、この場合は、日本の学術語に相当するドイツ語を問題にすることは、決して無意味とはいえない。清宮教授が、私の「法律の留保」という用語について、それに当るドイツ語を問題にしたのは、この意味で、きわめて自然である。

(1) 清宮、前掲『国家学会雑誌』七〇巻、二三二頁。

(2) 宮沢『憲法』(有斐閣全書)、初版、一二四頁。四版、一一三頁。

(3) 法学協会『註解日本国憲法』二九四頁。鵜飼信成『憲法』七四頁。田上穣治『改訂憲法原論』一〇八頁。佐藤立夫『憲法綱要』一一九頁。和田英夫『憲法講義ノート』一一六頁。同、「四つの自由」(鵜飼編『憲法』第三話)六三頁。

二　Vorbehalt des Gesetzes（VdG）

「法律の留保」に当るドイツの学術語としてどんなものがあるかといえば、何人も、Vorbehalt des Gesetzes と Gesetzesvorbehalt との二つの言葉をおもい出すであろう。

これら二つは、その言葉の上だけから見ると、まったく同じ意味に見えるが、ドイツの公法学では、たがいにちがった意味に使われる場合が多いようである。そこで、それらがドイツでどのように使われているかをしらべてみよう。まず Vorbehalt des Gesetzes であるが、これは、人の知るように、オットー・マイヤーに由来する。（以下、Vorbehalt des Gesetzes を VdG と略して書くことにする。）

このドイツ行政法学の開山によれば、法律は、司法にとっては、その活動の欠くことのできない基礎であるが、行政活動は、それほど法律に従属させられるものではない。「憲法にもとづく法律は、したがって、一定の特に重要な事項についてのみ、すべての国家活動の必要な条件とされるのである。すべてそれ以外の事項については、執行権は、それ自体において、自由(an sich frei)である。それは、自らの力にもとづいて(aus eigner Kraft)行動するのであり、法律にもとづいて(auf Grund des Gesetzes)行動するのではない。われわれが VdG と呼ぶのは、かような執行権の独立活動が、特に重要な事項について、否定される場合である(1)」。すなわち、一定の事項について、行政の「自由」が否定され、その活動が法律にもとづくべきものとされることを VdG というのである。

トオマは、形式的意味の法律によってのみ定められる事項の全体が、オットー・マイヤー以来、VdG と呼ぶところのものを形成するという(2)。

要するに、一定の事項を——全部の事項をではなく——議会の行為としての法律——行政権の行為としての命令ではなく——の所管事項と定めることが、VdG の意味であり、こういう言葉使いは、ドイツの公法学では、ほとんど確立されているといえる。(3)

日本についていえば、明治憲法に関する穂積・上杉理論において大権事項に対立させられた意味における立法事項(4)が、ほぼ右にのべられたオット・マイヤー流の VdG に当るといえるようにおもわれる。

私の著書で使われている「法律の留保」は、いうまでもなく、この意味の VdG ではない。

(1) Otto Mayer, Deutsches Verwaltungsrecht, 3. Aufl., I, S. 69-70. オット・マイヤーのこの点の所説について、参照、鵜飼信成『行政法の歴史的展開』一二八頁以下。田中二郎『法律による行政の原理』二六頁。

(2) Thoma, Der Vorbehalt der Legislative und das Prinzip der Gesetzmässigkeit von Verwaltung und Rechtssprechung, in Anshütz-Thoma, Handbuch des deutschen Staatsrechts, II, S. 221 f.; Vgl. Thoma, Der Vorbehalt des Gesetzes im preussischen Verfassungsrecht, (Festgabe für Otto Mayer), S. 168 f.

(3) たとえば、Fleiner, Institutionen des deutschen Verwaltungsrechts, 6/7. Aufl., S. 122; W. Jellinek, Verwaltungsrecht, 3. Aufl., S. 122; Koellreutter, Grundriss der allgemeinen Staatslehre, 1933, S. 96; C. Schmitt, Verfassungslehre, S. 130, 177, 180; Hatschek, Deutsches u. Preussisches Staatsrecht, I, S. 173; Hatschek, Lehrbuch d. deut. u. preuss. Verwaltungsrechts, 3/4. Aufl., S. 7. このほかになお多くの名を引くことができるが、略する。

(4) この理論によれば、明治憲法では、一定の事項は、法律に留保され、天皇の命令でそれを定めることは許されない。しかし、それ以外の事項は、天皇の大権に留保され、法律でそれを定めることはできない。前者は、立法事項であり、後者は、大権事項である。穂積八束『憲法提要』六六一頁以下。上杉慎吉『憲法述義』四八七頁以下、六一四頁以下。

三 Gesetzesvorbehalt (GV)

VdG は、右にのべられたような意味に使われているが、Gesetzesvorbehalt は、それとはちがった意味に使われることが多い。たとえば、トオマは、VdG を説明する際に、それと Gesetzesvorbehalt とを区別すべきことを、特に注意している。(1)（以下、Gesetzesvorbehalt を GV と略して書くことにする。）

それでは、GV とは、何を意味するか。

トオマによれば、GV とは、基本権を保障する憲法の規定に「法律にもとづき」(auf Grund eines Gesetzes) という類の言葉が含まれており、それによって、基本権を法律で制限することがみとめられ、その結果として、「憲法の基本権の諸規定の多くが、憲法の力を有する(verfassungskräftig)規定から、単に法律の力を有する(bloss gesetzes-kräftig)規定に弱められてしまう」場合をいう。(1)

カール・シュミットも、GV をその意味に使っている。(2)

マンゴルトおよびクラインによれば、憲法の保障する基本権の限界は、直接に、または少なくとも間接に、憲法にその根拠をもたなくてはならない。(3) ボン憲法には、二種の留保限界(Vorbehaltsschranken)がある。一は、憲法直接(verfassungsunmittelbar)なものであり、他は、憲法間接(verfassungsmittelbar)なものである。前者は、憲法の規定で明示的な限界を定めている場合であり、後者は、憲法の規定で明示的になされた留保にもとづき、法律によって基本権が制限される場合である。後者においては、基本権は、憲法自身によって制限されるのでなく、憲法にもとづいて発せられた法律によって制限される。この場合は、憲法で法律のためになされた留保(Vorbehalt)にもとづいて発せられた法律によって基本権が制限される。この留保を、彼らは、従来の教義の意味における(im Sinne der bisherigen Lehre)"Gesetzesvorbehalt"と呼んでいる。(4)

同じように、ヴェルニケは、ボン憲法第一条の「これらの権利(同条第二項の保障する基本権)に対しては、法律にもとづいて(auf Grund eines Gesetzes)のみ、制限を定めることが許される」という規定は、GVの原理を定めたものとしている。(5)

トオマは、最近の論文でも、同じ意味にGVという言葉を使っている。(6)

私の使っている「法律の留保」が、この意味のGVに当ることは、指摘するまでもなかろう。

(1) Thoma, in Anschütz-Thoma, a. a. O., II, S. 221, Anm. 2.

トオマは、ヴァイマール憲法で保障される基本権を、その保障の強さに応じて、四種に分ける。最高の段階にあるのは、憲法改正による以外には制限することのできない基本権である。第二の段階にあるのは、緊急の場合に、憲法第四八条によって、暫定的に効力を停止されうる基本権である。第三の段階にあるのは、単にライヒ法律の力を有する(reichsgesetzeskräftig)基本権である。これは、ライヒ法律によってのみ制限されうる。第四の、そして、最低の段階にあるのは、基本権の保障が、「法律の範囲内で」みとめられるとか、「法律にもとづいてのみ」制限されうるとかの文言を伴う場合の基本権である。そういう規定は、ただ恣意を排除するというだけで、実は単に法治国の原理を強調しているだけのことであり、法律による行政が確立されているところでは、この種の基本権は、leerlaufendになってしまう。Thoma, Grundrechte und Polizeigewalt,(Festgabe zur Feier des fünfzigjährigen Bestehens des Preussischen Oberverwaltungsgerichts), S. 191-5.

このleerlaufendという表現は、彼が、GVがみとめられると、基本権の保障がbloss gesetzeskräftigなものに弱められてしまうといっている場合と、いくぶんニュアンスがちがうが、結局は、同じことに帰着するとおもわれる。

(2) C. Schmitt, Verfassungslehre, S. 167.

（3） Mangoldt-Klein, Das Bonner Grundgesetz, 2. Aufl., S. 123.
（4） Mangoldt-Klein, a. a. O., S. 130.
（5） Wernicke, in Kommentar zum Bonner Grundgesetz, Art. 2, S. 3.
（6） Thoma, Über die Grundrechte im Grundgesetz für die Bundesrepublik Deutschland, S. 10 (Recht, Staat, Wirtschaft, III. Bd., 1951).

四　VdG と GV の混用

以上で明らかにされたように、ドイツの公法学では、VdG と GV とは、たがいにちがう意味に使われることが多い。そして、私のいう「法律の留保」に当るのは、VdG ではなくて GV である。

だが、ドイツでも、かような VdG と GV との区別が、つねに厳格に守られているわけではなく、しばしば両者が混用されていることに注意すべきである。

たとえば、ヴァイマール憲法に関するニッパァダイの「基本権と基本義務」においても、マンハイムは、「身体の自由は、侵されない。公権力による身体の自由の制限または剥奪は、法律にもとづいてのみ(nur auf Grund von Gesetzen)許される」(一一四条)という規定に関する説明で、「法律にもとづいてのみ」制限または剥奪できるという問題を VdG という表題の下でとり扱い、また、その説明の中でも VdG という言葉を使っているが[1]、これらの VdG は、むしろ GV の意味に解すべきもののようである。また、そこで、キツィンガーも、VdG を同じような意味に使っていると解される[2]。

ボン憲法に関しては、たとえば、ケルロイターは、その第二条第二項、第五条第二項、第八条第二項などの規定につき、これらの基本権は、「《VdG》の下に立つ。すなわち、これらは、直接にそれ自体においてではなく、ただ一般的法律の限界内においてのみ保障される」といい[3]、また、その憲法第二条の保障する自由につき、「これらの権利はすべて、VdG の下に立つのであり、したがって、法律による制限に服する」[4]と書いている。この場合の VdG は、明らかに GV の意味である。ケルロイターは、同じ本の中で、やはり同じ意味をあらわすのに GV という言葉も使っている[5]。つまり、彼は、VdG と GV の双方を、ひとしく GV の意味に使っているのである。

同じくボン憲法につき、マウンツはいう[6]。VdG がもういちど反対論者の攻入口になることがないように、基本法(ボン憲法)は、四種の確保手段を含んでいる。すなわち、基本権の個別的制限の禁止、基本権の本質内容の不可侵、政府の緊急措置による停止の禁止、および、立法者に対しても直接に妥当すること、などがこれである。この場合の VdG も、明らかに、GV の意味に使われている。

彼の次の言葉も、注意されよう。「国家的立法者の留保(Vorbehalt des staatlichen Gesetzgebers)が非常に強く、そのために、基本権がほとんど、あるいはまったく、無内容であり、または、そうなる恐れのある場合もある」[7]。この Vorbehalt des staatlichen Gesetzgebers が VdG と同じであり[8]、そして、それが、ここでは、GV を意味することは疑いない。

彼は、同じ意味を表わすのに GV という言葉も使っている[9]。

なお、東ドイツ(ドイツ民主共和国)憲法第四九条は、その基本権が「一般的に妥当する法律の限界内において」保障される場合(九条・一二条等)や、基本法が「法律にもとづいて」制限されうる場合(八条・一〇条等)について、「この憲法が基本権の法律による制限を許容し、または、その詳細の内容を法律に留保する(vorbehält)場合でも、基本権それ自体(das Grundrecht als solches)は、侵されてはならない」と定める。これは、基本権の本質保障(Wesens-garantie)と呼ばれるもので[10]あるが、この条文の文章に含まれている「法律に留保する」という表現は、明らかにGVの意味を有する。これは、VdGという言葉をGVの意味に使うことが、ドイツ語として、そう不自然でないことを示す言葉づかいといえよう。

VdGという言葉を、本来のオットー・マイヤーの意味からはなれて、GVの意味に使う例を右にあげたが、それとは反対に、GVという言葉をオットー・マイヤー流のVdGの意味に使う例もある。

メルクルは、法律の上位(Vorrang des Gesetzes)の原理は、行政の領域に関しては、通説により、いわゆるGVによって、廃棄されないまでも、本質的に弱められている、といい、ついで、私がさきに引いたオットー・マイヤーのVdGに関する説明を引いた後、VdGの考えは、行政のために、法律上位を排除する、といい、GVの原理に支配される行政理論は、その法源体系において、行政自体にひとつの席——いや、名誉席(Ehrenplatz)——をみとめざるをえない、という。彼はここで、GVという言葉を、オットー・マイヤー流のVdGの意味に使っている[11]。

また、アーペルトは、市民の権利義務を定める一般則は、法律の形式で定められるべきだという原則は、憲法では明示されておらず、多くの基本権の規定に出てくる文言——そこで保護されている個人の自由への国家権力による侵害は、法律にもとづいてのみ許されるという——から間接にのみ引き出されうる、といい、「この原則をVdGと呼ぶ」と書いた後に、「基本権的自由のほかにも、法治国の実現は、ひとつの原則の承認を要求する。それは、権利または義務を基礎づけ、あるいは当事者が自由意志により自らの利益において引きうけるもの以外の負担を課するすべての行政処分は、有効であるためには、法律の規範にもとづかなくてはならない、という方向に、GVを、さらに拡大するものである」とのべている。[12] ここにいうGVは、明らかにVdGを意味している。

（1） Mannheim, in Nipperdey, Grundrechte und Grundpflichten der Reichsverfassung, I, S. 324, 327, 328.

（2） Kitzinger, in Nipperdey, a. a. O., II, S. 462.

（3） Koellreutter, Deutsches Staatsrecht, 1953, S. 51.

（4） Koellreutter, a. a. O., S. 53.

（5） Koellreutter, a. a. O., S. 97.

（6） Maunz, Deutsches Staatsrecht, 1951, S. 92.

（7） Maunz, a. a. O., S. 73.

（8） トオマが、VdGという言葉につき、正確にいえば、人はGesetzにではなく、Gesetzgeberに何ものかを留保できるのだ、といっていることを思い出すべきである。Anschütz-Thoma, a. a. O., II, S. 221, Anm. 2.

（9） Maunz, a. a. O., S. 88, 89.

（10） Maunz, a. a. O., S. 230.

（11） Merkl, Allgemeines Verwaltungsrecht, 1927, S. 101. なお S. 164f. を見よ。

（12） Apelt, Geschichte der Weimarer Verfassung, S. 253–4.

五　VdGとGVとの関係

以上で明らかにされたことをまとめてみると、およそ次のようになろう。

（1） 「法律の留保」に当るドイツの学術語には、VdGとGVとがある。

（2） VdGという言葉は、ドイツの公法学で、オットー・マイヤーがはじめそれにもたせたような意味に使われるのが、原則である。

（3） GV は、VdG とは通常区別され、私のいう「法律の留保」の意味に使われている。

（4） しかし、VdG という言葉が、GV の意味に、――したがってまた、私のいう「法律の留保」の意味に、――使われる場合も少なくない。

（5） 反対に、GV という言葉が、VdG の意味に使われる例もある。

『新法律学辞典』（有斐閣）は、「法律の留保」という項目に、VdG というドイツ語をかかげ、その意味として、まずオットー・マイヤーのいう VdG の意味を説明した後に次のようにいう。

「この法律の留保の原理は、個人の権利・自由を行政権の恣意による侵害から保障することを意味するが、また、逆に法律に基く限り、個人の権利・自由に対して必要な制限・侵害をなしうると解されることもあった。ヨーロッパ大陸諸国の憲法における権利宣言は、個人の権利・自由の保障をこの法律の留保の形式に求めているものが多く、わが旧憲法（2章）もこの形式を採った。これに対し、アメリカ系の憲法は、法律を以てしても侵しえない基本的人権を承認していることが多く、わが新憲法（3章）も、基本的人権については、原則として、法律の留保さえも認めず、法律を以てしても侵しえないものとし、行政権のみならず、立法権に対してもこれを保障する建前をとっている」。

さきに明らかにされたところに立脚していえば、右の説明も、かならずしも不当ではないといえよう（その項目に当るドイツ語として、VdG のほかに GV をも併せてかかげておけば、いっそう適切だったであろう）。

VdG と GV とは、ドイツで区別されて使われているといったが、両者は、本来たがいにかならずしも無関係な概念ではない。一定の事項――ことに「自由と財産」の制限――を法律の所管事項として確保する、という点では、両者同じである。ただ、両者の背景は、たがいに大いにちがう。

VdG の背景にあっては、行政権は本来「自由」であり、「みずからの力にもとづいて」行動できるものとされる。そういう「自由」を、「自由と財産」への侵害に関するかぎり、法律の制約の下に置こうというのが、VdG の狙いである。それは、行政権の「自由」を法律の制約の下に置こうとする点では、立法権(議会)の利益に仕えるものであるが、一定の事項を法律に留保すると同時に、その他の事項については依然行政権の「自由」を承認——というよりはむしろ確保——しようとする点において、行政権(君主)の利益に仕えるものでもある。この意味で、それはまさしく一九世紀ドイツ流の立憲君主制(konstitutionelle Monarchie)のイデオロギーの子である。

メルクルは、GV(オットー・マイヤーの VdG の意味)の理論の意味は、法の定立の全体ではなくて、特定の内容——「自由と財産」を制限する内容——を有する法の定立だけを法律事項とし、法律以外の形式による法の定立をみとめ、それによって、法律から自由な行政(gesetzesfreie Verwaltung)の存在を承認するにある、という。(1) 彼によれば、GV(VdG)では、推定は、まさしく法律からの自由(Gesetzesfreiheit)、すなわち、行政の独立な法創造力(selbständige, rechtsschöpferische Kraft der Verwaltung)のために語るのであり、その理論には、できるだけひろい行政の領域を、法律の支配からのみならず、さらに一般にすべての法の支配からとり除こうとの願望が表われている。(2)

メルクルの言葉は、オットー・マイヤーの VdG の存在理由が、一定の法定立を法律に留保するとともに、——いや、それよりもむしろ、——それ以外の法定立を行政権のために確保しようとするにあることを指摘したものと解される。その解釈によれば、VdG の役割は、さきに指摘されたように、立法事項・大権事項に関する穂積・上杉理論が日本でもった役割と似ている。

これに対して、GV の背景では、行政権の「自由」は、もはやみとめられない。ここでは、すべての国家権力の発動は、法律にもとづかなくてはならない。しかも、基本権は、憲法自身によって保障され、法律によっても、制限できない建前がみとめられている。(行政権による制限などは、もとより問題にならない。)この建前に対する例外として、一定の場合に、法律による基本権の制限を許容しようというのが GV の意味である。

かりに、法律をもって行政の欠くことのできない基礎(3)とする原理をひろく「法律による行政(4)」と呼ぶとすれば、VdG は、最小限度の「法律による行政」の実現を狙う点において、「法律による行政」以前の原理だといえようし、これに対して、GV は、単なる「法律による行政」の程度を超えて、基本権への制限を法律の手からも奪おうとする権利宣言規定の例外として、一定の基本権の制限を法律——憲法の下位の法形式としての——に確保しようとする点において、「法律による行政」以後の原理だといえるようにおもわれる。

さきに、VdG と GV とは、ドイツで、一応区別されつつも、ときにかれこれ混用されるといったが、右にのべられたような両者の間に存する関連性からいって、これは、それほど不自然な現象ではない。

ことに、VdG が、GV の意味に使われる例が、——さきにのべられたように、すでにヴァイマール憲法時代にも見られるが、——第二世界戦争の後において、ますます多くなりつつあるようにおもわれることは、右に指摘されたような両者の有する意味のちがいからいって、決して理由のないことではない。

もし、オットー・マイヤーの VdG が、右にのべられたように、「法律による行政」以前の原理だと見ることができるとすれば、「法律による行政」が確立され、行政権がもはや「自由」でなくなった今日、また、立法権が国会によって独占され、すべての法定立事項が法律に留保されてしまった今日、それが、かつてもったような存在理由をもちつづけることのできないのは、明らかであろう。

今や、基本権の保障にあっては、行政権による基本権の制限はもはや問題にならない。問題は、立法権によれば基本権を制限できるか、それとも立法権によってもそれを制限できないか、である。ここに、GV という概念が存在理由をもつ余地がある。

一方において、オットー・マイヤー流の VdG がしだいにその存在理由を失い、他方において、GV が依然その存在理由を有するとすれば、VdG という言葉がだんだん GV の意味に使われるようになることは、決して不自然ではないであろう。

そして、さらにやがては、諸国の憲法がしだいに GV をみとめなくなるとともに、GV という概念も、その存在理由を失ってしまう日が来るかもしれない。

(1) Merkl, Allgemeines Verwaltungsrecht, S. 164-5.

(2) Merkl, a. a. O., S. 101.

(3) さきに引いたように、オットー・マイヤーにあっては、法律は、すべての行政の領域においてその活動の基礎とされるのではない。

(4) 「法律による行政」(Gesetzmässigkeit der Verwaltung, gesetzmässige Verwaltung) の意味は、説く人によって、かなりちがう。田中二郎『法律による行政の原理』を見よ。

六 批判への答え

今までに、「法律の留保」に当るドイツ語としての VdG と GV との意味および両者の関係について検討したが、そこで明らかにされたところに立脚して、さきに引かれた清宮教授の批判の諸論点に答えるとすれば、ほぼ次のようにいうことができようかとおもう。

(1) オットー・マイヤー以来、ドイツで慣用される VdG(Vorbehalt des Gesetzes)の本来の意味は、清宮教授の指摘するとおりである。

(2) 私のいう「法律の留保」に当るドイツ語は、オットー・マイヤー流の VdG ではなくて、むしろ GV(Gesetzes-vorbehalt)である。

(3) ドイツで、VdG と GV とは、区別されているが、前者が後者の意味に使われる例も多いし、後者が前者の意味に使われる例もある。

(4) VdG を日本語で「法律の留保」と呼ぶことは、もちろん適当であろうが、GV を日本語で「法律の留保」と呼ぶことも、同じように、適当であろう。

(5) VdG と GV とを、日本語でひとしく「法律の留保」と呼ぶよりも、それぞれちがった言葉でいい表わすほうがより正確かもしれないが、現にドイツでも、両者が混用され、ことに、VdG が GV の意味に使われる傾向が強い実状からいっても、おそらくそうすることの必要性は、小さいだろう。

(6) オットー・マイヤー流の VdG の意味の「法律の留保」は、日本の現行憲法でもみとめられている、といっていえないこともなかろう。しかし、「法律による行政」の原理が十二分に確立されており、むしろ「法律による行政」以後の段階にあると考えられる現行憲法の下で、マイヤー流の VdG が、いったいどのような存在理由を有するのだろうか。ここでは、行政権は、もはやマイヤーがいったような意味で「自由」でありえないことは明白であり、また立法権はまったく国会に独占されているのに、それでも、行政権による「自由と財産」への侵害を禁ずる趣旨をもつ VdG の原理をみとめる必要があるのだろうか。むしろ、そういう意味の VdG は、穂積・上杉理論における立法事項・大権事項のように、今はもはや公法学において市民権を失ってしまったと見るべきではないだろうか。ドイツでも、現在では、VdG よりはむしろ GV が問題とされ、その結果として、VdG という言葉そのものまでが GV の意味に使われる傾向が強いことを考えるべきではなかろうか。

『国家学会雑誌』七〇巻八号　一九五六年

日本国憲法生誕の法理

一　問　題

日本国憲法は、形式的には、明治憲法第七三条にもとづく大日本帝国憲法改正として成立した。それは、まず、「帝国憲法改正案」として、枢密顧問の諮問を経たのち、勅書によって帝国議会の議に附された。衆議院および貴族院は、おのおのその総員三分の二以上の出席の会議で、出席議員三分の二以上の多数で、多少の修正を加えた上で、これを議決した。議会を通過した改正案は、さらにふたたび枢密顧問の諮詢を経たのち、公式令の規定にしたがって、次のような上諭を附されて、公布された。

> 朕は、日本国民の総意に基いて、新日本建設の礎が、定まるに至つたことを、深くよろこび、枢密顧問の諮詢及び帝国憲法第七十三条による帝国議会の議決を経た帝国憲法の改正を裁可し、ここにこれを公布せしめる。

これで見ると、日本国憲法は、明治憲法(大日本帝国憲法)の単純な改正のように見えるが、よく考えると、ことはそう簡単ではない。そこには、単純な明治憲法第七三条による憲法改正だけでは、説明できない何ものかが、含まれていると考えられる。

私は、かように考えて、一九四六年(昭和二一年)三月六日に、政府によって、憲法改正草案要綱が発表された直後、

「八月革命の憲法史的意味[1]」という論文を公にして、日本の降伏によってひとつの革命——八月革命とも呼ばれる——が行われたと考えることによってのみ、日本国憲法の成立を法律論理的に説明することができると説いた。太平洋戦争（大東亜戦争）における日本の降伏から、日本国憲法の成立への過程の法律論理的説明として重要とおもわれるので、その内容をここに記し、あわせてこれに対する批判に対して弁明を試みることにする。

（1）『世界文化』一九四六年五月。私の論文の題は「八月革命の憲法史的意味」であったが、雑誌にのったのを見ると、「八月革命と国民主権主義」となっていた。

二　八月革命の理論

一九四六年三月に政府によって発表された憲法草案、すなわち、内閣要綱と、それにもとづく四月の内閣草案に見られる特色のうちで、いちばん重大なのは、いうまでもなく、国民主権主義あるいは人民主権主義である。日本の政治を民主化し、日本を民主国として再建するために、日本の政治の根本建前として国民主権主義を採用することが必要かどうか、またはそれがのぞましいかどうか、については降伏以来、数々の論議がなされた。日本の政治を民主化するためには、どうしても国民主権主義という建前を採るべきだという見解も、相当に有力であった。しかし、全体から見ると、日本の政治において民主主義を確立するためには、かならずしも国民主権主義という建前を採る必要はないという意見のほうが、強かったようである。

終戦後相次いでうまれた諸政党は、それぞれ憲法改正に関する、多かれ少なかれ具体的な意見を発表したが、その中で明確に国民主権主義を採るべしとしたのは共産党案だけで、そのほかの諸政党は、進歩党も、自由党も、社会党も、国民主権主義を明確にみとめることをしなかった。社会党案は、その実質においては、国民主権主義にきわめて近いものであったが、それでも「主権は国家(天皇を含む国民協同体)に在り」というような表現を用い、国民主権主義を正面から承認することを、ことさらに避けているかに見えた。

かような状態の下において、さなきだに保守的であり、反動的であると評された幣原内閣が、その憲法改正草案において国民主権主義を真正面にかかげようとは、おそらくだれもが夢にも考えおよばなかったところであろう。(1) かねがね政府の保守反動を非難して来た在野の諸政党も、この点では、完全に政府に出しぬかれたわけであった。政府案が公にされると、共産党をのぞく各政党は、いずれも「このたびの政府案は、わが党の主張するところとおおむね同一である(!)から、だいたいにおいて、これを支持するにやぶさかでない」というような趣旨の声明を発したが、この政府案は、それまでに発表された諸政党案と「おおむね同一」どころか、その根本原理においてまったくちがうものであった。

(1) 横田教授は、これについて、次のように書いた。

「政府の憲法改正案が発表された。おそらく、すべての人がおどろかされるであろう。あまりに思いきった改正案であることに。大部分の人は、内容そのものにおどろかされたにちがいない。かように徹底した改正を考えていなかったのであろう。しかし、内容そのものにはおどろかない人も、つまりこれ位の改正は当然であると考えていた人も、さらになおいっそう徹底的に改正すべきだと考えていた人すらも、現在の政府が、このように思いきった改正案を発表しようとは、思わなかったであろう」(『東京新聞』昭和二一年三月一二日)。

* * *

この政府の憲法改正草案が、国民主権主義を真向から承認していることは、きわめて明白であるとおもう。

このときの政府案は、もちろん意識的にであろう、「国民が主権を有する」という類の表現をまったく用いていなかった。人の知るように、後に、衆議院で、「主権が国民に存する」という言葉に、修正されることになるのであるが、このときには、まだそういう言葉は、どこにも見られなかった。しかし、それにもかかわらず、そこで、国民主権主義の原則を根本建前として承認していたことは、疑いをいれない。

たとえば、その前文には、「日本国民は……ここに国民の総意が至高なものであることを宣言し、この憲法を確定する」とあった。これは、日本国民が、日本の政治の最終の権威者として、その意志により、この憲法を制定するという意味であり、明らかに国民主権の原則をあらわしていた。その書出しの「日本国民は……」という言葉——英訳では We, the Japanese people……といっている——は、アメリカ合衆国憲法の前文の書出しの言葉「われら合衆国民は」(We, the people of the United States)とその趣旨を同じくする。また「国民の総意が至高なものであること」とは、英訳に the sovereignty of the people's will とあるとおり、国民が主権者だとする趣旨を示している。

リンカーンの「国民の、国民による、国民のための政治」という民主政治の定義は、だれもが知るところである。日本における民主政治も、はたして「国民の、国民による、国民のための政治」でなくてはならぬかどうかは、終戦以来しばしば論議せられた。日本の民主政治が、「国民による、国民のための政治」でなくてはならぬことはきわめて明瞭で、別に議論はなかった。問題は、日本の民主政治も、単なる「国民による、国民のための政治」であるだけでなく、その上に「国民の政治」でなくてはならぬかどうかであった。多くの人は、日本の政治の根本建前は、それが「天皇の政治」であることにあり、したがって、日本では「国民の政治」という原則は適当でないから、日本の民主政治は「国民による、国民のための政治」ではあるが、しかし、どこまでも「天皇の政治」でなくてはならない、と考えたようである。すなわち、日本における在来の君主主権主義という建前をくずさずに、そのままにしておいて、その上に、民主政治を建設しようというのが、かなり多くの人の考えであったようである。

ところが、政府の憲法草案は、リンカーンの右の言葉を、そっくりそのままみずからのものとし、日本の政治は、「国民の、国民による、国民のための政治」であるべきだとしている。すなわち、右に引かれたその前文には、「日本国民は……ここに国民の総意が至高なものであることを宣言し、この憲法を確定する。そもそも国政は、国民の崇高な信託によるものであり、その権威は国民に由来し、その権力は国民の代表者がこれを行使し、その利益は国民がこれを受けるものであって、これは人類普遍の原理であり」うんぬんとあるが、ここで圏点を附せられた言葉がまさしく「国民の、国民による、国民のための政治」の意味であることは、改めてことわるまでもない。

以上からも明らかであるように、このときの政府の憲法改正案は、「天皇の政治」というそれまでの日本の政治の根本建前をすてて、「国民の政治」という新しい根本建前を採り、その根柢の上に民主政治を実現しようという意図に指導されていたと見るべきである。

＊　＊　＊

政府案が、かように、その根本建前として承認しようとしている国民主権主義は、それまでの日本の政治の根本建前とは、原理的にいって、まったく性格を異にするものと考えなくてはならない。

国民主権主義というものは、かならずしも在来の日本の政治の根本建前と矛盾するものではない、という見解もあるようである。日本の政治の根本建前は、本来国民主権主義的なものであった、という見方もあるらしい。しかし、国の政治上の権威が、君主とか、貴族とかいうものではなく、一般国民にその最終的根拠を有するという意味の国民主権主義が、それまでの日本の政治の根本建前であったと解することも、また、それがそれまでの日本の政治の根本建前と少しも矛盾しないと考えることも、理論的には、どうしてもむりである。国民主権主義という以上は、天皇の権威の根拠も、終局的には国民にあると考えなくてはならず、その結果として、天皇制の存否も、終局的には、国民の意志に依存するといわなくてはならないが、それまでの日本において、天皇の権威の根拠が国民にあるという根本建前が採られていたと見るのは、明らかに不当であろう。

それまでの日本の政治の根本建前は、一言でいえば、政治的権威は終局的には神に由来する、とするものであった。これを神権主義と呼ぶことができよう。明治憲法は、その第一条で、「大日本帝国は万世一系の天皇之を統治す」と定めていた。ところで、その天皇の権威はいったいどこから来るかといえば、それは神意から来ると考えられていた。具体的にいえば、天孫降臨の神勅が、その根拠だとされた。天皇の権威はそこに由来した。天皇は神の子孫として、また自身も神として、日本を統治する、とされた。

もちろん、「君民一体」とも、「君民同治」とも、しばしばいわれた。「義は君臣にして情は父子」ともいわれた。天皇は、その統治にあたって、あくまで民意を尊重すべきものとされ、また、その統治は多数国民の輔翼によってなされるべきものとされた。しかし、それにもかかわらず、天皇の統治の権威そのものは、民意に由来するとはされなかった。天皇の統治の権威の根拠は、民意とはまったく関係のない神意に求められた。

かような根本建前――神権主義――が、国民主権主義と原理的にまったく性格を異にするものであることは、明瞭である。

国民主権主義は、政治的権威の根拠としての神というものをみとめない。それは、政治から神を追放したところに、その位置を占める。そこでは、「民の声は神の声」といわれるから、あるいは、そこでは国民が政治から神を追放して自らこれに代ったのだといってもいいかもしれない。そこでは、国民の意志が政治の最終の根拠である。

もちろん、国民主権主義が、当然に君主制を、したがって日本でいえば、天皇制を否定するとはかぎらない。そこで君主制・天皇制をみとめることも、理論的には、じゅうぶん可能である。その君主が相当に強大な権力を与えられることも、決して不可能ではない。しかし、その場合でも、その君主・天皇の権威は、国民に由来するとされるのであるから、国民の意志によって、君主自身の意志には反しても、君主制そのものがまったく合法的に変革ないし廃止せしめられる理論的可能性がつねに存する、という点で神権主義にもとづく君主制とまったくその性格を異にすることが、注意されるべきである。

国民主権主義が、在来の日本の政治の根本建前たる神権主義と、原理的に容れないものであることは、明らかであろうとおもう。

＊　＊　＊

政府の憲法改正草案は、かような日本の政治の根本建前の変革——神権主義から国民主権主義への変革——を、憲法に明文化しようとするものであるが、そういう変革を「憲法改正」の形で行うことが、そもそも憲法上許されることであるかどうか。これは、憲法上きわめて重大な問題である。

明治憲法は、憲法改正の手続を定めていた。その条章を改正し、または増補することは、そこに定められた手続によって可能なわけであったが、そこに定められた手続をもってすれば、どのような内容の改正も可能であったかというと、決してそうではなかった。

元来、憲法そのものの前提ともなり、根柢ともなっている根本建前というものは、その改正手続によって改正されうるかぎりでない。そうした改正手続そのものが、憲法の根本建前によって、その効力の基礎を与えられているのであるから、その手続でその建前を改正するということは、論理的にいっても不能とされざるをえないからである。明治憲法についていえば、天皇が神意にもとづいて日本を統治するという原則は、日本の政治の根本建前であり、明治憲法自体もその建前を前提とし、根柢としていたと考えられる。したがって、明治憲法の定める改正手続で、その根本建前を変更するというのは、論理的な自殺を意味し、法律的不能だとされなくてはならない。すなわち、天皇が神意にもとづいて日本を統治するという原則は、明治憲法に定める憲法改正手続をもってしては、変更することができない、というのが、ほぼ支配的な学説であった。

それならば、このたびの政府の改正案が、憲法の定める憲法改正手続によって、神権主義を廃して国民主権主義を定めようとしていることは、はたして、法律的に許されるであろうか。この点を問題にしなくてはならない。

私は、このたびの憲法改正草案が、この種の変更を憲法改正手続によって行おうとしていることは、憲法上、許されると考えている。しかし、それは決して形式上憲法の定める改正手続によりさえすれば、どのような内容の改正も可能だという意味ではない。そういう改正は、明治憲法の改正として、ふつうでは許されないのであるが、特別の理由によって、それは許されるというのである。

では、それは、どのような特別の理由にもとづいて、許されるのであるか。

この問いに答えるには、どうしても、一九四五年八月、終戦とともに行われた日本憲法史上の大変革の本質を、明らかにすることが、必要である。

＊　＊　＊

一九四五年八月一〇日、日本政府は、降伏に決し、ポツダム宣言を受諾することを連合国に対して、申し入れた。ただ、その際「同宣言は、主権的統治者(a sovereign ruler)としての天皇の大権(prerogatives)を害する要求を含まない」との諒解を附し、その諒解が正しいかどうか、を明確に指示してくれるように頼んだ。連合国は、その翌日、回答をよこしたが、それは、右の諒解の当否については、直接になんらふれるところなく、ただ「降伏のときから、日本の天皇および政府の統治権は、降伏条件を実施するために必要とみとめる措置をとる連合国最高司令官にしたがうべき」ことと、「日本の最終の政治形体は、ポツダム宣言のいうところにしたがい、日本国民の自由に表明される意志によって定めるべき」ことを言明した。八月一四日、日本政府は、この回答を諒承した上で、終局的にポツダム宣言の条項を受諾する旨を連合国に申し入れた。

かくして、降伏によって、「日本の最終の政治形体は、ポツダム宣言のいうところにしたがい、日本国民の自由に表明される意志によって定め」られるべきことにきまった。

ところで、この「日本の最終の政治形体」うんぬんの言葉はいったい何を意味するであろうか。それは、いうまでもなく、日本の政治についての最終的な権威が国民の意志にあるべきだ、ということを意味する。日本の最終的な政治形体の決定権を国民がもつというのは、さような意味である。ほかの言葉でいえば、国民が主権者であるべきだという意味である。そして、その言葉を、日本はそのままに受諾し、とってもって日本の政治の根本建前とすることを約したのである。

国民主権主義は、さきにのべられたように、それまでの日本の政治の根本建前である神権主義とは、まったくその本質的性格を異にする。日本は、敗戦によって、それまでの神権主義をすてて、国民主権主義を採ることに改めたのである。

かような変革は、もとより日本政府が合法的になしうるかぎりではなかった。天皇の意志をもってしても、合法的にはなしえないはずであった。したがって、この変革は、憲法上からいえば、ひとつの革命だと考えられなくてはならない。もちろん、まずまず平穏のうちに行われた変革である。しかし、憲法の予想する範囲内において、その定める改正手続によってなされることのできない変革であったという意味で、それは、憲法的には、革命をもって目すべきものであるとおもう。

降伏によって、つまり、ひとつの革命が行われたのである。敗戦という事実の力によって、それまでの神権主義がすてられ、あらたに国民主権主義が採用せられたのである。この事実に着目しなくてはならない。

ここで、日本の政治は神から解放された。あるいは、神が——というよりは、むしろ神々が——日本の政治から追放されたといってもよかろう。日本の政治は、いわば神の政治から人の政治へ、民の政治へ、と変ったのである。

この革命によって、天皇制はかならずしも廃止されなかった。その廃止が約束されもしなかった。しかし、天皇制は一応維持されはしたが、その根柢は根本的に変ってしまった。天皇の権威の根拠は、それまでは、神意にあるとされたのであったが、ここでは、それは、国民の意志にあることになった。日本の政治が、神の政治から民の政治に変ったのと照応して、天皇も、神の天皇から民の天皇に変ったのである。

この革命——八月革命——は、かような意味で、憲法史の観点からいうならば、まことに明治維新このかたの革命である。日本の政治の根本義が、ここでコペルニクス的ともいうべき転回を行ったのである。

この八月革命は、いわゆる「国体」の変革を意味するであろうか。

この問いに対する答えは、「国体」の下に何を理解するかによって異なってくる。

もし、「国体」の下に、天皇が神意にもとづいて日本を統治するという神権主義的天皇制を理解するならば、そういう「国体」は、八月革命によって消滅してしまったといわなくてはならない。八月革命の革命たる所以が、何よりも、それまでの神権主義の否定にある以上、これは当然である。日本政府は、さきにのべたように、降伏の申入に際して、天皇の大権に関する希望を附し、それによって「国体を護持」しようと企図した。しかるに、それに対する連合国の回答には、この希望を承認する旨の言葉が見出されなかった。そこで、抗戦論者は「これでは、国体を護持しえたことにならない」といって抗戦を主張したそうであるが、もし「国体」の下に、それまでのような神権主義的天皇制を理解するとすれば、彼らが「連合国のかような回答では、国体を護持しえたことにならない」と考えたのは、きわめて正しかったわけであり、それで国体を護持しえたと解していいという天皇および政府の解釈は、実際政治上の戦略としてはともかく、理論的には誤っていたと評せざるを得ない。

これに反して、もし「国体」の下に、単なる天皇制を理解するとすれば、八月革命は、かならずしも、そういう意味の天皇制を廃しはしなかったのであるから、そこで「国体」は、変革されなかったということもできないわけではない。しかし、この場合でも、天皇制の根柢が、神権主義から国民主権主義に変ったこと、したがって、天皇制の性格がそこで根本的な変化を経験していることは、注意されるべきである。

この意味の「国体」は、かように、八月革命でかならずしも変革されはしなかったといえようが、だからといって、そこでその意味の「国体」が護持されたということにならないことは、ついでながら、注意されていいであろう。それは、天皇制の根拠が、神権主義から国民主権主義に変ったことと関連する。なるほど、連合国は天皇制の廃止を要求しはしなかった。しかし、神権主義が否定され、国民主権主義がみとめられた結果として、天皇制の根拠も国民の意志にあるとされることになったから、国民の意志いかんによっては、天皇制も廃止される可能性——理論的可能性——が与えられたわけである。天皇制の根拠たる神の意志は、永劫不変のものとされたが、国民の意志は、決して永劫不変のものではないからである。

＊　＊　＊

八月革命によって、日本の政治の根本建前は、神権主義から国民主権主義に変った。もとより、憲法は、形式的には、ただちに変りはしなかった。天皇制も、形式的には、八月以後もそのままであった。しかし、その根本建前は、すでにまったく変っていた。このことを注目しなくてはならない。

一九四六年元旦の詔書で、天皇は自身「現御神」でない旨を言明し、みずからの神性ないし神格を否定した。このことも、右にのべられた八月革命を前提としてのみ、理解できる。八月革命によって、神権主義が否定されていたから、かような詔書が発せられることができたのである。もし、八月革命がなかったとしたら、かような詔書は、とうてい発せられることができなかったはずである。

政府の憲法改正草案が、国民主権主義を根本建前として規定しているのも、八月革命を前提としてのみ、説明できることであるとおもう。すでに、そこで、日本の政治の根本建前として、神権主義が否定され、国民主権主義が確立されているから、その後において、憲法改正という形式の下に、国民主権主義を成文化することが許されるのである。

もし、八月革命でそういう変革が行われていなかったとすれば、単なる憲法改正の手続で、そういう根本建前の変革を定めることが許されないことは、さきにのべられた如くである。

かように考えると、われわれが好むと好まないとにかかわらず、降伏とともに、神権主義はすでに廃棄され、日本の政治の根本建前として国民主権主義が成立しているのであるから、政府の憲法改正草案が、国民主権主義をその建前としていることは、きわめて当然だということになる。問題は、もはや、国民主権主義を日本の政治の根本建前としてみとめるのがいいかどうか——そのことは、すでにきまったことである——ではなくて、国民主権主義という原理を憲法の中で表明するのが適当かどうか、また、表明するのが適当だとすれば、どういう言葉で表明するのがいいか、である。そして、この意味では、政府草案に対しては多くの批判がなされえよう。

もちろん、問題をもっと掘り下げて、国民主権主義をみとめるのがいいかどうかを問題とすることもできる。ただ、さきにものべたように、国民主権主義は、八月革命で承認されたと見なくてはならないから、ここで国民主権主義否なりと主張することは、八月革命そのものを否定するあらたな革命を主張するにほかならない、ということを忘れてはいけない。

* * *

以上が、私の「八月革命の憲法史的意味」の大要である。

これと同じ趣旨を、私は、国家学会編『新憲法の研究』の中では、次のように説いた(1)。

新憲法(日本国憲法)の根本建前である国民主権主義は、明治憲法の根本建前である神勅主権主義または神権主義とは、原理的にまったく異なる。

明治憲法の定める憲法改正手続——その第七三条によるもの——で、明治憲法の根本建前、すなわち、そのよって立っているところの原理的基礎を変えることは、できない。そうした可能性——法律的可能性——をみとめることは、法律論理的には、自殺を意味するからである。つまり、明治憲法第七三条による改正手続で、明治憲法の根本建前である神勅主権主義を廃して国民主権主義を採用するということは、法律的には、許されないと解すべきである。したがって、新憲法の施行とともに、日本の憲法の根本建前として、神勅主権主義が廃されて、国民主権主義が成立したという解釈は、正しくない。

新憲法が、憲法改正の形式の下に、国民主権主義を定めていることは、それ以前に、国民主権主義が、日本憲法の根本建前として、すでに成立しているという前提の下に、はじめて理解できることである。

降伏によって、日本は、その憲法の根本建前として、国民主権主義を承認したと考えなくてはならない。

ところで、国民主権主義を承認するということは、それまでの日本憲法の根本建前である神勅主権主義を否定することであり、右にのべられたように、合法的にはなされえないことである。したがって、降伏によって、日本が、それまでの根本建前を廃して、国民主権主義を承認したということは、正規の憲法上の手続では許されないとされている変革が事実の力にもとづいて、行われたということであり、その意味で、これを法律学的意味における革命——八月革命——と呼ぶことができる。

かように考えると、神勅主権主義の否定と国民主権主義の成立とは、すでに降伏とともに、なしとげられたことであり、新憲法が、その明文で国民主権主義を定めているのは、いわば宣言的な意味をもつにとどまる、といわなくてはならない。そして、かように、国民主権主義が、八月革命によって、すでに成立しているという理由によってのみ、明治憲法第七三条の手続によるという形式をとった新憲法が、国民主権主義を定めることが、決して違法でないとされうるのである。

新憲法が成立する前に、国民主権主義がすでに成立していたのだとすれば、新憲法が、その前文で「日本国民は……この憲法を確定する」といって民定憲法の形式をとっていることもうなずけるが、それならば、その民定憲法たる新憲法が、なぜ、国民代表と考えられる衆議院の議決のほかに、国民となんのつながりもない天皇の裁可と貴族院の議決とを必要としたのであろうか。私の見るところでは、八月革命によって、明治憲法は廃止されたと見るべきではなく、それは引きつづき効力を有し、ただ、その根拠たる建前が変った結果として、その新しい建前に抵触する限度においては、明治憲法の規定の意味が、それに照応して、変った、と見るべきである。したがって、その新しい建前に抵触しない限度においては、どこまでも明治憲法の規定にしたがって、ことを運ぶのが、当然である。憲法改正も——少なくとも、形式的には、——明治憲法第七三条によって行われるのが、適当と考えられる。ただ、その場合、国民主権主義の建前からして、憲法改正の手続は、できるだけ民定憲法の原理に則すべきことが要請され、その結果として、表面上は、明治憲法第七三条によりながらも、その民定憲法の原理に反する部分——天皇の裁可と貴族院の議決——は、たとえ形式的には規定が存しても、実質的には、憲法としての拘束力を失っていたと見るべきではないか、と考えている。

（1） 私の「新憲法の概観」（国家学会編『新憲法の研究』）一〇頁以下。

以上にのべられたような八月革命の理論に対しては、賛否両論がある。

俵教授は、この「八月革命説は、学界において、多くの共鳴者を見出したようである。この理論は、新憲法の法理的根拠を矛盾なく説明することができるとともに、新憲法の民主的性格を明確にするに役だつからである」と評した。(1)はたしてそうとすれば、私としては、大いによろこびとするところである。(2)

反対論としては、なにより河村最高裁判所判事のそれをあげることができる。(3)その反対論は、私の理論の急所をもっとも鋭く突いたものと考えられるから、それについてここに一言することは、おそらく私の義務であろうと考えられる。

河村判事は、第一に、一九四五年八月一一日の連合国の回答についての私の解釈に反対する。

「日本の最終の政治形体は、ポツダム宣言のいうところにしたがい、日本国民の自由に表明された意志によって定めるべき」であるという言葉は、国民主権主義を要請したものだという私の解釈に対して、判事は、それが、はたしてそういう「厳密な法律的意義に解すべきであったであろうか」(六頁)という疑問を提起する。判事の解するところによれば、その「日本国民の自由に表明された意志」という言葉は、ポツダム宣言の第一二項をくり返したものであろう。

「それが、わが国一部の人々が解したように、かならずしも国民投票で表明された意思という意味でないことは、明かである。又他の人がいうように、日本のことは日本国で自由に決定せよ、というほどの意だと解しても、文意はかならずしも明瞭には通じない。むしろ、もっと政治的に解すべきではなかろうか。すなわち、軍閥や、官僚や、独裁主義者によって、圧迫され、歪曲された意思ではなく、多数国民の自由率直な意思、というほどの意味ではあるまいか。したがって、それは、天皇や、貴族院をかならずしも排除するものではなく、たとえ形式的には、天皇の発案・裁可、貴族院の議決を経てなされる憲法の改正であっても、実質的に民意が十分自由に表明できるような手続をもってなされるのであれば、かならずしもこの回答の趣旨に反するものではないと解せらるべきであろう。

「かように解することの不当でないことは、後にマッカーサー司令部でも、第七十三条に拠って憲法改正の手続を進めることを承認したこと、又天皇の発案・裁可、貴族院の議決を経て制定せられた新憲法を『国民が確定する』のだと宣言しても、抗議も受けなかったことからも、理解できよう。さすれば、この八月十一日の回答を承認したことの結果、直接に即時に第七十三条を変更するという効果が発生したのではなくて、将来窮極の政治形態を決定するにあたって、第七十三条の規定を民主的に運用することを約束したにすぎないということになろう。政府は、憲法改正の発案や、裁可に就てのみならず、貴族院、衆議院の行動に関しても、民意の自由な表現を促すために、その権限内にある凡ゆるコントロールの手段を尽す義務を負うた訳である」(六―七頁)。

河村判事は、第二に、いわゆる国体に関する規定を改正することが、明治憲法の下で、法律的に不可能であったという命題に反対する。

判事によれば、「明治の末年以来、我が公法学界に勢威を逞うした一派の学説――(いうまでもなく、穂積八束・上杉慎吉両博士によって代表される正統派の学説をいう――宮沢)――に於ては、国体と政体とを峻別」し、「政体は、時勢に応じて変転するけれども、国体は、恒久不変、国家とその運命を共にする。それ故に、国体の変革は、旧国家が死滅し、新国家が生誕することを意味する」とするから、そういう説が正しいとすれば、「国体規定の変革を法的に不可能とする理論も肯かれよう」（七頁）。しかし、いわゆる国体の別も、政体の別も、同じように、統治組織の別にほかならず、したがって、国体の変革も、国家そのものの変革というよりも、国家の統治組織の変更にすぎない。

こう考えると、いわゆる国体規定も、いわゆる政体規定と同じく、統治組織に関する規定であるから、前者のみが法的に変更不可能だという理由は、ありえない。

「専制君主政体を改めて権力分立主義を採用し、議会を設け、国民参政の途を開いて、君主の権力を制限することが、合法的に行われ得るとするならば、更にすすんで国民の参政権を極度に拡張し、君主の権力を零にまで制限することが、何故法的に不可能なのか？　それも、フランスはじめ若干の共和国の例のように、共和体制を憲法改正の対象とすることを得ずというように類するような明文でもあるのならばともかく、憲法がかかる明文を掲げてもいないのに、かかる理論を構成するのは、むしろ学者の自縄自縛ではなかったか？」（八—九頁）。

かような立場から、河村判事は、「この度の憲法改正は、同一の国家内に於て、その統治組織が変革されたにすぎない」（八頁）から、それは、もちろん、明治憲法第七三条によって十分行われうることであったとされ、「観来たれば、新憲法は、合法的過程を経て、明治憲法から生れ来たものであつて、革命という概念を藉らなくとも、その法的根拠を説明し得る」（一〇頁）と論結される。

（1）　俵静夫「戦後憲法学界の展望」（『公法研究』一号、一〇七頁以下）一一四頁。

（2）　尾高朝雄「国民主権と天皇制」（国家学会編『新憲法の研究』一八頁以下）一九頁。清宮四郎「憲法改正行為の限界」（『法律

タイムズ』二一号)一六頁。法学協会『註解日本国憲法』(上)三〇頁。A. C. Oppler, The Reform of Japan's Legal and Judicial System under Allied Occupation, Washington Law Review, August, 1949, Vol. 24, no. 3, p. 293. 柳瀬良幹「新憲法概観」(『法律時報』一九九号)二四頁以下。以上の諸家は、私の見解を是認する。

(3) 河村又介「新憲法生誕の法理」(『改造』一九四七年五月、四頁以下)。以下において、引かれる河村判事の言葉の後に記したページは、もちろん、この論文のページである。なお、傍点はすべて私のものである。なお、河村判事のこの点についての見解は、判事の『新憲法と民主主義』(八〇頁以下)にも、のべられている。

＊　＊　＊

河村判事の批判の第一点、すなわち、八月一一日の連合国の回答の解釈については、私は、次のように考える。たしかに、その回答の言葉だけからいうと、国民主権主義の確立という「厳密な法律的意義」をそれに与えることは、やや行きすぎのようにおもわれないこともない。その趣旨が、「軍閥や、官僚や、独裁主義者によって、圧迫され、歪曲された意思ではなく、多数国民の自由率直な意思」によって、最終の政治形体が決せられるべきだというにあることは、判事の指摘されるとおりであろう。したがって、そうした決定に際して、形式的には、天皇や貴族院の参加があっても、「実質的に民意が十分自由に表明できるような手続を以てなされるのであれば」、それで、この回答の趣旨には合致するであろう。

しかし、回答の趣旨が、一応そういう「政治的」なものであるとしても、まさにそのことが、主要な法律的な意味をもつことを、見のがしてはなるまい。最終の政治形体が、国民の意志によって決せられるべきだということは、そうした決定に、形式的に、天皇や、貴族院が参与することを、かならずしも、排斥するものではないだろう。しかし、それが、一方においては、国民の意志いかんによって、最終の政治形体は、どのようにでも決定されうるのだということ、つまり、国民の意志いかんによっては、天皇制が否定されることも、じゅうぶん可能だということ、そして、他方においては、いままでの明治憲法の原理であったような神権主義的な君主主権主義に立脚する政治形体は、そこで終局的に否定されているということ、を意味していることが、注意されなくてはならない。これは、すなわち、神勅主権的な天皇主権主義の終局的な否定を意味している。これを裏からいえば、国民主権主義の終局的確立を意味しているということになろう。

明治憲法の建前は、日本の最終の政治形体は、天皇の先祖——その極限として、天照大神が、措定された——の意志、すなわち、「神勅」によって、終局的に決定された、というにあった。したがって、天皇制は、そこで、法律的には、「天壌とともにきわまりない」ものとされた。日本の最終の政治形体を、自由に表明された日本国民の意志の決定に委ねるということは、この建前の真正面からの否定である。明治憲法の下では、天皇が統治権の総攬者であるという制度は、いかなる方法によるにせよ、再審査を必要としない、既定の、動かすことのできない制度であった、最終の政治形体を、自由に表明された日本国民の意志で決定するということは、天皇が統治権を総攬するという制度を維持するかどうかをも、自由に表明された日本国民の意志で決定するということである。それが、これまでの日本憲法の原理であった神勅主権主義的な天皇主権主義の否定であることは、明らかであろうとおもわれる。

かように解すると、八月一一日の回答が、河村判事の解されるような趣旨であることは、疑いないが、それと同時に、それが神勅主権主義的な天皇主権主義の否定と国民主権主義の確立を意味していることも、明らかではないかとおもう。このことは、それをポツダム宣言第一二項とくらべ、かつ、八月一〇日の日本政府からの申入——いわゆる「国体護持」の条件(!)を附したもの——ともあわせて考えるとき、いっそう明瞭になるのではなかろうか。

かりに、八月一一日の回答が、私のいうような法律的意味を有するとしても、その効果——神勅主権主義的な天皇主権主義の否定と、国民主権主義の確立という——は、降伏とともに発生したのではなくて、日本国憲法の成立とともに発生したのではないか。こういう問題もありうる。

この点について、憲法草案審議の際、貴族院で、金森国務大臣は、私の質疑に答えて、「そういう効果が発生したとしても、それは、降伏とともに、発生したのではない。降伏によっては、日本国家は、そういう効果を実際にもたらすべく義務づけられたにすぎない。降伏によっては、いわば、債権的に、日本国家に義務が発生しただけである」という趣旨の意見をのべたが、それは、つまり、国民主権主義という原理は、日本国憲法によって、はじめて確立されたという見解である。

私は、しかし、もし八月一一日の回答の趣旨が、私の解するようなものであるとすれば、その法律的効果は、降伏とともに、いわば、「物権的」に、発生したと見るのが、正しいとおもう。天皇主権か、国民主権か、は政治体制の根本原理に関することである。前者の否定は、すなわち、後者の否定にほかならない。神勅主権主義的な天皇主権主義をやめて、これに反する国民主権主義の採用を約束するということそのことが、神勅主権主義的天皇主権主義の下では、絶対に許されないことである。その許されないことをあえてした以上は、神勅主権主義は、すでに、否定されたと見るのが、適当である。日本国憲法で、国民主権主義を言明することができたのは、すでに、その前に神勅主権主義的な天皇主権主義が否定されていたからであると考えなくてはならない以上、国民主権主義が、日本国憲法によって、はじめて確立されたと見ることは、どう考えても、適当でないとおもう。

*　　*　　*

河村判事の批判の第二点は、きわめてむずかしい問題である。それは、憲法改正権について、一定の内容的限界があるか、という問題(1)と関連する。

成文憲法の規定で、そのある種の規定の改正を禁ずる旨を定めることがある。たとえば、第三共和制以来のフランスの憲法が、特に共和制を憲法改正の対象とすることができない、と定めているのが、これである。この種の規定が、法律的に、どのような効力をもつかは、大問題であるが、河村判事は、さきに引かれた言葉のうちで、「フランス……のように、共和体制を憲法改正の対象とすることを得ずというに類するような明文でもあるのならば、兎も角、憲法がかかる明文を掲げてもいないのに、かかる理論(憲法のある規定をもって、憲法改正の対象となりえずとする理論――宮沢)を構成するのは、むしろ学者の自縄自縛ではなかったか」といい、その問題を、しばらく別としているから、ここでも、そういう特別の規定のない場合だけを、主として、問題にしよう。

私の見るところでは、すべての国法は、憲法的合法性ともいうべき基礎の上に立ち、その限界内においてのみ、合法的に動くことができる。その限界を超えては、動くことが――法律的にいうかぎり――許されない。この意味において、すべて憲法改正には、内容的な限界がある。たとえば、アメリカ合衆国の連邦憲法についていえば、国民主権主義は、その憲法的合法性に対するひとつの限界であると解されるから、そこで定められた憲法改正手続によっても、国民主権主義を否定して、君主主権主義を採用することは、法律的には、許されないと解すべきだろう。日本国憲法についていっても、そこで定められている憲法改正手続によって、たとえば、「人類普遍の原理」とされている民主主義の原理を否定し、神ながらの昔にかえることは、許されないと見るべきだろう。

河村判事は、かような憲法改正権に限界を与える憲法的合法性の存在を否定するのであるが、憲法改正手続を定めた規定の効力はみとめ、それによってなされたかどうかによって、合法的変更か、非合法的変更(革命)か、を区別するものの如くである。しかし、そこで憲法改正手続を定める規定そのものが、何にもとづいてその効力をもつかといえば、それは、ひとえに、憲法制定権によって作られたからである。それは、憲法制定権によって作られたから、その結果として、憲法制定権によって、自由に改正されることができる。そうとすれば、そこで定められる手続によってなされる憲法改正が効力をもちうるのは、それが、単に憲法の定める憲法改正手続の所産だからではなくて、それが、その手続をとおして、憲法制定権の所産であるからである。はたして、そうとすれば、その憲法制定権に立脚する憲法改正手続によって、その基礎であり、根柢である憲法制定権そのもののよってもって立っている根本の建前を変改し、あるいは否認するというようなことが、法律上——事実上は、もちろん、可能であり、場合によっては、それがのぞましいことすらあるだろう——許されないと解すべきことは、論理上、当然のことではないかとおもわれる。

もちろん、かように解することには、いろいろな困難がともなう。ことに、憲法改正権に対する内容的な限界は、具体的には、何か、ということになると、その決定は、きわめてむずかしい。しかし、そこに、なんらかの限界が存することをみとめないとすると、憲法改正という外形をとりさえすれば、その憲法の基礎となり、前提となっている建前をも、合法的に否定することができることになり、ありとあらゆる変更が、憲法改正という外形をとりさえすれば、可能だということになる。これは、結局、法律的意味における革命をまったく否認するか、または、少なくとも、それを合法手続という外形をもたなかった場合にかぎることであり、そういう立場に立てば、一九三三年のナチの革命も、「少くとも表面上合法的手段によって成し遂げられたが故に」(八頁)革命ではないといわざるを得ないだろうし、一九四〇年のフランスのヴィシイ政権の確立も、同じような理由で、革命ではないことになろうし、さらに、一九三三年に、ヒットラーが行った粛清行動も、その直後の法律でこれを合法とみとめた以上、合法な行動とみとめなくてはならないことになろう。

こうなってくると、問題は、革命という言葉の問題とも考えられるが、しかし、単に外見上合法な手続がとられたかどうかで、合法行動と非合法行動を区別するよりも、憲法のよって立つところの基礎原理に立脚する憲法改正と、その原理そのものを否定しようとする憲法改正とを区別することのほうが、理論的に意味があるのではなかろうか。その場合、憲法のよって立つところの基礎原理そのものを否定しようとする憲法改正を、「革命」と呼ぶかどうかは、言葉の問題であるが、憲法的合法性の限界を超えた変化を、それが合法の外見を有すると否とにかかわらず、法律学的意味において、革命と呼ぶことは、言葉の使い方として、かならずしも失当とは、いえないようにおもう。

河村判事は、この問題に関連して、国家の同一性の問題にふれる。もちろん、これら二つの問題は、たがいに別段の関連はない。ある国の統治体制について、ここにのべられたような意味の革命的変化が行われたとしても、それによって、かならずしも当然にその国家の同一性が害されるわけではない。私のように、八月革命の理論をとっても、それは、その前の日本国家と後の日本国家との同一性を、少しも、害するものではない。

河村判事は、なお、さきに一言したように、ここに引かれた論文において、明治憲法の改正手続を定めた第七三条が変更することのできない規定であるという清宮教授の理論にも、反対する(九頁)。私は、憲法改正手続を定めた規定は、絶対に改正することのできないものとはおもわないが、しかし、その改正についても、右に憲法改正についてのべられたような限界は、厳として存するのではないか、とおもっている。

(1) この問題については、清宮四郎「憲法改正作用」(『野村教授記念公法政治論集』)。同「憲法改正行為の限界」(『法律タイムズ』二二一号）一二頁以下。同「憲法の憲法」（『法学』一三巻六号）。私の考えも、これらの諸研究に負うところが多い。

『日本国憲法』コンメンタール　附録　一九五五年

憲法の正当性ということ

――憲法名分論――

一　問題

関西学院大学で開かれた一九五六年度秋の日本公法学会総会で、東京水産大学の相原教授が、「現行憲法の効力について」と題する報告を行った。論旨は、日本国憲法は、明治憲法の改正としては、許されない内容を有するものであり、したがって、効力を有しないと見るべきであり、その結果として、明治憲法が現在もなお引きつづき効力を有すると見るべきものであるというにあった。この考え方は、明治憲法復原論として主張される見解に属するものであり、それとして、じゅうぶん検討すべき問題であるが、ここでは、そのこと自体はしばらく別の問題としておく(私自身は、この見解には反対であり、日本国憲法の効力を否認することは、正当でないとおもう。私の『憲法』五版、四七頁以下、五九頁以下を見よ)。

相原教授は、右の報告において、「日本国憲法は明治憲法を不法に圧迫することによって、成立したものであるから、現在適法にその効力を有するとはみとめがたく、本来は、明治憲法が今なお引きつづき効力を有すると見るべきものである。よって、この際、公式に日本国憲法の効力を否認し、明治憲法が現在も効力を有することを確認することによって、名を正すべきである」という意味のことを主張した。ここに引かれた言葉は、同教授の報告の論旨を、私が理解したように、まとめたものであり、正確に同教授の言葉そのままではないが、その点は、ここでは問題にする必要がない。私がここで問題にしたいのは、相原教授がそこで使った「名を正す」という表現である。

「名を正す」という表現は、今までいろいろなちがった意味に使われた例があるようであるが、相原教授が、日本国憲法の効力に関して、この表現を使ったのは、およそ次のような趣旨だったと考えられる。

日本の憲法には、日本の憲法として絶対に欠くことのできない基本原理がある。この原理に立脚する憲法だけが、日本の正当な憲法である。そして、この原理が、いわば、日本の憲法の「名」であり、「名分」である。日本の憲法の「名を正す」とは、この原理に立脚しない憲法が実際において日本の憲法としてまかり通っている場合に、その憲法を改めてこの原理に立脚させること、あるいは、それと同じことであるが、この原理に立脚していないで実際においてまかり通っている憲法を廃棄して、これに代えてこの原理に立脚する憲法の権威を回復することにほかならない。

それでは、いったい憲法の「名」とは何であるか。日本の憲法の「名」とは、どんなものか。そもそも憲法について、客観的に妥当する「名」というものが、あるのか。

これは、実は、人の知るように、法哲学の根本問題のひとつであり、ここで簡単に扱うに適しない問題と考えられるが、現在争われている憲法改正問題とも関連する時の問題でもあるから、公法学会における右の相原教授の報告を機縁として、この点についての私の考えを一応のべてみることにしたい(相原教授の報告は、一九五七年五月発行の『公法研究』第一六号にのっている)。

二　日本の憲法の「名」とは

ここで憲法の「名」と呼ばれるものが、その憲法の立脚するいちばん基本的な原理を指すことは、疑いない。それでは、日本の憲法にとって、どのような基本原理がその「名」であるのか。

ここにいう「名」は、正しいもの、正当なものという意味を、概念必然的にそのうちに含んでいる。あるいは、「名」は、正しさ、正当性の根拠たることをその本質とするといってもいいだろう。憲法は「名」を有することによって正当な憲法となり、「名」を失うことによって、不正当な憲法となる。憲法の「名を正す」とは、したがって、不正当な憲法を正当な憲法に改めることであり、悪い憲法を善い憲法に直すことである。

相原教授は、日本国憲法を廃棄して、明治憲法を回復することが、日本の憲法の「名を正す」ことだと見ているようであるから、同教授のいう日本の憲法の「名」とは、明治憲法の基本原理にほかならないと解していいだろう。おそらく、明治憲法を基礎づけていた天皇主権ないし神勅主権の原理――いわゆる「国体」――が、教授のいう「名」の核心をなすものと推測される。

この立場からいえば、日本の憲法は、その「名」、すなわち、「国体」の原理に立脚することによってはじめて正当性をもつことができるのであり、国体を失えば、当然に、正当性を失ってしまうことになる。

この考えによれば、今の日本国憲法が、日本の憲法として正当性をもつものでないことは、明白である。日本国憲法は、いうまでもなく、天皇主権ないし神勅主権をみとめず、反対に、真向からこれを否定する。もし右にのべられたような意味の「国体」が日本の憲法の「名」だとすれば、日本国憲法は、そういう「名」をもたない憲法、というよりは、むしろそういう「名」をはっきりと否定する憲法であるから、そういう「名」をみとめる立場からいえば、日本国憲法は、うたがいもなく、正当性を欠く憲法だということになる。その立場に立つ人たちが、日本国憲法を廃棄し、「国体」を回復することによって、日本の憲法の正当性をかち得ることを主張するのは、きわめて当然である。相原教授がその立場に立つ一人として、明治憲法の「復原」を唱え、それによって、日本の憲法の「名を正す」べきだと主張することは、じゅうぶん理解できる。

三　日本の憲法の「名」の根拠は

日本の憲法の「名」に関するかような見解――それは、明治憲法時代には、きわめて有力であったし、今日もなお少数の論者によって主張されている――に対しては、当然に、次のような疑問が提出される。

天皇主権の原理が日本の憲法の「名」だという主張には、いったいどのような根拠があるのか。天皇主権が日本の憲法にとって望ましいと思う人は多いかもしれないが、そうは思わない人も、決して少なくはない。天皇制を真正面から否定する共産党の主張は、しばらく別としても、天皇主権を否定する日本国憲法を支持する人は、憲法擁護国民連合の例をもち出すまでもなく、きわめて多い。これらの憲法改正反対論者たちは、天皇主権というような「名」を全然みとめず、むしろ反対に、天皇主権を否定する原理としての国民主権をもって日本の憲法の「名」と見ようとしている。こういう事情の下で、天皇主権こそが日本の憲法の「名」だと断ずる根拠は、どこにあるのか。

論者は、そうした根拠として、おそらく「歴史」とか、「伝統」とかをもち出すにちがいない。しかし、第一に、はたして、明治憲法時代の歴史家が教えたように、天皇主権が、日本の歴史の全体を通じて、終始変らない憲法の基本原理であったといえるかどうかが、かなり疑わしいのみならず、第二に、かりに天皇主権が日本の歴史の全体を通じて憲法の基本原理であったことが歴史学的に証明されたとしても、だからといって、天皇主権が日本の憲法の「名」であり、その正当性の根拠だと論結することは、「事実の問題」をいきなり「権利の問題」にすりかえてしまうことではないか。

日本の歴史では、北朝の天皇の権威を否定して南朝の天皇の権威を承認することが、「名を正す」ことだとされた。徳川幕府の権威を否認して天皇の権威を回復することも、「名を正す」ことだと説かれた。その結果、足利尊氏は、悪玉の代表者とされ、楠正成は、善玉の代表者とされた。また、「幕府的」という形容詞は「名」を欠くことを意味するとされた。そして、その立場から、たとえば、一八八二年(明治一五年)の軍人に対する勅諭に見られるように、頼朝以来「およそ七百年のあいだ武家の政治」となったことは、「あさましき次第」であり、「失体」だったという価値判断がうまれた。

しかし、かような価値判断に対しては、つねにそれとはちがった価値判断が存在したという事実を無視することは許されない。「武士どもの棟梁」として幕府政治をはじめた頼朝は、彼の統治工作を決して「あさましき次第」とも「失体」とも評価しなかったにちがいないし、足利尊氏にいわせれば、楠正成こそ逆賊だったかもしれない。すべての日本人が承認しているかに見える現在の天皇の地位についてすら、現に熊沢天皇のような有力な(?)pretender が出ているではないか。

そこで、日本の歴史をいちばん始め(?)までさかのぼって、天孫降臨の神勅に日本の憲法の「名」の根拠を求めることが、しばしばなされる。その神勅によって、「天壌とともにきわまりない」日本の統治体制の「名」が確立されたというのである。しかし、かりに記紀の記録が信頼できるとしたところで、神勅というものは、せいぜい天孫軍の奉ずる「名」を根拠づけるものにほかならず、天孫軍の武力によって「討ち平らげ」られた「中国のまつろわぬものども」は、絶対にその「名」を承認しなかったにちがいない。天孫軍司令官の祖先の意志だというだけの理由で、客観的な妥当性を主張することは、むずかしい。

四　「名」と「名」との戦い

こう考えてくると、ただひとつの「名」があるのではない、と論結せざるを得ないようである。世界をひろく見わたすまでもない。せまい日本の歴史を見ただけでも、そこにただひとつの「名」しかないのではなく、そこには、無数のちがった「名」があり、それらがたがいにヘゲモニィを争っていることがわかる。人間の歴史は、それらの多くの「名」と「名」との対立抗争の歴史であり、また、いろいろな「名」の興亡の歴史である。

目を今日の国際社会に転じても、同じような現象が見られる。近いところで、例をあげれば、台湾の問題がある。国民党の中華民国政権は、もちろん台湾は、彼らの領土であるのが正当だと考えている。台湾は現在彼らがこれを支配しているから彼らの領土であるのではなく、彼らが現在それを支配していると否とにかかわりなく、本来(!)彼らの領土であるのが「名」の要請するところだと主張する。ところが、中華人民共和国政権は、現在台湾は彼らの支配の外にあるが、台湾は本来(!)彼らの支配に属するのが「名」の要請するところだと主張し、やがては台湾を「解放」すると、くり返し言明している。いったいどちらの主張する「名」が中国の憲法の「名」として正しいのか。これを客観的に判定する基準は見あたらない。そこにあるものは、「名」と「名」との戦いであり、そのいずれが勝つことが正当であるかを、主観的な政治上の主張や、希望としてではなく、客観的にきめることはとうていできそうもない。「歴史」や「伝統」によって客観的な根拠を与えられたように見える「名」があちこちにあるといわれる。しかし、よくしらべてみると、それらは、いずれも、実は「名」と「名」との戦いにおいて、勝を占め、そこでの勝利者としての地位を比較的長い期間にわたって維持しつづけることに成功した「名」であるにすぎない。

こう考えてくると、天皇主権をもって日本の憲法の「名」だとする見解は、要するに、天皇主権が日本の憲法の原理として望ましいというひとつの政治上の主張にすぎず、それ以上になんらの客観的妥当性をもつものでないことが明らかになる。その見解は、日本の憲法の原理として国民主権が望ましいという見解と、まったく同じ権利をもって対立する。その一方が「名」または「正名」であり、他が「非名」または「反名」だということはない。そのどちらを勝たせることが「名を正す」ことになるかを、客観的に判定することはできない。かりにその一方が勝ったとしても、——現在までのところ、国民主権論のほうが勝っているようだが、——だからといって、勝ったほうがホンモノの「名」であり、負けたほうがニセモノの「名」だと判断すべき根拠はどこにもない。

相原教授が日本国憲法の効力を否認し、明治憲法の「復原」を主張するのは、たしかにひとつの意見である。しかし、そうした「復原」に反対するのも、同じようにひとつの意見である。かりに明治憲法の「復原」が実行されたとしたところで、それは、「復原」論が勝を占めたというだけの話で、それによって別に日本の憲法の「名」が正されたわけではない。日本国憲法の効力を否認する見解が日本の憲法の「名」に適合しており、それに反対する見解がそうした「名」に背くと断定すべき根拠はどこにもない。それらの二つの見解は、まったく同等の権利をもって、日本の憲法の「名」を援用することができるのである。

五　憲法の「名」はないか

以上において、私は、日本国憲法の効力を否認し、明治憲法の復原を主張する見解だけが、日本の憲法の「名」に適合し、それとちがう見解は、日本の憲法の「名」に背くとする考えを批判し、日本国憲法こそ日本の憲法の「名」に適合するという見解も、それとまったく同じ権利をもって、自らを主張することができると説明した。

このような私の説明は、結局において、憲法について客観的に妥当する「名」——それに従う者は確実に官軍であり、それに背く者は確実に「賊軍」である、——というものの存在を否定することを余儀なくするもののようであるが、はたしてそうであるのか。

私は、従来主張されたような「名分論」に関するかぎりは、相原教授の主張をも含めて、客観的に妥当する憲法の「名」の存在は、否定すべきものだと信ずる。しかし、憲法に関して客観的に妥当する「名」というものが全然考えられないかといえば、決してそうではないとおもう。

私の見るところによれば、憲法の「名」というものは、やはり考えられる。憲法がそれに適合しているかぎり、正当な憲法であり、それに背くと不正当な憲法になるという「名」、いわば憲法の正邪曲直を判定する基準になる「名」は、決してないわけではない。

そういう「名」は、しかし、単なる「歴史」や「伝統」からも、また、もちろん単なる「力」からもうまれては来ない。エチオピアの王室は、今までのところ万世一系で世界の王室のうちでいちばん古いということであるが、だからといって、それだけの理由で、エチオピアの王室に何か特別の価値がみとめられるべきだとはいえない。エジプトでは、古い王朝がたおれて、共和制に変ったが、だからといって、エジプトの憲法が正当なものから不正当なものになったと断ずるわけにはいかない。また、ハンガリーの革命政権がソ連の「力」によってつぶされたからといって、それだけの理由で革命政権が不正当なものであったとはいえない。

それでは、憲法の「名」というものがあるとして、それはいったいどこからうまれるのであるか。そもそも何を根拠として、われわれは、客観的に妥当する「名」を見出すことができるのか。

六 「名」の根拠としての宗教

かような「名」の根拠として、まず援用されるのは宗教である。

ここでは、信仰の対象とされる宗教上の「権威」が何が憲法の「名」であるかをきめてくれる。この場合でも、その「権威」が個人の「良心」というようなものであると、何が「名」であるかがきわめて個人的・主観的にきめられる恐れがあるが、「教会」というような客観的な「権威」がみとめられる場合は、何が「名」であるかは、かなり普遍的・客観的にきめられることができると考えられる。

しかし、いうまでもないことであるが、かような「客観性」には、その本質に伴う限界がある。それは、宗教的信仰に根拠づけられる以上、同じ信仰をもつ人たちの範囲の外にはおよぶことができない。キリスト教徒の「名」と回教徒の「名」とはちがうことがあり、その場合どちらが本ものであるかを決すべき客観的な基準は、ありえない。宗教的「権威」のきめる「名」の客観性は、信ずる者に対してのみ妥当するのであり、信じない者またはちがう神を信ずる者にとっては、なんらの妥当力をもたない。

宗教を根拠として、客観的に妥当する「名」を見出そうとする試みは、この世界に、多くのちがう神々と、それに応じて、いろいろなちがう信者のグループが――そのおのおのが自分の信仰の絶対的真理性を主張しつつ――ならび存しているという事実だけから見ても、成功できないことは、明白である。

七 「名」の根拠としての「うまれ」

ここにいう憲法の「名」の問題は、ヨーロッパ語でいえば Legitimität の問題である。

西洋諸国の歴史では、憲法体制の Legitimität の根拠は、しばしばその「うまれ」にあるとされた。フランスで、ブルボン家に「うまれ」た者が、その王位に対する légitime な権利者だと主張されたのは、その例である。Legitimität, légitimité が「正統性」と訳されるのも、そのためであろう。

同じフランスで、近くは、ヴィシイ政権について、それは、形式の上では第三共和制憲法の改正にもとづくものであったが、フランス国民の意志には反して、ナチ・ドイツの武力によっておしつけられたものであるという理由で、それは légal とはいえても、légitime とはいえない、と説明された。ここでの「正統性」も同じ意味である。

結婚していない男女のあいだにうまれた子は enfant légitime(嫡出子)ではないとされるのも、同じ気持にもとづくのであろう。

相原教授が、日本国憲法が「名」を欠くというのも、日本国憲法がその「うまれ」にもとづいて「正統」でない、というにあるのであり、その意味で、その「名」はまさしくここにいう Legitimität にあたる。

憲法の「名」が「うまれ」にもとづくとする見解については、さきに、憲法の「名」が「歴史」と「伝統」によって根拠づけられるとする見解についてなされた批判がそのままあてはまるから、ここでは、くり返さない。かつて、上杉慎吉博士は、国家は、その「うまれ」によって、その価値の高低がきまるといい、自由の理想をかかげてイギリスから独立したアメリカ合衆国の価値は高く、武力による征服などによって成立した国家の価値は低いとのべた。この理論によると、もし神武天皇の東征なるものが武力による征服だったとすると、日本の国家としての価値が低くなりそうで心配であるが、それはともかく、かような標準でアメリカ合衆国の国家としての価値を、ほかの国にくらべて高いと判定することに客観的根拠を見出すことは、むずかしい。

個々の人間の価値を、その「うまれ」や、「毛なみ」によって判定することに理由がないことは、今日一般に承認されている。国家について、また、その憲法について、その「うまれ」を根拠として、その「名」をきめることも、同じように、理由を欠くというべきだろう。

八　「名」の根拠としての「はたらき」

憲法の「名」の根拠は、その「うまれ」にではなく、その「はたらき」に求めなくてはならない。憲法がどう「うまれ」たか、ではなくて、それがどんな「はたらき」をするか、によって、それが「名」に適合するかどうかが決定されなくてはならない。これが、この問題に関する私の考えの根本である。

では、憲法のどのような「はたらき」が、その「名」に適合するとされるか。

この問題を考えるには、どうしても、人間の社会の目的は何か、人生の意味は何か、という世界観・人生観から出発しなくてはならない。しかも、さきにのべたような理由により、宗教的信仰を援用することなしに、考えをすすめなくてはならない。

人間の社会の目的というものがあるとすれば、——もしそれがないということになれば、「名」だの「正当性」だのという問題は、はじめから成り立ちえない——それは、人間の幸福ということをはなれては、考えられない。

人間の幸福とは、何か。これは、古来すべての哲人が問題としたところであり、今なおお解決されたとはいえない問題であるが、人間の幸福の最小限度が、人間の「自由」と、そして、それの実質的裏づけとしての人間としての「生存」にあることは、否定できないとおもう。人間としての「生存」は、「人間に値いする生存」といってもいいし、「健康で文化的な最低限度の生活」といってもいい。人はパンだけで生きるものではない。すなわち、「自由」は、人間の幸福にとって、欠くことができない。しかし、パンがなくては、人間は生きていかれない。すなわち、最小限度のパンもまた人間の幸福にとって、欠くことができない。

人間の社会の目的がかようなものであるとすれば、すべての人間に対して最小限度の幸福を保障すること、すなわち、国民の一人一人に対して、「自由」と「人間に値いする生存」とを保障することが、国家の基本法としての憲法の「名」だといえるのではないか。

こう考えることが許されるとすれば、国民の一人一人に対して、かような意味の最小限度の幸福を保障する「はたらき」をもつ憲法は、「名」に適合する憲法であり、正当性をもった憲法である。これに反して、そういう「はたらき」をもたない憲法は、「名」に背く憲法であり、正当性を欠く憲法である。この意味において、功利哲学者の言葉を借りて、「最大多数の最大幸福」を保障する憲法がもっとも「名」に適合する憲法だということもできよう。

こう考えると、憲法の「名を正す」とは、憲法の「うまれ」の権威(?)を回復することでもなければ、祖先の名誉を高める(?)ことでもなく、すべての国民に対して、「自由」と「生存」とを保障する理想にむかって、憲法を一歩でも前進させることを意味するにほかならない。

九　「自由」と「生存」

ここで説明された憲法の「名」は、従来「自然法」とか、「理性法」とか呼ばれたものと、共通な本質を有する。あるいは、ラートブルッフにしたがって「法律を超えた法」(übergesetzliches Recht)と呼ぶこともできよう。

そのラートブルッフが、「法律を超えた法」について、次のようにのべているのは、特に興味がふかい。

「すべての法的規定よりも強く、それに反する法律は、効力をもたない、というような法的基本原理がある。この原理は、自然法または理性法と呼ばれる。たしかに、それは、ひとつひとつとってみると、多くの疑問にとりかこまれている。しかし、数世紀にわたる努力は、確固たる内容を作りあげ、もろもろのいわゆる権利宣言の中に、非常にひろい範囲の一致をもって集めてあるので、それらの多くに関しては、ただ疑おうと欲する者のみが疑いを提出することができるのである」。(Radbruch, Fünf Minuten Rechtsphilosophie, 1945)

ラートブルッフは、こう考えて、ナチ政権の制定した極度に非人道的な法律に対して、法としての効力を否認した。これは、つまり、彼が、それらの法律をもって「名」を欠くものとしたことを意味するといえよう。

私は、人間社会の目的が人間の幸福にあるとし、最小限度の幸福の内容として「自由」と「生存」とをあげた。ラートブルッフの援用する近代諸国の権利宣言に共通にみとめられている大原理は、すなわち、かような「自由」と「生存」との保障を高らかに宣言したものにほかならない。私のいう憲法の「名」の具体的な内容は、したがって、近代諸国の権利宣言、とりわけその集大成としての世界人権宣言（一九四八年）にもっともよく表現されているということができよう。

憲法の「名」というものは、決してないわけではない。憲法の「名を正す」ということも、ありうる。しかし、憲法の「名」は、「うまれ」や「歴史」や「伝統」によって、決定されるのではなく、ひとえにその「はたらき」によって、すなわち、国民の一人一人に「自由」と「生存」とを保障するという「はたらき」をもつかどうかによって決定されるのである。

『ジュリスト』一二一　一九五七年

憲法改正について

憲法改正がやかましい問題になっている。明治憲法時代にくらべると、たいへんなちがいである。

明治憲法は、欽定憲法だというので、通常の法令よりもいっそう天皇と密接な関係があるものと考えられた。そのため、天皇の神聖不可侵性が、いくぶん憲法にも乗りうつっているかのように考えられ、憲法というと、粛然襟を正さなくてはいけないような気分が、なんということなしに、人々の頭を支配していた。軽々しく憲法改正を口にするが如きは、もってのほかだとされていた。

当時、貴族院改革の問題であったかとおもう。甲という人がその具体案を主張したところ、他の人乙がこれを批判して、そこまで改革しようとすれば、どうしても憲法にふれてくるではないか、と反問した。そこで、甲は、それなら憲法を改正すべきだ、と答えた。……別にめずらしくもない議論だが、これについて、上杉慎吉博士は、大いにふんがいしていったものである。「憲法にふれるなら憲法を改正したらいいではないか、とは、なんという軽率不謹慎なことばだろう。憲法は、明治天皇の賜わった不磨の大典である。軽々しく改正を云々すべきでない」。

その上に、そこでは憲法改正の発案権は、天皇の手に留保され、議員はこれを発案できなかった。また、一般国民が憲法改正の請願をすることも許されなかった。わずかに議会各院が憲法改正の上奏をすることだけが許されていたにすぎない。

これを思うと、今は変わったものである。憲法を改正するかしないかは、天皇とはなんの関係もない。憲法は、われわれ国民の意志ひとつできまるものである。その改正は、どこまでもわれわれ国民の仕事である。憲法改正を論ずることそれ自体に少しもわるいことはない。

この点で少しおかしいとおもうのは、国会で憲法の問題が出るたびに、議員は、しきりに政府に対して憲法改正の意志があるかどうかと尋ね、政府はこれに対して、目下のところその意志はないなどと答えていることである。憲法改正は、なによりも国民の仕事であり、したがってまた、国民の代表者としての国会の仕事である。憲法改正案を国会に提案するのも、議員であるのが原則である。むしろ、内閣がその場合に改正案を提出できるかどうかは、憲法の解釈としても、問題であり、それを否定する解釈もあるくらいである。私自身は、それを肯定したいと考えているが、かりに、私の解するように、憲法改正については、内閣も発案権をもつとしても、それを決定するのは、ほかの言葉でいえば、その成立を有効に妨げることのできるのは、どこまでも国会であって、内閣ではない。決定権をもつ国会の議員が、せいぜい発案権をもつにすぎない内閣にむかって、憲法改正をする気があるかないか、と聞くのはおかしい。そういう質問は、むしろ内閣から国会の議員にむかって為すべきものであろう。

＊　＊　＊

この際日本国憲法の改正を行うことが得策かどうかについては、一長一短容易には断定しがたい。ただ現在の日本国憲法が、マッカーサーの指示にもとづいてできたマッカーサー憲法だという理由で、独立回復後の今日すぐにそれを改正すべきだとの意見は、かならずしも妥当とは考えられない。過去数年の占領下にあっては、日本は独立国でなかったから、憲法制定をはじめ、法令の制定、公務員の任免、そのほか日本の統治に関する行動の何ひとつとして、連合国最高司令官の意志に反することはできなかった。これは、当時としては、当然のことであった。もし、日本が独立国としてでなく作った法令や、行った改革は、独立回復の後は、全部これをやり直さなくてはならないというならば、憲法はじめ戦後に行われたいろいろな改革はすべてとりやめて、「朕惟フニ」のむかしにひとまず返さなくてはならないことになるが、それが健全な常識に反することは、あまりに明瞭であろう。

憲法を改正すべきか否かを考えるにあたっては、それが現在および将来の日本にとって有利か不利か、だけを標準として、決すべきである。その内容が現在および将来の日本にとってのぞましいものであるならば、その規定が連合国最高司令官から指示されたものであるかどうかにかかわらず、われわれは、どこまでもそれを維持すべきである。これに反して、それが現在および将来の日本にとってのぞましからぬものであるならば、その規定がかならずしも最高司令官から強要されたものでないとしても、われわれはどしどしそれを改正すべきである。

ところで、何が現在および将来の日本人にとって有利か不利か、という問題もなかなか複雑であるが、ただ、われわれの現在および将来の政治の基本原理で民主主義でなくてはならないことについては、おそらくだれにも異論はあるまいから、何が現在および将来の日本人にとって有利か不利かということは、何が日本の民主主義の健全な生長のために役立つかどうかといいかえてもいいだろう。つまり、われわれが憲法改正を考えるにあたっては、その改正が日本の民主主義の健全な生長のために役立つかどうかだけを標準にして、その可否をきめるべきだというわけである。

こういう立場から考えると、すなわち、日本の民主主義の健全な生長のために役立つかどうかだけを標準として考えると、現在日本国憲法を改正することには、プラスと見られる面があると同時に、マイナスと見られる面もあるとおもわれる。

プラスと考えられる面としては、ほかにももちろん数多くあろうが、そのひとつとして、国民がそれによってはじめて実際に憲法の問題に関して発言する機会をもつことがあげられよう。日本国憲法は、しばしば民定憲法だといわれる。そして、その前文には、「日本国民は、正当に選挙された国会における代表者を通じて行動し、……この憲法を確定する」とある。しかし、日本国民は、実際においてこの憲法の成立に参加したという意識をもっていない。なるほど、この憲法草案がはじめて内閣草案として一九四六年三月六日に発表されたあとで行われた同年四月一〇日の衆議院議員総選挙で、その憲法草案がひとつの論点であったことは事実であり、したがって、国民はこの総選挙を通じて憲法の制定に参加したといえないことはない。しかし、その「帝国憲法改正草案」は、明治憲法七三条により、帝国議会で議決されており、帝国議会の意志は、衆議院だけではなく、衆議院と貴族院との一致によって決定されるとされた。さらに、その改正草案は、帝国議会の議決を経たのちに天皇の裁可によって成立したとされるから、衆議院が国民の代表者としてこれを制定したとは、いいにくい。

こういう事情だから、いまもし憲法改正が行われ、国民投票が行われるとすれば、日本国民はここではじめて憲法について直接に、かつ現実に発言する機会を与えられることになる。国民投票で具体的な憲法改正について一票を投じた国民は、ここではじめて自分たちが憲法の制定に参加した、あるいはむしろ、自分たちが憲法をこしらえた、という自覚をもつであろう。日本国憲法は、ここではじめてどうやら民定憲法の実質を身につけることができるだろう。

憲法改正は、かように、日本国民にはじめて憲法について直接に発言する機会を与え、それによって日本国憲法に民定憲法の実質を与える点において、日本の民主主義の正しい生長のためにプラスになると考えることができる。

憲法改正は、しかしながら、これと同時に、日本の民主主義のためにマイナスになる恐れもないではない。

日本国憲法は、人の知るように、マッカーサー司令部から示されたマッカーサー案にもとづくものであり、したがって、そこで定められる民主主義は、かならずしも日本国民の意欲にもとづいて定められたものではなく、いわば連合国最高司令官によって指示されたものである。ところで、民主主義というものは、国民の一人一人によってしっかりと自覚され、要望され、そして戦いとられてこそ、じゅうぶんに育つことのできるものであり、そうした自覚や、要望をまたずに、他から与えられたり、配給されたり、あるいはまたおしつけられたりしたのでは、とうていその根を地下深くおろすことができない。日本国憲法の定める民主主義も、この意味で、その根はきわめて浅い。その成立後すでに五年あまりたつが、社会生活の表面はともかく、その内実は、まだまだ民主主義に徹しているとは、いえない。その際に、憲法改正を行い、民主主義の根柢をゆすぶることには、いろいろ危険がないわけではない。数年間の実行によって少しずつ根を日本の社会の中におろしつつある、といえる民主主義を、もう少し今のまま生長させておくほうが、その健康な発達のために必要ではないか。

こういう考えから、現在の段階において憲法の改正に着手することはなるべく避けるのが賢明だという見解が生まれてくる。

もちろん、この考えに対しては、さらに次のような批判が成り立つ。日本の民主主義の根が浅いからといってそっといたわっておいたのでは、いつまでたっても、その根は強くなりっこない。ほんとうにそれを強くそだてあげるには、いたずらにこれを温室の中に入れておかず、外の風に当てるべきである。外の風に当ってすぐたおれてしまうような民主主義ならば、それはそもそも生命力をもたないのだから、たおれてもしかたがない。……

かように、一般に現在日本国憲法を改正することに対しては、プラスと見られる面もあり、マイナスと見られる面もある。それらのいろいろの面を比較検討した上で、結局プラスの面が多いと主張する人と、マイナスの面が多いと主張する人とが出てくるわけである。

これは、一般的に、憲法改正を問題とする場合であるが、さらに憲法の特定の規定——たとえば、第九条——を改正するということになると、その点について特殊なプラスの面またはマイナスの面が考えられるだろう。憲法改正がいいかわるいかは、それらの一般および特殊のあらゆるプラス・マイナスの各面をじゅうぶんにくらべて見た上で、判断しなくてはならない。

かような方法で判断した結果、憲法改正すべしという結論が出るか、それとも憲法改正すべからずという結論が出るかは、各人の政治観によって当然にちがってくるだろう。

＊　＊　＊

憲法改正の手続はもちろん日本国憲法の明文できまっているが、それを実施するにあたっての細則は、今までのところ、きまっていない。

新聞によると、選挙制度調査会は、一九五二年五月に内閣からこの点に関する諮問を受け、これに対する答申として、同じ年の一二月に、日本国憲法の改正に関する国民投票制度要綱を内閣に提出したという。この答申にもとづくかどうかは別として、そこに定められているような国民投票に関する規定や、それに関連して国会各議院における憲法改正案発案に関する規定などが整備されることが、憲法改正を実行する前提として、どうしても必要である。

選挙制度調査会の答申として新聞に伝えられるところ（一九五二年一二月三日『読売新聞』）は、だいたいにおいて妥当と考えられる。

右の答申は、第一に、「国会が日本国憲法の改正を発議提案したときは、国会は同時に特別の国民投票に付するか、またはいずれの選挙の際投票に付するかを決定しなければならない」とする。これはしごく当然である。但し、あまり時期がおくれるのは困るから、「国民投票は、国会において日本国憲法の改正を発議提案した日から三十五日後九十日以内に行わなければならない」としている。

この点に関連して、答申は、「付帯事項」として、「日本国憲法の改正に関する国会の発議および提案について、速やかに国会法その他において議事手続その他の規定を整備されたい」とのべている。この点に関しても、いろいろ問題はあろう。大西邦敏教授は、特に教授の専攻される比較憲法学的な観点からの研究にもとづき、「ことの重要性から考えても、一人の議員に憲法改正の議案の発議権を与えている現行の国会法には疑懼の感を禁じ得ない」とされ、憲法改正の議案を議員が発議する場合には、議員の何分の一以上の賛成を必要とするという趣旨の規定を国会法に設けるべきだと主張される(同教授「憲法改正の発案権の所在」一九五二年一二月八日『読売新聞』)。注目されるべき見解として、ここに指摘しておきたい。

答申は次に「投票は、賛成、反対の両欄を設け、そのいずれを採るかを記号によって表示させる記号式とするものとする」と定める。これもきわめて妥当と考えられる。賛成か、反対かの一方だけを表示させて、別段の表示のない投票は、反対または賛成とみなすというやり方は、この場合は適当でなかろう。(最高裁判所裁判官の国民審査の場合には、この答申の主張するやり方とちがったやり方が採用されているが、それは、そこでの国民審査は、憲法改正の場合の国民投票とはちがった性格をもつとされるからである。)

この点に関連する重大な問題は、国民は、そこで改正が提案されているすべての条項について一括して賛成か反対かを表示することを求められるのか、それともその個々の条項についてそれぞれ別に賛成か反対かを表示することを求められるのか、である。答申は、この点にふれていない。おそらく、それは、国民投票法ではなくて、国会法の中で定められるべきものと考えているのであろう。

同時に多くの条項の改正が発議されるとしても、それらの各種の改正が、相互に不可分の関係にあるものでなく、それぞれ別に成立することができる場合は、それらを一括してその賛否を問うことは無用であり、かつ無意味である。そういう場合には、一個の改正案ではなくて、数個の改正案が発議されたと見るべきであるから、国民は、そのおのおのに対して、それぞれ別個に賛成または反対を表示できるものとしなくてはならない。しかし、かりに改正が数個の条項におよんでいたとしても、それらが相互に不可分の関係にあり、その一が成立して他が成立しないということが不可能である場合は、それらについては、国民が一括して賛成または反対を表示すべきことは、当然である。

要するに、各条項にまたがる改正の提案が、相互の不可分の関係にあるかどうかによって、一括して、または別個に、国民の賛否の表示を求めることにするのが当然であろう。

国民投票の結果については、出訴が許されるか。右の答申は、出訴は許されるものとし、その訴訟については、「投票の結果に異動を及ぼす恐れがある場合に限り、投票の全部または一部の無効を判決しなければならない」とする。それはいいとして、その場合、憲法改正の効力の発生は妨げられるのか。答申は、改正の効力の発生は妨げられないものとし、「訴訟の結果、再投票を行う場合においても、その結果が確定するまでは、従前の投票の結果に基く日本国憲法の改正規定の施行に影響を及ぼさないものとする」としている。

この点については、しかし、問題は多いとおもう。右の答申が訴訟の結果「再投票」を行う場合だけをあげているのは、はたしてどうだろう。たとえば、投票の計算がちがっていた場合の如きは、訴訟の結果、その計算のまちがいが是正されれば、それに応じて投票の結果が当然に是正されるのであり、もはや再投票の問題は生じないのではないか。さらにまた、訴訟の結果によっては、投票の結果成立したと考えられる憲法改正が結局不成立におわる可能性をみとめつつも、一般の行政処分の例にならい、……というよりは、その場合よりはもっと厳格に、訴訟の提起が憲法改正の効力の発生を妨げないという原則をみとめることが、はたしてこの場合も妥当であるかどうか。憲法改正がひとたび効力を発したその後において、訴訟の判決の結果、その状態が否定される場合が生ずることをみとめる必要がはたしてあるのかどうか。……大いに検討を要する問題だとおもう。

憲法改正を行うことが現在のぞましいかどうかは別として、その手続を成文法的に整備することを慎重に検討することは、じゅうぶん理由のあることである。

『自治研究』二九巻一号　一九五三年

あとがき

東京大学の小林直樹教授と芦部信喜教授が、今までに学会の雑誌そのほかに発表されたわたしの論文をいくつかの単行本の形にまとめるというたいへんな手数をとって下さり、その上に、岩波書店と有斐閣とから、それらの出版を引き受けるとの好意を示された。この本は、そういう友情にめぐまれて世に出る幸運をもったわたしの作品集である。

同じようなわたしの作品集は、このほかに、それぞれ『憲法の思想』『憲法と政治制度』および『日本憲政史の研究』という題の下に、つづいて岩波書店から出ることになっているし、また、別に、有斐閣からも、『憲法と裁判』『公法の原理』および『法律学における学説』という題の下に、公刊される予定である。

これらの編集については、いっさい小林・芦部両教授および岩波書店ならびに有斐閣の編集部のお世話になった。皆さんのご好意に対しては、著者として、ただ感謝のほかはない。

ここにおさめられた作品のうち、約半数は、戦前に発表されたものであり、その残りは、戦後に発表されたものである。各論文のおわりに、それがはじめて発表された年号を記しておいたので、とりわけ戦前のものについては、その発表の時点との関連において、読んでいただければしあわせである。たとえば、戦前のものの中で、日本の憲法が引かれている場合は、明治憲法を意味すると了解するというぐあいに。

文章は、戦前のものについては、新かなづかいに直し、できるだけ当用漢字を使うことにしたほかは、すべて発表当時のままである。なにぶんにも、「硬性憲法の変遷」(一九二四年)のような古い作品もあることであり、戦前の文語調のスタイルが現代の表記方式と調和を欠くこともあろうし、また、発表の方法などの違いの結果として、体裁が統一を欠くこともあろうが、ご諒承をおねがいする。

わたしが、憲法学の研究に興味をもちはじめた頃は、講義そのほかの機会を通じて、第一世界戦争前のドイツの憲法理論が非常な権威をもつものとして教えられたものであった。そのときに、それらのドイツ型憲法理論の権威に対して疑いをもつべきことをはじめてわたしに教えてくれたのは、ジョゼフ・バルテルミの『現代ドイツの政治制度』(Joseph Barthélemy, Les Institutions politiques de l'Allemagne contemporaine, 1915)であった。この小型の本は、当時のドイツの憲法における「外見《アパランス》」と「現実《レアリテ》」との矛盾をするどく指摘し、憲法理論がそこで演じた役割を究明している。わたしは、これによって、憲法理論とか憲法学説とかいわれるものの営む政治的な機能という問題につよく注意を引かれ、その後、たえずその方向の研究をまとめようと心がけてきた。

この計画は、残念ながら、今日までのところ、実を結ぶに至っていないが、この本におさめられてある「国民代表の概念」と「ドイツ型予算理論の一側面」とは、そういう問題意識の上に書かれたものであり、いわば、未完成に終った作品の断片ともいうべきものである。なお、「独裁制理論の民主的扮装」(一九三四年)や、「固有事務と委任事務の理論』（一九四三年）も、同じ性格をもっている。（前者は、岩波書店の『憲法の思想』に、後者は、有斐閣の『公法の原理』におさめられる。）

「国民主権と天皇制」は、終戦後まもない頃、国民主権と天皇主権との関係について、尾高朝雄教授とのあいだにかわされた論争のために書かれた二つの論文から成る。それらは、その後、この本でも附録としておさめられた貴族院における質疑とともに、法学選集の一冊として（一九五七年、勁草書房）、公刊された。いまそれらをここにおさめるにあたって、そこでの「はしがき」の一部を次に引用したい。この論争の主旨がよくわかると思う。

＊

人の知るように、戦後あたらしい憲法ができたとき、いちばん争われた問題のひとつは、国民主権と天皇制との関係であった。国民主権の確立によって、それまでの天皇制は、重大な影響を受けた。この事実は、何人も否定することはできなかった。しかし、それにもかかわらず、その事実は一応みとめながらも、それによって天皇制の性格が本質的に変ったこと――ほかの言葉でいえば、いわゆる「国体」の変革が行われたこと――を真正面から承認することを好まず、というよりはむしろ、承認するに忍びず、国民主権の確立がかならずしもそれまでの天皇制に対して本質的な変化をもたらしていないと思う、というよりはむしろ、思いたいという気持が、当然のことであるが、当時の国民の一部になかなか強かった。そして、それに応じて、そういう気持を多かれ少なかれ満足させる効用をもついくつかの著作があらわれた。（ことわるまでもなく、それらの著作が、そういう効用を目的として書かれたというのではない。客観的に見て、そういう効用をもったというのである。）その代表的なものとしては、哲学者の作品としては、和辻哲郎博士の「国民統合の象徴」（一九四八年）を、また、法学者の作品としては、尾高朝雄博士の「国民主権と天皇制」（一九四七年）をあげることができようかとおもう。

＊

わたしは、こういう考えに立って、尾高教授の右の著書を批判した。これが第一の論文である。そして、それに対するかれの反批判にさらに答えたのが、第二の論文である。かれは、かさねてこれに対して「事実としての主権と当為としての主権」（一九五〇年『国家学会雑誌』）を書いている。

右に引かれた「はしがき」が書かれた日は、ちょうど尾高君の一周忌の日であった。わたしは、その最後に、「ひと昔まえの、あの楽しかった論争をなつかしく思い出しながら、このつたない本を、つつしんでその霊前にそなえる。Requiescat in pace!」と書いたことを思い出して、故人の残したりっぱな業績に対してあらためて敬意を表せずにはいられない。

「立憲主義の原理」は、『立憲主義と三民主義・五権憲法の原理』（一九三七年）のうちの立憲主義に関する部分である。この本は、中華民国法制研究会の委嘱により、当時東京大学の同僚だった田中二郎教授との共同名義で公刊した著作のひとつで、わたしが受けもったものである。

「日本国憲法生誕の法理」は、戦後まもなく発表したものであり、後に、わたしの『日本国憲法』コンメンタール（一九五五年、日本評論社）の附録におさめた。

出版については、岩波書店の吉野源三郎氏の格別な御配慮に対してあつく感謝したい。

一九六七年八月

著者

索　引

相原良一　402
アンシュツ　170
イェリネック　48, 69, 137, 205
イギリス・フランス型憲法理論　247
イギリス・フランス型予算理論　248
一木喜徳郎　177
イデオロギー　186
エスマン　8
尾高朝雄　283

解散　26
カレ・ド・マルベール　148
河村又介　390
官房司法　40
議院内閣制　23, 36
議会主権主義　133
議会制　7
貴族主権　287
行政国家　228
行政命令　240
清宮四郎　358
グナイスト　131
君主主義　159
君主主権　287, 292
君民主権　288
形式的意義の法律，形式的意味の法律　166, 250
ケルロイター　215
権威主義的政治体制　56
権威制　56
権限分配の原理　116
憲法改正　415
憲法改正権　396
『憲法義解』　176
憲法争議(プロイセンの)　275
憲法的合法性　396
憲法の正当性　401
憲法の「名」　403
権利の宣言　50
権利の保障　50
権力分立主義　30, 63, 75, 139
硬性憲法　67
国体　349, 385, 403
国民　63
国民主権　28, 62, 139, 193, 282, 346, 377
国民代表　189
国民代表概念の再興　214
国民代表概念の否定　203
国民代表機関　205
国民投票　418
五権憲法　2
個人権　44, 64
国家行為の諸形式　120
国家法人説　291

最高裁判所(米国の)　87
三民主義　2
三民主義・五権憲法　4
自然状態　45
実質的意義の法律，実質的意味の法律　166, 250
司法権　39
司法権の独立　41
司法権の優越　75, 88
司法国家　228
社会契約　45
自由　46
一九世紀的議会制　7
自由主義　57
自由と財産　161
主権　285
主権在民　287
条約締結権(米国の)　107

索　引

ジョゼフ・バルテルミ　246
神権主義　380
請願権　49
成文憲法　52
選挙　61
孫文　4

代議制　10
大権事項　179
大臣責任制　20
大臣訴追制　21
泰西的議会制　7
代表　13, 59, 189, 193, 215
多数決原理　334
天皇機関説　291
天皇制　282
天皇統治　300
ドイツ型憲法理論　247
ドイツ型の立憲政　159
ドイツ型予算理論　249
統治権　285
ド・ロルム　200

内閣　24
軟性憲法　67
ノモス主権　296, 318

バジョット　24
平等　46
『フェデラリスト』　109
ブライス(ジェイムズ)　67
フランス立憲主義　152
プレヴォ・パラドル　38
プロイセン憲法　166, 174
米国憲法の増補　77
法規　115, 162, 167, 173
法規命令　240
法の解釈　185
法の科学　185
法の支配　21
法律　115, 145
法律と命令　115
法律による行政　371
法律の委任　229
法律の留保　357
ポツダム宣言の受諾　346
穂積八束　178, 211, 234

マイヤー(オット)　361
マーシャル(ジョン)　87
美濃部達吉　181, 212, 292
民主主義　29, 74
民族的法治国　64
命令権　153
モンテスキュー　31, 199

横田喜三郎　282, 284, 295, 377
予算議定権　248
予算修正権　256
予算の不成立　269
予算の法律的効果　267
予算法　263

ラーバント　166, 203, 250
立憲君主制　370
立憲主義　1
立憲政治　27
立法権(イギリス法)　126
立法権(ドイツ法)　164
立法権(フランス法)　140
立法国家　228
立法事項　180
立法的授権　241
立法の委任　230
理の政治　312, 338
両院制　16
ルソー　142
聯邦主義　70
聯邦制　19
ロック　30

■岩波オンデマンドブックス■

憲法の原理

1967年11月30日　第1刷発行
1993年10月7日　第8刷発行
2014年10月10日　オンデマンド版発行

著　者　宮沢俊義《みやざわとしよし》

発行者　岡本　厚

発行所　株式会社　岩波書店
〒101-8002 東京都千代田区一ツ橋 2-5-5
電話案内 03-5210-4000
http://www.iwanami.co.jp/

印刷／製本・法令印刷

ISBN 978-4-00-730141-4　　Printed in Japan